파이브 포스

파이브 포스

인류의 미래를 바꿀 다섯 가지 핵심 기술

스티븐 S. 호프먼
이희령 옮김

THE FIVE FORCES THAT CHANGE EVERYTHING:
How Technology is Shaping Our Future
by Steven S. Hoffman

역자 이희령(李熙玲)
이화여자대학교 영문과를 졸업하고 서강대학교와 미국 워싱턴 대학교
에서 경영학과 법학을 공부했다. 국내외 기업과 로펌에서 다양한 국제
거래 및 벤처캐피털, 경영 컨설팅 업무를 진행했으며 현재는 바른번역
소속 번역가로 활동 중이다. 옮긴 책으로는 『하버드 비즈니스 리뷰 경영
인사이트 BEST 11』, 『그들만의 채용 리그』, 『스토리셀링』 등이 있으며, 「하
버드 비즈니스 리뷰」와 이코노미스트의 『세계대전망』 한국어판 번역에도
참여했다.

편집, 교정_ 권은희(權恩喜)

파이브 포스 : 인류의 미래를 바꿀 다섯 가지 핵심 기술

저자/스티븐 S. 호프먼
역자/이희령
발행처/까치글방
발행인/박후영
주소/서울시 용산구 서빙고로 67, 파크타워 103동 1003호
전화/02 · 735 · 8998, 736 · 7768
팩시밀리/02 · 723 · 4591
홈페이지/www.kachibooks.co.kr
전자우편/kachibooks@gmail.com
등록번호/1-528
등록일/1977. 8. 5
초판 1쇄 발행일/2022. 4. 28
    2쇄 발행일/2022. 6. 20
값/뒤표지에 쓰여 있음

ISBN 978-89-7291-764-9 03320

이 책에 쏟아진 찬사

....

"스티븐 호프먼의 책은 미래에 관한 설득력 있는 비전을 보여주며, 그 미래에 대비하기 위해서 당신이 할 수 있는 일에 대한 훌륭한 안내서이다. 스티븐은 유망한 창업가들에게 투자자나 자문으로서 이런 다양한 주제들에 대한 의견을 낼 수 있는 흔치 않은 사람이다. 당신은 이 책에 등장하는 진보의 소행성들이 얼마나 가깝고 빠르게 다가오는지를 알고 나면 충격을 받을 것이다."

_ 조지 처치 박사(하버드 의과대학 유전학과 교수)

"이미 우리의 삶을 바꾸고 있으며, 향후 수십 년간 우리가 어떤 유형의 인간이 될지를 결정하게 될 수많은 기술과 과학적 돌파구에 관한 명쾌하고 대단히 흥미로운 폭로. 굉장히 매력적이면서 읽기 쉬운 필독서이다."

_ 데이비드 레비 박사(세계적 체스 마스터이자 체스와 AI 전문 저자)

"미래에 관심이 있는 사람이라면 누구나 이 책을 읽어야 한다. 잠에서 깨어나라. 호프먼은 이 세상에서 일어나려는 일에 대해서 완전히 새로운 관점을 제시한다."

_ 세바스찬 스런 박사(유다시티 창업자, 키티호크 CEO,
스탠퍼드 대학교 AI 랩 소장 역임)

"이 책은 기술이 우리 세상을 어떻게 형성해나갈 것이며, 인류의 미래는 어떻게 될지에 관해서 복잡하고 심오한 질문들을 제기한다. AI와 로보틱스는 사회에 엄청난 혜택을 가져다줄 수 있지만, 나쁜 사람들의 손에 들어가면 악용될 수도 있다. 따라서 우리는 인권의 근본적인 원칙을 지키면서, 적절한 속도로 책임감 있게 이를 활용할 준비를 해야 한다."

_ 이라클리 베리제 박사(유엔 지역 간 범죄처벌 조사기관 인공지능 로보틱스 센터장)

"호프먼이 해냈다! 그는 우리의 새로운 현실이 되어가는 공상과학소설을 찾아낸다. 지각이 있는 AI와 사이보그, 유전자 이식 동물들, 맞춤아기가 존재하는 놀라운 미래에 대한 즐거운 예행연습. 이 책을 읽어보라!"

_ 팀 드레이퍼(벤처캐피털 회사 DFJ의 창업자, 「포브스」의 '최고의 벤처캐피털리스트 마이다스 리스트' 선정)

"기술이 우리의 미래에 미칠 영향을 알아보기 위해 잠깐씩 멈춰 둘러보는 흥미로운 여행. 이 책은 정확성과 다루는 범위에서 정통하다. 정말 뛰어난 책이다!"

_ 케빈 워릭 박사(코번트리 대학교 사이버네틱스과 교수)

"호프먼은 첫 장부터 가속을 밟고 마지막까지 이를 늦추지 않는다. 과학과 기술이 얼마나 빨리 발전하고 있는지는 이제 상식이지만, 이 책은 이와 연관된 중력가속도를 느끼지 않을 수 없게 만든다. 벨트를 매고 편하게 즐겨라."

_ 조슈아 본가드 박사(버몬트 대학교 컴퓨터과학과 교수)

"자신의 트레이드마크인 활기 넘치는 스타일로, 호프먼은 인류의 미래에 영향을 미칠 가능성이 높은 핵심 기술들을 조명한다. 당신을 미래로 안내해줄 해박한 투어가이드를 원한다면 여기에 올라타라!"

_ 제리 카플란 박사(「인간은 필요 없다」의 저자)

"생각을 자극하며 통찰을 제공하는 책이다. 호프먼은 이 세상에서 벌어지는 기술 혁신에 대한 훌륭한 입문서를 성공적으로 내놓았다. 이 책은 새로운 아이디어와 기업 파괴에 대한 훌륭한 근거를 제공한다."

_ 오트 벨스베르그 박사(에스토니아 경제사무부 최고 데이터 책임자)

"우리의 미래를 형성할 동력과 그것이 우리 삶을 어떻게 바꿔놓을지 탐색하는 매우 재미있고 유익한 책이다."

_ 스티브 호바스 박사(UCLA 인류유전학과 교수)

"이 책은 현재 우리가 보유한 획기적인 기술에 인류의 미래가 달려 있다는 사실을 상기시켜준다. 미래 세대가 어떤 세상에서 살기를 원하는지 결정하는 것은 우리의 몫이다."

_ 앨리슨 R. 무오트리 박사
(UC 샌디에이고 대학교 게놈 의학연구소 줄기세포 프로그램 책임자)

"변화는 계속되며, 적응을 위한 우리의 진화가 삶의 질을 규정할 것이다. 이 책은 생물학에서 영감을 받은 기술부터 생물학을 모방하는 기술까지, 인간을 기술과 더 긴밀하게 연결하는 과학의 급속한 진화를 흥미롭게 들여다본다. 다섯 가지 동력 사이의 상호작용을 이해하고 평가하는 작업은 독자들로 하여금 사고하고, 상상하고, 혁신하게 한다."

_ 샤라트 스리람 박사(RMIT 교수, 오스트레일리아 과학기술정책위원회 의장)

"이 책은 많은 아이디어를 불러온다. 새롭게 부상하는 기술들이 매우 잘되거나 혹은 매우 잘못될 수도 있는 미래를 슬쩍 들여다보게 해준다."

_ 게리 위시나츠키(하비스트 크루 로보틱스의 공동창업자)

"이 책은 오늘 우리가 서 있는 곳에 대해 매우 집중적이고 객관적이지만 창의적인 관점을 가지고, AI와 관련된 가장 최근의 진보를 멋지게 요약해준다. 이 책은 다가올 몇 년 안에 이 다섯 가지 근본적인 동력이 인류를 이끌어갈 방향에 관한 입장을, 미래주의적이지만 한편으로는 잔인할 정도로 정직하게 요약해서 설명해준다."

_ 오지 루도비치 박사(MIT 미디어랩의 머신러닝 연구자)

"호프먼은 인사이더이지만 아웃사이더의 마음에서 나오는 맹렬한 호기심을 새로운 세상으로 이끌어온다는 점에서 매우 드문 조합을 보여준다. 이미 이곳에 존재하거나 눈앞에 다가온 놀라운 발전에 관한 당신의 사고를 열어두려면 이 책을 읽어보라!"

_ 조너선 리트먼(『유쾌한 이노베이션』과 『이노베이터의 10가지 얼굴』의 공저자)

"미국과 아시아에서 활발하게 활동하는 벤처캐피털리스트로서, 호프먼은 내일이 어떤 모습일지를 오늘 그에게 설득하는 스타트업을 만나고, 이 설득력 있는 책에서 우리에게 그 비전을 공유한다."

_ 앤드루 로먼스(7BC 벤처캐피털의 GP, 『벤처캐피털에 관한 창업가의 바이블』의 저자)

"이 책에서 제기하는 질문들은 우리의 미래를 위해서 오늘 다뤄야 할 아마도 가장 중요한 질문들일 것이다. 호프먼에게 동의하는 것이 중요한 것이 아니라 스스로에게 충분한 사고의 과정을 거쳐서 결국 당신의 마음을 정할 수 있도록 하는 것이 중요하다. 스스로 그 일을 해보라."

_ 리비우 바비츠(사이보그 네스트의 공동창업자이자 CEO)

"이 책은 진화하는 미래를 향한 통찰력을 알아보기 위한 놀라운 여행일정표를 제시한다. 혁신가라면 누구나 읽어야 할 필독서이다. 오늘날 최첨단 혁신들이 미래를 어떻게 이끌어갈지 알아보는 여행을 위해서 호프먼은 독특한 초대장을 우리에게 보낸다."

_ 에이미 아널더슨 박사(위스콘신매디슨 대학교,
디스커버리 투 프로덕트의 혁신 및 상업화 전문가)

"기술이 우리의 세상을 바꿔놓고, 그 어느 때보다 우리 삶에 더 많은 영향을 미치는 시기에 호프먼의 글은 가슴에 와닿으며, 명석하면서 동시에 명쾌하다."

_ 스티브 만 박사(토론토 대학교 전자 및 컴퓨터 공학과 교수,
마빈 민스키, 레이 커즈와일과 함께 인본주의적 지능의 원칙을 공동으로 창안한
인터랙슨과 블루베리X의 공동창업자)

마이크, 샤나, 더그, 재커리, 스카일러 호프먼에게 이 책을 바친다.
나오미 코쿠보와 랜디 루덴스키에게 특별한 감사를 전한다.

차례

5 지능 폭발

특이점: 초지능이 온다 ∣ 기계가 의식을 가질 수 있을까? ∣ 지각 있는 기계와 사회 ∣ 휴머노이드 로봇과 감성적인 기계 ∣ 로봇을 사랑할 수 있을까? ∣ AI 보스: 로봇을 위해서 일하기 ∣ 스스로 학습하는 AI와 진화하는 로봇들 ∣ AI 경제: 권력의 중앙집권화 ∣ 초지능: 상자에 든 철인왕 ∣ 악마 부화시키기: AI가 우리를 파괴할 것인가 ∣ 기계와 결합하기 ∣ 브레인 넷: 무의식 탐색하기 ∣ 우리 자신을 업로드하기: 초연결된 현실 ∣ 감각 증강시키기: 신경과학과 지각 ∣ 오가노이드와 생물체인 슈퍼 브레인 ∣ 초지각의 도래

서문

스티브 만 박사

우리 사회에서 기술이 세상을 바꿔놓고, 그 어느 때보다 우리의 삶에 더 많은 영향을 미치는 시기에 스티븐 호프먼의 글은 가슴에 와닿으며, 명석하면서 동시에 명쾌하다. 사회가 가속화된 변화의 진행 속도를 파악하기가 어려울 때도 있다. 하지만 이 책은 대량화된 연결성의 진앙지로 간주되는 뇌에서부터 시작해서, 인간이란 무엇인가에 대한 깊은 이해를 제공한다.

호프먼이 설명한 다섯 가지 동력을 나는 다음의 다섯 단어로 요약할 수 있을 것 같다. 바로 뇌, 사이보그, 양자, 자동화, 특이점이다.

첫 번째 동력은 뇌와 뇌에 연관된 연결성이다. 뇌와 세상을 감각하는 안경으로, 심지어 물속에서도 우리의 신체와 감정 상태, 정신의 건강을 끊임없이 모니터링하는 제품을 생산한 블루베리X^BlueberryX는 물론이고, 뮤즈^Muse 뇌센서 헤드밴드를 만드는 인터랙슨^InteraXon을 공동으로 창업하면서 나는 이 동력을 개인적으로 목격했다. 우리의 뇌가 대량병렬식의 웨어러블^wearable 컴퓨터 네트워크와 연결되면서 우리 사회의 구조는 디지털 세계와 물리적 세계 양쪽 모두와 소통하고 상호작용하는 새로운 방식들은 물론이고, 감성 컴퓨팅과 건강을 아우르는 방향으로 나아가고 있다.

두 번째 동력은 사이보그 시대이다. 사이보그 시대는 트랜스 휴머니즘* 혹은 포스트 휴머니즘으로도 알려진 포스트 휴먼 시대로, 그런 시대가 되면 인간이 된다는 말이 가지는 의미의 본질이 도전을 받게 된다. 미디어에서 종종 나를 "세계 최초의 사이보그"라고 불렀기에 나는 이 동력에 개인적인 유대감을 느낀다. 개인적으로는 좋아하지 않는 단어이지만, 그 단어는 주류 문화의 유행으로 자리를 잡았다. 1960년대와 1970년대에, 어렸던 나는 수많은 이상한 방식으로 나 자신을 개조하고 변형시키면서 실험을 했다. 그중 일부는 어린 시절의 치기였고, 일부는 전 세계가 폭넓게 수용한 새로운 발명으로 이어졌다. 그중에는 내가 웨어러블 컴퓨팅 프로젝트Wearable Computing Project를 설립했을 때, MIT에 도입한 웨어러블 컴퓨팅과 웨어러블 인공지능이 있다. MIT에 근무하던 1991년, 찰스 와이코프와 나는 확장현실eXtended Reality이라는 용어를 고안했다. 이 용어는 이제 X현실X-Reality과 XR지능XR Intelligence이 되었다. 우리는 오늘날 이 모든 조각들이 한데 합쳐져서 사이보그 시대를 위한 토대가 되고 있음을 보고 있다.

세 번째 동력은 나노 스케일의 양자시대이며, 나에게는 포스트-포스트 휴먼이나 포스트 사이보그 시대라고 부를 만한 것을 상기시킨다. 우리에게 슈퍼 휴먼 파워를 제공할 뿐만 아니라 우리 주변의 소재 세계를 근본적으로 변혁할 수 있는 신소재와 나노머신을 개발할 수 있는 시대이다.

네 번째 동력은 자동화, AI, 기계 지능의 시대이다. 그 자체로 중요한 동력일 뿐만 아니라 다른 동력들과 결합했을 때에는 하나의 동력 승수

---

* 과학기술로 영생을 꾀하는 등 인간의 몸과 정신을 개발, 개선하려는 신념 혹은 운동.

를 나타내기도 한다. 기계에 인간과 같은 지능을 부여하는 일은 사이보그 시대에 직접적인 피드백을 줌으로써, 이미 진행 중인 기술적 변화를 증폭시키고 가속화할 것이다.

다섯 번째 동력은 특이점^{singularity}, 혹은 지능 폭발이다. MIT에서 우리는 어떤 등식이 특이점을 포함할 때, 특정 수량이 폭발한다는 의미인, 0으로 나누는 오류가 발생할 거라고 말하곤 했다. 어떤 의미에서 우리가 보고 있는 것은 0으로 나누는 작업이 대규모로 이루어지는 현상이다. 소프트웨어는 스스로를 거의 0에 가까운 가격과 0에 가까운 시간에 복제한다. 그 결과는 마빈 민스키, 레이 커즈와일과 내가 "감각적 특이점^{sensory-singularity}"이라고 부르는 것이다. 즉, 감각 지능이 0에 가까운 시간과 비용으로 폭발하는 때를 말한다. 이 최고의 동력은 가능할 때까지 원자를 쪼개는 것과 맞먹으며, 우리 종을 변화시키고 심지어 파괴할 수도 있는 잠재력이 될 것이다.

이 모든 아이디어들은 『파이브 포스 : 인류의 미래를 바꿀 다섯 가지 핵심 기술』에서 사려 깊고 이해하기 쉬운 방식으로 하나로 합쳐진다. 따라서 기술의 최신 트렌드에 정통하고자 하는 사람이라면 누구든, 우리가 향하고 있는 방향과 이런 근본적인 돌파구들이 어떻게 우리의 삶과 우리를 둘러싼 세계를 바꿔놓을지에 대한 감을 얻을 수 있을 것이다.

➤•••◄

스티브 만^{Steve Mann} 박사는 그가 개발한 "디지털 안경"인 아이탭^{Eye Tap}과 증강현실의 전신인 중재현실^{mediated reality} 때문에 "웨어러블 컴퓨팅의 아버지", "웨어러블 증강현실의 아버지"로 알려져 있다. 그는 또한 처플렛 트랜스폼^{Chirplet Transform}, 컴패러매트릭 이퀘이전스

Comparametric Equations, 하이 다이나믹 레인지High Dynamic Range, HDR*를 발명했다. 만은 1997년에 MIT에서 박사학위를 받았고, 토론토 대학교 전기 및 컴퓨터 공학과 교수이며, 마빈 민스키, 레이 커즈와일과 함께 인본주의적 지능의 원칙을 공동으로 창안한 것은 물론, 인터랙슨과 블루베리X를 공동으로 창업했다.

---

* 한 화면에서 밝은 부분과 어두운 부분의 차이를 극대화시킨 영상을 구현하는 포괄적인 기술.

다섯 가지 핵심 동력

내 소개를 하겠다. 내 이름은 스티븐 호프먼이지만 실리콘밸리 사람들은 나를 호프 선장이라고 부른다. 나는 전 세계에서 선도적인 스타트업 액셀러레이터accelerator 중 하나인 파운더스 스페이스Founders Space의 선장이자 회장이다. 벤처캐피털리스트이기도 한 나는 지난 수년간 전 세계를 여행하면서 최고의 창업자, 과학자, 선지적 사상가들과 협업을 해왔다. 이를 통해서 나는 지구상의 모든 사람에게 근본적인 영향을 미칠 기술을 개발하는 사람들과 그들의 연구를 가까이에서 접할 수 있었다.

나는 이 세계를 새롭게 구성할 준비가 된 사람들의 마음과 아이디어를 탐험하는 특별한 여행에 당신을 데려가려고 한다. 나는 새로운 과학적 돌파구와 비즈니스 벤처들이 어떻게 우리의 삶을 변화시키고 공상과학소설을 현실로 바꿀 준비를 하는지를 밝혀낼 것이다. 실리콘밸리의 바이오해커와 실물과 똑같은 일본의 로봇에서부터 세계 최초로 부모가 세 사람인 우크라이나의 한 아기에 이르기까지, 나는 당신이 그 기술들이 가져올 믿기 어려운 충격과 가능성의 한계를 내부자의 시각에서 볼 수 있도록 할 것이다.

그 길의 각 단계마다 나는 당신에게 이런 발견이 전례 없는 속도로 인류를 이끌어가고 있는 다섯 가지 근본적인 동력의 일부라는 사실을 보여줄 것이다. 우리는 불가능한 것들이 모두 현실이 되는 시대에 살고 있다. 그렇기 때문에 우리는 우리의 상상력과 독창성이 우리를 어디로 이끌고 있는지를 이해해야 한다. 우리의 상상은 인류가 더 오래, 더 건강하게, 더 풍요로운 삶을 살 수 있게 하는 힘을 가지고 있을 뿐만 아니라 영원히 우리를 변화시키고 심지어 파괴할 수도 있는 잠재력을 가지고 있다. 앞으로 다가올 수년간 우리가 내리는 결정이 인류가 어떤 존재가 될지를 결정할 것이다.

지난 수백 년간 인간이 수행했던 일의 대부분을 기계가 할 수 있게 됨에 따라서, 우리는 거대한 사회 재구성을 향해 나아가고 있다. 예를 들면 나노 기술은 보이지 않는 로봇과 지구상에 있는 생명을 영원히 바꿔놓을 새로운 물질을 등장시키는 단계에 와 있다. 유전적 설계로 우리는 과거에 전혀 존재하지 않았던 새로운 종의 식물과 동물을 창조하면서 우리 손으로 진화를 이루어왔다. 우리는 미래 사건을 예측하고, 실물과 똑같은 시뮬레이션을 창조하고, 자신의 실수로부터 배울 수 있는 AI를 개발하고 있다. 우주과학은 다른 행성을 정착지로 만들고 우리가 닿을 수 있는 곳에서 외계 생명체를 발견하는 단계까지 진보했다.

이들 다섯 가지 동력Force은 우리 주변에서 일어나는 기술 변화의 이면에 자리한 추동력으로써 인류가 나아갈 방향을 결정할 것이다. 이 동력들을 이해하는 것은 중요하다. 그 영향력이 경제가 어떻게 발전하고, 기관들이 어떻게 기능하는지에서부터 우리가 어떤 종이 될 것인지까지, 사회 구조 전반에 걸쳐 확대되고 있기 때문이다. 그 사실을 보여주기 위해 이 책은 다섯 부분으로 정리되어 있다.

1 대량화된 연결성   서로 연결된 지적인 디지털 네트워크에 인간의 두뇌와 기계를 접속하도록 이끄는 힘인 이 동력은 물질 세계와 가상 세계를 새로운 대체현실 속으로 융합시키면서 우리가 일하고 살아가는

방식을 급진적으로 바꿔놓을 것이다.

2 바이오 컨버전스　인류가 생물학과 기술을 결합하도록 이끄는 이 동력은 생명의 구성요소를 해독하고, 완전히 새로운 종의 식물과 동물을 창조하고, 질병을 정복하고, 인간의 능력을 강화할 수 있게 해줄 것이다.

3 인간 확장주의　인간이 알려진 우주의 끝까지 밀고 나가도록 이끄는 이 동력은 우주의 방대한 잠재력을 이용하기 위해서 우리를 양자의 세계와 우주 공간 더 깊은 곳까지 나아가게 할 것이다.

4 딥 오토메이션　생명을 관리하고 성장시키고, 유지하기 위한 모든 근원적인 과정을 알고리즘적으로 자동화하도록 이끄는 이 동력은 혁신을 가속화하고, 부를 창출하며 우리를 노동으로부터 자유롭게 할 것이다.

5 지능 폭발　인간의 능력을 훨씬 뛰어넘는 새로운 형태의 초지능을 개발하도록 이끄는 이 동력은 경제를 운영하고, 우리의 옹호자로 행동하고, 우리의 의식과 결합하는, 지각 있는 기계를 탄생시킬 것이다.

우리는 어려운 질문들을 가지고 각각의 동력을 파고들 것이다. 수십억 개의 지능형 기기들이 우리의 모든 움직임을 지켜보고 분석하고 그에 대응하는 세상에서 우리는 어떻게 적응해야 할까? 우리의 두뇌가 직접 인터넷과 연결되고 상호작용한다면 어떻게 느껴질까? 새로운 작물과 암 치료제, DNA를 편집한 아기들을 탄생시키기 위해서 생명의 유전부호를 조작해야 할까? 기계와 결합하고 사이보그 계층을 구축한다는 것은 무엇을 의미할까? AI가 인간 지능의 수준에 도달하거나 이를 능가할 때 어떤 일이 일어날까?

이런 질문들과 씨름하면서 나는 당신을 수많은 과학적 발견과 접하게 하고, 이미 시작된 대단히 중요한 변화를 조명할 것이다. 나의 목표는 우리 앞에 놓인 것들을 밝혀서 당신의 상상력을 촉발하는 것이다. 이 특별한 여행에 동참해서 이 다섯 가지 동력이 우리를 어디로 데려갈지 알아보자.

1
대량화된 연결성

MASS CONNECTIVITY

서로 연결된 지적 디지털 네트워크에 인간의 두뇌와
기계를 접속하도록 이끄는 힘인 대량화된 연결성은
물질 세계와 가상 세계를 새로운 대체현실 속으로 융합시키면서
우리가 일하고 살아가는 방식을 급진적으로 바꿔놓을 것이다.

호모 사피엔스가 부족 단계에 머무르지 않고 이를 넘어서 시민사회를 구축하는 데 필요했던 것은 소통의 혁신이었다. 소통은 문자 언어의 형태로 이루어졌다. 문자 덕분에 사람들은 엄청난 물리적 거리와 시간의 간격을 뛰어넘어 다른 사람들과 연결될 수 있었다. 문자 덕분에 우리는 축적된 지식과 전통, 믿음을 한 세대에서 다음 세대로 넘겨줄 수 있었다. 문자가 없었다면 무역이 확대되거나 종교가 생겨나거나 선진 사회가 건설되지 못했을 것이다. 달리 말하면 문자 언어 없이는 혁신과 진보도 정체된 상태로 머물렀을 것이다.

소통에서 그 다음으로 중요한 돌파구는 요하네스 구텐베르크의 인쇄기 발명이었다. 인쇄기는 사람들 사이의 의견 교환을 가속화했고, 지식의 대량 전파를 가능하게 했다. 이 발명은 르네상스와 계몽주의, 그리고 궁극적으로는 과학 혁명까지 촉발했다. 정보의 흐름이 거대해질수록 문명도 더 빨리 진보했다.

조랑말을 이용한 속달 우편에서부터 전보, 전화까지, 기술적으로 중요한 각각의 이정표가 등장하면서 서로 소통하고 지식을 공유하는 우리의 능력은 기하급수적으로 증가했다. 이런 능력 덕분에 현대 사회가 도래했고 컴퓨터가 등장했다. 컴퓨터가 이토록 강력한 존재가 된 것은 끝도 없이 발전해온 처리 성능과 저장 용량, 이동성 덕분만은 아니었다. 서로 대화를 나눌 수 있는 컴퓨터의 능력 때문이기도 했다.

인터넷을 구축하기 위해서 컴퓨터들을 서로 연결하면서 우리가 주변에서 볼 수 있는 혁신들이 폭발적으로 등장했다. 인터넷은 인간 뇌의 각 부분을 연결하는 경로와 비교가 가능하다. 모든 인간의 뇌에는 수십억 개의 뉴런이 있고, 각각의 뉴런에는 수천 개의 시냅스가 있다. 수조 개의 시냅스가 서로 연결되지 않는다면 우리 뇌는 작동하지 않을 것이다. 이와 같은 방식으로, 우리는 수십억 개의 인간 두뇌와 컴퓨터가 연결되어 함께 작동하는 글로벌 네트워크를 구축했다. 이것이 인터넷을 그토록 막강하게 만들었다.

1960년대 후반 (인터넷의 전신인) 아르파넷ARPANET이 가동된 이래, 네트워크에서 중요한 업그레이드가 이루어질 때마다 이를 원동력 삼아 경제 전반에 걸쳐 전례 없는 혁신과 생산성 향상이 이루어졌다. 협대역에서 광대역으로, 유선에서 무선으로 전환되면서 셀 수 없이 많은 신제품과 서비스가 탄생했다. 심지어 사소한 업그레이드조차도 중요한 이유는 이 네트워크들이 혁신 생태계의 심장부에 위치하고 있어서, 개선된 내용은 어떤 것이든 그 네트워크에 연결된 모든 사람과 사물에 영향을 미치기 때문이다.

창업가나 투자자, 연구자, 기업들이 혁신을 이루려면 협업하고, 정보를 교환하고, 최신 기술에 접근할 필요가 있다. 그렇지 않으면 차세대 제품과 서비스를 시장에 내놓는 첫 번째 주자가 되지 못할 것이다. 소통 인프라를 업그레이드한다고 해서 세상 자체를 바꾸지는 못하겠지만, 이 네트워크를 유리하게 이용하는 일부 기업가들은 차세대의 마이크로소프트와 구글이 될 수 있을 것이다.

우리가 기억해야 할 사항은 기술이 서로 동떨어져 존재하지 않는다는 사실이다. 그 기술들은 모두 단일한 시스템의 일부이다. 때로는 당신이 이제까지 고안된 가장 진보적인 기술을 확보하게 될 수도 있겠지만, 이를 뒷받침해줄 생태계가 없다면 하나의 이론적 실험에 지나지 않게 된다. 아마도 이런 사실을 가장 명확하게 보여주는 사례가 머신러닝 알고리즘일 것이다. 이 기술은 거의 반세기 동안이나 우리 주변에 존재했지만, 온라인에서 교류하는 사람들의 수가 임계질량에 도달하기 전까지는 그 기술의 실제 유용성이 실현될 수 없었다. 연결성의 대량화가 없었다면, 이들 알고리즘은 AI 어시스턴트나 물류, 공급사슬 자동화, 자율주행 자동차 같은 제품을 만드는 데에 필요한 방대한 양의 고품질 데이터를 이용할 수 없었을 것이다.

유튜브와 넷플릭스도 마찬가지이다. 접근 가능한 고대역폭 네트워크 high-bandwidth network가 등장하기 전에도 10여 개가 넘는 온라인 동영상 서비스가 제공되었지만 모두 실패했다. 이들이 인기를 얻은 것은 오로지 브로드밴드가 등장했기 때문이다. 연결성의 대량화 측면에서 진보가 이루어지지 않았다면, 이들 기업은 존재하지 않았을 것이다. 그렇다면 다음에 등장할 것은 무엇일까? 우리는 어디를 향해 나아가고 있을까? 연결성에서 우리에게 다가오는 또다른 중요한 도약이 있을까?

물론이다. 그리고 그 도약은 중요도에서 심지어 인터넷 자체와 견줄만한 것일 수도 있다. 도약의 다음 단계는 우리가 고대역폭에서 우리 뇌를 인터넷에 견고하게 연결할 수 있을 때 도래할 것이다. 우리 뇌가 막대한 양의 클라우드 기반 정보와 처리 성능을 이용할 수 있고, 동시에 생각을 디지털 명령어로 직접 번역할 수 있다면, 이는 우리의 소통방식만이 아니라 세상을 인식하고 교류하는 방식을 영원히 바꿔놓게 될 것이다. 그리고 가상현실VR과 증강현실AR 기기처럼 뇌-컴퓨터 인터페이스에 다른 기술들이 결합될 때 새로운 혁신이 폭발할 것이다.

오늘날 가상현실과 증강현실 헤드셋, 뇌를 읽는다는 초기 단계의 기기들은 어떤 일들이 가능한가의 문제를 피상적으로 다루는 정도에 불과하다. 우리는 앞으로 수십 년 안에 펀치 카드식 컴퓨터를 회상하듯이, 이 기기들을 돌아보게 될 것이다. 대량화된 연결이 물리적 인터페이스의 한계를 벗어나 정신적으로 직접 상호작용하는 방향으로 옮겨가면서, 인터넷에 대한 개념 전체가 달라질 것이다. 우리는 애플리케이션을 이용하는 것이 아니라 애플리케이션 안에서 살게 될 것이다.

방대한 양의 정보를 이용하고, 데이터를 처리하고, 다른 사람들과 두뇌 대 두뇌로 소통하고, 심지어 완전하게 형성된 개념과 기억까지 교환할 수 있게 해주는 칩을 머릿속에 넣고 걸어 다닌다면 어떨지 상상해보라. 우리는 디지털과 실제가 동일한 것이라고 생각하게 될까? 가상의 물체가 물질 세계에 존재하는 물체와 같이 실제처럼 보이거나, 행동하거나, 심지어 느껴지게 될까? 실물과 똑같은 아바타와 대화하고, 완전한 증강현실을 경험하게 되면 어떤 느낌이 들까? 이런 질문들은 다음번에 올 대량화된 연결성의 물결 속으로 뛰어들면서 우리가 해야 할 질문들 가운데 몇 가지에 지나지 않는다.

이번 여행에서, 당신은 가장 진보된 뇌-컴퓨터 인터페이스와 신경 보철학neural prosthetics*, 인지 플랫폼 등의 분야에서 일하는 사람들과 그들의 연구에 관해 배우게 될 것이다. 그리고 나는 꿈을 녹화하는 일이나 인공적인 감각 지각 분야에서 확보된 돌파구를 소개할 것이다. 한편으로는 이런 어려운 질문들도 제기할 것이다. 마음을 읽는 기기와 관련해 우리는 어디에 한계를 설정해야 하는가? 두뇌를 해킹해서 기억을 새롭게 고쳐 쓰는 일이 가능한가? 우리의 가장 내밀한 생각에 접근할 수 있

---

* 시각, 청각, 평형감각 따위의 기능 회복 장치와 관련된 연구 분야.

는 기술을 보유하는 행위와 관련된 윤리적 우려는 무엇인가? 그리고 합성 현실에서 살고 일한다는 것은 어떤 느낌인가?

신경 분야의 선구자들

뇌파를 분석하고 생각을 기록할 수 있는 기계들은 전 세계 연구실과 회사에서 개발되고 있다. 오랜 역사를 가진 이 기계들은 뇌-컴퓨터 인터페이스BCIs라고 불린다. 1924년에 최초로 뇌파기록장치EEG를 개발한 사람은 독일의 신경과학자인 한스 베르거였다. 그가 개발한 장치는 오늘날 널리 사용되는 뇌파기록장치와 크게 다르지 않았다.

베르거가 뇌파에 매료된 것은 젊을 때에 겪은 사고 때문이었다. 천문학자가 되고 싶었던 그는 수학을 전공하려고 대학에 진학했다. 하지만 겨우 한 학기를 마친 후에 중퇴를 하고 독일 기갑부대에 입대했다. 어느 날 그는 말을 타고 가다가 사고를 당했다. 운 좋게도 심각한 부상은 입지 않았지만, 무슨 이유에서인지 멀리 떨어진 곳에서 살던 그의 누이동생은 어떤 끔찍한 일이 일어났다고 느꼈고, 아버지에게 전보를 보내달라고 부탁했다.

훗날 베르거는 자신의 생각을 이렇게 썼다. "그때는 자연스럽게 텔레파시가 발생한 경우였다. 죽음의 위험에 빠진 순간, 확실하게 죽음을 생각했던 나는 내 생각을 송신했고, 나와 각별했던 내 누이가 수신자 역할을 한 것이다."[1]

이 일이 있은 후 베르거는 자신의 마음이 어떻게 누이동생에게 신호를 전달할 수 있었는지를 알아내는 일에 집착하게 되었다. 그는 이런

'정신 에너지'의 생리학적 토대를 발견하고 싶다는 희망으로 의학을 전공하기로 결심하고 대학으로 돌아갔다. 결국 그는 뇌파를 감지할 수 있는 EEG 기계를 처음으로 개발했다.

EEG는 단순하게 사람 머리에 부착하여 뇌에서 일어나는 전기 활동의 변화를 측정하는 여러 개의 센서들로 이루어져 있다. EEG는 뉴런 내부와 뉴런 사이에서 발생하는 이온의 흐름에서 전압의 변화를 감지한다. 정확히 말하면, EEG는 당신의 생각을 읽을 수는 없다. 하지만 뇌가 발산하는 전기적 신호를 기록할 수 있고, 컴퓨터는 그 신호의 패턴들을 짝지을 수 있다. 만약 특정한 패턴이 어떤 감정 상태나 말, 행동과 관련 있다는 것을 알게 되면, 컴퓨터는 이 정보를 해독할 수도 있고, 당신의 사고 과정에 관해서 무엇인가를 이해할 수도 있게 된다.

오늘날 스타트업들은 EEG 기계를 활용하여 디지털화된 신호를 포착하고 이를 컴퓨터로 보내서 저장하고 데이터를 처리한다. 그렇게 얻은 뇌파의 패턴을 분석해보면, 뇌에서 일어나는 일들을 조금은 알아낼 수 있다. 예를 들면 베타 파형波形은 사람이 잠에서 깨어났거나, 주의를 기울이고 있거나, 기민한 상태일 때와 관련이 있는 반면, 알파 파형은 긴장을 풀고 있거나, 침착하고, 의식이 또렷한 상태일 때와 관련이 있다. 다른 파형들은 누군가에게는 어떤 것을 알아차리는 깨달음의 순간 같은 다양한 마음의 상태와 관련이 있다. 이 파형들의 해상도는 낮지만, 기업가들은 EEG를 활용하여 명상을 할 수 있게 돕는 모바일 앱에서부터 정신 건강을 추적하기 위한 소프트웨어까지 다양한 애플리케이션을 만들고 있다.

EEG 기기의 장점은 비외과적인 기기인 만큼 뇌의 내부에 탐침을 집어넣을 필요가 없고, 상대적으로 비용이 저렴하다는 것이다. 누구나 몇백 달러만 내면 뇌를 감지하는 헤드밴드를 살 수 있고, 온라인에서는 더 저렴하게 구할 수 있다. 하지만 현재의 개인 소비자용 EEG 기기가 가진 문제점은 제대로 작동하지 않는 경우가 종종 있다는 점이다. 전극과 두피 사이의 연결이 불완전하기 때문에 신호에 잡음이 많이 발생하는 경향도 있다. 혹은 정확한 신호를 읽어내기에는 개인 소비자용 기기의 전극의 수가 너무 적은 경우도 있다. 머리카락이 중간에 끼이게 되면, 피부가 조금만 움직여도 잘못된 신호를 발생시킬 수 있다. 그럼에도 불구하고 연구소에 있는 EEG들은 상당히 잘 작동하는 편이다. 우리는 뇌-컴퓨터 인터페이스에서는 여전히 초기 단계에 머물러 있고, 상황은 앞으로 더 좋아질 수밖에 없음을 기억하라. 가장 중요한 변화 중 일부는 잡음을 걸러내고 복잡한 뇌파를 더 잘 해독할 수 있는 더 고도화된 AI의 형태로 등장하고 있다.

보스턴에 자리한 스타트업인 뉴러블Neurable은 정확도를 더 높이기 위해서 머신 러닝을 활용하여 EEG 신호를 측정하고 분류한다. 젊어서부터 창업가 정신을 보여준 선견지명이 있는 CEO인 람세스 알카이데가 회사를 이끌고 있다. 그의 아버지가 더 좋은 기회를 찾아 가족들을 데리고 멕시코에서 미국으로 왔을 당시, 그는 네 살이었다. 여섯 살에 그는 고장 난 비디오 게임기를 사서 고친 다음, 이익을 남기고 팔았다. 아홉 살에는 컴퓨터를 수리해주고 돈을 벌었다. 미시간 대학교에서 신경과학 전공으로 박사학위를 받고 나서 그는 뉴러블을 창업했다. 뉴러블은 그의 지적 관심과 사업 수완을 완벽하게 결합한 회사이다.

우리가 만난 자리에서 알카이데는 뇌-컴퓨터 운영체제를 구축할 거라는 그의 계획을 알려주었다. 스마트폰용으로 iOS와 안드로이드가 존재하듯이, 그는 다음 세대의 뇌-컴퓨터 인터페이스를 위해서는 진보된 운영체제가 필요하다고 믿는다. 뉴러블은 생각을 이용하여 음악을 직접 제어할 수 있는 뇌—제어 소비자 헤드폰을 개발하면서 그 첫 발을 내딛고 있다.

인지심리학을 전공한 혁신적인 학자인 CEO 스펜서 제롤이 설립한 스파크뉴로SPARK Neuro는 또다른 매력적인 신경과학 스타트업이다. 그들은 사람들이 비디오 컨텐츠를 시청할 때에 생성되는 뇌파를 분석하는 기술을 보유하고 있다. 그들은 바이오피드백 데이터를 이용해서 TV 방송사들이 더 좋은 프로그램을 만들고 광고주들이 더 많은 제품을 팔 수 있도록 도와준다. 스파크뉴로의 제품은 포커스 그룹focus group과 같은 기능을 제공한다. 단, 사람들에게 의견을 묻는 대신 EEG 기기가 그들의 즉각적인 신경 활동을 포착하고, 딥러닝 알고리즘이 그들이 실제로 무엇을 생각하는지 판단한다는 점이 다르다. 이 점이 중요한 이유는 포커스 그룹에 속한 사람들이 자신의 생각이라고 말하는 내용과 그들이 실제로 느끼는 내용이 종종 다르기 때문이다. 참가자들은 그룹의 의견을 따르거나 다른 사람들이 듣고 싶어한다고 생각하는 내용을 말하는 경우가 많다. 하지만 스파크뉴로의 뇌—컴퓨터 인터페이스와 딥러닝 알고리즘은 근본적이고 비언어적인 차원에서 우리가 실제로 어떻게 느끼는지를 밝혀낸다.

그렇다면 그런 일은 어떻게 가능한 것일까? 스파크뉴로는 아기와 강아지, 고양이가 장난을 치는 영상을 볼 때 사람들의 뇌에서 일어나는 변화를 자신들의 시스템이 명확하게 포착할 수 있다는 점을 시연해서 보여준다. 이때 뇌파의 변화는 사람들이 행복할 때에 생기는 뇌파의 변화와 같다는 점에서 엄청나게 귀여운 이 동물 영상들이 마구 퍼져나가는 이유를 설명할 수도 있을 것이다. 심지어 이들은 2016년 대통령 선거를 앞두고 무소속 유권자들을 대상으로 그들의 기술을 시험하기도 했다. AI는 참가자들의 반응을 바탕으로 트럼프의 승리를 예측했다.

광고주들은 이런 유형의 뇌 과학을 이용해서 제품을 더 많이 판매할 수 있을까? 세계 유수의 기업들 중 일부는 그렇다고 믿는다. 스파크뉴로의 고객 중에는 훌루Hulu*, NBC, 바클레이즈, GM, 안호이저부시Anheuser-Busch가 있다. 만약 뇌-컴퓨터 인터페이스를 매일 사용하는 소비자들이 충분히 많다면, 이런 유형의 데이터를 모으는 것이 웹사이트에 게재되는 애널리틱스analytics처럼 흔한 일이 될 수도 있다.

한국에는 EEG를 교육과 헬스케어에 활용하는 스타트업인 소소SOSO가 있다. 끝도 없이 채워지는 소주잔과 매운 음식 몇 접시를 앞에 두고, 우리는 뇌-컴퓨터 인터페이스의 미래에 대해 토론했다. CEO인 민동빈 대표는 이 기술이 어떻게 학생들이 학습에 더 잘 집중하도록 돕는지를 설명해주었다. 학생들은 뇌파를 모니터링하고 신경 피드백을 제공하는 EEG 기기를 착용하고 태블릿으로 일련의 학습 게임을 한다. 이 게임들에서는 입력되는 데이터를 활용하여 개별 학생의 성과와 집중 수준을 개선할 수 있도록 게임 플레이를 실시간으로 변경한다. 이 방식은 학습 장애가 있는 학생들에게 특히 유용하다. 소소에서는 노인들의 기억 기능을 개선하고 인지 능력의 감퇴 속도를 늦추기 위해서 유사한 신경 피드백 게임을 활용하고 있다. 이 분야는 여전히 초기 단계이지만, 민동빈 대표는 뇌-컴퓨터 인터페이스를 활용하여 교육과 헬스케어 두 분야 모두를 발전시킬 수 있는 새로운 방식을 찾아내겠다는 결의에 차 있다.

토론토 대학교 교수이자 신경과학자인 애드리언 네스터가 시행한 실

---

* 미국의 비디오 스트리밍 서비스 회사로 디즈니의 자회사.

험은 EEG 연구의 최첨단에 해당하며, 시사점 측면에서도 영향력이 매우 클 것으로 보인다. 그는 실험 대상자들에게 컴퓨터 화면에 나오는 하나의 이미지를 보도록 했다. 그런 다음, EEG 모자와 머신러닝 알고리즘을 활용하여 뇌에서 나오는 신호들만으로 그 이미지를 디지털 방식으로 재구성하는 데에 성공했다. 달리 말하면, 그는 사람들의 머리에서 이미지를 바로 끄집어내서 컴퓨터로 옮길 수 있었다.

이 기술의 활용도는 높다. 미래에는 당신이 선택한 시각적 기억을 이미지 형태로 클라우드에 업로드할 수도 있을 것이다. 혹은 밤에 EEG 모자를 쓰고 잔다면, 꿈에서 본 이미지를 바로 포착할 수도 있을 것이다. 뇌졸중 환자들처럼 말로 소통이 불가능한 사람들이 말 대신 이 기술을 활용하여 마음의 이미지로 자신을 표현할 수 있게 될 또다른 가능성도 있다.

네스터는 "법 집행을 위한 법의학적 용도로, 잠재적 용의자에 관한 목격자 정보를 수집할 때 스케치 전문가에게 말로 전달하는 묘사에 의존하는 대신, 이 기술을 사용할 수도 있다"고 말한다.[2] 언젠가 변호사들은 법정에서 증인의 뇌에 포착된 이미지를 증거로 사용할 수 있게 될지도 모른다.

이 이야기가 당신의 상상력을 자극하기에 충분하지 않다면, 버클리 대학교의 연구자들이 시행한 연구를 살펴보자. 실험 대상자들이 머릿속에서 시각화하고 있는 대상을 영상 이미지로 포착하기 위해서 연구진은 EEG에서 한 걸음 더 나아가 기능적 자기공명영상[fMRI]을 이용했다. 이 기기는 혈류의 변화를 포착해 뇌의 활동을 측정한다.

한 실험에서 그들은 지원자들에게 몇 시간 동안 fMRI 기계 안에 누워 할리우드 영화의 예고편들을 보게 했다. 이들의 두뇌 활동은 영화 속에 등장하는 시각적 패턴과 이에 대응하는 두뇌 활동을 연관시키도록 학습 받은 컴퓨터 프로그램에 공급되었다. 최종적으로 그들은 지원자들이 머릿속에서 보고 있는 화면을, 흐릿하지만 알아볼 수 있는 영상 버전으로 재생산할 수 있었다.

아직 이 기술은 황금기를 누릴 단계에 도달하지는 못했다. 누구도 자신의 꿈을 녹화하려고 매일 밤 덩치 큰 fMRI 기계에 누워서 잠들고 싶어하지 않을 테니 말이다. 하지만 결국 이런 기술 덕분에 우리는 아침에 일어나서 지난밤에 꾼 꿈을 볼 수 있게 될지도 모른다.

전 세계 연구소에서 나오는 장밋빛 결과들에도 불구하고, 이 기기들의 현재 버전에는 여전히 제한점이 많다. 우리가 진정으로 대량화된 연결성의 미래로 바로 뛰어들어 우리 뇌를 인터넷에 연결하고 싶다면, 뇌에 칩을 심는 것보다 더 좋은 방법은 없다. 당신의 두개골을 비집어 열고 센서 몇 개를 집어넣는다고 한다면 어떨 것 같은가? 하지만 우리가 좋아하건 싫어하건, 이 기술은 우리를 향해 다가오고 있다.

신경 임플란트와 브레인 칩

호모 사피엔스의 진화를 살펴보면, 인간의 뇌는 과거 3만 년 동안 변화하지 않았다. 우리의 뇌는 본질적으로 동굴 생활을 하던 선사시대 조상들의 뇌와 같다. 하지만 우리를 둘러싼 세계는 극적으로 변화했다. 어떻게 선사시대의 뇌는 수렵 채집을 하면서 보낸 수천 년과는 완전히 다른 현대의 하이테크 사회에서도 기능할 수 있는 것일까? 그것은 우리 뇌가 믿을 수 없을 만큼 유연하기 때문이다.

인간의 뇌는 한번 새겨지면 바꿀 수 없는 하드코드 형식이 아니다. 인간의 뇌는 가소성plasticity이 매우 높다. 인간 뇌의 경로는 쉽게 덮어씌울 수 있다. 새로운 습관과 태도가 평생에 걸쳐 우리 뇌를 재설계한다. 당신이 새로운 기술을 배울 때마다, 뇌 속의 신경 회로가 바뀐다. 덕분에 인간은 시를 쓰는 일부터 마천루를 건설하는 일까지 무엇이든 할 수 있다. 뇌의 이런 성격 덕분에 우리는 매우 다른 환경에서도 적응할 수 있는 것이다.

아마존 밀림과 칼라하리 사막, 안데스 산맥처럼 다양한 장소에서 생존하는 법을 배워야 했던 선사시대 조상들에게 이런 특성은 필수적이었다. 인간 뇌의 유연성 덕분에 우리는 지구에서 군림할 수 있었고, 우리의 니즈에 맞게 이 행성을 재구성할 수 있었다. 하지만 우리가 이룬 모든 진보에도 불구하고, 여전히 두뇌가 실제로 어떻게 작동하는지에 대해서는 상대적으로 알려진 바가 거의 없다. 우리는 우리의 의식에 관해서도 온전히 이해하지 못한 상태이다.

뇌-컴퓨터 인터페이스를 활용하여 과학자들은 이제 막 우리 두개골 아래에 존재하는 미스터리를 풀어내기 시작했다. 말할 때마다 팔을 휘젓는 매력적인 습관이 있으며, 설득력 있게 말하는 통통한 체격의 브라질 사람인 미겔 니코렐리스는 이 분야에서 선구적인 연구자 중 한 사람이다. 그는 신경생리학과 교수로서 지난 30년간 뇌-컴퓨터 인터페이스의 한계를 확장하는 일련의 실험들을 설계해왔다.

어린 시절 니코렐리스는 할머니와 오후 내내 뒷마당을 탐험하면서 과학에 매료되었다. 상파울루 대학교에서 박사학위를 받은 그는 자문교수이자 브라질 신경과학 분야의 대부인 세자르 티모 이아리아에게 가서 자신은 한 번에 하나의 뉴런에만 귀를 기울이는 데에 질렸다고 토로했다. 그런 속도라면 10억 년은 족히 지나야 자신의 연구가 완성될 것 같았다. 그는 수백 개의 뉴런들을 동시에 녹화해서 뇌의 교향곡을 듣고 싶었다. 티모 이아리아는 그에게 미국행 비행기를 타고 가서 그런 연구에 돈을 댈 만큼 충분히 미친 사람을 찾으라고 조언했다.

니코렐리스는 이 조언을 받아들였고, 마침내 듀크 대학교에 자리를 잡았다. 그곳에서 그는 연구의 범위를 확장하기 시작했다. 2002년에 그의 팀은 오로라라고 불리던 뱅골원숭이의 두개골을 열고 96개가 1열로 배열된 가느다란 전극들을 이식했다. 오로라의 두뇌는 이 전극들을 통해 비디오 게임용 조이스틱을 제어하는 로봇 팔과 연결되었다. 오로라는 어떻게 하면 오로지 생각만으로 커서를 화면에서 움직일 수 있는지 알아냈다. 오로라는 목표물 위로 커서를 움직일 때마다 오렌지주스를 보상으로 받았다.

단순히 케이라고 불리던 원숭이를 대상으로 한 다음 실험에서 그들은 뇌에 삽입되는 미세섬유열의 숫자를 늘렸다(각 96개의 미세섬유로 이루어진 열이 6개이고 미소전극의 총 수는 576개였다). 그런 다음 이 것을 휠체어의 움직임을 제어하는 컴퓨터에 연결했다. 원숭이는 곧바로 생각만으로 휠체어를 제어하는 법을 배웠고, 과즙이 가득한 포도가 담긴 접시로 향하는 길을 찾는 데에 매우 능숙해졌다.

니코렐리스는 원숭이가 뇌만으로 로봇 팔과 휠체어를 제어할 수 있다면, 인간 역시 분명 그렇게 할 수 있다는 사실을 깨달았다. 다음 실험에서 그는 뭔가 다른 것을 시도해보기로 했다. 이번에는 쥐 두 마리의 뇌를 인터넷에 직접 연결했다. 쥐들은 서로 다른 도시에 있는 별개의 우리에 갇혀 있었다. 맛있는 간식이 제공될 때마다 과학자들은 첫 번째 쥐의 우리에 노란색 조명을 켰다. 쥐는 불빛이 보일 때마다 간식을 얻으려면 레버를 눌러야 한다는 것을 배웠다. 두 번째 쥐는 간식을 먹을 수 있다는 정보를 전혀 얻지 못했다. 하지만 두 번째 쥐의 뇌가 인터넷을 통해서 첫 번째 쥐와 직접 연결되어 있었기 때문에, 두 번째 쥐도 뇌의 신호를 받았다. 짧은 시간 내에 두 번째 쥐는 첫 번째 쥐의 뇌 신호를 해석하고 레버를 누르는 법을 익혔다. "이 실험은 우리가 뇌들 간에 직접 소통할 수 있는 고도의 연결망을 구축했다는 사실을 보여준다."[3] 니코렐리스의 말이다.

간단히 말해서 니코렐리스는 인터넷을 통해 살아 있는 하나의 뇌에서 다른 뇌로 생각을 전달하는 데 성공한 것이다. 생각해보면 이것은 엄청난 성취이다. 이는 우리가 뇌에서 뇌로 직접 정보를 전달할 수 있는 능력을 보유하고 있음을 의미한다. 우리는 그저 전극을 심고 인터넷을 통해 서로를 연결하기만 하면 되는 것이다.

니코렐리스는 거기서 더 나아가 실험을 약간 수정했다. 첫 번째 쥐가 보내는 뇌 신호를 두 번째 쥐가 성공적으로 해독하여 간식을 얻을 때마다, 첫 번째 쥐에게 추가적인 보상을 해주는 것이다. 두 쥐의 뇌는 이익을 극대화하기 위해서 잠재의식 수준에서 동기화되기 시작했다. 이 피드백 루프는 첫 번째 쥐가 더 명확한 신호를 보내서 쥐들 사이의 소통을 개선하고 보상의 개수를 늘리도록 독려했다. 쥐들은 그들의 뇌가 하나의 유닛으로 작동하고 있다는 사실을 인식조차 하지 못했다.

오늘날 뇌 이식을 받는 대상은 쥐와 원숭이만은 아니다. 사람들도 자원을 하고 있다. 스탠퍼드와 브라운 대학교의 협업 기관인 브레인게이트BrainGate에서 연구자들은 사지마비 환자들의 뇌에 아스피린보다 작은 크기의 칩을 이식하여, 그들이 생각만으로 로봇 팔을 제어할 수 있도록 돕고 있다. 스탠퍼드 대학교의 생물공학자인 폴 누유주키안은 말한다.

"실험 초기에 환자 한 분이 정말로 하고 싶은 일들 중 하나가 다시 음악을 연주하는 거라고 말했다. 지금 그녀가 디지털 키보드를 치는 모습을 보는 것은 환상적이다."[4]

그뿐만이 아니라 사지마비 환자들은 생각만으로 태블릿에 있는 애플리케이션을 이용할 수 있었다. "이 태블릿은 내게 두 번째의, 그것도 매우 직관적인 본성이 되었다." 실험 대상자들 중 한 사람이 말했다. "내기억에는 마우스를 사용하던 때보다 더 자연스럽게 느껴진다."

사지가 마비된 사람이 갑자기 컴퓨터를 다시 사용하고, 음악을 연주하고, 직접 음식을 먹고, 휠체어에 앉아 운전을 할 수 있다면, 분명 엄청난 자유를 느끼게 될 것이다. 게다가 이것은 시작에 불과하다. 불행한 사고 이후, 데니스 디그레이의 몸은 쇄골 아래부터 마비되었다. 하지만 그는 이제 브레인 칩 덕분에 친구들에게 문자 메시지를 보낼 수 있다.

캘리포니아 주립대학교 샌프란시스코 캠퍼스USCF의 과학자들은 AI의 도움을 받아 뇌 신호를 말로 바꾸는 데 성공했다. 그 실험에서 뇌에 전극을 이식한 실험 자원자들은 AI가 자신의 뇌 신호를 파악하고 자신의 음성과 유사한 합성음성을 낼 수 있도록 훈련시켰다. 신경외과 교수인 에드워드 창은 "이 연구는 우리가 개인의 뇌 활동을 바탕으로 온전한 구어 문장을 만들 수 있다는 사실을 처음으로 시연했다"라고 말한다.[5]

일론 머스크는 이것이 미래라고 믿는다. 스타트업 뉴럴링크Neuralink는 이 대학들의 연구를 상업화하고 발전시키기 위해서 수억 달러의 자금을 조성했다. 뉴럴링크는 뇌 손상과 척수 부상으로 고통 받는 사람들은 물론이고, 알츠하이머와 파킨슨병 등으로 신경학적 제약을 겪는 사람들의 삶을 개선하고자 한다. 그러나 그들의 궁극적인 목적은 인공지능과 연결될 뇌의 제3수준을 창조하는 것이다.

머스크는 말한다. "나는 고대역폭 뇌 인터페이스가 있다면, AI와 결합한다는 옵션이 가능하다고 생각한다."[6]

그 단계에 도달하기 위해서 뉴럴링크는 브레인 칩 이식을 라식 수술처럼 고통이 없고 단순한 과정으로 만들고 싶어한다. 그들은 국소마취만 한 상태에서 레이저로 머리에 작은 구멍을 뚫고 칩을 바로 밀어넣는 외래 치료를 구상하고 있다. 이제까지 이룬 모든 발전에도 불구하고, 나는 빠른 시일 내에 브레인 칩을 이식하라고 추천하고 싶지는 않다. 아직 가야 할 길이 멀기 때문이다. 전극이 몸속에서 녹아 부식될 수도 있고, 이 기기들의 수명이나, 이를 몸속에 넣고 살아가는 일이 가져올 장기적 효과를 아는 사람은 아무도 없다. 기술적인 장애물이 극복될 수 있다고 해도, 대량 도입을 보류하게 하는 가장 큰 문제는 뇌에 낯선 물체를 삽입하는 것에 대한 사람들의 공포이다.

차세대 뇌-기계 인터페이스

MIT 연구자들은 완전히 다른 접근방식을 취했다. 그들이 만든 알터에고AlterEgo라는 기기는 뇌파를 읽지 않는다. 그 대신 하위 발성subvocalization이라고 불리는 과정에 의존한다. 사람들이 머릿속으로 혼잣말을 할 때, 성대 주변의 근육이 활성화된다. 알터에고는 이런 미세한 근육 움직임을 감지하고 해독할 수 있다. 그 결과는 소리 없는 말silent speech이다.

이 프로젝트를 시작한 MIT의 대학원생 아르나브 카푸르는 말한다. "우리 생각은 이런 것이었다. 더 내면적이고, 어떤 의미에서는 인간과 기계가 혼합된 상태이면서, 자기 인식의 내적 확장처럼 느껴지는 컴퓨팅 플랫폼을 만들 수 있을까?"[7] "우리가 완벽하게 사물을 기억하고, 컴퓨터만큼 빠르게 숫자를 계산하고, 소리 없이 다른 사람들과 문자를 주고받고, 갑자기 다중언어자가 되어서 한 가지 언어의 통역을 머릿속에서 듣고 다른 언어로 대답할 수 있다고 상상해보라."[8]

카푸르는 인도 뉴델리에서 자랐고, 이 프로젝트에 자신만의 관점을 도입했다. 그는 우리를 대체하는 대신, 보강해주는 기술을 구축하고 싶어한다. 그의 목표는 인지 능력을 증강시키는 동시에 우리의 호기심과 창의성을 자극하는 기기를 설계하는 것이다. 카푸르의 독창성에는 한계가 없어 보인다. 그는 아직 20대임에도 이미 3D 프린터로 인쇄할 수 있는 드론을 발명했고, 대규모로 유전자 발현을 측정하는 실험을 했으며, 시각 장애인들에게 세상에 관한 이야기를 해주는 오디오 기기를 개발했고, 달 표면 작업차lunar rover 설계에 관한 협업을 해왔다.

이들 MIT 팀 덕분에 알터에고는 "지금 몇 시지?" 같은 기본적인 키워드를 인식하고, 골전도 헤드셋을 통해서 사용자가 들을 수 있게 답변을 할 수 있는 단계에 도달했다. 알터에고는 숫자를 더하거나 화면에서 커서를 움직이는 등의 기본적인 과제도 수행할 수 있다. 알터에고의 가장 좋은 점은 이것이 진정한 뇌-컴퓨터 인터페이스가 아니라는 사실이다. 알터에고가 당신의 가장 내밀한 생각을 읽을 수 없다는 의미이다. 당신이 소리를 거의 내지 않고 하는 말들을 번역할 뿐이다.

카푸르는 말한다. "나는 매일 쓰는 인터페이스가 사용자의 사적인 생각까지 침범하지 않는다는 사실이 절대적으로 중요하다고 믿는다. 이 기기로는 사용자의 두뇌 활동에 물리적으로 접근할 방법이 없다. 우리는 어떤 사람이 다른 사람이나 컴퓨터에 어떤 정보를 전달할 것인지의 여부를 완벽하게 통제할 수 있어야 한다고 생각한다."[9]

그들이 이룬 모든 진전에도 불구하고, MIT의 프로토타입은 여전히 진행 중이다. 기기를 상용화할 준비가 되었는지 물어보려고 카푸르에게 연락했을 때, 그는 아직 시간이 조금 더 걸릴 것이라고 말했다. 하지만 필요한 시간과 자금이 주어진다면, 그는 그 기기를 "눈에 띄지 않도록" 만들고 싶어한다. 무선 이어폰보다 주의집중을 덜 방해하도록 하겠다는 뜻이다.

알터에고는 뇌-컴퓨터 인터페이스의 미래를 바꿔놓을 만한 잠재력을 가진, 바로 지금 등장하고 있는 수많은 신기술 중 하나일 뿐이다. 또 다른 기술로는 e-타투라고도 불리는 경막외 전자기기epidural electronics가 있다. e-타투는 종잇장보다 얇고 반창고처럼 유연하다. 스티커처럼 그저 피부에 붙이기만 하면 된다. 그러면 이 기기는 당신의 뇌파를 읽을 수 있다. 유럽 연구자들은 전통적인 EEG 기기만큼 정확하면서도 잉크젯 프린터를 이용해서 저렴하게 생산할 수 있는 e-타투 전극을 실험 중이다. 스타트업들은 머지않아 귀 뒤편이나 앞머리 아래에 붙일 수 있는 뇌-컴퓨터 인터페이스를 마케팅하기 시작할 것이다. 그러면 당신보다 더 똑똑한 사람은 아무도 없게 될 것이다.

EEG보다 훨씬 더 정확하게 뇌를 읽을 수 있게 해줄 다른 기술들도 등장하고 있다. 예를 들어 유사탄도 광양자quasiballistic photon를 이용하면 두개골을 꿰뚫고 뇌 내부에서 벌어지는 일을 보는 것이 가능하며, 이는 EEG 기기들보다 훨씬 더 정확하다. 이런 기술들이 가진 잠재력에 흥분한 마크 저커버그는 2017년에 이 기술들을 이용한 애플리케이션을 연구할 목적으로 빌딩 에잇Building 8이라는 특별 하드웨어 사업부를 만들었다. 최초로 이 사업을 발표하면서 페이스북은 대대적인 광고를 했지만, 그후 수년간 이렇다 하게 실현된 것은 없었다. 신경 정보를 추출하는 이런 방식은 소비자용 기기에 사용되기에는 여전히 너무 느리다.

전 세계에서 실험이 진행 중인 다른 기술로는 초음파와 무선 주파수, 자기장, 전기장이 있다. 일부 연구자들은 나노 변환기까지 탐색 중에 있다. 나노 변환기는 머리카락 굵기의 작은 입자들로, 외부의 자기 에너지를 뇌 내부의 전기 신호로 변환할 수 있다. 사람의 머릿속에 삽입될 경우 이 기기는 뇌-컴퓨터 인터페이스의 역할을 할 수 있다. 또다른 가능성은 바이러스를 활용해서 DNA를 세포 속으로 삽입시켜 그 세포가 나노 변환기의 역할을 하도록 세포의 기능을 바꾸는 방법이다.

서던 캘리포니아 대학교의 생물의학 공학자인 시어도어 버거는 사상가이자 수선쟁이, 몽상가이다. 그는 내부 성찰과 성취, 그중에서도 주변 사람들에게 영향력을 미치는 성취를 높게 평가하는 가정에서 자랐다. 버거는 심리학에는 행동의 원인과 결과를 온전하게 이해할 수 있게 해주는 도구가 없다는 사실을 깨닫고, 이 수수께끼를 알아내는 일에 평생을 바쳤다. 그는 단기기억을 장기기억으로 바꿀 수 있는 인공 해마를 개발하는 연구를 하고 있다.

버거는 말한다. "우리는 개별적인 기억을 뇌 속에 저장하려는 것이 아니다. 우리는 기억을 생성하는 역량에 접근 중이다."[10] 이것이 뇌가 장기기억을 저장하는 방법을 이해하는 첫 단계이다. 이 연구가 성공한다면, 다음 단계는 새로운 기억을 뇌에 직접 입력하는 방법을 파악하는 연구가 될 것이다.

실제로 미국 방위고등연구계획국DARPA은 군인들의 뇌에서 데이터를 읽고 쓴다는 뚜렷한 목적을 가지고 스마트 헬멧과 그밖의 다른 양방향성 기기들을 연구하는 데 수천만 달러를 투자하고 있다. 그들은 이 프로젝트를 "차세대 비수술 신경기술"이라고 부른다. DARPA의 신경기술과 인간-기계 상호작용 분야의 전문가인 알 에몬디는 이렇게 말한다. "수술을 하지 않아도 사용할 수 있는, 좀더 접근이 쉬운 뇌-기계 인터페이스를 만든다면, DARPA는 전력지휘관들이 빠르게 전개되는 역동적인 작전 상황에 지속적으로 유의미한 참여를 할 수 있도록 돕는 도구를 제공할 수 있게 된다."[11]

카네기 멜런 대학교 연구팀은 DARPA의 지원을 받아 특정한 뉴런에 정보를 기록할 때는 서로 간섭하는 전기장을 이용하고, 신경 활동을 기록할 목적으로 뇌를 이리저리 비추는 빛을 안내할 때는 초음파를 이용하는, 완전히 비침습적인 장비를 만들고 있다. DARPA의 지원을 받은 라이스 대학교 연구팀은 뇌에서 정보를 읽고 기록하는, 침습성과 양방향성을 가진 정밀한 시스템을 개발하는 것이 목표이다. 읽는 기능을 위해 이 기기는 분산된 광학 단층촬영을 이용할 예정이다. 쓰는 기능을 위해서는 뉴런들이 자기장에 대한 민감성을 높일 수 있는 자기유전학magneto-genetic 접근방식을 활용할 예정이다.

미국 국방부에서는 뇌에서 정보를 읽고 기록하는 일이 모두 가능하다고 믿는 것 같다. 군의 입장에서 그런 가능성이 가지는 가치는 명확하다. 혼란스럽고 시끄러운 전투 현장에서 뇌-컴퓨터 인터페이스를 사용하는 군인들은 클라우드 기반 AI와 위성, 드론, 탱크, 다양한 로봇들과 실시간으로 정보를 공유하고 협업할 수 있다. 즉, 인간과 기계 양쪽을 모두 포함한 전투력 전체를 강력한 무기로 바꿔놓을 수 있다.

그렇다면 이런 상황이 우리를 어디로 인도하는 것일까? 기술 진보는 선형적으로 일어나지 않는 만큼 이 질문에 답변하기란 어렵다. 기술 진보는 갑작스런 경련처럼 발생한다. 진정한 돌파구는 내일 발견될 수도 있지만, 수 년 혹은 심지어 수십 년이 걸릴 수도 있다. 우리가 알고 있는 사실은 그런 일이 일어나리라는 점이다. 언젠가 뇌-컴퓨터 인터페이스가 우리를 인터넷에 자연스럽게 연결시킬 수 있게 되리라는 점에는 의심의 여지가 없다.

마인드 어시스턴트와 브레인 애플리케이션

뇌-컴퓨터 인터페이스는 우리의 일상적인 삶을 어떻게 바꿔놓을까? 이 기기는 결국 스마트폰을 대신해서 우리의 주된 소통 도구가 될까? 그럴 가능성은 충분하다. 특히 이 기기들이 우리의 인지 기능과 원활하게 함께 일하도록 설계되어 마인드 어시스턴트와의 대화가 마치 자기 자신과의 대화처럼 자연스럽게 느껴진다면 말이다. 어찌되었건 우리는 머릿속에서 끊임없이 자신과 대화를 나눈다. 이 대화에 진보된 AI가 합류하도록 초대하지 않을 이유가 있을까? 특히나 AI가 문제를 해결해주고, 기분을 전환시켜주고, 업무 수행의 수준까지 높여준다면 말이다.

고도화된 AI는 우리의 인지적 흐름과의 결합이 힘들지 않고 자연스럽게, 강요되지 않은 것처럼 느껴지도록 설계될 것이다. 다소 지루할 수 있는 시리나 알렉사, 구글홈과의 대화와 달리, 잘 설계된 인지적 AI는 의식의 흐름과 결합하여 그들이 필요할 때까지는 거기에 있는지조차 깨닫지 못하게 될 것이다. AI는 내적 대화를 끊임없이 모니터링하고, 니즈를 예측하고, 우리가 원한다고 판단하는 것이라면 무엇에든 대응할 준비가 되어 있을 것이다. 우리가 어떤 사실을 기억하려고 애를 쓰고 있을 때, 자극이 없어도 AI는 지능형 에이전트intelligent agent를 활성화해서 그 정보를 인터넷에서 찾아보고 우리에게 제시할 것이다. 메시지를 보내고, 전화를 걸고, 누군가와 대화를 시작하는 것은 그 사람의 이름을 생각하고 마음속에서 메시지를 끄적거리기만 하면 될 정도로 단순해질 것이다.

동시에 우리는 머릿속에서 인터넷 검색을 할 수 있게 된다. 알고 싶은 것은 무엇이건 그저 상기하기만 하면 된다. 실시간으로 온라인에서 정보를 찾아볼 수 있다면 정보를 암기할 이유도 없다. 신속하게 재검색할 수 있도록 어떤 정보를 저장하고 싶다면, 용량이 무제한인 가상의 클라우드 저장 공간을 보유하도록 뇌를 향상시키면 된다. 결국 우리는 뇌에서 형성된 이미지를 업로드하고 저장하거나, 그 이미지를 친구나 동료에게 보낼 수 있게 될지도 모른다. 현재 사진이나 영상을 공유하는 것처럼 말이다.

아울러 복잡한 계산을 할 때, 전 세계에 있는 컴퓨터의 처리 성능을 활용해 도움을 받을 수도 있을 것이다. 지능 향상에 특화된 한 집단의 브레인 애플리케이션이 만들어질 수도 있다. 스마트폰에 앱을 다운로드하듯이, 행동을 조직화하고, 경험을 공유하고, 게임을 하고, 주식시장에 진입하고, 외국어를 번역하고, 여행 일정을 계획하는 등의 일을 할 수 있게 해주는 다양한 마인드 앱들 중에서 선택을 할 수도 있을 것이다.

이들 앱은 우리의 근본적인 인지 과정과 자연스럽게 같이 작동하도록 설계될 것이다. 이 앱들의 목표는 삶을 단순하게 만들면서도 우리가 훨씬 더 효율적으로 살아갈 수 있게 하는 것이다. 또한 약속을 상기시키고, 회의 일정을 잡고, 업무와 관련된 프로젝트를 관리하고, 재정을 돌보고, 셀 수 없이 많은 업무의 후속 관리를 하는 등의 과제를 수행할 수 있다. 심지어 마인드 어시스턴트에게 업무상 거래를 협상하고, 법적 계약에 서명하고, 친척들을 위한 선물을 구입하고, 우리를 대신해서 아이들을 지켜보는 역할을 해달라고 말할 수도 있을 것이다.

어느 시점이 되면, 우리는 마인드 어시스턴트를 자기 자신의 확장으로 보게 될지도 모른다. 그들이 나에게 가장 이익이 되는 방향으로 행동하리라고 믿게 될 수도 있다. 무엇인가를 걱정하는 대신, 우리는 안고 있는 문제들 중 많은 것을 마인드 어시스턴트에게 위임하고 최고의 해결책을 도출하도록 할 수도 있다. 하지만 이 이야기가 경이롭고 유용하게 들리는 만큼, 거기에는 비용이 따른다. 누군가, 특히 대기업이 우리의 뇌에 접근하도록 허용하는 일은 심각한 프라이버시 침해와 보안 위험을 제기한다. 우리가 해킹을 당한다면 어떻게 될까?

브레인 해킹, 마인드 컨트롤, 마음의 프라이버시

아무리 뇌-컴퓨터 인터페이스가 삶의 질을 극적으로 개선하고, 직장에서 업무를 더 잘 수행할 수 있게 해주고, 새롭고 놀라운 경험을 가능하게 해준다고 해도, 우리는 진정 이런 기기가 우리의 내밀한 생각에 접근하기를 원할까?

우리 대부분은 페이스북, 아마존, 애플, 구글 같은 대기업들이 우리가 하는 웹 검색과 친구들과의 채팅, 사용하는 앱, 구매하는 제품, 하루 중 특정한 시간에 있는 장소까지, 온라인에서 우리가 하는 모든 일을 모니터링하고 있음에도 이를 용납한다. 당신은 프라이버시에 신경쓰는 사람들이 더 많을 것이라고 생각하겠지만 사실은 그렇지 않다. 대부분의 사람들은 단순히 신경을 쓰지 않는다. 자기 데이터에 대한 대부분의 걱정보다 스마트폰을 사용하는 편리함이 더 크게 작용하기 때문이다.

페이스북과 같은 회사들은 수입을 극대화하기 위해서 사람들의 이런 안일함을 자신들에게 유리하게 이용한다. 현재 사람들의 데이터를 남용했던 일과 관련해 전 세계 정부들이 페이스북에 문제를 제기하고 있다. EU를 포함한 대부분의 국가들에서는 더 엄격한 사생활 보호법을 제정했고, 미국의 일부 정치인들은 페이스북이 분할되거나 엄격한 규제를 받게 되기를 원한다.

이와 동시에 보통 사람들은 사실상 투항했다. 페이스북이 거짓말을 반복하고, 고객 데이터를 평판이 나쁜 정보원에게 넘기고, 프라이버시를 거의 존중하지 않는 모습을 보인 후에도 줄지어 페이스북을 떠나는 일 같은 것은 없었다. 페이스북의 주가는 위기의 나락을 지난 후에 반등했고, 받은 항의에 대해서 말뿐인 인정을 하기는 했지만 페이스북이 여전히 프라이버시보다 이익을 우선시한다는 사실은 명백하다.

정부가 개입해서 사람들의 프라이버시를 보호하지 않는다면, 뇌-컴퓨터 인터페이스에서 추출한 데이터가 온라인 데이터보다 조금이라도 더 안전하게 다루어질 수 있을까? 그럴 것 같지는 않다. 정부가 이런 기기들이 할 수 있는 일을 엄밀히 규제하지 않는다면, 기업들은 자연히 사업 확장을 위해 그런 상황을 이용할 것이다. 대부분의 기업들은 제품을 판매하거나, 광고를 팔거나, 개인화된 서비스를 제공하거나, 사람들이 무엇을 하고 어떻게 행동할 것인지를 예측하기 위해, 뇌에서 추출한 데이터를 이용할 권리를 자발적으로 포기하지는 않을 것이다.

따라서 우리는 진정으로 이런 기기들을 원하는지 자문해야 한다. 정부가 우리를 보호해줄 거라고 믿는가? 정부가 규제를 한다고 해도, 이런 하드웨어와 소프트웨어를 개발하는 기업들이 그런 규제를 지킬 것인가? 그리고 지키지 않는다면 어떤 처벌이 가해질 것인가?

일단 우리가 인터넷에 뇌가 연결된 상태로 돌아다니기 시작한다면, 우리 정신의 프라이버시가 존중될 거라고 어떻게 확신할 수 있을까? 페이스북 같은 회사들이 우리의 모든 행위를 추적하고 있다는 사실을 온전히 이해하는 상태에서 의도적으로 인터넷에 뭔가를 올리는 행위는 별개의 문제이다. 하지만 우리의 생각 중 어떤 부분을 뇌-컴퓨터 인터페이스 기기가 모니터링하고 있고, 그 기기가 그 정보로 어떤 일까지 할 수 있을지 우리가 어떻게 확실히 알 수 있을까?

가상 시나리오들을 한 번 고려해보자. 당신이 일터에 있고, 직장 동료들 중 한 사람에게 호감이 있다고 해보자. 이 사람은 당신 회사의 직원일 것이고, 당신은 공상에 빠지기 시작한다. 행동은 통제할 수 있겠지만, 생각을 통제하기는 훨씬 더 힘들다. 일터에 있는 모든 사람들이 생산성 향상을 위해 뇌-컴퓨터 인터페이스를 사용한다면, 이런 상황은 당신에게 어떤 의미를 가질까? 당신의 개인적인 생각도 컴퓨터 서버에 접속이 될까? 정신적인 성적 학대를 가했다고 당신을 해고할 수도 있을까? 아마도 아닐 것이다. 하지만 그후에 당신이 다소 성적으로 아슬아슬한 발언을 한다면, 그리고 당신의 동료가 불만을 제기한다면? 당신이 재판정에 불려나간다면 이런 데이터는 어떻게 될까?

데이터에 아무 일도 발생하지 않는다고 해도, 당신은 어떤 회사든 간에 그 회사가 당신의 마음속 가장 은밀한 부분에 접근하기를 진정으로 원하는가? 생각과 감정, 기억들을 찾아내서 돈을 벌기 위해, 혹은 더 나쁜 목적에 이용하기 위해 잠재적으로 당신의 뇌를 샅샅이 뒤질 수 있는 뇌-컴퓨터 인터페이스를 설치하는 일을 편안하게 느끼는 것이 도대체 가능이나 한 일인가?

그럼에도 불구하고 지금 만약 당신이 온라인에 접속해 있다면, 당신은 아마도 추적을 당하고 있을 것이다. 그리고 충분한 데이터가 모이면, 똑똑한 알고리즘은 당신의 마음에 대한 분석을 시작할 수도 있다. 심지어 상당히 정확한 개인 프로파일도 구축할 수 있다. 그렇다면 여기에 차이점이 있는가?

기업이 이 기기들이 안전하다고 우리를 안심시키려고 안간힘을 쓰게 될 이유가 이것이다. 페이스북은 이미 그들의 미래 뇌-컴퓨터 인터페이스는 사용자가 소리 내지 않고 말하는 내용만을 기록하리라는 점에서 MIT의 알터에고와 비슷할 거라고 밝혔다. 하지만 생각처럼 개인적인 대상과 관련해서 그것이 어떤 회사든 우리가 그들을 신뢰할 수 있을까?

나는 우리의 뇌 속 데이터를 보호하기 위한 독립적인 방법이 필요하다고 믿는다. 그 방법은 뇌 속의 모든 데이터에 관한 통제와 권리를 유지할 수 있는, 미래 블록체인이나 또다른 안전성이 높은 저장 시스템의 형태로 등장할 수 있을 것이다. 뇌의 각 부분에 대한 접근을 제한하는 특별한 하드웨어를 이식할 수도 있을 것이다. 모든 기술적인 문제에는 기술적인 해결책이 있다. 하지만 어떤 수준에 도달하면 이 모두는 어느 정도의 신뢰가 필요하다. 누군가 혹은 어떤 회사가 항상 하드웨어와 소프트웨어를 만들어낼 것이기 때문이다.

그렇다면 기업들이 우리의 데이터를 보호할 것임을 보장할 수 있는 방법이 있을까? 아마도 없을 것이다. 기억해보라. 사람들은 알렉사와 그들의 대화를 인간들이 듣고 있다는 사실을 알고 놀랐다. 듣는 사람들은 자기 업무를 하고 있는 아마존 직원들이었다. 하지만 여전히 그 사실이 불편하지 않은가? 우리들 중 많은 사람들이 알렉사를 침실에 두고 있다. 그리고 이들 기기가 켜져 있을 때, 우리는 자신이 하는 말이나 행동을 항상 점검하지는 않는다.

빅테크 기업들이 앞으로 하게 될 약속을 의심해야 하지 않을까? 그리고 정부가 어떻게 우리 뇌 속 데이터를 이용할 수 있을지에 대해서는 심지어 더 걱정해야 하는 것이 아닐까? 에드워드 스노든은 미국 국가안보국NSA이 전 세계 사람들을 대상으로 대량 비밀 감시 프로그램을 시행해 왔다고 폭로했다. 그들은 어떤 공적인 감시도 받지 않았고, 그들의 행위는 미국 헌법의 한계를 벗어났다. 그들이 상업적인 뇌-컴퓨터 인터페이스에 잠입할 수 있는 백도어backdoor를 개발하지 않을 거라고 생각할 만한 이유가 있을까? 이 문제는 단지 미국 정부에만 국한되지 않는다. 망설임 없이 똑같은 일을 할 국가들이 대부분일 것이다.

나는 국민의 행동을 더 잘 통제하기 위해서 독재정부가 국민에게 뇌 임플란트를 받으라고 강요하는 세계를 상상해본다. 이런 디스토피아적 미래는 오늘날 일부 정부에서 어떻게 소셜 미디어를 모니터링하고, 인터넷 콘텐츠를 걸러내고, 심지어 스마트폰에 스파이앱을 설치하는지 생각해볼 때, 모두 너무나 현실적이다. 일부 국가에서 전 국민을 대상으로 뇌-컴퓨터 인터페이스를 항상 착용하도록 요구하는 것도 시간문제일 뿐이다.

더 두려운 것은 누군가가 그저 사람들의 뇌를 모니터링하기 위해서가 아니라 그들의 기억을 새롭게 쓰고, 행동을 통제하기 위해서 이 기술을 이용할 때 어떤 일이 벌어질까 하는 점이다. 이것은 고약한 공상과학영화에 나오는 이야기가 아니다. 중국 저장 대학의 연구자들은 실제로 뇌-컴퓨터 인터페이스를 이용해 쥐의 마음을 통제하는 실험을 시행했다. 그들은 이렇게 기록했다. "이 실험 결과는 사이보그 쥐들이 인간의 생각에 따라 원활하게 길을 찾아내고 복잡한 미로를 빠져나가는 과제를 완수할 수 있음을 보여주었다."[12]

이 실험에서 브레인 칩이 이식된 쥐는 인간 조작자가 왼팔을 움직이는 동작을 생각할 때마다 왼쪽 방향으로 돌라는 명령을 받았다. 오른팔을 움직이는 동작을 생각할 때마다 쥐는 오른쪽 방향으로 돌았다. 그가 눈을 깜박일 때마다 쥐는 앞으로 나아갔다. 전체 실험 시간 동안 쥐는 마치 자신이 의사결정을 내리는 것처럼 행동했다.

텍사스 대학교 사우스웨스턴 의료센터 연구진은 새들의 뇌에 가짜 기억을 이식해서 그들이 노래하는 방식을 바꿔놓기도 했다. 연구진은 레이저를 이용해서 뉴런 사이의 시냅스에서 일어나는 활동을 조작했다. 연구팀의 일원인 토드 로버츠는 이렇게 말했다. "우리는 새의 뇌에 있는 경로를 하나 파악했다. 이 경로를 활성화시키면 음절들의 지속 시간에 관한 잘못된 기억을 이식할 수 있다."[13]

해커가 우리 뇌 속으로 들어올 수도 있다는 생각만으로도 공포스럽다. 당신의 뇌가 인터넷과 연결되어 있다면, 아무리 높은 수준의 보안을 구축해도 당신의 안전은 보장될 수 없다. 어떤 것이든 해킹을 당할 수 있다. 바로 지금 사기꾼들이 스마트폰을 해킹해서 신분을 훔쳐가기만 해도 우리는 충분히 불행하다. 그들은 당신의 신용을 망쳐놓음으로써 6개월 동안 당신의 삶을 끔찍하게 만들 수도 있다. 하지만 당신이 뇌-컴퓨터 인터페이스를 착용하고 있다면, 신분을 훔치는 일은 완전히 새로운 의미를 가지게 된다.

해커들은 돈과 비밀번호를 훔치는 것만으로 만족하지 않을 수도 있다. 당신의 기억을 고쳐 쓰고 마음을 새로 프로그래밍해서 당신의 과거를 훔치고 싶어할 수도 있다. 미처 깨닫지도 못한 채 당신은 그들의 노예가 될 수도 있다.

우리는 경찰이 우리의 모든 움직임을 모니터링하고, 해커들이 잘못된 기억을 심어서 우리를 통제하며, 사적인 생각의 대부분이 다른 누군가의 것이 되는 사이버펑크적이고 디스토피아적인, 오웰의 악몽으로 가는 길을 향하고 있는 것일까? 그렇지 않기를 바란다. 하지만 어떻게 우리가 이 문제를 해결할 수 있을까? 지금 막 램프에서는 사악한 지니가 바깥으로 나오려는 중이다.

전 세계가 화학무기처럼 뇌-컴퓨터 인터페이스의 사용을 금지하는 선택을 한다면, 그것으로 충분할까? 결국 누군가는 레이저나 초음파, 다른 기술을 이용해 멀리 떨어진 곳에서도 우리의 생각을 읽기에 충분할 만큼 강력한 뇌-컴퓨터 인터페이스를 개발하게 될 것이다. 공항에서 금속 탐지기 대신 뇌 스캐너를 통과하라는 강요를 받을 수도 있다. 그런 세상에서 살게 된다면, 우리 모두는 피해망상증에 걸려 머리에 은박지를 두르고 정신없이 뛰어다니는 조현병 환자가 될 수도 있다.

일론 머스크는 이미 뉴럴링크에 관해서 자신의 목표는 "기계 지능과 생물학적 지능"을 결합하려는 것이나 마찬가지라고 말했다. 그는 전능한 AI로부터 인류를 지켜야 한다는 걱정을 한다. 하지만 우리 자신으로부터 우리를 지킬 사람은 누구인가? 역사를 통틀어 우리 자신의 최악의 적은 오히려 인간이었던 경우가 많았다.

대부분의 정부가 가까운 미래에 뇌-컴퓨터 인터페이스를 채택하라고 사람들에게 강요하지는 않을 것이다. 하지만 우리가 자발적으로 그렇게 한다면 어떨까? 우리는 그저 자본주의에서 나오는 자연스러운 동력이 상황을 장악하도록 내버려두기만 하면 된다. 그러다 보면 너무나 유용하고 솔깃하게 들리는 이 기기들의 혜택을 누리기 위해 가장 내밀한 우리의 생각마저도 기꺼이 희생하려는 자신을 발견하게 될 수도 있을 것이다.

황당하게 들릴지도 모르지만 스마트폰을 보라. 우리 대부분은 스마트폰 없이는 몇 시간도 살아가지 못한다. 항상 스마트폰을 가지고 있어야 하고, 우리가 거저 넘겨주는 데이터에 대해서는 거의 신경을 쓰지 않는다. 진정한 뇌-컴퓨터 인터페이스라면 심지어 우리 삶에 더 필수적인 존재가 될 수도 있다. 뇌-컴퓨터 인터페이스의 도움을 받지 않고는 경쟁을 하거나 이 세상에서 제대로 기능할 수조차 없는 때가 온다고 해도 과언이 아닐 것이다. 뇌-컴퓨터 인터페이스를 장착하지 않은 사람은 증강 지능이 부족하고, 뇌와 뇌 사이의 소통능력이 떨어진다는 사실이 직장이나 사회적 장소에서 용납되지 않으면서 하등 인간 취급을 받을 수도 있다.

무섭지만 너무나 가능성이 큰 미래이다. 기억하라. 사람은 사회적 동물이다. 우리 대부분은 동료가 하는 일이면 무슨 일이든 한다. 인간은 무리의 구성원이 되고 싶어한다. 우리 DNA에 내재된 본성이다. 우리는 이용당하는 것보다 배제당하는 것을 더 두려워한다. 이것이 인간의 역사가 알려주는 이야기이며, 역사는 반복되곤 한다.

그렇다면 미래에는 실제로 어떤 일이 일어날까? 인간이 지구상에서 결국 뇌의 능력을 향상시키고, 협업을 더 잘하게 되고, 존재의 더 높은 차원에 도달하는 천국을 창조하게 될까, 혹은 영혼 없는 좀비 노예가 되고 마는 지옥을 창조하게 될까? 어느 쪽이건 극단적인 상황이 일어날 것 같지는 않다. 그 대신 뇌를 인터넷에 연결하는 일은 아마도 인터넷 그 자체처럼 변할 것이다. 거기에는 긍정적인 면과 부정적인 면이 거의 동등한 비율로 존재할 것이다.

결코 상상하지 못했던 방식으로 우리는 서로 연결될 것이고, 정신적인 역량과 생산성을 개선하고, 더 풍족하고 역동적인 세계를 창조할 수 있을 것이다. 하지만 그 과정에서 우리는 스스로의 생각에 대한 프라이버시와 삶에 대한 통제력을 어느 정도 잃게 될 수도 있다. 지금 스마트폰에 휘둘리고 있는 것처럼, 돌이킬 수 없게 변해버린 우리의 삶을 발견할 것이다. 그리고 전에도 수없이 그랬던 것처럼, 우리는 새로운 환경에 적응해야 할 것이다.

차세대 가상현실

다음 단계의 대량화된 연결성을 고려해본다면, 뇌-컴퓨터 인터페이스는 미래 시스템의 일부 조각에 불과할 것이고, 그 시스템에는 가상현실과 증강현실도 포함될 것이다. 사람들은 결국 완벽한 가상환경에서 다른 사람들과 상호작용하기 위해서 뇌-컴퓨터 인터페이스를 활용하게 될 것이다.

이미 가상현실의 맛을 보기는 했지만, 우리는 여전히 가상현실의 초기 단계에 머물러 있다. 이는 1970년대의 아케이드 게임과 현대의 비디오 게임을 비교하는 것과 같다. 가상세계가 원숙한 단계에 도달하면, 그 세계를 현실과 구분하기는 불가능해질 것이다. 그 세계에는 보고 듣는 것에서부터 만지고, 맛보고, 냄새를 맡을 수 있는 모든 것이 포함될 것이다. 가상세계는 우리가 소통하고, 일하고, 놀고, 다른 사람들과 어울리는 방식을 바꿔놓을 대량화된 연결성의 구조 중 일부가 될 것이다.

우리가 얼마나 멀리 왔는지를 이해하기 위해서 가상현실의 시작단계로 되돌아가보자. 가상현실은 이제까지 수많은 변화를 겪었고, 그 시초는 저 먼 빅토리아 시대까지 올라간다. 최초의 가상현실 기기는 영국의 발명가이자 물리학자인 찰스 휘트스톤이 1838년에 개발했다. 이 기기는 입체경stereoscope이라고 불렸고, 하나의 이미지를 거울 두 개를 사용하여 투사함으로써 3차원 같은 착각을 불러일으키는 방식으로 작동했다. 눈 앞에 가까이 가져다대면 슬라이드가 살짝 3차원처럼 보이던 단순한 플라스틱 장난감과 같은 개념이다. 영리한 기기였지만 그후 가상현실이 그 역량을 발휘하기까지는 150년이라는 시간이 걸렸고, 그 사이에도 수많은 실험들이 실패로 돌아갔다.

그 다음 이정표는 1956년에 할리우드의 영화 촬영기사인 모턴 하일리그가 1980년대의 아케이드 게임을 닮은 센서라마Sensorama라는 야심찬 프로젝트를 개발하면서 세워졌다. 그는 사람들에게 영화 속으로 들어가는 듯한 몰입감을 선사하는 멀티센서의 기기를 만들고 싶었다. 센서라마는 브루클린 거리에서 오토바이를 타는 경험을 제공했다. 사용자들은 자신을 스치며 퍼져나가는 냄새로 완성된 브루클린의 3차원 경관 속에 빠져들었고, 오토바이 좌석의 진동과 얼굴로 불어오는 조작된 바람도 느꼈다. 불행히도 센서라마는 수익을 내기에는 너무 고가의 제품이었다.

1980년 중반에는 재론 러니어가 혁신적인 가상현실 소프트웨어, 고글, 장갑을 판매하기 시작하면서 그 길에 앞장섰다. 하지만 불행히도 러니어는 시대를 몇십 년이나 앞서갔고, 그의 회사는 파산했다. 가상현실 스타트업인 오큘러스Oculus의 창업자 파머 러키가 러니어의 뒤를 이었다. 2012년 가상현실 헤드셋을 위한 킥스타터Kickstarter에서 러키의 크라우드 펀딩 캠페인은 수백만 달러를 끌어모았고, 대중의 상상력을 사로잡았다. 어느새 모두가 가상현실의 미래를 이야기하고 있었다. 제품을 출시하기도 전에 벤처캐피털의 자금지원을 받은 러키는 수십억 달러를 받고 자신의 회사를 페이스북에 매각할 정도로 운이 좋았다. 타이밍이 생명임을 보여주는 또다른 증거였다.

오큘러스의 뒤를 이어 한층 더 몰입되는 경험을 약속하는 제3의 기기들이 물결처럼 밀려왔다. 대부분의 사람들이 원하는 것은 가상현실 환경에서 주변을 걸어다니는 것이었지만 가구나 벽에 부딪히고, 물체에 걸려 넘어지기 일쑤였다. 가상환경에서 기대할 법한, 움직임의 자유를 약속하는 가상현실 트레드밀이 등장하자 돌연 이 분야를 중심으로 소규모 산업이 등장했다. 이 트레드밀은 사용자들이 가상세계 속에서 달리거나, 몸을 홱 숙이거나, 몸을 비틀거나, 앉거나 뛰는 행동이 가능하도록 설계된다.

들고 다니기 더 쉬운 다른 가상현실 장치로는 촉각 장갑이 있다. 이 장갑은 손에 감각적인 피드백을 제공해서 사용자들이 가상 물체의 형태와 감촉, 움직임을 느낄 수 있게 해준다. 게다가 장갑 없이도 손의 움직임을 추적할 수 있게 해주는 기기들도 있다. 이 기기들은 적외선 카메라와 LED를 이용해 가상세계에서 손과 손가락의 표현을 전달한다.

모든 감각을 느껴보고 싶다면, 촉각 수트도 있다. 몸 전체로 가상현실 경험을 할 수 있게 해주는 이 수트는 마치 영화 「레디 플레이어 원」에서 튀어나온 것처럼 보인다. 일부 수트는 모션 캡처까지 가능하도록 작동하거나, 사용자의 생체 신호와 감정적 스트레스 수준을 기록하는 센서가 달려 있는 경우도 있다. 좀더 몰입하고 싶다면, 화약 냄새나 고무 타는 냄새부터 갓 구운 빵 냄새까지 수백 가지의 냄새를 체험할 수 있는 다감각 마스크도 쓸 수 있다.

이 모든 개인 착용장비들이 가진 문제점과 이 분야가 여전히 극도의 틈새시장 수준에 머물러 있는 이유는 이것들이 비싸고 어색하기 때문이다. 고가의 촉각 장갑은 값이 수천 달러에 달하고 착용하기도 번거롭다. 이 모든 장비들을 착용하기 위한 노고의 양을 상상해보라. 다음으로는 호환성의 문제가 있다. 모든 가상현실 게임과 앱들이 이들 기기에서 작동되는 것은 아니다. 당신이 좋아하는 게임에는 적용되는 향기 팩이 없다는 사실을 발견하게 될 수도 있다.

기존의 해결책보다 새 제품이 사용하기가 더 힘들다면, 사람들은 대부분 새 제품으로 바꾸려고 하지 않을 것이다. 누구도 번거로운 일은 원하지 않는다. 바로 지금 우리가 스마트폰을 물리치기 어려운 것처럼 말이다. 게임을 하고 싶거나, 점심을 주문하고 싶거나, 메시지를 확인하고 싶다면 터치 한 번만 하면 된다. 반면 가상현실은 불편한 마스크를 써야 하고, 즐거움을 누리기도 전부터 까다로운 사용자 인터페이스를 이리저리 조작하는 시간이 필요하다.

이처럼 기본적인 과제 수행에 드는 순수한 노동과 시간의 양이야말로 대량 도입을 더디게 하는 원인이다. 우리가 공공장소에서 현실 세계를 차단하는 일을 어색하고 불안하게 느끼는 탓도 있다. 사람들은 야외나 카페에서 가상현실 기기를 사용하고 싶어하지 않는다. 즉, 대부분의 가상현실 활동이 집이나 특화된 장소에서 벌어진다는 의미이다. 스마트폰과 비교할 때 이런 현상은 가상현실의 유용성을 심각하게 제한한다.

하일리그가 애초에 약속한 것을 가상현실이 실현할 수만 있다면, 이 모든 장애물들은 문제가 되지 않을 것임을 기억하라. 사람들이 실제로 영화 '속으로' 들어갈 수만 있다면, 가상현실에 저항할 수 없게 될 것이다. 하지만 그렇게 되려면 가상현실이 어떤 다른 형태의 오락도 필적할 수 없는 새로운 가치를 사람들에게 제공해야 한다. 너무나 풍부하고 설득력이 있어서 생생하게 느껴지는 세계 속에서 당신의 가장 터무

니없는 환상도 실행에 옮길 수 있다고 상상해보라. 이것은 완전히 새로운 유형의 대량화된 연결성이 될 것이며, 그곳에서 사람들은 자신의 가상 신분을 창조하기 위해서 엄청난 양의 시간과 돈, 에너지를 쏟아부을 것이다. 가상 세계에서 그들이 맺은 관계와 상호작용들은 '실제' 삶에서 존재하는 어떤 것만큼이나, 혹은 아마도 그보다 더 의미 있고 중요한 것들이 될 것이다.

실제로 사람들이 무엇이 현실이고 무엇이 가상인지를 더 이상 구분하지 않는 때가 올 수도 있다. 심지어 '가상현실'이라는 용어가 사라질 수도 있다. 그것이 우리가 가상현실이 마침내 도래했음을 알 수 있는 방법이 될 것이다.

인공 감각 인식

우리의 뇌는 블랙박스이다. 뇌는 감각이 말해주는 것을 제외하고는 바깥 세상에 대해서 아무것도 모른다. 우리의 감각은 보고, 듣고, 냄새로 맡고, 만지고, 맛보는 모든 것을 전기 자극으로 바꾼다. 이 자극들은 뇌에 공급되고 시간이 지나면서 우리는 이 자극을 해석하는 법을 배운다. 하지만 대부분의 사람들이 깨닫지 못하는 사실은 실제로 우리 뇌가 얼마나 잘 변할 수 있는가 하는 점이다. 뇌로 유입되는 신호를 바꾸면, 우리가 현실이라고 인식하는 대상도 바꿀 수 있다.

미래에는 이런 모든 가상현실 기기들 때문에 고생하는 대신, 아마도 일종의 고급 인터페이스를 이용하게 될 것이다. 이런 유형의 인풋을 처리하는 뇌의 각 부분으로 시각이나 소리, 냄새, 촉각, 맛을 모방한 전기 신호를 보내면, 우리는 그 신호들을 실제라고 해석할 것이다.

공상처럼 들릴지도 모르는 이런 단계에 도달할 때까지 그리 멀지 않았다는 사실을 알면 놀랄지도 모르겠다. 청각 장애인들은 달팽이관을 이식해서 다시 소리를 듣게 될 수도 있다. 이 달팽이관은 정상적으로 음향을 듣는 과정을 건너뛰고 청각 신경을 직접 자극하는 전기 신호로 이를 대체해주는, 외과적으로 이식된 신경보철물이다. 이미 달팽이관 이식을 받은 청각 장애인의 수는 전 세계적으로 30만 명이 넘는다.

청각만 아니라 시각도 같은 일이 가능하다. 스타트업인 세컨드 사이트Second Sight는 선글라스에 장착된 카메라가 포착한 이미지를 전기 자극으로 변환하여 뇌의 시각 수용기를 자극하는 뇌 임플란트인 오리온Orion을 개발했다. 이 인공 시각은 완벽과는 거리가 멀지만, 시각 장애인들이 다시 앞을 볼 수 있게 해준다.

자동차 사고로 시각을 잃은 제이슨 에스터히젠은 이렇게 말한다. "나는 아직도 이 일을 말로 표현할 수가 없다. 칠흑같이 깜깜해서 완전히 아무것도 안 보이는 상태에서 갑자기 깜박거리는 작은 빛들이 돌아다니는 모습을 볼 수 있게 되었다." 로스앤젤레스 캘리포니아 대학교의 외과 전문의인 네이더 푸라티안은 이렇게 설명한다. "완벽하게 이식이 가능하고 사람들이 집으로 가져갈 수 있는 기기를 가지게 된 것은 이번이 처음이다."[14]

후각은 어떨까? 스콧 무어헤드는 여섯 살 난 아들에게 스케이트보드 타는 법을 가르치다가 차도에서 넘어져 외상성 뇌 손상을 입었다. 뇌출혈과 뇌진탕에서는 회복되었지만, 그의 후각은 다시 돌아오지 않았다. 코에 있는 후각 신경과 뇌 사이의 연결이 끊어졌기 때문이다.

심각한 우울증을 겪은 무어헤드는 이렇게 말한다. "냄새를 전혀 맡지 못하기 전에는 그것이 얼마나 정서적인 경험인지 전혀 알지 못한다. 정말로 끔찍한 생각이 들기 시작한다. 이를테면 딸아이는 언젠가 결혼을 하게 될 테고, 나는 딸아이의 손을 잡고 입장해서 그 애를 꼭 안아주겠지만 그 애에게서 어떤 냄새가 났는지 결코 알지 못할 거라는 생각 같은 것 말이다."[15]

우울증을 앓기는 했지만 무어헤드는 쉽게 포기하는 사람이 아니었다. 그는 미국 전역에서 가장 규모가 큰 버라이즌Verizon 소매점을 운영하는 성공적인 사업가가 되었고, 자신의 증상을 개선해보기로 결심했다. 그는 친구를 통해 화학적 향기를 유용한 전기 신호로 변환하는 연구를 하는 버지니아 커먼웰스 대학교의 연구팀을 알게 되었다. 무어헤드는 그들의 실험 대상은 물론 사업 파트너가 되겠다고 자원했다. 결국 그는 그 사업의 상업화에 필요한 초기 자본을 제공하기로 했다. 그들은 유명한 록밴드 피시Phish의 노래 제목을 따서 론보이 벤처스Lawnboy Ventures라는 스타트업을 함께 출범시켰다. 무어헤드는 이 연구로 자신의 후각이 돌아오기를 바랄 뿐 아니라 같은 상황에 있는 수백만 명의 다른 사람들을 도울 수 있기를 희망한다.

가상세계에서 무엇인가를 맛보고 싶은가? 미국 국립보건원의 과학자들이 발견한 바에 따르면, 맛을 느끼는 데는 혀가 전혀 필요 없다. 쥐를 대상으로 한 실험을 보면, 맛을 관장하는 대뇌 피질을 자극하는 것만으로도 쥐가 달거나 쓴 맛을 봤다고 생각하도록 속일 수 있었다. 이를 증명하려고 그들은 레이저 빛으로 뉴런을 켤 수 있는 광섬유 케이블을 쥐의 뇌에 심었다. 그들은 섬 피질insular cortex의 쓴 맛을 느끼는 부분의 스위치를 켜서 쥐들이 마치 쓴 무엇인가를 먹은 것처럼 입을 오므리게 할 수 있었다. 두 번째 실험에서 연구자들은 쥐에게 쓴 맛이 나는 먹이를 주었지만, 그후에 뇌의 단맛 센서 스위치를 켜서 맛있는 것처럼 느끼게 할 수 있었다.

감각 신경과학자인 닉 리바의 설명은 이렇다. "우리가 발견한 사실은……뇌와 피질의 각 부분에는 서로 다른 맛들을 다시 한번 대표하는 뉴런의 특정한 영역이 있다는 것이다. 즉 단맛 영역, 쓴맛 영역, 짠맛 영역 등이 있는 것이다."[16]

대부분의 사람들이 꺼리는 장소인 뇌 속에 광섬유 케이블을 심는 대신, 메이지 대학교의 연구자인 미야시타 호메이는 다른 접근방식을 취했다. 그는 입 안에 들어갈 정도로 작은 인공 맛 발전기를 만들었다. 이 기기가 사용하는 다섯 가지 다른 젤은 사람의 혀가 구별할 수 있는 짠맛, 신맛, 쓴맛, 단맛, 감칠맛의 다섯 가지 맛에 각각 해당한다. 그는 이 기기를 노리마키 합성장치Norimaki Synthesizer라고 부르며, 아이스크림바 크기의 이 도구가 어떤 맛이든 재생산할 수 있다고 말한다.

미야시타는 말한다. "삼원색의 빛을 이용해 임의의 색깔들을 만드는 광학 디스플레이처럼, 이 디스플레이는 맛 센서가 확보한 데이터를 이용해 임의의 맛을 합성하고 배분할 수 있다." 이 기기는 실험 대상자들이 "입 속에 음식을 넣을 필요도 없이 젤리부터 초밥까지 모든 맛을 보고 있다"고 믿도록 속일 수 있었다.[17]

미야시타는 이 기술이 "멀티미디어의 경험에 완전히 새로운 수단"을 추가할 수 있다고 믿는다. 달리 말해 가상 세계에서 보는 것을 맛보고 싶다면 노리마키 합성장치를 빨아 먹을 준비를 하라. 그렇게 하지 않으려면 뇌에 칩을 이식해야 할까?

오늘날 대부분의 건강한 사람들은 뇌에 칩을 이식하는 일을 결코 고려하지 않을 것이다. 하지만 미래에는 그렇지 않을지도 모른다. 어느 시점이 되면 엄청나게 작은 칩과 로봇들이 제작되어 뇌에 이식하거나 혈류에 주입하는 일이 쉬워질 것이다. 나노 크기의 이 기기들은 체액으로 인한 부식에 저항력이 있어서 수년간 기능을 유지하면서 뇌 속의 해당 부분을 직접 자극하여 실제와 같은 가상 경험을 할 수 있게 해줄 것이다.

발명가이자 작가, 과학자인 레이 커즈와일은 이 로봇들이 "뇌 속으로 들어가서 몸 밖에 부착된 기기가 아닌, 신경계 내부에서 가상현실과 증강현실을 제공할" 것이라고 믿는다. 커즈와일은 평생 과학의 한계에 도전해왔다. 어린 시절 그는 전화계전기를 이용해서 제곱근을 계산하는 계산기를 만들었다. 열네 살에는 통계 편차값을 분석하는 소프트웨어를 만들었고, IBM에서는 이를 IBM1620과 함께 배포하기도 했다. MIT를 졸업한 다음에는 최초의 전하결합소자* 평판 스캐너, 광학 문자인식 소프트웨어, 완전한 문자-음성 변환 합성기와 그외의 다른 것들을 계속해서 발명했다.

구글의 커즈와일 팀은 현재 신피질**의 대략적인 시뮬레이션을 연구하고 있다. 아직 신피질을 완전하게 이해하는 사람은 없지만, 이미 엔지니어들은 언어와 관련하여 이를 흥미롭게 응용하고 있다. 커즈와일은 2030년이 되면 신피질에 관한 상당히 훌륭한 시뮬레이션이 가능할 것이라고 믿고 있다.

그는 이렇게 설명한다. "의료용 나노봇nanobot의 가장 중요한 응용 분야는 신피질의 상위층들을 클라우드에 존재하는 합성 신피질과 연결하

---

* 빛을 전하로 변환시켜 화상을 얻어내는 센서로 필름 카메라의 필름에 해당하는 부분을 전하결합소자(charge coupled device, CCD)라고 부른다.

** 대뇌 피질 중 발생적으로 최근에 분화된 것으로, 피질의 세부구조는 인간 뇌의 역할 중 최고로 생각되지만 하위 뇌에서 받는 정보에 의하여 정상적인 역할이 이루어진다. 주된 역할은 운동, 체지각, 시각, 청각, 고도의 정신작용, 연합(학습) 등이다.

는 것이다. 여러분이 전화기를 클라우드에 연결하면 100만 배는 더 똑똑해지듯이, 뇌에서도 직접 그런 일을 할 수 있다. 스마트폰을 이용해 우리가 이미 하고 있는 일이다. 스마트폰은 우리 몸이나 뇌 속에 있는 것은 아니지만 나는 그런 구분은 임의적이라고 생각한다. 우리는 손가락과 눈, 귀를 사용하지만, 그럼에도 불구하고 이들은 뇌의 확장이라고 볼 수 있다. 미래에는 그런 일들을 뇌에서 직접 할 수 있게 될 것이다."[18]

아마도 진보된 뇌-컴퓨터 인터페이스와 나노 기술이 결합한다면 실제와 같은 가상 경험이 가능해질 것이다. 영화 「매트릭스」에서 그려졌듯이, 초현실적인 시뮬레이션이 만들어질 것이고, 그렇게 되면 수많은 사람들이 그런 일을 시도하게 될 것이다. 전체 감각을 이용한 가상 경험에 참여하기 위해서 감각을 차단하는 탱크*에 몸을 담글 필요조차 없을지도 모른다. 그저 의자에 앉거나 침대에 눕는 것만으로 충분할 것이다. 뇌 임플란트가 몸의 다른 부분으로 들어오는 모든 신호를 막아서 그 사람이 존재의 가상 상태로 전환될 수 있도록 해줄 것이다.

그런 상황이 가능하다면, 그 유혹은 저항하기 어려울 정도로 크겠지만 실존 차원에서는 공포스러운 일일 수도 있다. 사람들은 현실의 삶으로 돌아가고 싶어하지 않을 수도 있다. 게임을 도저히 멈추지 못해서 죽음을 맞이한 불행한 영혼들의 이야기는 모두 들어본 적이 있을 것이다. 시뮬레이션 우주가 가진 중독성이 너무나 커져서 오로지 거기서 떨어져 나올 필요가 없도록 하기 위해 생명유지 장치에 의존하기로 선택하는 사람들이 많아질 수도 있다. 지금 현재 인류에게 무슨 일이 일어나고 있는 것일까? 기계가 우리 없이도 계속 앞으로 나아가도록 허용해야

---

* 체온에 맞춘 소금물에 사람을 띄우고 빛과 소리를 차단할 수 있도록 만든 탱크로 1954년 정신과 의사인 존 릴리가 처음으로 개발했다.

할까? 혹은 프로그래밍을 통해서 로봇이 진보된 체외 수정 기법과 인공 자궁을 활용하여 계속 더 많은 인간을 생산하도록 허용해야 할까?

결국 시뮬레이션 속으로 도망가는 것이 우리가 원하는 전부라면, 인류가 지속되어야 할 의미는 무엇일까? 이것은 철학자들을 위한 질문이 겠지만, 솔직히 우리가 그렇게 멀리까지 나아가게 되리라고는 생각하지 않는다. 언젠가는 가상 세계가 아무리 현실적이어도, 그 속으로 사라지는 것은 공허하고 무의미한 경험이라고 보는 사람들도 생길 것이다. 그들은 자신의 삶에서 가치와 목적이 있다고 느껴지는 무엇인가를 하고 싶어하고, 가상의 삶이 가진 마법을 선택하지 않을 것이다. 종교 때문이건 개인적인 이유 때문이건, 어떤 형태의 시뮬레이션에도 참여하기를 거부하는 사람들이 생길 것이다. 그들은 지금 우리가 사는 것과 같은 삶을 살면서 주변에 머무를 것이다. 아마도 이들은 수십억 개의 시뮬레이션이 제공하는 세계의 경이를 놓칠지도 모르지만, 그들 역시 이 세계에서의 여정이 마치 그저 다른 하나의 시뮬레이션이기라도 한 것처럼 계속해서 살아갈 것이다.

이 세상은 하나의 시뮬레이션일까?

2016년 실리콘 밸리를 중심으로 활동하는 매체인 레코드Recode의 코드 컨퍼런스Code Conference 행사에서 일론 머스크는 이렇게 말했다. "40년 전에 우리에게는 두 개의 사각형과 점으로 이루어진 퐁Pong*이 있었다. 40

---

* 1972년 처음 발매된 탁구를 모방한 2차원 스포츠 비디오 게임. 화면 좌측에 위치한 게임의 라켓을 위아래로 조작해서 컴퓨터가 조작하는 상대 혹은 다른 플레이어와 맞

년이 지난 지금, 우리에게는 수백만 명이 동시에 참여하는, 사진과 똑같은 3D 시뮬레이션이 있고, 기술은 나날이 더 발전하고 있다. 그리고 곧 가상현실과 증강현실이 다가올 것이다. 속도가 얼마이든 진전이 있을 거라고 가정한다면, 그 게임들은 현실과 구분할 수 없게, 그저 구분 자체가 불가능해질 것이다."[19]

머스크는 나아가서 우리가 현실 세계와 구분되지 않는 시뮬레이션을 만들게 되거나 "문명이 더 이상 존재하지 않게 될 것"이라고 말했다. 그는 "심지어 우리가 기반 현실base reality*에서 살고 있을 가능성은 수십억 분의 1이다"라고 말하면서, 우리가 가상의 시뮬레이션 속에서 살고 있을 수도 있다고 믿는다.[20]

머스크만이 아니다. 연재만화 딜버트Dilbert의 창작자인 스콧 애덤스 역시 우리가 시뮬레이션 속에서 살고 있는지도 모른다고 생각한다. 그는 자신의 블로그에 이렇게 썼다. "어릴 때 나는 자라서 언젠가 유명한 만화가가 되는 꿈을 꿨다. 실제 삶이 어린 시절의 환상과 일치할 때, 현실의 기본적인 본질을 의심하게 된다. 내가 정말로 100만 분의 1이라는 가능성을 달성한 것일까? 혹은 다른 어떤 일이 벌어지고 있는 것일까?"[21]

애덤스는 자신의 믿음을 뒷받침하는 물리학적 사실을 지적했다. 첫째, 우리가 정말로 시뮬레이션 속에서 살고 있다면 그 시뮬레이션의 경계를 넘어서는 여행은 할 수 없을 거라고 예상해야 한다는 것이다. 실제로 그것은 사실이다. 빛의 속도를 추월하지 않는다면 아무도 우주의 가장자리를 넘어서 여행할 수 없다. 둘째, 우리는 현실의 기본적인 구성

붙는다.

* 현실은 수십 층의 시뮬레이션으로 이루어져 있으며, 계속해서 깊게 파고 들어가야 시뮬레이션이 아닌 진짜 현실을 알게 되고, 그 현실을 기반 현실이라고 부른다.

요소를 관찰할 수 없어야 한다. 이것 역시 사실이다. 양자 수준까지 깊게 파고들면, 모든 것은 가능성이 된다. 양자 세계에서는 어떤 것도 확신할 수 없다. 어느 특정한 시점에 광자의 위치나 가속도조차도 말이다. 애덤스는 이것이 많은 컴퓨터 게임과 비슷하다는 점을 지적한다. 게임 속 우주의 경계에는 도달할 수 없고, 유저들이 게임을 해나가면서 알고리즘이 그 세계를 역동적으로 만들어낸다.[22]

스웨덴 출신 철학자인 옥스퍼드 대학교의 닉 보스트롬은 "시뮬레이션 논쟁"이라는 논문에서 초지능을 이용할 수 있는 진보의 단계에 도달하기 전에 인류가 멸종하지 않는다면, 그리고 그 문명에서 조상들의 삶을 재창조하는 시뮬레이션을 개발하고 싶어한다면, 우리는 그런 시뮬레이션 속에서 살고 있는 것이 거의 확실하다고 주장했다. 왜일까? 진보된 문명 사회에서는 그런 시뮬레이션이 수십억 개는 존재할 수 있을 만큼 실제 같은 시뮬레이션을 만드는 비용이 저렴해질 것이기 때문이다. 따라서 당신은 진정한 하나의 현실이 아닌, 수십억 개의 시뮬레이션된 현실에서 살고 있을 가능성이 더 높다는 것이다.

이 모두가 우리가 시뮬레이션 속에서 살고 있다는 것을 의미할까? 나는 그렇게 생각하지 않으며 보스트롬도 마찬가지이다. 이 모두는 단지 그것이 사실일 수도 있다는 가능성을 지적한다. 개인적으로는 우리가 만약 시뮬레이션 속에서 살고 있다면, 누군가는 이 일을 더 잘할 수도 있었을 거라고 생각한다. 나 같으면 이 시뮬레이션을 분명히 다르게 설계했을 것이다. 하지만 우리는 시뮬레이션을 선택할 수 없기 때문에, 우리에게 주어진 임의의 시뮬레이션에 갇혀 있는지도 모른다. 훨씬 더 좋거나 나쁜 현실에서 살고 있는 다른 버전의 우리가 있을 수도 있다는 사실이 유일한 위안이다. 이런 생각은 끈 이론의 다중우주와 잘 맞아들어간다. 하지만 지금은 거기까지는 다루지 않을 것이다.

확실한 것은 결코 알 수 없는 만큼, 원한다면 어떤 것이든 믿어도 된다는 말로도 충분할 것이다. 우리가 아는 것은 미래의 어떤 시점이 되면 거의 실제 같은 시뮬레이션을 창조할 수 있게 될 것이고, 그러면 사람들이 그곳으로 모여들 거라는 사실이다. 특히나 우리의 가장 과감한 환상을 실현할 수 있다면, 거기에 빠져들지 않을 이유가 없지 않을까? 영구적인 외상을 입지도 않고, 외모가 흉해지거나, 목숨을 잃을 어떤 위험도 없이, 자신이 상상할 수 있는 누군가 혹은 어떤 것으로 변신해서 머리털이 곤두설 만큼 현실감 있는 모험을 겪을 수 있다면, 이는 대부분의 사람에게 신나는 경험일 것이다.

그 지점까지 도달하면, 나는 실제의 삶보다 시뮬레이션을 훨씬 더 선호하면서 현실 세계를 완전히 버리는 사람들이 많을 거라고 생각한다. 하지만 그것이 그렇게 나쁜 것일까? 이는 실제로 당신이 현실에 얼마나 가치를 부여하는지, 혹은 무엇을 현실이라고 결정하는지에 달려 있다. 만약 현실이 이미 시뮬레이션이라고 믿는다면, 문제가 되지 않을 것이다. 당신은 그저 하나의 시뮬레이션을 위해서 다른 시뮬레이션을 버리는 셈이니까 말이다.

하이퍼레이어 : 증강현실

실제 같은 시뮬레이션은 차치하고, 증강현실은 우리의 삶에 심지어 가상현실보다 더 큰 단기적 영향을 미칠 태세를 갖추고 있다. 증강현실은 디지털 세계를 가져와 물리적 세계와 결합시키기 때문이다. 컴퓨터가 만든 모방 세계에 사용자가 들어오는 가상현실과 달리, 증강현실은 물리적 환경이 시각적, 청각적, 디지털적으로 증강된 현실 세계와 상호작용하는 경험이다.

가상현실과 마찬가지로 증강현실에도 시작 단계의 실패 사례들이 있는데, 그중 널리 알려진 사례가 구글 안경이었다. 현실 세계에 디지털 정보를 겹쳐서 볼 수 있는 이 조그만 기기에 대한 대대적인 홍보가 이루어졌지만, 실제 경험에는 개선의 여지가 많았다. 작은 화면과 어색한 인터페이스, 제한된 유용성은 그 기기를 돌파구가 아니라 상술에 가깝게 만들었다. 구글 안경의 운명을 결정한 것은 카메라였다. 구글 안경을 한 번도 사용하지 않은 사람들 중 대다수가 허락도 받지 않은 자신의 모습이 비디오에 포착되는 것을 몹시 싫어했고, 얼리어답터들은 '글라스홀*'이라는 별명을 얻었다.

반면 포켓몬고 Pokémon GO라는 모바일 게임은 경이적인 성공을 거두었다. 첫 해에만 5억 회 넘게 다운로드된 이 게임은 증강현실의 가능성을 보여주었다. 이 게임은 단순하다. 그저 스마트폰을 들고, 카메라가 향하는 대상 위에 애니메이션으로 만들어진 괴물들이 등장하는 모습을 보는 것이다. 게임의 목적은 이 괴물들을 잡아서 다른 플레이어의 괴물들과 싸우도록 훈련시키는 것이다. 하지만 포켓몬고가 진정한 증강현실일까? 대부분의 전문가들은 이를 가짜 증강현실이라고 본다. 스마트폰을 들고 있는 것은 몰입감을 주는 경험이 아니기 때문이다. 포켓몬고는 완전한 증강현실 경험과 전화-기반 앱의 중간 지점에 가깝다고 볼

---

* 구글 안경 마니아를 비꼬는 말. 다른 사람들이 불편해하는 점을 무시하고 구글 안경에 대한 말만 늘어놓거나 구글 안경을 쓰고 주변을 제대로 살피지 않고 다니다가 다른 사람들과 부딪히는 사람들을 말한다.

수 있다.

　대부분의 다른 앱들도 비슷한 기법을 시도했지만 실패했다. 사람들은 대개 앱을 사용하거나 게임을 하려고 전화기를 들고 있고 싶어하지 않는다. 이는 피곤한 일일 뿐만 아니라, 기껏해야 평균 이하의 경험을 제공한다. 증강현실이 진정으로 주류가 되려면, 완전히 다른 폼팩터form factor로 등장해야 한다. 매직 리프Magic Leap는 증강현실 헤드셋을 출시하면서 이를 약속했지만, 그 헤드셋은 대부분의 사람들에게 너무 크고 무거웠다. 애플과 구글 등 다른 기업들도 증강현실에서 기대할 법한 유형의 몰입감 높은 경험을 제공할 더 가벼운 헤드셋과 안경을 개발하고 있지만 아직 그 암호를 해독한 기업은 없다.

　남아 있는 기술적인 장애물에도 불구하고, 증강현실은 놀라운 속도로 발전하고 있다. 현재 증강현실을 이용한 쇼핑을 즐기는 사람들은 1억 명 정도로 추산되며, 2025년까지 가상현실과 증강현실과 관련된 글로벌 소매시장의 규모는 16억 달러에 이를 것으로 예상된다. 실내 네비게이션을 위한 증강현실 애플리케이션은 빠르게 성장할 준비가 된 또다른 영역이다. 오늘날 대부분의 사람들은 실외에서 길을 찾기 위해 비슷한 애플리케이션을 사용한다. 하지만 쇼핑몰이나 오피스 단지 내부에 있을 때, 정확한 장소에 신속하게 도착하기도 쉽지 않을 수 있다. 안내를 받기 위해 스마트폰의 증강현실 애플리케이션을 이용하는 사람들이 점점 더 늘어나면서 상황은 달라질 것이다.

　자동차 제조업체들도 헤드업 디스플레이heads-up display와 함께 증강현실 네비게이션을 차 내부에 설치하고 있다. 이제 더 이상 길을 찾으려고 화면을 내려다볼 필요가 없다. 그 대신 이미지가 앞쪽 전면 유리에 투영될 것이다. 우리는 시야 앞쪽에 겹쳐진 형태로 길 안내만이 아니라 위험물 경고, 교통 안내 경보, 주행 속도, 연료계, 기상 상태와 같은 계기판 정보를 보게 될 것이다.

단기적으로 증강현실이 가장 크게 성장할 분야는 산업용 애플리케이션이다. 혼합현실 컨텐츠 제작 및 홍보회사인 VRX는 2019년부터 2020년까지의 확장현실Xtended Reality, XRe 산업 인사이트 보고서 작성을 위해서 설문조사를 실시했다. 그 결과에 따르면 현재 증강현실 회사들의 65퍼센트가 산업용 애플리케이션에 집중하고 있는 것으로 나타났다.[23] 시장조사 전문기관인 포레스터Forrester는 2025년까지 1,400만 명의 미국 노동자들이 업무에서 스마트 안경을 일상적으로 사용하게 될 것으로 추정한다. 여기에는 공장과 물류창고에서 일하는 노동자부터 디자이너와 치과의사까지 모두가 포함된다. 게다가 기술자들과 유지보수를 담당하는 직원들도 전문가와 상담하거나 긴 설명서를 읽을 필요 없이 신속하게 문제를 해결하고 수리를 하는 데 증강현실을 이용하고 있다. 기업에서 증강현실을 기반으로 한 교육훈련은 이미 큰 사업이다. ABI 리서치는 2022년이면 시장 규모가 60억 달러에 달할 것으로 추산한다.[24]

헬스케어 산업은 아마도 가장 빨리 성장하는 분야일 것이다. 증강현실 도입은 2025년까지 매년 38퍼센트씩 증가할 것으로 예상된다. 외과의사들은 증강현실 앱으로 수술 중에 환자와 수술절차에 관한 상세한 정보를 제공받고 위험요소와 돌발 상황에 대한 경고도 받는다. 간호사들이 환자의 혈관을 찾고 실수를 피하도록 도와주는 다른 앱들도 있다. 심지어 응급상황에서 제세동기를 사용하는 사람에게 정확하게 그들이 할 일을 보여주도록 설계된 증강현실 앱도 있다.

이런 모든 진보를 감안할 때, 증강현실 기기가 전화기처럼 일상적으로 사용되려면 무엇이 필요할까? 먼저 방해가 되지 않는 하드웨어를 개발해야 한다. 사람들이 오랜 시간 동안 얼굴에 착용하고 있으면서도 신경을 쓰지 않을 만한 것이어야 한다. 안경에는 그런 잠재력이 있지만, 우리 대부분은 안경을 끼고 싶어하지 않는다. 다른 옵션은 컨텍트 렌즈이다. 모조 비전Mojo Vision과 구글, 삼성을 포함한 일부 기업에서 눈에 착용하기에 충분할 정도로 얇고 편안한 증강현실 마이크로 렌즈를 개발하고 있지만 쉽게 달성할 수 있는 성과는 아니다.

하드웨어보다 더 큰 장애물은 사용자 경험의 설계이다. 증강현실이 소비자에게 인기를 얻으려면, 사용이 엄청나게 단순하고 직관적이어야 한다. 사람들이 실제 세계에 겹쳐져 있는 가상의 콘텐츠를 손쉽게 찾아내고 이 콘텐츠와 상호작용할 수 있는 방법을 찾아내야 하기 때문이다. 사용성 문제가 극복되어야 대다수의 사람들이 증강현실 기기를 수용할 것이다.

일단 그런 상황이 벌어진다면, 증강현실은 우리가 살아가고 일하는 방식을 근본적으로 바꿔놓을 것이다. 그 변화는 전 세계가 엄청나게 강력한 웹 브라우저로 바뀌는 일과 맞먹을 정도일 것이다. 사물들은 갑자기 완전히 새로운 차원과 기능성을 가지게 된다. 처방 받은 약병을 하나 집어들었다고 해보자. 모든 정보를 고화질 영상과 인포그래픽, 3D 모델의 형태로 바로 눈앞에서 볼 수 있게 될 것이다. 이 시스템은 약을 확인해주고, 그 약의 부작용이나 약물들 간의 상호작용을 경고하고, 복용량도 알려줄 것이다.

전화기나 노트북을 찾아서 더듬거릴 필요 없이 즉각적으로 이용할 수 있는, 필요한 모든 정보가 층층이 쌓여 있는 초연결 세상을 상상해보라. 자율운행 차량을 타고 이동하면서 쇼핑을 하고 싶은가? 가상 스토어를 불러와서 검색을 시작하면 된다. 하와이에 있는 호텔을 예약할 생각인가? 손짓만 하면 3D로 구현된 리조트에서 걸어볼 수도 있다. 컨퍼런스에서 누군가에게 보여줄 영업 자료가 필요한가? 시연할 준비가 된 회사 제품의 가상 프리젠테이션을 띄워보라.

일단 이런 일들이 가능하다면, 대량화된 연결성에 관한 우리의 생각은 완전히 바뀌게 될 것이다. 매일 몇 시간 동안 전화기를 들여다보는 대신, 일상이라는 직물 속에 끝없이 엮인 정보와 대화형 콘텐츠에 참여하면서 우리 주변의 세계를 보게 될 것이다.

혼합현실 : 다중 모드의 실존을 살다

대량화된 연결성이 진화하면서 우리는 아마도 물리적 세계와 증강현실, 가상현실 사이를 끊김없이 오갈 수 있는, 다중 모드 실존 상태에서 살아가게 될 것이다. 뇌 신호 조작은 오감 모두를 활성화시켜 가상의 물체를 실제처럼 보이게 하는 것은 물론이고, 현실처럼 느껴지게 할 것이다. 뇌-컴퓨터 인터페이스를 통해서 실제와 같은 가상현실 시뮬레이션이 가능해지는 것과 같은 방식으로, 물리적 세계와 가상 세계를 혼합현실로 합칠 수도 있을 것이다.

완벽한 다중 모드 실존 상태에서는 디지털 대상과 물리적 대상을 구분하는 선이 희미해질 것이다. 만약 내가 가상의 노트북을 만지며 그 형태와 질감을 느끼고, 심지어 들어올릴 수도 있다면, 실제가 될 뿐만 아니라 진정으로 유용한 일일 것이다. 나는 물리적인 노트북보다 가지고 다닐 필요가 없는 가상 노트북을 선호한다. 특히나 키보드에서 현실적인 촉감의 피드백을 받을 수 있다면 말이다. 그런 편리성에 나는 심지어 더 많은 돈을 지불할 의사도 있다.

증강된 도심 공원을 걷는다고 상상해보라. 손을 뻗어 가상의 꽃들을 만질 수 있을 뿐만 아니라 향기를 맡을 수도 있다. 심지어 공원에서 캐러멜이 코팅된 한 통의 팝콘 같은 가상의 간식을 사고 칼로리 걱정 없이 그 식감과 맛을 느낄 수 있을지도 모른다. 우리는 한가로이 거닐면서 가상의 건물과 증강된 풍경처럼 현실 세계에는 결코 존재하지 않는 대상과 마주칠 것이다. 심지어 매력적인 AI 개성을 보유한 가상의 공원 경비원들이 우리를 도와줄 수도 있을 것이다.

다중 모드 실존 상태가 되면, 우리는 가상 환경을 개인 맞춤형으로 조성하는 데 많은 시간을 보낼 가능성이 높다. 집에 두고 볼 실제 반려동물이나 화분에 심어진 식물, 그림을 사는 대신에 가상의 동물이나 그림, 식물을 구할 수도 있다. 왜일까? 가상으로 된 대상은 실제처럼 보일 뿐만 아니라 부가적인 이익을 제공하기 때문이다. 반려동물을 돌볼 걱정을 할 필요도 없고, 그림은 쉽게 업데이트할 수 있고, 가상의 식물은 자연의 햇빛이나 물이 없어도 자랄 수 있기 때문이다.

꾸밀 대상은 집만이 아닐 것이다. 가상의 주름제거 수술, 신체 개조가 흔한 일이 될 것이다. 오늘날 뷰티 앱들이 그렇듯이, 10대 소녀들은 눈을 더 크게 만들고 입술을 더 도톰하게 하거나, 머리에 단 악마의 뿔이나 볼에 붙인 별을 뽐내는 등 창의성을 발휘할 수도 있다. 하지만 그들은 거기서 멈추지 않을 것이다. 고양이 같은 꼬리, 반짝이는 피부, 애니메이션 문신 등으로 신체를 변형할 수도 있다.

사람들은 아마도 자신의 세계를 설계하는 일에 지나칠 정도로 많은 시간을 보내게 될 것이다. 그들의 세계가 그들이 누구이며, 다른 사람에게 어떻게 인식되고 싶은지를 상징하기 때문이다. 어떤 사람들은 세계를 구축하는 일을 풀타임 직업으로 삼을 수도 있다. 오늘날 컴퓨터 게임이 그렇듯이, 그곳에는 귀한 수집품들과 유명 상표의 상품들도 존재할 것이다. 가상의 물건, 옷, 환경을 창조하고 설계하는 일을 둘러싸고 저명한 패션 디자이너, 건축가, 공연예술가, 세계 창조자들이 소비자의 돈을 차지하려고 경쟁하면서 완전히 새로운 산업들이 발전할 것이다.

다중 모드 실존이 일상적인 삶의 일부가 된다면, 혼합현실을 경험하고 싶지 않은 사용자들은 이를 꺼버릴 수도 있지만, 혼합현실의 기능 중 많은 부분을 이용하지 못하게 될 것이다. 아마도 스마트폰을 집에 두고 하루 종일 다니는 경우보다 더 좋지 않은 상황이 될 것이다.

참여하기로 선택한 사람들에게는 이 세상이 훨씬 더 환상적인 장소가 될 것이다. 매장에는 일하고, 주문을 받고, 우리를 즐겁게 해주는, AI가 통제하는 아바타가 있을 것이다. 도시의 다양한 지역에는 서로 다른 증강현실이 겹쳐진 상태로 등장할 수도 있다. 역사적 지역과 박물관에는 모든 사람이 그 시대의 의복을 입고 등장하는 한편, 스포츠 행사에서는 팬들이 하늘을 그들의 팀 색깔로 칠할 수도 있을 것이다. 록 콘서트에서는 가상의 불꽃놀이처럼 대규모로 공유하는 경험에 참여할 것인지를 선택할 수도 있을 것이다.

우리가 지켜야 할 규칙 역시 우리가 있는 장소에 따라 달라질 수 있다. 쇼핑몰과 상업지역에서는 혼합현실 광고들의 등장을 감수해야 할 수도 있다. 학교에서는 학생들이 가상 신체를 증강한 모습을 드러내거나 벽에 가상의 낙서를 하는 일이 금지될 수도 있다. 사무실에서는 기업들이 협업과 소통, 생산성을 높이기 위해서 현실을 조작할 수도 있다. 그리고 법원이나 경찰서 안을 걸어갈 때는, 시스템에서 어떤 종류의 전송도 금지하는 등 개인적인 설정을 중단시킬 수도 있다.

외국을 여행할 때도 마찬가지가 될 것이다. 나는 미래에 서구 지역의 문화보다 아시아와 중동 지역에서 그들의 문화에 따를 것을 더 많이 요구할 것이라고 본다. 자기표현은 검열을 당하거나 제한을 받을 것이다. 그리고 우리의 경험을 통제하는 지배적인 플랫폼이 달라지면서 엄청나게 다양한 환경이 제공될 수도 있다. 우리는 어쩔 수 없이 현지 규칙과 사회적 규범에 적응해야 할 것이다. 이는 보편적인 혼합현실 경험은 존재하지 않으며, 우리가 어디에 있고, 무엇을 하며, 어떤 플랫폼을 사용하느냐에 따라서 셀 수 없이 많은 별개의 현실들이 존재할 것임을 의미한다.

대량화된 연결성의 일곱 번째 물결

역사를 통틀어볼 때 대량화된 연결성의 물결은 여러 차례 등장했고, 그 각각은 인간의 문명을 영원히 바꿔놓았다. 구어를 시작으로 문자와 인쇄기, 전자통신, 텔레비전, 인터넷이 그 뒤를 따랐다. 우리는 현재 대량화된 연결성의 일곱 번째 물결이 막 시작되는 지점에 있다.

이 물결이 닥쳐오면, 정보에 접근하고 일상생활에서 활용하는 일이 훨씬 더 쉬워질 것이다. 뇌에 칩을 이식하고, 증강현실 속으로 들어가는 일은 이상하거나 심지어 공포스러워 보일 수도 있지만, 선사시대 조상들이 처음으로 돌망치와 나무로 만든 창, 다른 도구들을 사용하는 법을 배운 이래, 우리는 우리 신체를 증강시켜왔다. 역량을 확대할 수 있는 기계를 만드는 일은 우리가 진보된 문명을 구축해온 방식이고, 우리는 우리 정신을 인류 역사상 가장 강력한 도구인 인터넷에 연결시킬 기회를 놔둔 채 돌아서지 않을 것이다.

진정한 다중 모드의 대량화된 연결성을 가능하게 만드는 요인은 수행능력의 기하급수적인 증가가 될 것이다. 새로운 기술이 큰 규모로 도입될 때, 어떤 일이 일어나는지 기억해야 한다. 초기의 슈퍼컴퓨터는 건물 전체를 가득 채웠고, 처리 능력은 우리가 현재 손목에 차고 있는 것보다도 덜 강력했다. 최초로 인간 게놈의 염기서열을 밝히는 데는 약 10억 달러의 돈과 13년이라는 시간이 소요되었다. 현재는 그 작업을 1,500달러도 안 되는 비용으로 몇 시간이면 끝낼 수 있다. 진보된 뇌-컴퓨터 인터페이스와 증강 시스템이 블루투스 이어버드보다 눈에 덜 띄고, 오늘날 존재하는 어떤 것보다 더 뛰어난 능력을 갖추게 되는 데는 오랜 시간이 걸리지 않을 것이다.

일단 우리 뇌가 연결되어 완전한 감각 증강이 가능해지면, 인간은 물리적인 존재와 가상의 존재가 하나의 현실로 병합되는, 실존의 새로운 단계에 진입하게 될 것이다. 이는 우리가 세계와 상호작용하는 방식을 바꿀 뿐만 아니라 훨씬 더 높은 차원에서 기능할 수 있게 도와줄 것이다. 다른 사람들과 메시지만이 아니라 생각과 감정도 교환하는 상황을 상상해보라.

우리는 더 이상 몸 안에 갇혀 있지 않게 될 것이다. 인류 역사상 처음으로, 우리는 다른 사람의 의식에 접근하고, 과거에 한 번도 경험해보지 않은 방식으로 생각을 공유하는 것이 어떤 것인지를 알 수 있게 될 것이다. 우리의 정신적, 물리적, 디지털 상태와 다른 사람들의 정신적, 물리적, 디지털 상태 사이의 격차가 사라지는 것이다. 이 시점이 되면, 대량화된 연결성은 인류가 1,000년 동안 꿈꿔온 일을 이루도록 해줄 것이다. 우리는 스스로를 초월하게 될 것이다.

이런 일이 20년 후에 닥쳐올지 혹은 200년 후에 닥쳐올지는 누구도 알지 못한다. 하지만 우리가 알고 있는 한 가지는 이것이 다가오고 있다는 사실이다. 그러니 고삐를 꼭 움켜잡아라. 거친 질주가 될 테니까 말이다.

2
바이오 컨버전스

BIO CONVERGENCE

인류가 생물학과 기술을 결합하도록 이끄는
이 동력은 생명의 구성요소를 해독하고,
완전히 새로운 종의 식물과 동물을 창조하고,
질병을 정복하고, 인간의 능력을 강화할 수 있게 해줄 것이다.

생물학과 기술이 만나면서 우리는 연구소에서 키운 소고기부터 생체공학적 눈과 귀까지 모든 것이 가능한 시대로 들어서고 있다. 인간 게놈의 염기서열을 밝히고, 유전자를 편집하는 도구가 등장하면서 인류는 자연의 세계를 새롭게 발명할 태세를 갖췄다. 생명의 소스코드를 조작함으로써 이제 병충해에 저항력을 가진 작물, 더 빨리 자라는 물고기, 극한 환경에서도 생존할 수 있는 가축을 만들 수 있다. 유전공학자들은 과거에는 치료할 수 없었던 질병을 퇴치하고 과거에는 결코 존재하지 않았던 생물체를 개발하기 시작했다.

우리 신체의 자연적 한계는 더 이상 불변의 장애물이 아니다. 바이오 해커들biohackers은 건강을 모니터링하고, 감각을 증강시키고, 정보를 얻기 위해서 자신의 팔과 다리, 가슴에 마이크로칩을 삽입하는 실험을 하고 있다. 마인드 해커들은 두뇌의 능력을 키우기 위해서 스마트 드럭을 주입하고 있다. 스타트업들은 수명을 연장하려는 시도로 유전자 치료법과 젊은이의 혈액을 주입하는 방법을 제시하는 한편, 극저온 시설에서는 미래의 어느 시점에 사람들을 되살릴 수 있도록 신체와 뇌를 냉동시키고 있다.

이런 상황은 이 기술들을 둘러싼 윤리적 문제를 제기한다. 치명적인 질병을 예방하기 위해서 태아를 유전적으로 변형시키는 것은 윤리적인 일인가? 천재의 IQ와 영화배우 같은 훌륭한 외모를 가진 맞춤아기designer baby를 얻을 수 있게 해주는 유전자 편집기술의 사용은 어떤가?

장기 공여라는 역할을 할 수 있도록 인간 DNA를 이식한 돼지를 만들어야 하는가? 자연에서 우리가 신처럼 행동할 때, 경계선은 어디쯤에 그어야 하는가?

기술이 어떤 역할을 담당할지 결정하거나, 이런 미지의 영역들을 개척하면서 어떤 경로를 선택할 것인지는 우리 모두에게 달려 있다. 우리는 바이오 컨버전스라는 새로운 야생의 세계에 들어가면서 이 문제와 다른 더 많은 문제들을 논의할 것이다.

웨트웨어 전사들 : 활보하고 있는 바이오해커들

바이오해커들이 다른 점은 사고방식이다. 이들 자칭 반란군들은 정부나 대학이 실험을 해도 좋다는 허가를 내주기를 기다리지 않는다. 그들은 이중맹검법*식이거나 무작위적이거나 혹은 위약 투여가 통제되는 실험을 어떤 형태의 기관 허가를 받기 위해서 미룰 필요가 없다고 생각한다. 해커들은 스스로를 선구적인 저항세력으로 보는 경향이 있고, 자기만의 방식으로 생물학을 한계점까지 밀어붙이고 싶어한다. 기꺼이 차고나 지하실, 임시로 만든 연구실에서 연구를 하고 싶어하고, 아주 적은 예산으로 실험을 진행하고, 그야말로 어떤 것이든 시도할 수 있다는 오픈 마인드를 가지고 있다. 심지어 그런 시도가 한두 가지의 법률은 위반하는 한이 있더라도 말이다.

많은 바이오해커들은 스스로를 초인간주의자라고 부른다. 그들은 인

---

* 약의 효과를 검증할 때, 실험자와 실험 대상 모두가 위약이 투여되었는지, 약효가 있는 약이 투여되었는지 모르게 하는 경우이다.

간이 더 이상 자연이 부과한 생물학적 한계를 받아들일 필요가 없다고 믿는다. 오히려 인간은 유전자 편집도구와 전기적 임플란트 같은 다양한 새로운 기술을 활용하여 우리 종을 증강시키고 진화시키면서 그런 장벽을 넘어서야 한다고 본다. 그들은 종종 공상과학 소설과 영화에서 직접 영감을 얻으며, 자신이 용감한 신세계의 선봉에 서 있다고 생각한다. 이들 슈퍼 괴짜들은 전자장치를 통해서 감각을 증진시키고, 약으로 지능을 높이며, 임플란트로 신체 부위를 바꾸고, 유전자 편집도구로 DNA를 새롭게 코딩하겠다는 결정을 내렸다. 한마디로, 그들은 다가오는 포스트 휴먼 세계에서 최초의 초인간이 되고 싶어한다.

바이오해킹biohacking이라는 용어는 1988년에 처음 등장했고, DIY 연구실에서 유기물로 실험을 하는 아마추어 공학자들을 묘사하는 데 쓰였다. 그후 이 용어는 바이오해커들이 더 나아가 스스로 실천하는 생물학이라는 의미로 DIY 바이오라고 부르는 자체적인 운동을 조직하면서 확장되었다. 지금은 북아메리카와 유럽, 아시아 전역의 주요 도시들에 DIY 바이오 그룹들이 존재한다. 바이오해킹 클럽에는 뉴욕의 버클리 바이오랩스Berkeley BioLabs, 젠스페이스Genspace, 암스테르담의 오픈 웨트랩Open Wetlab, 파리의 라 파야스La Paillasse가 있다. 이들 중 많은 클럽들이 장비와 수업을 제공하며, 일부는 자금까지 지원한다.

대개 이들은 생물학 강의에서 보았을 법한 실험과 흡사한 기본 실험들을 하는 취미실험가이자 아마추어 과학자, 창업자들이다. 이들의 실험에는 야광 요거트 개발하기, 유전자 변형 개구리 만들기, 비타민이 풍부한 조류藻類로 맛있는 음료 만들기 같은 프로젝트가 포함된다.

바이오이코노미 캐피탈Bioeconomy Capital의 대표이자 이 분야의 개척자인 롭 칼슨은 "창고 생물학의 시대가 온다"라고 말한다. "생물학은 돈이 많이 들고 어려운 학문이라는 것이 과거의 지배적인 생각이었다. 생물학은 여전히 어렵다. 하지만 그만큼 돈이 많이 들지는 않는다."[1]

100달러만 주면 온라인에서 기초적인 유전자 편집 키트를 살 수 있다는 점을 감안할 때, 관련 지식과 키트를 만지작거릴 시간만 충분하다면 이 분야는 누구에게나 활짝 열려 있다. 순수 단백질과 다른 기본 재료를 확보하는 데는 더 이상 많은 돈이 들지 않는다. 해커들이 분자 복사기molecular photocopying machine와 랩온어칩lab on a chip* 같은 그들만의 저비용 기구들을 만들면서, 실험실 장비 가격조차도 하락하고 있다. 지금은 몇천 달러면 창고 바이오해커들이 연구를 시작할 수 있다.

실리콘밸리의 심장부에 자리한 바이오큐리어스BioCurious는 혁신가를 열망하는 이런 사람들을 지원한다. 웹사이트는 자신들이 생물학 분야에서 세계 최대 규모의 커뮤니티 실험 공간임을 자랑한다. 그들의 프로젝트 중에는 오픈소스 바이오프린터 개발, 오징어의 리보핵산 염기서열 분석, 박테리아와 효모군의 리보솜 염기서열 분석, 형광 광학 도립현미경** 제작을 위한 몇 주일에 걸친 해커톤Hackathon 등이 있다. 재미있게 들리지 않는가? 그렇게 생각하는 사람들은 분명히 많다. 세상에는 수만 명이 넘는 바이오해커가 있으며, 그 숫자는 빠르게 늘어나고 있다.

바이오해커는 과학 괴짜와 창업자에만 국한되지 않는다. 수많은 예술가, 디자이너들도 바이오해킹으로 실험 중이다. 자신을 형질전환

---

* '하나의 칩 안의 실험실'이라는 의미로 실험실에서 연구자가 시료를 처리하는 과정을 작은 칩 하나에 집적시킨 기기로 신약 개발에 적용되면 투입 시간과 비용을 획기적으로 절감할 수 있을 것으로 기대된다.

** 보통의 현미경과 반대로 시료대 상부에 있는 광원에서 아래로 빛을 조사하여 용기 저면에서 증식하고 있는 배양세포의 형태나 기능을 살아 있는 채로 관찰할 수 있게 하는 현미경이다.

transgenic 예술가라고 칭하는 에두아르도 칵은 2000년에 이미 프랑스 국립농업연구소와 협업하여 형광 녹색 토끼를 만들었다. 그는 해파리에서 추출한 단백질 유전자를 토끼에게 이식하는 방법으로 목적을 달성할 수 있었다. 이 방법을 적용한 토끼는 자외선을 쬐면 녹색으로 빛났다. 이 행동이 당신에게 예술이라고 느껴지건 느껴지지 않건, 바이오해킹인 것은 명백하다.

자신만의 연구소를 설립할 시간이나 의향은 없지만 여전히 과거에 존재하지 않았던 식물이나 동물 종을 만들고자 하는 사람들은 캄브리안 게노믹스Cambrian Genomics를 고용할 수 있다. 샌프란시스코의 임시 연구실에서 운영을 시작한 이 합성생물학 스타트업은 고객들이 식물과 동물의 유전 부호를 조작하게 해줄 뿐만 아니라 심지어 컴퓨터로 그들 자신의 생물체를 설계하도록 해준다.

CEO인 오스틴 하인츠는 이렇게 말한다. "몇 달러만 있으면 전 세계 누구나 생물체를 창조할 수 있다. 이것은 게임의 판도를 바꾸는 일이다. 그리고 완전히 새로운 세계를 만든다."[2]

이 회사의 고객 중에는 고양이와 개의 배설물에서 바나나 냄새가 나게 해주는 유산균을 만드는 페토믹스Petomics와 질 건강의 증진을 위해서 개인화된 미생물을 개발하는 스위티피치SweetPeach가 있다.

그라인더와 사이보그

위험한 상황이 발생할 수 있는 지점은 바이오해커들이 자신의 신체와 뇌를 최신 기술로 업그레이드한다는 목표를 세우고 스스로를 대상으로 실험을 시작할 때이다. 모험심이 극히 강한 이 사람들은 과학이 그들이 좋아하는 만화책을 따라잡을 때까지 기다리고 싶어하지 않는다. 따라서 독자적으로 그 과정을 시작한다. 여기에는 기계적인 도구나 전자장치를 몸속에 삽입하고, 검증되지 않은 약으로 실험을 하고, 새로운 수술과정을 몸에 적용하고, 심지어 새로운 힘을 얻기 위해서 유전자 편집기술까지 활용하면서, 정상적인 인간의 한계를 넘어설 때까지 인간의 신체적, 정신적 능력을 확장하려는 시도가 포함된다.

많은 바이오해커들이 첨단 하부문화에 합류하고 싶어하는 힙스터인 반면, 주변 사람들을 뛰어넘고 싶다는 열망이 동기가 된 다른 바이오해커들도 있다. 일부는 일반적으로 용인되는 방법으로는 고칠 수 없는 의학적 문제를 가진 사람들이다. 뿐만 아니라 미국 식품의약국[FDA]의 승인을 기다리고 싶지 않고, 스스로 실험용 기니피그가 되는 것도 개의치 않는 열정적인 발명가들도 있다는 점도 잊지 말자.

동기가 무엇이건, 자가 실험의 역사는 과학만큼이나 오래되었다. 19세기 초 의과대학에 재학 중이던 스터빈스 퍼스는 황열병에 전염성이 없다는 사실을 스스로 증명하기로 결심했다. 그는 자신의 몸에 부패한 구토물과 피, 타액, 땀, 소변을 발라보았다. 심지어 환자의 입에서 바로 나온 검은 토사물을 먹기까지 했다. 그는 황열병에 걸리지 않았고, 그 대신 의학박사 학위를 받았다.

두려움을 모르는 또다른 영혼으로는 1898년에 척추마취를 발명한 독일의 외과의사 아우구스트 비어가 있다. 그는 먼저 자신에게, 다음에는 조수에게 실험을 시행했다. 척추마취가 의심할 여지없이 효과적이라는 사실을 증명하려고, 그는 조수를 칼로 찌르고, 망치로 때리고, 화상을 입혔다. 그런 다음 그의 음모를 뽑고, 고환을 쥐어짜기까지 했다. 그의 조수가 궁극적으로 척추마취를 발명한 사람이 누구인지를 두고 합의에 이르지 못하자 결국 그를 떠났다는 사실은 그리 놀랍지 않다.

과거의 사례들은 수없이 계속해서 나열할 수 있지만, 그보다는 자가 실험을 하는 바이오해커들은 오랜 전통을 따르는 중이며, 스스로를 대담한 선각자로 보고 있다는 정도면 충분한 설명이 될 것 같다. 아마 피츠버그 출신의 소프트웨어 개발자이자 그라인드하우스 웨트웨어 Grindhouse Wetware의 공동 창업자인 팀 캐넌보다 이를 더 잘 보여주는 사람은 아마 없을 것이다. 그의 팀원들은 컴퓨터는 하드웨어이고, 앱은 소프트웨어이며, 인간은 웨트웨어라고 즐겨 말한다.

캐넌은 이렇게 말한다. "어린 시절부터 나는 늘 사람들에게 로봇이 되고 싶다고 말하곤 했다. 지금은 로봇이 되는 것이 더 이상 그렇게 불가능해 보이지는 않는다."[3]

캐넌은 그저 말만 앞세우는 사람이 아니다. 2013년에 그는 배터리로 전원을 공급받는 거대한 기기 하나를 팔에 삽입했다. 면허가 있는 어떤 외과의사도 그런 수술을 집도하지 않을 것이기 때문에 그는 피어싱 전문가와 문신 전문가들이 포함된 자신의 DIY 팀에게 피부를 절개해서 기기를 삽입하고 다시 꿰매도록 했다. 사진을 보면 섬뜩하지만 캐넌은 그 결과에 만족했다. 그는 이 기기를 시르카디아Circadia 1.0이라고 부른다. 이 기기는 체온 같은 바이오 데이터를 기록해서 스마트폰으로 바로 전송한다.

캐넌과 그라인드하우스 웨트웨어의 동료들은 더 나아가서 손등에 심을 수 있는 번쩍이는 디스크를 개발했다. 그들이 배포한 보도자료에 따르면 이것은 "피어싱이나 성형수술처럼 순수한 심미적 목적을 가지고 있으며, 기술을 몸 안에 심을 수 있다는 가능성을 증명하고, 더 진보적

이고 기능성 높은 증강을 위한 길을 개척할 단순한 기기"이다.[4]

캐넌과 그의 동료들만이 아니다. 수술로 피부 밑에 전자장치와 다양한 소재를 심어 신체를 증강시키려는 사람들은 수백 명에 이른다. 그들은 스스로를 그라인더grinder라고 즐겨 부르며, 바이오해크닷미biohack.me와 같은 온라인 포럼에 모여든다. 이 포럼은 사이보그가 되고 싶어하는 수백 명의 사람들이 외과적 기술에 대한 정보와 불법 마취를 할 수 있는 방법, 생물학적으로 내구성이 좋은 최고의 코팅에 관한 정보를 교환하는 곳이다.

또다른 선도적인 바이오해커로는 영국 코번트리 대학교의 케빈 워릭 교수가 있다. 워릭은 수십 년간 자신에게 칩을 이식해왔고, 덕분에 캡틴 사이보그Captain Cyborg라는 별명을 얻었다. 그는 2002년 왼팔의 신경섬유에 전기적 임플란트를 연결했고, 그런 다음 컴퓨터에 이를 연결하여 뇌에서 팔로 전달되는 신경 신호를 마치 전파처럼 받아들여 전달하고 모니터링하도록 했다.

한 실험에서 워릭은 뉴욕으로 날아가서 자신의 사이보그 팔을 컴퓨터에 연결했고, 그 컴퓨터는 인터넷을 통해서 그의 사이보그 팔을 영국에 있는 로봇 손과 연결했다. 그가 손을 움직이자 로봇 손은 그의 동작을 따라했다. 그런 다음 로봇 손은 워릭에게 신호를 돌려보내서 어떤 대상에 얼마나 많은 힘을 적용시키고 있는지 그가 느낄 수 있게 했다. 이 시험 결과는 그의 몸과 뇌가 반드시 같은 장소에 있을 필요가 없다는 것을 보여주었다. 그는 자신의 의식을 지구 전체로 확장할 수 있었다.

나아가서 워릭은 아내를 설득하여 마취를 하지 않고 팔목에 마이크로칩을 심도록 했다. 이 일로 그들의 결혼생활이 끝나지는 않았고, 오히려 신체적으로나 감정적으로 더 가까워지도록 만들었다. 워릭은 아내를 인터넷에 연결시켜 자신과 아내의 신경계를 서로 연결했다. 아내가 손을 오므릴 때마다 그의 뇌에는 전기적 자극이 전달되었다. 그들은 신경계를 통해서 전기적으로 서로 소통하기 시작했다. 둘은 하루 종일 서로를 향해 신호를 보내기 시작했다. 이 일은 그들 사이에 새로운 유형의 친밀감을 자아냈다.

워릭은 말한다. "섹스에 무엇이 포함되는지 생각해본다면 섹스는 상당히 내밀한 영역이다. 하지만 이 정도의 내밀함은 아니다. 정말이다. 당신의 신체 내부가 서로 연결되어 있는 셈이니까."[5]

당신이 어쩌다 캡틴 사이보그의 학생이 된다면, 손가락을 안테나로 바꾸기 같은 몇 가지 특이한 수업과제를 다루게 될 것에 대비하라. 그의 학생들 중 한 명은 어떤 대상이 자신의 손가락 끝에서 얼마나 멀리 떨어져 있는지를 느껴보고 싶어했다. 그는 머리에 초음파 센서를 부착하고 손가락 주변에 전선을 감았고, 전기적 자극들이 수술로 손가락에 이식한 자석을 진동하게 만들어 거리 정보를 전송하는 데 성공했다. 이 실험 덕분에 그는 보지 않고도 거리를 감지할 수 있었다. 이 기술이 언젠가 시각 장애인들에게 유용하게 사용될 수도 있을 것이다.

많은 바이오해킹의 중심에는 감각의 증강이 있다. 새로운 인간 감각을 만들고 싶어했던 리비우 바비츠 역시 북쪽을 향할 때마다 진동하는 전기 장치를 가슴에 삽입했다. 그는 이 바이오 나침반을 노스 센스^{North Sense}라고 부르며, 완벽한 바이오 내비게이션 시스템의 첫 단계라고 본다. 바비츠는 사람들이 새처럼 방향을 찾아갈 수 있는 세상을 상상한다. 사람들은 주변을 돌아볼 필요도 없이 언제나 자신이 어디에 있는지 정확히 알게 되리라는 것이다. 정신 나간 이야기처럼 들리겠지만, 증강 현실이 표준이 되고 몇 겹으로 겹쳐진 디지털 콘텐츠들로 인해서 우리의 시야가 흐릿해질 미래에는 이런 유형의 초감각적 내비게이션이 유용하게 쓰일 수도 있을 것이다.

유타 출신의 영업자인 리처드 리가 향한 방향은 완전히 달랐다. 그의 목표는 사람들의 은밀한 부위들을 업그레이드해서 그들의 섹스 라이프를 개선하는 것이다. 이를 위한 최초의 시도는 러브트론 9000Lovetron 9000이었다. 남성의 치골 아래에 이식된 이 기기는 성기가 진동하게 만든다.

리는 이렇게 실토한다. "내가 왜 러브트론을 개발하고 싶어했는지 잘 모르겠다. 이혼 후에 나는 이 프로젝트를 완전히 폐기했다. 앞으로 다시는 관계를 가지지 않을 거라고 생각했기 때문이다. 하지만 성 [심리학]을 연구하는 한 여성을 만났는데 그녀가 이 프로젝트를 마무리하라고 나를 독려했다. 그녀는 많은 연인들에게 이 기기가 자신감을 줄 수 있다고 나를 설득했다."[6]

리의 실험은 성적 쾌감을 넘어선다. 손에는 원격 조정 기기들을 위한 근거리 무선통신NFC 칩을, 팔뚝에는 체온을 모니터링하는 생체온도 칩을 이식했다. 두 개의 손가락 끝에는 자기장을 포착하는 자석을 각각 달았고, 양쪽 귀의 연골에는 자석 스피커를 이식했다. 그는 오른쪽 눈의 시력을 잃어가고 있기 때문에, 박쥐처럼 음파 탐지를 할 수 있도록 그 스피커를 초음파 거리 측정기에 연결할 계획이다.

리는 고분자폼 튜브를 정강이에 이식하고 그 튜브가 야구방망이를 휘두르는 힘도 온전하게 견딜 수 있다고 주장했지만, 그 실험은 실패했다. 그는 이것을 비뉴턴non-Newtonian 갑옷이라고 불렀다. 불행히도 꿰맨 자국이 터져버렸고, 그는 튜브들을 제거해야만 했다. 하지만 이런 사고에도 불구하고 그는 자신의 몸에 대한 실험을 멈추지 않았다.

리는 이렇게 주장한다. "자연이 우리에게 준 이런 바보 같은 기본 상태를 받아들이는 것은 필요 이상으로 항복하거나 순응하는 행동이다."[7]

아마추어가 사이보그가 되기 위해 기꺼이 정강이와 허벅지, 귀, 손가락, 팔, 심지어 사타구니까지 절개해서 구멍을 낼 생각이 있다는 사실이 기이하고, 심지어 섬뜩하게 느껴진다면, 현재 온 나라가 바이오해킹 시류에 편승하는 곳도 있다. 스웨덴은 국민들에게 NFC 칩을 이식하여 대중교통을 이용하도록 하는 시도를 시작했다. 약 1,500명의 실험 대상자들은 기차역에서 손목만 가져다대면 인식이 가능한 소형 NFC 칩을 피부 아래에 심었다.

미래에는 신체 임플란트가 실용적일 뿐만 아니라 불가피한 일이 될 수도 있다. 사람들은 태어나면서 신체 임플란트를 하고, 마치 우리가 스마트폰이나 스마트와치를 업그레이드하듯이 전 생애에 걸쳐 주기적으로 업데이트하게 될 수도 있다. 기기의 크기는 획기적으로 줄어들어서 고통스러운 수술은 옛이야기가 될 것이다. 전자장치 이식이 곧 작은 문신을 새기는 것보다 더 쉽고 덜 고통스러울 수도 있다. 언젠가는 이 기기들이 너무 작아져서 이식 작업이 그냥 바늘로 콕 찌르는 듯한 느낌만 들 수도 있다. 그런 때가 오면, 바이오해킹이 그토록 극단적으로 보이지 않을 것이다. 우리 모두는 언젠가 그라인더가 될 수도 있다.

인간의 자율성 성형하기

인간의 정신적 혹은 신체적 역량을 확장하는 것이 아닌, 다른 형태의 바이오해킹도 존재한다. 그 대신 여기에서는 미학적인 측면이 전부이다. 이들 바이오해커들의 의도는 얼굴과 신체에 기이하며 때로는 충격적인 변형을 가해 외모를 바꾸는 것이다. 이 해커들은 종종 「스타트렉」의 세트장에서 바로 걸어나온 사람처럼 보인다. 머리에 뿔이 나거나 팔 주변에 혹이 있거나, 가슴과 등의 피부 밑에서 심장과 별이 솟아오르는 듯한 모습을 하고 있을 수도 있다.

최신 기술로 능숙하게 신체를 변형시킬 수 있는 아티스트에 대한 수요는 매우 높다. 그들은 과거에는 불가능했던 방식으로 신체를 조각하거나 어떤 형태로 만들거나 빛이 나게 하는 전문가들이다. 최초의 임플란트는 스테인리스 스틸로 만들어졌지만, 지금은 대부분 실리콘 틀로 찍어낸다. 어떤 바디 아티스트는 수술용 메스로 피부 아래를 얇게 절개하고, 다음에는 기구를 더말 엘리베이터dermal elevator*로 바꿔 해당되는 임플란트를 밀어넣기에 딱 맞는 크기만큼 구멍을 낸다. 그런 다음 절개 부위를 꿰맨다. 대부분의 사람들이 적법하게 시술을 받기가 어렵기 때문에 마취 없이 시술을 받는다. 그들은 그저 고통을 참아야 한다.

수많은 바디 해커들body hackers은 부분적으로는 충격효과에 매력을 느낀다. 여기에는 펑크락 정신도 연결되어 있다. 과거에는 모히칸식 머리를 하고 가죽 자켓을 입고 돌아다니는 것만으로도 반항적인 명성을 구축하기에 충분했다. 그런 다음 문신이 등장했고, 코, 입술, 얼굴, 다른 신체 부위에 대한 급진적인 피어싱이 등장했다. 오늘날에는 이런 것들이 너무나 흔해져서 진정으로 반항적이고 체제전복적인 사람들은 더 급격한 변화를 모색하고 있다. 이는 모두 자기주장의 일부이다.

캐넌은 피츠버그에서 그라인드하우스 웨트웨어를 시작한 이유를 설명하면서 이렇게 말했다. "기술과 생체의학 연구 결과가 있고, 문신을

---

* 임플란트를 위해서 잇몸에 천공을 만들 때에서 사용되는 스페츌라나 버터칼을 닮은 기구이다.

사랑하는 엄청나게 화가 난 사람들이 있을 때, 이런 일은 일어날 수밖에 없다. 딱 알맞은 양의 분노가 확보된 셈이다."[8]

그러나 이것이 사람들이 자기 몸에 이런 일을 하는 유일한 이유는 아니다. 신체 변형 교회the Church of Body Modification의 구성원들은 그들이 현대 기술을 이용하여 오래된 전통을 실현하고 있다고 생각한다. 그들은 신체를 변형하는 의식과 의례에 참여하는 일은 마음과 몸, 영혼 사이의 유대를 강화하고 영적으로 완전한 개인이 되도록 도와준다고 믿는다.

그저 외형적인 면을 좋아하는 사람들도 있다. 그들은 이런 것이 쿨하고 아름다우며 심지어 섹시하다고 생각한다. 어떤 사람들에게는 섬뜩해 보이는 변형이 다른 사람들에게는 매력적일 수도 있다. 변형 페티시를 중심으로 한 거대한 하부문화도 존재한다. 사람들은 임플란트와 피어싱, 외과적 수술로 그들의 생식기를 과격하게 변형시킨다. 세부적으로 들어가지는 않겠지만, 궁금하다면 온라인에서 사진을 찾아볼 수 있다. 다만 충격 받을 준비를 하라. 당신이 뭔가를 상상할 수 있다면, 누군가는 아마 그 일을 했을 테니 말이다.

이 이야기들이 다소 과하게 들린다면, 신체 변형에는 오랜 역사가 있다는 사실을 기억하라. 많은 문화권에서 목이 긴 여성을 아름답다고 여겼다. 동남아시아 여성들은 목을 길게 늘이기 위해 어려서부터 두꺼운 금속 고리를 목에 끼우기 시작했다. 이런 전통은 아프리카의 은데벨레 부족에서도 나타났는데, 이 부족의 여성들은 놋쇠와 구리로 된 목걸이를 착용했다. 고리를 더 추가할 때마다 목은 더 늘어났다.

메소아메리카에 사는 사람들에게는 앞니에 구멍을 내고 옥이나 황철광으로 그 구멍을 메우는 일이 흔했다. 일부 부족들은 돌로 된 도구를 이용해서 치아를 다른 모양으로 가는 방향으로 나아가기도 했다. 기원

전 7세기에 에트루리아 여성에게는 치아에 금으로 만든 납작한 띠를 둘러 변형시키는 풍습이 있었다. 바이킹 전사들은 더 무시무시하게 보이려고 치아에 홈을 새긴 후에 붉은색 염료로 그 홈을 채웠다.

중국에서 전족의 관습은 궁정 무용수인 요낭이 아마도 발 모양을 초승달과 비슷해 보이도록 하려고 헝겊으로 발을 묶었던 10세기까지 올라간다. 중국 남당의 황제 이욱이 이 관습을 엄청나게 좋아해서 전족은 규범이자 미의 상징이 되었다. 신랑 후보자들은 "황금 연꽃"이라고 불렸던 10센티미터 정도의 발을 매우 높이 평가했다.

이런 맥락에서 본다면 급진적인 신체 변형도 그리 색다른 것 같지는 않다. 그저 수천 년간 인간이 해온 행동의 자연스러운 확장일 뿐이다. 심지어 현대 사회에서는 성형수술도 정상으로 간주된다. 외과의사들은 더 매력적으로 보이고 사회적으로 더 잘 받아들여질 수 있도록 코와 뺨, 엉덩이, 그외 다른 신체 부위들을 일상적으로 고친다. 가장 큰 차이는 신체 변형 아티스트들이 더 실험적이라는 점이다. 그들은 성형외과의사가 결코 시도하지 않을 일들을 기꺼이 할 생각이 있다.

만약 누군가가 눈썹 아래에는 네안데르탈인처럼 보이게 하는 임플란트를 하고, 팔뚝에는 빛나는 팔찌를 삽입하고, 목에는 구슬 크기의 구를 수십 개 심고 싶어한다고 하자. 그렇게 해서는 안 되는 이유는 무엇인가? 결국 이것은 개인의 선택이고 누구에게도 해를 끼치지 않는데. 반드시 그렇지는 않다. 미국의 신체 변형 아티스트들은 대개 공식적인 훈련을 받지 않기 때문이다. 대부분 경험이 없으며, 모두 정부의 인증도 받지 못한다. 그야말로 미국 개척시대의 거친 서부^{Wild West}와 같다. 그저 간판만 걸면 누구나 신체 변형 아티스트가 될 수 있다.

이 일이 합법적이냐고? 사실 그렇지 않다. 회색지대에서 영업하고 있는 이들은 고객이 원하는 것이라면 거의 어떤 일이라도 한다. 전문적인 기관을 이용해야 한다는 생각조차 못 하고 버터칼 같은 가정용 기구를 이용해서 피부 층을 분리하는 사람들도 있다. 경악스러울 뿐만 아니라 무책임한 행동이다. 많은 수술 과정에는 신경이나 림프 체계가 손상될 수 있는 심각한 위험이 존재한다. 그런 위험이 평생 가는 악몽으로 바뀔 수도 있다. 그리고 완벽하게 살균된 환경에서 수술이 진행되지 않을 때에는 감염율이 급증한다.

　문제는 당신에게 돈이 있고, 머리에 뿔을 심는다는 아이디어에 호의적인 성형외과 의사를 찾아낸다고 해도 그가 그 수술을 하지는 않을 것이라는 점이다. 그런 수술을 하려고 면허를 박탈당할 위험을 감수할 의사는 없기 때문이다. 미국의학협회AMA는 좋든 싫든 신체를 사회가 정상이라고 말하는 것과 다르게 변형할 수는 없다고 말한다. AMA는 소송 위험을 줄이고, 의사들이 할 수 있는 일과 할 수 없는 일에서 일종의 가이드라인을 수립하려고 노력 중이다. 사람들은 종종 성형외과 의사에게 뭔가를 요구하고, 그런 다음 몇 주일 혹은 몇 년간 그들의 선택을 후회한다. 도덕적으로나 사회적으로 까다로운 문제이지만, 어딘가에는 선을 그어야 한다. 그 결과는 성형외과 의사들이 규범에서 벗어난 일을 할 생각을 해서는 안 된다는 것이다. 그리고 과격한 신체 변형은 당연히 비정상이다. 따라서 극단적인 변형을 원하는 사람이라면 누구든 다른 곳을 찾아볼 수밖에 없다.

　당신이 이런 관행을 어떻게 생각하는지에 상관없이, 지금은 문신이 주류가 된 것과 마찬가지로 예술적이거나 혹은 심지어 기이한 신체 변형도 결국은 흔한 일이 될 수 있다. 오늘의 하부문화는 내일의 대중문화가 된다.

다가올 수십 년간 기술이 진보하면서 인간은 심지어 더 극단적인 방식으로 스스로를 변형시킬 수도 있다. 단순한 임플란트 대신에 미래의 사이버펑크들은 손가락 하나를 추가하거나 혹은 외지appendage*를 가진다는 선택을 할 수도 있다. 그리고 그들은 거기서 멈추지 않을 것이다. 날개를 추가하거나 발에 물갈퀴를 다는 것은 어떨까? 지금은 이상하게 들릴지도 모르지만, 우리가 아름답다거나, 성적이거나, 영적이거나, 반항적이거나, 심지어 정상적이라고 인식하는 것들은 끊임없이 변한다.

당신이 충분히 오래 산다면, 심지어 인간처럼 보이지 않는 사람들을 만날 준비를 해야 할 것이다. 모든 외계인들이 우리의 변형된 버전으로 등장하는 「스타워즈」 유니버스에 살고 있는 우리 자신을 발견하게 될 수도 있다.

스마트 드럭, 에너지 부스터, 슈퍼 보충제

바이오해커가 되기 위해서 반드시 신체를 절개해서 열거나 RFID 칩을 이식할 필요는 없다. 단순히 먹는 약으로 신체 변형을 시도하는 완전한 세계도 존재한다. 사람들은 살을 빼거나, 근육을 늘리거나, 지구력을 높이거나, 기력을 증진하거나, 잠을 더 잘 자거나, 더 똑똑해지기 위해서 점점 더 빠른 속도로 이런 일들을 하는 중이다.

가장 빠르게 성장하는 흥미로운 영역인 누트로픽nootropic에 초점을 맞춰보자. 누트로픽은 기억력과 창의력, 동기 부여를 포함한 인지 기능을

---

* 동물의 체표에서 돌출하여 이동에 도움 되는 부속지. 척추동물의 경우 지느러미, 날개, 팔, 다리가 그 예이다.

개선하는 약과 보충제, 그외 다른 물질들을 말한다. 차세대 아인슈타인이나 퀴즈쇼 「제퍼디」 챔피언을 꿈꾼 적이 있는가? 그런 꿈을 위한 알약이 있다. 그들의 아이디어는 단순히 적절한 보충제를 먹음으로써 인지력을 극적으로 키울 수 있다는 것이다.

누트로픽은 괴짜들과 기업가들이 항상 생산성을 극대화하고 인지력을 키우려고 애쓰는, 과도한 경쟁이 벌어지는 실리콘밸리에서 인기를 얻었다. 한 IT 기업의 비즈니스 애널리스트인 돈 커린은 이런 현상을 잘 요약해준다. "카페인으로는 갈 데까지 갔다. 모든 사람이 레드불에 질려 하고 있었다. 그래서 우리는 예르바 마테yerba mate를 마시기 시작했다. 그리고는 누군가가 이렇게 말했다. '이봐, 누트로픽이라는 게 있는데. 그게 뭔지 한 번 알아보자고.'"[9]

누트로픽 운동을 이끈 장본인이자 방탄 커피의 CEO인 데이브 아스프리는 이렇게 말한다. "어떤 것은 기억력을 강화해주고, 다른 것은 당신이 집중할 수 있게 도와줄 것이다. 알약 하나만 먹어도 시력이 좋아질 수 있고, 다른 알약 하나를 먹으면 활력이 높아질 것이라고 약속한다. 모두 목표는 같다. 당신이 잠재력을 극대화하도록 돕는 것이다."[10]

기술 전문가이자 기업가인 아스프리는 한때 몸무게가 130킬로그램이 넘었고, 업무에 집중하는 데 어려움을 겪었다. 지금은 '두뇌를 강화하는' 다이어트 덕분에 그는 실리콘밸리의 슈퍼스타가 되었다. 날마다 약을 한 주먹씩 먹고, 스마트 드럭에 100만 달러 이상을 지출한 후에 자신의 IQ가 20점이나 올랐다고 주장한다. 평균 IQ가 100이라는 사실을 감안할 때 20점 상승은 상당한 규모이다. 천재 수준의 IQ가 140 이상으로 여겨지니 말이다. 하지만 IQ 테스트가 반드시 인간 지성의 정확한 척도는 아니며, 테스트에 따라서 결과가 달라질 수 있다는 사실을 기억하

라. 게다가 아스프리의 주장을 뒷받침해줄 만한 임상시험도 없다.

아스프리가 주장하는 방법의 과학적 타당성에 대한 회의주의에도 불구하고, 그는 가장 잘 알려진 바이오해커 중 한 명이 되었다. 그가 지칠 줄 모르고 스스로를 홍보하는 사람이기 때문이다. 넓은 어깨와 돌출된 이두박근을 가진 그는 중년의 트라이애슬론 선수처럼 보인다. 그가 상당히 자주 하는 일인 연설을 할 때마다 그 연설은 긍정적이며 의욕을 고취시킨다. 사람들의 자존감을 높여주는 유형의 연설이다. 그는 다이어트와 두뇌 강화제, 커피를 홍보할 뿐만 아니라 어떻게 살아야 하는지에 대한 조언도 조금씩 제공한다.

아스프리는 전통적인 자가요법을 최신 기술과 성공적으로 결합시켰다. 그는 한랭요법이 가능한 기압 셀 트레이너atmospheric cell trainer*, 적외선 불빛이 있는 침대, 진동 플랫폼, 죽 늘어서 있는 하이테크 운동기구들을 갖추고 있으며, 그중 일부 기기는 약 20분 만 이용해도 2시간 30분의 운동 효과를 거둘 수 있다고 주장한다.

아스프리는 말한다. "바이오해킹은 자신의 생명활동을 전적으로 통제할 수 있도록 주변 혹은 내부 환경을 바꾸는 예술이자 과학이다."[11]

셀프 계량화quantified-self** 운동에 참여한 대부분의 사람들처럼, 아스프리는 데이터에 집착한다. 그는 가능한 한 많은 데이터를 포착하기 위해서 임플란트, 센서, 피트니스 추적 소프트웨어와 심지어 뇌파 측정기기까지 활용한다. 심장박동과 호르몬부터 정신적 집중 수준에 이르기까

---

* '안에서 바깥으로 하는 마사지 셀'로도 알려져 있으며, 슈퍼맨이 타고 온 파드 형태로 스트레스의 균형을 잡기 위한 기온과 고도의 급격한 변화가 이루어지는 기구.

** 기술로 자신을 추적하는 문화적 현상과 '숫자를 통해 자신을 아는' 일에 관심을 공유하는 자기 추적 도구들의 제조업체와 사용자들의 커뮤니티를 함께 이르는 말.

지, 그는 끊임없이 자신의 신체를 모니터링하고, 먹는 것을 조절한다. 끊임없는 실험의 과정이다.

한때 아스프리는 성적인 변화에 관한 나폴레온 힐의 아이디어를 실행해보고 싶어했다. 그 아이디어는 신체가 생식활동에 쓰고자 하는 에너지를 가져와서 자신의 삶을 바꾸는 데 쓸 수 있다는 것이다. 이를 위해서 그는 자신의 나이에서 7을 빼고 남은 숫자를 4로 나누는 도교道教의 공식을 적용했다. 공식의 결과로 나온 숫자는 남성이 건강하고 활기찬 상태를 유지하기 위해서 사정을 삼가야 하는 기간을 의미한다.

당시 아스프리가 얻은 숫자는 8이었고, 이는 그가 (반드시 성관계는 아니지만) 한 번에 8일 동안 사정을 삼가면, 더 건강하고 행복해진다는 의미였다. 하지만 도교의 가르침은 그가 진정으로 이를 추구하고 싶다면 30일간 절제할 것을 추천했다. 그는 아내의 허락과 전적인 협조하에 이 이론을 실험하기 시작했다. 이를 위해서 그는 섹스 및 사정의 빈도와 함께 행복감의 수준을 매일 그래프로 그렸다. 때때로 일어나는 실수를 제외하면 실험은 놀랍도록 잘 진행되었다. 그의 아내는 그의 스테미너와 욕구가 높게 상승했기 때문에 그런 섹스를 좋아했고, 그는 과거 어느 때보다도 더 활기가 넘쳤다. 그는 지금 이를 프로그램의 일부로 가르치고 있다.

"지금까지, 내가 따르고 있는 것 중 하나가 도교의 공식이다." 아스프리는 말한다. "그리고 어찌되었건 내가 되는 대로 사정을 하고 다닐 일은 없다. 난 해야 할 일이 많기 때문이다!"[12]

아스프리는 끊임없이 스마트 드럭을 실험하고 있지만, 심지어 이런 실험도 그가 시간 내에 책 집필을 마치는 데 충분한 도움이 되지 않았다. 마감 일자를 맞추기 위해 그는 정신이 초롱초롱하고 생산적인 상태를 유지하면서 연달아 5일간 밤을 새워야 했다.

이 목표를 달성하기 위해서 그는 커피와 탄수화물, 중간지방사슬MTC 오일을 하나의 조합으로 섭취했고, 밤마다 90분간 적은 양의 전류를 그의 뇌로 흘려넣는 전극을 관자놀이에 부착했다. 이 작업은 뇌 전기 자극이라고 불렸다. 또한 코르티솔을 섭취했고, 그의 뇌 속 미토콘드리 아가 자라도록 돕기 위해 머리에 보라색 레이저를 쏘고, 발을 자극하기 위해 스탠딩 책상에 뾰족뾰족한 매트를 깔고 그 위에 서서 일을 했다.

그는 뇌에 더 많은 피가 공급되도록 하려고 30분마다 전신 진동 플레 이트에 올라갔고, 물구나무서기를 했다. 5일 밤과 낮이 지난 후 그는 시 간 내에 원고를 제출했고, 편집자는 그 원고에 만족했다. 다시 한번 말 하지만, 이 방법들 중 어떤 것도 과학적으로 증명된 것은 없다. 그저 한 바이오해커의 경험일 뿐이지만, 사람들이 스스로를 실험대상으로 삼을 때 얼마나 심한 일도 기꺼이 할 수 있는지를 보여준다.

아스프리만 그런 것이 아니다. 실리콘밸리는 기술에 중점을 둔 자기 개선 구루들로 바글거린다. 이들 중 많은 사람들이 자기 브랜드의 스마 트 드럭, 건강 보충제, 인지와 에너지를 강화하기 위한 특이한 도구들 을 판매한다.

과학 사이트 블로거이자 신약 개발 전문가인 데릭 로는 이렇게 말한 다. "사람들에게 레모네이드를 주면서 이것이 인지 기능을 향상시킨다 고 말해도 될 정도이다. 다들 생기가 넘칠 것이다."[13]

바로 플라시보 효과이다. 환자들이 어떤 약이나 치료법을 신뢰한다 면, 그들은 실제로 유익한 효과를 경험할 수 있다. 심지어 그 약이나 치 료법이 효능적 가치가 전혀 없다고 해도 말이다. 시장에 나와 있는 누트 로픽과 건강 보충제들 대부분은 FDA의 승인을 받지 않았고, 진행 중인 실험이라고 할 만한 것이 거의 없지만, 소비자들이 이를 확실하게 알 방법이 없다. 이는 종종 제품과 프로모터에 대한 신뢰의 문제가 된다. 불행히도 영리한 마케터들이 과학적 근거가 부족하다는 사실을 이용할 수도 있다.

과거에는 멀티비타민을 먹는 것이 몸에 좋다는 데 사실상 모두가 동의했다. 하지만 연구자들은 이제 멀티비타민이 암이나 심장병, 인지력 저하, 조기 사망의 위험을 줄이지 않는다는 결론을 내렸다. 이 결론은 수십 년에 걸쳐 시행된 수십 건의 광범위한 연구에 기반하고 있다. 설상가상으로 비타민 E와 베타카로틴 보충제는 몸에 해로울 수도 있다. 탄탄한 근거에도 불구하고 50퍼센트가 넘는 미국인들이 멀티비타민을 챙겨 먹는다. 이는 120억 달러 규모의 산업이다.

존스홉킨스 웰치 센터장인 래리 애펠은 이렇게 말한다. "약은 더 나은 건강과 만성질병 예방으로 가는 지름길이 아니다. 건강을 위한 다른 추천사항들이 도움이 된다는 훨씬 더 강력한 증거들이 존재한다. 건강한 식사를 하고, 적정 체중을 유지하고, 당신이 먹는 포화지방, 트랜스 지방, 염분, 설탕의 양을 줄이는 일들 말이다."[14]

때때로 의도는 좋았지만 확인도 하지 않고 섣부르게 덤벼드는 사람들이 있다. 누구나 먹기만 하면 모든 고민들을 치료해주고 더 나은 삶을 살게 해주는 마법 알약이 있다고 믿고 싶어한다. 나 역시 새로운 일을 시도하기를 즐기는 그런 사람들 중 하나였음을 고백해야 할 것 같다. 그리고 의구심을 가졌음에도 불구하고 나는 몇 년간 다양한 보충제들을 실험해보았다. 전환점은 내가 실리콘밸리에서 스타트업을 운영하고 있을 때 찾아왔다. 나는 엄청난 압박을 받고 있었고, 스트레스를 낮출 필요가 있었다. 그때 카바카바kava kava에 대해 듣게 되었다. 피지와 통가 사람들이 수백 년간 이 천연 허브를 이용하여 마음과 몸을 이완해 온 것은 엄연한 사실이었다. 그래서 나는 카바카바를 먹기 시작했고 기분이 조금 나아졌다고 느꼈다. 물론 카바카바가 간경변증, 간염, 간부전과 심지어 사망과도 연관이 있다는 FDA의 발표가 있기 전까지만이었지만 말이다.

다행히도 나는 그런 부작용들을 겪지 않았다. 그러나 내게 경종을 울린 이 사건으로 인해서 보충제 시장을 보는 시각이 달라졌다. 어떤 것이 수백 년간 이용된 천연 허브인지, 최근에 새로 발명된 약인지는 문제가 되지 않는다. 대규모 임상시험을 거치지 않은 뭔가를 먹는다는 것은 건강에 심각한 위험을 제기한다. 누트로픽과 다른 보충제들이 쓸모가 없다는 의미가 아니다. 미래가 되면 우리는 좀더 깊은 수준에서 우리의 몸이 어떻게 기능하는지 이해하게 될 것이다. 그리고 나는 이들 보충제 가운데 일부는 우리 모두가 기다려온 마법의 약이 될 수도 있다고 확신한다. 하지만 그 사이에 실험실의 쥐가 되고 싶지는 않을 뿐이다.

나의 친한 친구들을 포함해 세상에는 위험에 신경쓰지 않고 스스로에게 실험하기를 꺼리지 않는 사람들이 많이 있다. 위험을 충분히 인지한 상태라면, 이는 그들의 선택이다. 나의 입장은 이들 용감한 영혼들이 다음번 초인간이 되려는 시도를 하는 동안, 나는 기꺼이 옆에서 지켜보면서 메모를 하고 있겠다는 것이다.

수명 연장 : 길가메시 서사시

초인간 이야기가 나왔으니 말이지만, 영원히 살고 싶지 않은 사람이 있을까? 그런 사람들 중 한 명이 바로 나의 동생이다. 동생은 자신의 유약한 영혼에게는 한 번의 삶도 차고 넘친다고 생각하며 때맞춰 떠나기를 고대한다. 하지만 대부분의 사람들은 먼 미래까지 그들의 수명을 연장하고 싶어한다. 이런 성향은 길가메시 서사시처럼, 기록된 가장 오래된 신화까지 거슬러올라간다. 이 고대 메소포타미아의 시에 등장하는 영웅은 영생의 비밀을 알아내려고 아주 위험한 여행을 떠난다. 그는 결코 영생을 얻을 수 없었지만, 당신은 할 수 있을지도 모른다.

전 세계의 과학자들과 바이오해커들은 수명을 연장할 새로운 방법들을 실험하고 있다. 심지어 대기업들도 이 아주 오래된 도전과제에 접근하고 있다. 구글은 가장 최신 과학기술을 동원하여 노화와 싸우고 건강 수명의 연장이 회사의 사명인 칼리코Calico를 출범시켰다. 그들은 유력한 인물들을 회사를 이끌 사람들로 끌어들였다. 창업자이자 CEO인 아서 레빈슨은 제넨테크의 CEO를 역임했고, 애플의 이사회 회장이기도 하다. 최고 과학 책임자인 데이비드 보트스타인은 프린스턴 대학교 출신으로 루이스 시글러 연구소 소장을 맡았다.

칼리코의 출범 당시, 구글의 공동창업자인 래리 페이지는 이렇게 발표했다. "질병과 노화는 우리 가족 모두에게 영향을 준다. 우리가 좀더 긴 시간을 두고 헬스케어와 생명과학에 관한 급진적인 사고를 할 수 있다면, 수백만 명의 삶을 더 나아지게 할 수 있다고 믿는다."[15]

그런 생각을 하는 사람은 페이지만이 아니다. 실리콘밸리는 좀더 오래 살 수 있다면, 세상이 더 나은 장소가 될 것이라고 믿는 억만장자들로 가득 차 있다. 「뉴요커(New Yorker)」에 따르면, 오라클의 CEO이자 공동창업자인 래리 엘리슨은 노화 연구에 3억7,000만 달러를 기부했다.

엘리슨은 말한다. "나에게는 죽음이 정말 납득이 가지 않는 일이다.

어떻게 한 사람이 저곳에 있다가 갑자기 사라져서 더 이상 저곳에 있지 않게 되는가?"[16]

피터 틸의 브레이크아웃 랩스Breakout Labs는 줄기세포에서 뼈 세포를 생성시키는 연구와 노화와 연관된 세포 손상을 회복시키는 연구, 장기를 빠르게 냉각시켜 보존하는 방법을 찾는 연구 등 급진적인 과학과 대담한 아이디어에 자금을 지원한다.

기술 기업가이자 장수 펀드Longevity Fund에 투자한 투자자인 애럼 사베티는 이렇게 말한다. "우리가 영원히 살 수 있다는 명제는 확실하다. 물리학의 법칙을 거스르지도 않는다. 따라서 우리는 그 일을 해낼 수 있을 것이다."

이베이의 창업자인 피에르 오미디아는 일부 사람들이 질병에서 회복할 수 있었던 이유를 연구하는 데 수백만 달러를 기부했다.

"나는 노화가 가소성이 높고 코드화된 것이라고 생각한다. 뭔가를 코드화할 수 있다면 그 코드를 풀 수도 있을 것이다." 헬스케어 헤지펀드 매니저이자 장수 연구에 기부를 했던 윤준은 말한다. "코드를 풀 수 있다면, 그 코드를 해킹할 수도 있다!"

수명 연장을 뒷받침하는 자연과학도 있다. 그린란드의 상어는 500살까지 살 수 있으며 절대 암에 걸리지 않는다. 심지어 조개들도 500년이 넘게 살 수 있다. 거북이들은 200살까지 살 수 있다. 선충에 관한 연구는 상대적으로 단순한 유전자 변형으로 그들의 수명을 10배까지 늘릴 수 있음을 보여주었다. 그렇다면 왜 인간도 똑같은 방법으로 수명을 늘릴 수 없는 것일까?

분자 유전학자인 얀 페이흐는 이 문제에 대한 답을 명쾌하게 요약한다. "거북이에게서 단순하게 한 가지 메커니즘만 복제할 수 없다. 우리의 유전자를 거북이로 변환시켜야 한다. 그러면 우리는 거북이가 될 것이다."

장수를 연구하는 과학자들 사이에서 지배적인 관점은 노화가 진화의 자연적인 산물이라는 것이다. 죽음의 장점은 진화된 유전자를 가진 새로운 세대를 위한 길을 열어주어 그 종이 장기적으로 생존할 수 있는 가능성을 높여준다는 데 있다. 서로 다른 종들이 서로 다른 수명을 가진 이유는 그 수명이 그들에게 가장 효과적이기 때문이다.

미국 벅 노화연구소의 CEO인 에릭 버딘은 말한다. "20세에서 30세 사이에 노화되는 속도로 노화가 지속된다면 인간은 1,000년까지도 살 것이다. 30세가 되면 모든 것이 변하기 시작한다."[17] 30세가 지나면서 사망 위험은 7년마다 두 배씩 증가한다. 일단 유전자를 전달하고 자녀를 키우고 나면 그후에 일어나는 일은 진화의 관점에서는 중요하지 않다. 이것이 우리 신체가 더 오래 살도록 프로그래밍되지 않은 이유이다.

실리콘밸리의 총애를 받는 기업인 유니티 바이오테크Unity Biotech는 노화된 세포를 타겟으로 삼아 진화의 이런 한계를 해결할 수 있다고 믿는다. 우리가 나이가 들어감에 따라서 이들 좀비 세포들은 오래 남아 증식하면서 염증 물질을 배출하고 다른 건강한 세포도 노화된 세포로 바꿔놓는다.

쥐를 대상으로 유사한 실험을 시행한 메이오 클리닉 연구진의 일원이었던 밍 쉬는 이렇게 말한다. "유전적 기술을 활용해 노화된 세포들을 제거하면 건강 수명을 의미 있는 수준으로 개선할 수 있다."[18]

또다른 유망한 접근법은 각 염색체의 끝에서 DNA의 일부를 반복하는 텔로미어telomere를 연장하는 것이다. 세포가 복제될 때마다 텔로미어는 짧아진다. 텔로미어가 지나치게 짧아지면 세포는 이를 DNA 손상으로 받아들여 자멸한다. 텔로미어의 단축은 많은 노화 관련 질병의 원인으로 여겨지고 있다. 쥐를 대상으로 텔로머레이스telomerase* 유전자 치료를 했더니 암을 일으키지 않으면서 수명도 연장되었다.

그러나 이에 대한 과학은 명확하지 않다. 텔로미어의 길이가 길다고 해서 동물이 반드시 오래 사는 것은 아니기 때문이다. 우리 몸에 대해서 더 많이 알면 알수록 우리가 아는 것이 얼마나 적은지를 깨닫게 된다. 선충의 수명 연장을 다루는 연구에서 선도적인 역할을 했던 고든 리스고는 이렇게 설명한다. "처음에는 단순할 거라고 생각했다. 시계다! 하고. 하지만 지금은 이 선충이 550여 개의 수명조절 유전자를 가지고 있다는 사실을 알게 되었다. 그리고 선충의 게놈에 있는 2만 개의 유전자 중 절반 정도가 어떤 식으로든 수명과 관련이 있을 것으로 추정된다."[19]

장수를 탐색하는 가장 다채로운 인물들 중 한 사람은 하버드 대학교의 유전학자인 조지 처치이다. 턱수염이 풍성하고 은발이 부스스한 그는 찰스 다윈처럼 보인다. 하지만 그의 야심은 진화를 직접 통제하는 것이다. 그는 35개가 넘는 스타트업을 공동 창업했고, 527개가 넘는 과학 논문의 공저자이며, 50개가 넘는 특허를 신청했다. 그는 난데없이, 때로는 대화 중에도 잠들어버리는 기면증으로 고생하면서도 이 모든 성취를 이루었다. 그가 잠시 후에 잠에서 깨어나서 자신이 얻은 놀라운 통찰을 사람들과 공유하는 일은 앞으로도 종종 일어날 것이다.

처치의 프로젝트들 중 하나는 인간의 수명 연장에 관한 것이다. 그는 효모균, 기어다니는 벌레, 파리, 장수 동물들은 물론, 110세까지 산 사람들인 초백세인super centenarian들로부터 45가지의 유전자 변형을 수집했

---

* 염색체의 양쪽 끝에서 염색체를 보호하는 역할을 하는 효소이다.

다. 그는 현재 유전자 치료법을 활용하여 DNA에 항노화 지시를 추가하려고 한다. 그의 연구소에서는 쥐가 가진 노화 관련 9가지 질환을 되돌리는 데 성공했고, 이제 개를 대상으로 실험을 시작할 것이다.

처치는 동물들의 경우에는 8가지 방식으로 노화를 되돌리는 것이 가능하다는 사실이 증명되었다고 말한다. 그는 사람들이 더 오래 살 수 있도록 돕고 싶어할 뿐만 아니라 우리가 결코 다시는 아프지 않게 될 때가 올 것이라고 예견한다. "우리의 전략은 유전자 부호를 바꿔서 어떤 세포나 유기체가 모든 바이러스에 저항력을 가지도록 하는 것이다. 따라서 그 부호를 충분히 바꾼다면, 이제 당신은 전에는 결코 특징짓지 못했던 바이러스들을 포함한 모든 바이러스에 저항력을 가진 뭔가를 얻게 되는 셈이다."

그는 과학의 한계만이 아니라 동료들의 한계에도 도전하기를 즐긴다. 「사이언스(*Science*)」에 제출한 동료 연구 평가서를 영어가 아니라 유전자 부호로만 작성한 적도 있을 정도이다. 아무도 그 평가를 이해할 수 없었음에도 불구하고 그 평가는 정상적인 평가로 다루어졌고, 나중에는 DNA 데이터 저장이라는 새로운 산업의 토대가 되었다. 그는 연구소에서 만든 영양 수프만 먹으면서 몇 개월을 지낸 적도 있다고 한다.

처치가 자신의 관심사를 추구할 때 취하는 그런 가차 없는 방식을 감안하면, 그가 불과 2년 만에 듀크 대학교에서 학사과정 두 개를 동시에 마쳤다고 해도 놀라운 일은 아니다. 대학원을 다닐 때는 X-레이와 수학으로 분자의 3차원 이미지를 만드는 작업에 너무 몰두한 나머지 연구소에서 살다시피 하기도 했다.

처치는 말한다. "나는 내 연구에 극도로 몰두한 상태였다. 일주일에 100시간을 연구에 쏟아부었고 그외에 다른 일은 거의 하지 않았다."[20]

게놈의 전체 염기서열을 분석하는 비용을 수십억 달러에서 겨우 수천 달러로 낮추도록 도왔음에도 불구하고, 듀크 대학교는 수업에 너무 많이 빠진다는 이유로 그를 박사과정에서 쫓아냈다. 그가 하버드 대학교에 자리를 잡게 된 이유였다.

유전자 치료법 외에 선택의 여지가 없는 것은 아니다. 스타트업 암브로시아Ambrosia의 창업자인 제시 카마진은 쓸 돈이 엄청나게 많고 뱀파이어를 꿈꾸는 사람들을 위한 항노화 서비스를 출시했다. 그는 젊은 기증자들에게서 받은 혈장을 주입하면 노화를 되돌릴 수 있다고 주장했다. 그의 회사는 혈장 1리터를 주입하는 데 8,000달러를 받는다.

카마진은 말한다. "이 시점에서 이 점은 분명히 해두고 싶다. 이 방법은 효과가 있다. 노화를 되돌릴 수 있다. 나는 이 방법으로 영생을 제공할 수 있다고 말하는 사람들 중 한 명은 아니지만 상당히 근접하고 있다고 생각한다."[21]

FDA는 동의하지 않으며, "젊은 기증자들의 혈장 주입과 관련해 임상적으로 증명된 이득은 없다"고 말한다.[22] FDA의 발표 이후, 이 사이트는 제공하던 서비스를 중단했지만, 놀랍게도 몇 달 후에 사업을 재개했다. 카마진은 FDA가 경고를 발표한 후에도 자신에게 연락을 하지 않았으며, 회사에 대한 어떤 단속조치도 취한 적이 없었다고 주장한다.

그것은 아마도 스탠퍼드 대학교의 줄기세포 생물학자이자 신경학자인 톰 랜도가 2005년에 자신의 실험실에서 어린 쥐의 혈액으로 늙은 쥐의 간과 근육에 활기를 되찾게 하는 데 성공했다고 발표했기 때문일 것이다. 하지만 이 실험에서 어린 쥐는 늙은 쥐와 5주일이 넘도록 병체결합parabiosis 상태에 있었다. 단순한 한 차례 투입이 아니라 전신에 영향을 주는 환경에 대한 노출이었다. 따라서 암브로시아의 치료법이 인간의 수명에도 적용될 수 있을지에 대한 판정은 아직 나오지 않았다.

흡혈 행위에 의존하지 않는 수명 연장을 시도해온 UCLA의 유전학자 스티브 호바스는 그레그 파히가 개발한, 세 가지 물질로 구성된 새로운 항노화 칵테일 평가에 널리 사용되는 후성유전학 시계epigenetic clock를 개발했다. 호바스의 실험에 따르면, 12개월의 치료기간이 지난 후에 지원자들은 생물학적 나이가 평균 2.5세 줄어들었고, 면역계는 상당한 역노화의 신호를 나타냈다.

호바스는 말한다. "시계를 늦출 거라고는 기대했지만 되돌리는 것까지는 기대하지 못했다. 각 개인에게 발생한 변화를 추적할 수 있기 때문에, 그리고 그 효과가 각자에게서 매우 높게 나타났기 때문에 나는 결과가 희망적일 거라고 본다."[23]

너무 희망적인 이야기라서 믿기가 어렵다면, 연구 참가자가 9명에 불과했고, 유지 기간도 1년뿐이었음을 유념하라. 호바스는 지금 최초의 발견을 입증하기 위해서 더 큰 규모의 임상실험을 시행하고 있다.

항노화에서 가장 강력한 추세 중의 하나는 의사들이 잠재적인 효과를 위해서 '오프라벨off-label*'로 약을 처방하는 것이다. 예를 들면 라파마이신rapamycin은 관상동맥 스텐트의 표면을 코팅하고, 장기 이식 거부반응을 예방하며, 희귀한 폐질환을 치료할 목적으로 FDA의 승인을 받았다. 하지만 현재 라파마이신은 오프라벨로 항노화 약으로 이용되고 있다. 연구자들이 이 약으로 설치류와 개, 영장류, 그리고 심지어 인간의 노화 증상을 예방하는 것은 물론이고, 쥐와 벌레, 파리의 수명을 늘릴 수 있음을 보여주었기 때문이다.

---

* 적합한 약이 없거나 촌각을 다투는 환자 치료를 위해 꼭 필요할 때 의료기관이 식약처가 허가한 의약품용도(적응증)와는 다른 목적으로 약을 처방하는 행위를 말한다.

임상실험이나 결코 나오지 않을 FDA의 승인을 기다리고 싶어하는 사람들은 많지 않다. 라파마이신은 복제약이다. 어떤 대형 제약사도 비싼 실험에 돈을 댈 이유가 없다는 의미이다.

워싱턴 대학교 의과대학에 근무하는 병리학 교수인 맷 캐벌린은 이렇게 말한다. "수익이 없다. 수익이 없으면 이것을 개발할 유인도 없다."[24]

메트포르민metformin은 잠재력을 보여주는 또다른 인기 오프라벨 약품이다. 이 약은 대개 당뇨병에 처방되며 비용은 한 알당 5센트밖에 되지 않는다. 연구자들은 메트포르민을 복용하는 당뇨환자들이 더 오래 살고, 심혈관 증상이 발생하는 경우가 더 드물며, 치매와 암에 걸릴 가능성이 더 적다는 사실을 발견했다.

DNA를 발견해서 노벨상을 수상한 제임스 왓슨은 이렇게 말한다. "메트포르민은 이미 역사상 존재한 어떤 약보다도 더 많은 사람들을 암으로부터 구해냈다."[25]

알베르트 아인슈타인 의과대학의 노화연구소 소장인 니르 바르질라이는 메트포르민의 가장 적극적인 옹호자로 이 약을 수명 연장의 방법들 중 하나로 보고 있다. 그는 사람들이 90대가 넘도록 질병 없이 사는 것이 더 오래 살지만 삶의 질이 나쁜 것보다 더 중요하다고 믿는다. 대형 제약회사의 지원을 받지 못한 바르질라이는 임상실험에 필요한 충분한 자금을 조달하기 위해서 정부와 개인 기부자들을 찾아야 했다.

리벨라 진 테라퓨틱스Libella Gene Therapeutics는 다른 접근방식을 택했다. 이 회사는 콜롬비아로 이전하여 FDA 승인을 완전히 우회했다. 그들은 투여량당 100만 달러를 받고 부유한 환자들에게 텔로미어의 길이를 연장하는 임상실험에 참여할 기회를 제공하고 있다. 이런 기회는 비도덕적일까? 아니면 인간 대상 실험의 속도를 높이고 자금을 조달하는 좋은 방법일까?

리벨라의 회장인 제프 매시스는 말한다. "미국에서 시기적절한 방식으로 어떤 일을 하려면 시간과 돈이 훨씬 더 많이 필요하다."[26] 그는 1회당 100만 달러에 이런 옵션을 선택할 수 있도록 해주는 것이 환자들에 대한 서비스라고 생각한다.

텍사스 사우스웨스턴 대학교의 암과 노화 분야 전문가인 제리 셰이는 이 생각에 동의하지 않는다. 그는 이런 실험이 중대한 위험을 야기한다고 생각하며, 이 실험으로 인해 암으로 발전할 수 있는 전암성 세포들이 활성화될 심각한 위험이 존재한다고 지적한다.

만약 수명 연장을 위해서 덜 위험한 방법을 원한다면, 칼로리 제한을 시도해볼 수도 있다. 엄청난 돈을 들일 필요도 없고, 식료품에 드는 돈도 아끼게 해줄 것이다. 트위터와 스퀘어Square의 공동창업자이자 CEO를 맡고 있는 잭 도시는 주중에는 식사를 한 끼만 먹는다. 주말에는 아무것도 먹지 않으려고 노력한다. 또 그는 냉수욕을 한 다음 트위터 본사까지 8킬로미터를 걷는 것으로 매일 아침을 시작한다. 도시는 소금주스*를 마시고, 전자파의 전달을 막는다고 주장하는 근적외선 사우나 텐트를 이용한다. 성공적으로 하루를 마무리하기 위해 그는 움직임과 수면을 추적하는 반지 형태의 스마트 기기인 오우라 링Oura Ring을 착용한다. 괴짜들은 자신의 데이터가 필요하다.

아마도 실리콘밸리에서 가장 유명한 항노화 바이오해커는 레이 커즈와일일 것이다. 그는 과학이 노화 문제를 해결할 정도로 충분히 오래 살 수만 있다면, 우리 모두에게 영생을 누릴 가능성도 있다고 믿는다.

---

* 염분 보충을 위해 히말라야 소금과 레몬, 물을 섞어 만든 주스를 마셨다고 한다.

1948년에 태어난 그는 영생을 이루기 위해서 정기적인 정맥주사를 통한 노화 치료를 포함하여 모든 종류의 접근방식을 시도했다. 게다가 그는 기꺼이 음식과 보충제, 알약에 "하루 수천 달러"를 지불할 의사가 있다.[27] 그렇게 하려면 1년에 100만 달러가 든다. 심지어 그는 자신이 늘 상 복용하는 수백 알의 약을 병에서 꺼내 하루치 복용량으로 나누는 일을 담당하는 알약 도우미도 고용했다.

시장조사 기업인 글로벌 인더스트리 애널리스트Global Industry Analyst에 따르면, 항산화 산업의 연간 매출은 800억 달러에 달한다. 그리고 이 모든 돈과 함께 단점도 등장한다. 젊음의 샘을 믿고 싶어하는 사람을 이용해서 수많은 가짜 묘약을 파는 영업자들이다.

바르질라이는 말한다. "노화 분야에는 사기꾼들이 많다. 당신에게 이런저런 것을 먹으면 영원히 살 거라고 말하지만 플라시보가 통제된 임상실험을 거쳐야 한다. 그런 다음에야 그것이 무엇이고 안전한 것인지를 말할 수 있다."[28]

가장 대대적으로 광고를 펼친 항노화 보충제 회사들 중 한 곳이 엘리시움Elysium이다. MIT 노화연구소 소장인 레너드 과렌테가 공동창업자이자 책임 과학자이고, 6명의 노벨상 수상자들이 자문을 맡고 있는 만큼 이 회사는 확실해 보인다. 게다가 이 회사가 출시한 보충제의 주요 성분 중 하나는 생쥐의 수명 연장에 가능성을 보여준 니코틴(산)아미드 리보시드nicotinamide riboside이다.

불행히도 생쥐는 사람이 아니다. 생쥐에게 효과가 있다고 해서 반드시 인간에게도 적용되지는 않는다. 생쥐는 심장마비를 일으키지 않으며, 생쥐의 근육은 사람의 근육처럼 점진적으로 소실되는 것이 아니라 급속하게 소실된다. 생쥐와 쥐, 다른 동물에게서 희망적인 결과를 보여준 수천 개의 약품이 있었지만, 이 약품을 사람에게 적용했을 때, 제대로 작용하지 않았거나 심지어는 해로운 영향을 끼치기도 했다. 결국 얼마나 많은 노벨상 수상자들과 계약했느냐는 중요하지 않다. 근거는 인간을 대상으로 한 실험에 기반해야 하고, 결과는 실험이 완료될 때까지는 누구도 확실히 알지 못한다.

문제는 누구를 믿어야 할지를 알기가 어렵고, 심지어 신뢰할 만한 데이터를 발견하기는 더 어렵다는 점이다. 최신 치료법을 위한 실험에는 엄청난 시간과 비용이 든다. 노화 문제의 경우에는 특히 더 그렇다. 단순히 그런 투자를 하고 싶어하지 않는 기업들이 많다. 현실적으로 어떤 것이 효과가 있고 없는지를 알아낼 때까지 몇 년, 심지어 몇십 년이 걸릴 수도 있고, 수많은 고령층 인구에게는 너무 늦은 일이 될 수도 있다. 그것이 비록 결과가 불투명할지라도 보충제나 치료법에 희망을 걸고픈 유혹이 생겨나는 이유이다.

수명 연장이 세계에 미치는 영향

많은 사람들이 인간이 150세 이상까지 살 수 있다면 어떤 일이 일어날지에 대해 걱정한다. 이 문제가 식량 생산에서부터 주택 문제, 노동시장까지, 모든 일에 심각한 영향을 미치게 될까?

이 문제를 파고들기 전에, 중요한 점을 몇 가지 짚어보자. 44세까지는 사고와 폭력, 연령과 무관한 질병들이 사망의 주요 원인을 차지한다. 이 나이가 지나면 암이 원인목록의 꼭대기를 차지하고, 65세가 되면 그 자리는 심장질환이 차지한다. 암 치료법을 발견한다고 해도, 인간의 수명은 겨우 3.3년 늘어날 뿐이다. 심장질환을 치료할 수 있다면 4년을 추가로 확보할 수 있다. 모든 질병을 없앨 수 있다면, 평균 수명은 90세로 늘어날 것이고, 90세를 넘기려면 노화를 늦추거나 되돌려야 할 것이다. 그 시점에 이르면 앞으로 나아갈 수 있는 다른 길은 없다.

분명한 사실은 모든 실수와 상황을 복잡하게 만드는 문제들에도 불구하고, 연구자들이 진전을 이루고 있으며, 누군가의 예측보다 돌파구가 우리 곁에 더 가까이 있는지도 모른다는 점이다. 얼마나 가까이 있을까? 아무도 모른다. 하지만 앞으로 몇십 년 후에는 암과 같은 많은 질병들이 삶을 위협하는 질병이 아니라 관리가 가능한 질병이 될 가능성이 상당히 높다. 동시에 예상 수명은 계속해서 늘어날 것이고, 첨단 치료법을 이용할 수 있는 소득과 교육수준이 높은 사람들의 경우에는 특히 그럴 것이다.

우리가 영원히 살 수 있을까? 당연히 아니다. 어떤 것도 영원하지 않다. 심지어 우주조차도. 하지만 상당한 수준까지 수명을 연장할 수는 있을 것이다. 따라서 여부가 아니라 그때가 언제가 될 것인지가 진짜 질문이다. 그리고 그런 일이 일어났을 때, 그것이 의미하는 바는 무엇일까? 사람이 수백 년 동안 살 수 있는 세상을 어떻게 유지할 수 있을까? 지구는 인구 과잉 상태가 될까? 오로지 지구에 여유 공간을 만들기 위해서 사람들을 우주선에 태워 화성이나 다른 행성으로 보내야 할까? 아마도 그렇지는 않을 것이다.

우리가 지켜본 것처럼, 인구는 안정화되거나 심지어 삶의 질이 높아지면 줄어드는 경향이 있다. 일본만 보아도 그렇다. 일본은 예측 가능한 미래에 중간 크기 정도의 도시에 해당하는 인구를 매년 잃게 될 것이다. 한국과 중국, 유럽에서도 유사한 추세가 나타난다. 사람들이 더 오래,

건강하게, 80대와 그 이후까지 살 수 있다면 이는 좋은 일일 수도 있다.

미래에는 선진국에서 살면서 장수치료법을 이용할 수 있는 대부분의 사람들이 길어진 생애 동안 자녀를 한 명 혹은 두 명만 가지기로 선택할 수도 있다. 그리고 기술이 얼마나 발전하든지 상관없이 사람들은 여전히 교통사고와 자연재해, 질병으로 사망할 것이다. 따라서 어느 시점이 되면 균형이 이루어질 수도 있다.

인구가 계속 증가한다고 해도 문제가 되지 않을 것이다. 우리에게는 아직 더 많은 사람을 수용할 여력이 있다. 식량 생산과 주거, 의료 지원, 재생 가능한 에너지, 교통 분야에서의 진보와 더불어 인류는 해결법을 찾을 것이다. 우리는 놀랄 만큼 독창적이고 적응력이 있는 종이다.

다른 한편, 세계 인구가 일본의 사례를 따라가면서 너무 빨리 감소한다면, 자연적인 출산에 대한 의존을 포기하고, 인공 자궁을 이용해서 시험관 아기들을 가져야 할 수도 있다. 그리고 만약 그 방법이 효과가 없다면, 복제cloning는 항상 선택지 중 하나가 될 수 있다. 어느 쪽이든 나는 크게 걱정하지는 않으며, 백수를 누릴 때까지 잘 살 수 있기를 고대하고 있다.

극저온 저장과 재생, 토끼의 뇌

영원히 사는 것과 죽은 사람들을 되살리는 것은 별개의 문제이다. 아무리 돈이 많아도 일개 회사나 기관이 죽은 사람을 되살릴 수는 없다. 나는 그럴 수 없다고 생각하지만 세상에는 그런 가능성을 믿는 신봉자들이 많다.

월트 디즈니도 그들 중 한 사람일 수 있다. 나는 디즈니의 시신이 어떻게 극저온 저장과정을 거쳤는지에 관한 이야기를 듣고 자랐지만, 그 이야기는 근거 없는 것으로 판명되었다. 그 소문은 아마도 1972년, 당시 캘리포니아 인체냉동보존학협회 회장이었던 밥 넬슨이 「로스앤젤레스 타임스(*Los Angeles Times*)」에 디즈니가 냉동 보존되고 싶어한다고 말하면서 시작되었을 것이다.

넬슨은 여기에 대해 분명하게 밝혔다. "사실 월트는 기회를 놓쳤다. 그는 그 사실을 결코 명문화하지 않았고, 그가 사망했을 때 가족들은 냉동 보존을 원하지 않았다."[29]

1967년 1월, 넬슨은 디즈니가 죽고 불과 한 달 후에 사망한 로버트 베드퍼드라는 사람을 최초로 냉동 보존시켰다. 이 사실 또한 디즈니에 관한 소문에 한몫을 담당했을 수도 있다.

놀라운 사실은 넬슨이 과학 분야의 배경을 가진 사람이 아니라는 점이다. 심지어 그는 고등학교도 졸업하지 않았다. 하지만 사실상 이 신생 산업의 대변인이 되었다. 불행하게도 몇 년이 지나자 넬슨에게는 사업을 지속할 자금이 부족해졌고, 그는 그저 냉동 보관시설을 잠그고 떠나버렸다. 가족들은 자신이 사랑하는 사람이 부패되고 있다는 사실을 언론 보도를 통해서 비로소 알게 되었다. 그들은 넬슨을 상대로 소송을 제기했고, 승소와 함께 80만 달러의 배상금을 받았다. 넬슨은 자신의 입장을 실은 『사람을 냉동시키기는 쉽(지 않)다(*Freezing People Is [Not] Easy*)』라는 책을 쓰는 것으로 대응했다.

지금은 냉동보존술을 개발하고 홍보하는 데에 전념하는 재단과 회사들이 수없이 많다. 냉동보존술 뒤에 깔려 있는, 사람들의 호기심을 자극하는 아이디어는 만약 누군가가 지금은 치료할 수 없는 질병으로 사망한다면, 그 사람을 냉동보존시켰다가 치료법이 발견된 미래에 되살린다는 것이다. 오늘날 많은 사람들이 노화를 치료가 가능한 질병이라고 믿고 있다. 따라서 죽음이 임박했을 때 거의 온전한 신체를 가진 사람이라면 사실상 누구나 해당될 수 있을 것이다.

그러나 냉동보존술은 저렴하지 않다. 온몸을 보존하는 비용은 대개 20만 달러가 소요될 수 있다. 좀더 알뜰한 미래주의자라면, 뇌만 영구 보존함으로써 비용을 훨씬 낮출 수도 있다. 이 옵션은 신경 정지neuro-suspension로 알려져 있다. 하지만 대략 400달러 정도에 달하는, 두뇌 보존비용을 매년 지급해야 한다. 지급하지 못하면 당신의 뇌에서 플러그가 뽑힐 것이다. 따라서 그 자금을 준비하는 데도 만전을 기해야 한다.

냉동보존술이 시행되는 방식은 이렇다. 병상 옆에 냉동보존 팀이 대기 중인 병원에서 당신이 사망했다고 가정하자. 그들은 법적 사망이 선고되자마자 행동에 착수할 것이다. 그들은 보존시설로 옮길 때까지 최소한의 기능을 보전하기에 충분한 산소와 혈액을 당신의 뇌에 공급하면서 당신의 몸을 안정화시킬 것이다.

시설에 도착하면 실제 냉동과정이 시작된다. 먼저 당신 몸의 세포에서 모든 물을 제거하고 이를 일종의 인간 부동액으로 교체한다. 이 조치는 얼음 결정이 생성되는 과정에서 장기와 조직들을 보호하기 위해서이다. 그런 다음 당신의 몸은 드라이아이스로 된 침대에 눕혀져 섭씨 영하 130도에 도달하게 될 것이다. 마지막으로 그들은 공상과학 영화에서 본 것처럼 생긴, 액화질소로 가득 찬 금속 탱크에 당신의 몸을 넣고 섭씨 약 영하 196도에 도달할 때까지 몸을 냉각시킬 것이다. 당신은 머리를 아래쪽으로 둔 채 보관될 것이다. 만약 누출이 발생한다고 해도 문제를 해결하기에 충분히 긴 시간 동안 당신의 뇌가 액화질소에 잠긴 상태로 유지될 수 있도록 하기 위해서이다.

이 이야기가 재미있게 들리는가? 어릴 때 나는 그렇다고 생각했다. 그리고 그럴 돈이 생기면 그렇게 하겠다고 맹세했다. 나만 그랬던 것은 아니다. 정확한 수치는 알려지지 않았지만 「의학 윤리 저널(*Journal of Medical Ethics*)」에 따르면, 오늘날 미국에는 250명의 신체가 냉동보존되어 있으며, 1,500명이 사망시 신체를 냉동보존한다는 계약을 체결했다.

피터 틸은 말한다. "나는 업로딩보다는 냉동보존술을 선호한다. 냉동보존술이 효과가 있다면, 당신은 여전히 같은 사람일 수 있다. 당신이 컴퓨터에 업로드되고, 당신의 모든 정보가 당신을 대신한다면, 그것이 진정한 불멸인지는 명확하지 않다."[30]

실리콘밸리의 권위자들 중 냉동보존술의 신봉자이며, 이 방법을 불멸을 실현할 정도로 충분히 오래 살 수 없을 경우에 실행해볼 좋은 백업 계획으로 보는 사람으로는 레이 커즈와일과 SENS 연구재단의 최고 과학 책임자인 오브리 드 그레이가 있다. 여기서 진짜 궁금증은 그 기술이 효과가 있을 것인가 하는 것이다. 알코어 생명연장재단은 이렇게 선언한다. "인간 배아는 일상적으로 생명의 화학반응을 완벽하게 정지시키는 온도에서 몇 년 동안 보관된다. 성인 인간은 심장과 뇌, 다른 모든 장기의 기능을 정지시키는 온도로 최대 한 시간 동안 냉각되고도 살아남았다."[31]

과학자들은 토끼의 뇌를 극저온에서 냉동한 후에 이를 훌륭한 상태로 회복시키는 데 성공했다. 하지만 그 성공이 가엾은 토끼의 기억이나 자기 인식이 회복될 수 있음을 의미하지는 않는다. 아직 아무도 이 부분은 증명하지 못했다.

"당신을 '당신'으로 만드는 뉴런(및 다른 세포들)과 시냅스들의 특징은 일반적인 것이 아니다." 맥길 대학교의 신경과학자이자 조교수인 마이클 헨드릭스는 지적한다. "이론상으로는 죽은 조직에 이런 특성을 보존하는 것이 가능할 수도 있지만, 현재는 그렇게 할 수 없는 것이 확실하다. 그런 표본에서 정보를 다시 읽어들일 수 있는 능력은 차치하고, 그런 보존기술은 심지어 원론적인 수준에서도 아직 존재하지 않는다."[32]

개인적으로 나는 냉동인간이 된다는 어린 시절의 꿈을 포기했다. 냉동인간이 될 생각이 있는 사람이 있다면, 심지어 가장 진보된 미래 사회에서조차도 바로 지금의 당신처럼 '당신'을 회복시킬 가능성은 매우 낮다는 점을 알아두어야 한다. 그들이 당신을 살려낸다고 해도, 당신은 정신과 육체 모두가 손상되고, 심각한 뇌 손상은 물론이고 만성 통증에 시달리면서 고장 난 몸속에 갇히게 될 수도 있다. 이런 위험을 감수하고 싶은가? 나에게는 지극히 평범한 죽음이 더 낫게 들린다.

복제인간들이 오고 있다

당신의 몸을 냉동시키는 것이 괴이하게 들린다면, 당신 자신을 복제하는 것은 어떨까?

복제에 관한 연구는, 독일의 생물학자이자 철학자인 한스 드리슈가 이세포two-celled 상어 배아를 흔들어서 세포들을 분리할 수 있고, 그 세포들이 각각 한 마리의 상어로 자란다는 사실을 시연했을 때인 1885년으로 거슬러 올라간다. 1938년에 또다른 독일 과학자인 한스 슈페만은 하나의 난세포의 핵을 다른 세포의 핵으로 교체하고, 그 난자에서 배아를 키우는 '환상적인 실험'을 제안했다. 1990년대로 넘어오면, 핵 치환

과정을 활용하여 성체의 체세포로 복제한 최초의 포유동물인 복제양 돌리가 등장한다.

오늘날 전 세계 어디에서나 동물들이 복제되고 있다. 그 길의 선두에 서 있는 것은 가축들이다. 폴라드 목장은 소들 중 일부가 서로의 완벽한 복사본이라는 사실을 제외하면 여느 목장과 비슷해 보인다. 소유주인 배리 폴러드는 "우리는 유전적으로 살이 잘 오르고, 우유와 고기도 잘 공급하고, 새끼도 잘 낳는 가축들을 확보해서 최상급 품질을 유지하려고 노력한다"고 말한다.[33]

FDA는 2008년에 복제된 고기를 판매하도록 승인했다. 목장주들은 더 맛있고 우유를 더 많이 생산하고, 더 크고 육즙이 풍부한 스테이크를 제공할 수 있는 암소를 키우기 위해서 복제를 활용하고 있다. 또한 암소를 선택할 때 자로 잰 것처럼 정확하게 건강 상태와 질병에 대한 저항성, 번식 능력을 평가할 수도 있다. 복제의 관행이 발달하면서 우리는 완벽한 소와 양, 돼지, 그외 다른 가축들이 가득한 농장들을 전 세계에서 더 많이 보게 될 것이다.

문제는 질병에 돌연변이가 일어나서 한때 그 질병에 저항력이 있었던 가축들이 취약해질 때 발생한다. 유전적 다양성이 부족하다는 것은 한 집단의 가축들 중 일부만 죽일 수 있는 한 가지 박테리아나 바이러스가 그 가축을 전멸시킬 수도 있음을 의미한다. 복제 비용이 저렴해지고, 그런 관행이 광범위하게 채택되면서 목장별로, 그리고 심지어 국가별로도 유전적 다양성이 크게 감소하는 결과를 맞게 될 수도 있다. 이로 인해서 세계적으로 가축의 공급이 위태로워질 수 있다.

GMO와 달리 복제 대상은 유전적으로 변형되지 않는다. 이들은 원래 동물의 복사본이다. 하지만 이것이 인간이 복제동물들을 먹어도 안전하다는 의미일까?

아직 이 부분에 관한 실험이 충분히 이루어지지 않았다고 믿는 식품 안전 센터Center for Food Safety의 정책 담당 이사 제이드 핸슨은 "우리는 복제가 아직 준비가 된 기술이라고 생각하지 않는다. 당연히 아직은 여러분의 식탁에 오를 준비가 되었다고 생각하지도 않는다"라고 말했다.[34]

당신이 어떻게 받아들이는지와 상관없이, 복제 고기는 저녁 식탁에 오르기에는 아직 너무 비싸다. 비용이 저렴해지는 데는 상당한 시간이 걸릴 것이다. 그 사이에 사람들은 복제를 적용할 수 있는 다른 용도를 찾고 있다. 개들 중 일부는 마약과 폭탄, 다른 불법 물질의 냄새를 예외적으로 탁월하게 잘 맡는다. 이런 개들을 번식시키는 데에는 시간과 비용이 많이 든다. 이것이 베이징 경찰이 여섯 마리의 복제견을 환영하며 맞아들인 이유이다.

세계 최고의 폴로 선수인 아돌포 캄비아소는 복제된 말들을 받아들였다. 기수들은 종종 폴로 경기 중에 말을 갈아타야 하며, 신체적으로 동일한 말이 있다면 갈아타기가 더 쉬울 수도 있다. 기수들이 경기 중에 승마 스타일을 바꿀 필요가 없기 때문이다. 말 한 마리를 복제하는 데 드는 비용은 약 12만 달러이다. 하지만 프로 선수들의 폴로 경기에는 많은 돈이 걸려 있고, 이기기 위해서라면 기수들은 필요한 돈을 지불할 것이다.

그보다 더 흥미로운 사례는 기수가 특정한 말에게 감정적으로 애착을 가진 경우이다. 그들은 그 말을 잃고 싶어하지 않지만 대부분의 전문 폴로 말들은 열 살이 넘으면 은퇴해야 한다. 죽은 자신의 말을 복제한 캄비아소는 이렇게 말한다. "그렇게 오랜 세월이 지난 후에도 여전히 살아 있는 쿠라를 보니 정말 이상했다. 지금도 여전히 이상하게 느껴진다. 하지만 쿠라의 세포를 남겨둬서 얼마나 다행인지 모르겠다."[35]

개와 고양이가 가족이라고 생각하는 많은 사람들에게 언젠가 그들을 잃는다는 생각은 아들이나 딸을 잃는 것처럼 큰 충격일 수 있다. 유명한 가수이자 배우, 감독인 바브라 스트라이샌드는 말했다. "14년을 함께 보낸 사랑하는 반려견 사만다(새미)를 잃고 너무나 큰 충격을 받았고 어떤 식으로든 새미를 내 곁에 두고 싶었다. 새미의 DNA에서 나온 무엇인가로 새미의 일부를 계속 살아 있게 할 수 있다는 사실을 알았다면 보내기가 좀더 쉬웠을 것이다."[36] 그녀는 새미를 한 번이 아니라 두 번 복제했고, 그 결과가 바이올렛과 스칼렛이다.

세계 최대 규모의 동물 복제 기업인 수암생명공학은 한 마리당 10만 달러를 받고 1,000마리가 넘는 개를 복제했다. 한국의 수의학자이자 수암바이오텍의 연구자인 황우석은 이렇게 말한다. "복제는 산업이 된 것이 맞다. 죽은 개에게서 얻은 세포들이 손상되지 않았다면, 우리는 5개월 내에 당신이 그 개를 다시 만나게 될 것임을 약속한다."[37]

복제견들을 생산하려면 대리모견이 필요하다. 콜로라도 대학교의 윤리학자인 제시카 피어스는 말했다. "대리모견들은 마거릿 애트우드의 『시녀 이야기』와 약간 비슷하다. 재생산 기계의 개 버전이다."[38]

황우석 박사는 이미 한국 정부와 갈등을 겪었다. 줄기세포 연구 중 일부가 조작된 것으로 드러나자, 그는 생명윤리법 위반과 횡령 혐의로 기소되었다. 그런 논쟁에도 불구하고, 그의 연구소는 계속해서 활발하게 논문을 발표했고 운영을 확대했다. 중국의 바이오텍 회사인 보야라이프 그룹은 수암바이오텍과 파트너십을 맺고 더 큰 복제 공장을 세울 것이라고 발표했다. 그들의 목표는 중국 내에서 증가하는, 고품질 소고기에 대한 수요를 충족시키기 위해 1년에 암소의 배아를 100만 개까지 생산하는 것이다.

소와 고양이, 개를 복제하는 것이 골치 아픈 문제라면 사람은 어떨까? 이 문제가 진짜로 논란을 불러일으키는 지점이다. 사고나 질병으로 자식을 잃은 부모를 상상해보라. 죽은 아이를 되살리고 싶은 유혹은 엄청날 것이다. 부모는 얼마를 지급하겠는가? 그리고 그 일로 피해를 입는 사람은 누구인가?

다행히도 우리에게는 이 문제를 해결할 시간이 조금 남아 있다. 인간과 영장류의 복제는 개나 고양이의 복제보다 훨씬 더 어렵다. 하지만 불가능하다는 의미는 아니다. 중국의 과학자들은 이미 두 마리의 마카크 원숭이 복제에 성공했고, 더 많은 실험들이 진행 중이다.

인간 복제 시장은 생각보다 훨씬 더 크다. 불임 커플은 수백만 쌍에 달하고, 이들 중에는 합법적이라면 그들의 DNA에서 나온 아이들을 만들기로 선택할 커플들도 많을 것이다. 2050년에는 아버지의 정확한 복사본인 아들과 어머니의 복사본인 딸을 둔, 결혼한 커플이 완벽한 핵가족을 이루게 될까? 이것이 우리를 불멸로 한 발 더 가깝게 데려갈까? 혹은 인간 복제가 주는 불안감이 너무나 크기 때문에 절대 그 방향으로 가서는 안 되는 것일까?

여기에는 더 폭넓은 사회적 이슈들이 개입될 것이다. 복제는 비용이 많이 들고, 이런 상황은 상당한 시간 동안 유지될 것이다. 복제는 오로지 바브라 스트라이샌드 같은 부자들을 위한 것일까? 그리고 복제는 앞으로 몇 세대에 걸친 인간의 유전자 풀에 어떤 영향을 미칠까?

지금 우리에게는 기괴하고 불편하게 여겨지는 일이라도 기술이 성숙하면 상상할 수도 없는 일은 아닐 수도 있다. 사회규범은 기술과 함께 변하기 때문이다. 시험관 수정in vitro fertilization, IVF만 보더라도 그렇다. 최초의 시험관 아기인 루이스 브라운은 1978년에 태어났다. 오늘날 시험관 아기는 수백만 명에 달한다. 그리고 사람들은 시험관 수정이 전혀 이상하다고 생각하지 않는다. 우리 중에는 그 이슈가 얼마나 논쟁거리였는지도 잊어버린 사람들이 대다수이다.

런던 킹스칼리지 여성건강학과의 학과장인 피터 브라우드는 이렇게 말한다. "사람들은 절대적인 의심의 눈으로 시험관 수정을 바라보았다. 오늘 당신이 인간 복제에 관해 이야기하면서 그것은 신의 영역이라는 느낌을 받는다면, 1978년에 시험관 수정에 관해서도 마찬가지였다."[39]

지금 우리가 어떤 생각을 가졌든, 미래에는 당신의 복제인간을 만드는 것이 평범한 일로 여겨질 수도 있다. 하지만 당신의 복제인간이 당신은 아니라는 사실을 명심하라. 개성은 유전만이 아니라 환경에 의해서도 만들어진다.

스트라이샌드는 강아지들이 정확하게 새미의 복사본은 아니라는 사실을 깨달았다. 그녀는 "이 강아지들은 성격이 다르다"라고 말한다.[40]

반려견의 기억과 개성을 보존하는 것이 심지어 가능하기나 할까? 시노젠 바이오테크놀로지Sinogene Biotechnology는 가능하다고 생각한다. 그들의 계획은 인공지능과 뇌-기계 인터페이스를 이용해서 개의 기억을 저장하고, 이를 복제견에게 전달하는 것이다.

미래에는 인간도 같은 일을 하게 될까? 당신이라면 자신의 복제인간을 키운 다음, 진보된 뇌-컴퓨터 인터페이스를 이용해서 당신의 기억을 더 젊고 건강한 버전의 당신에게 전달하는 일을 고려해보겠는가? 그렇게 한다면 그 복제인간은 당신이 될까? 혹은 그 사람은 다른 누군가가 될까? 원래의 더 나이가 든 버전인 당신이 여전히 살아 있다면 어떨 것 같은가? 이 경우에는 서로 자기가 진짜라고 우기는 두 사람이 생기게 될 것이다. 당신이 사랑하는 사람들에게는 이런 상황이 혼란스러울 수도 있다.

기억 전달이 불가능하다면, 유전적으로 설계된 당신의 복제인간이 뇌가 없이 태어나고 그런 다음 당신의 실제 뇌를 그 복제인간에게 이식하는 것은 어떨까? 이 방법이라면 중복된 자신이 생기는 문제를 피할 수 있게 될 것이다. 뇌 이식이 안 된다면 외과적으로 당신의 머리를 제거해서 복제된 몸에 붙이는 것은 어떨까? 기괴하게 들리겠지만 그런 연구를 하고 있는 과학자들이 있다.

이탈리아의 외과의사인 세르조 카나베로는 이렇게 말한다. "인간의 사체들을 대상으로 한 최초의 인간 이식은 이루어졌다. 뇌사 상태인 장기 기증자들 사이의 완전한 머리 교체가 다음 단계이다."

이 이야기만으로 프랑켄슈타인 박사를 떠올리기에 충분하지 않기라도 하듯이, 카나베로는 살아 있는 인간에 대한 수술이 임박했다고 말했다. 그를 비난하는 사람들은 이 실험의 무모함을 규탄하는 것은 물론이고, 한 환자가 생존할 수 있다고 해서 그 사람의 생각과 개성이 온전하게 남아 있으리라는 의미는 아니라는 사실을 지적했다.

이탈리아 과학자들은 「국제 외과신경학(Surgical Neurology International)」 저널에 이렇게 썼다. "그 사람은 새로운 몸을, 이미 존재하는 신체 도식schema과 신체 이미지에 결합시키는 데 엄청난 어려움을 겪게 될 것이다." 보고서는 얼굴과 손의 이식에서 발생한 유사한 문제들이 심각한 정신적 이슈, "즉, 광기와 그 결과로 죽음"을 초래했다고 인용했다.

카나베로는 여전히 좌절하지 않는다. "나는 사람들이 그 수술에서 피범벅인 부분을 좋아한다는 점을 이해한다. 하지만 이 수술은 끔찍한 고통을 겪는 사람들의 의학적 증상을 위한 의료 행위이다." 카나베로는 쏘아붙인다. "따라서 농담이 아니다."[41]

이 모두는 말도 안 되는 것처럼 보이지만 예일 대학교 의과대학 연구자들은 목이 잘린 돼지의 뇌를 36시간 동안이나 산 채로 보존하는 데에 성공했다.

하버드 대학교와 MIT의 브로드 연구소의 소장인 스티브 하이먼은 이렇게 말한다. "극도로 기술적인 노하우이지만, 이 일은 신장을 보존하는 일과 크게 다르지 않다." "사람들이 '내 뇌를 냉동시켜달라'고 말하는 대신 '나를 접속시켜주고 몸 하나를 찾아줘'라고 말하는 시점이 올 수도 있다."[42]

그 몸은 당신을 섬길 기회를 기다리면서 차가운 저장고에 보관되어 있는 당신의 복제인간일 수도 있다. 밝은 미래의 하나로서 그런 것은 어떨까?

바이오닉 신체

복제인간을 만드는 일에 더해서, 언젠가 당신은 생체공학을 활용하여 기존 신체를 고치거나 업그레이드할 수도 있을 것이다. 나는 「6백만 불의 사나이」부터 「로보캅」까지 온갖 사이보그 영화들을 보면서 자랐다. 오늘날에는 나의 어린 시절 환상들이 현실이 되고 있는 듯하다. 우리는 바이오닉bionic이 현실이 되는 지점에 와 있다.

케리 핀은 제2형 당뇨병으로 인한 혈관 질환으로 왼쪽 다리를 잃었다. 다행히도 그는 유타 대학교가 개발한 생체공학적 다리를 실험해볼 첫 번째 대상이 되었다. 전형적인 의족과 달리, 핀의 새 생체공학 다리는 자가 동력 공급이 가능하고 자율적으로 움직인다. 마이크로프로세서와 전동 관절이 포함된 이 다리는 원래의 다리 움직임과 상당히 흡사한 방법으로 신체의 움직임에 자동적으로 반응한다.

"「터미네이터」를 본 적이 있다면 이건 터미네이터와 비슷하다." 핀의 말이다. "이 다리는 내가 전에 할 수 없었던 일들을 할 수 있다고 느끼게 한다. 한 발짝씩 내디딜 때마다 느끼는 감정은 정말 끝내준다."[43]

핀은 「6백만 불의 사나이」에 나오는 가상의 영웅인 스티브 오스틴처럼 시속 95킬로미터로 달릴 수는 없다. 하지만 바이오닉 다리는 삶을 더 편하게 해준다.

이 프로젝트의 리더인 토마소 렌지는 이렇게 설명한다. "당신이 더 빨리 걸으면, 생체공학 다리는 당신을 위해 더 빨리 걸으면서 더 많은 에너지를 제공할 것이다."[44] 이 다리는 엄청나게 가볍고 강력하며, 똑똑하기까지 하다. 착용자가 이 다리에 관해서 의식적으로 생각하지 않아도 그 사람의 움직임에 적응할 수 있다.

존스홉킨스 대학 응용물리연구소에서는 착용자가 생각만으로 제어할 수 있는 로봇 팔을 개발하고 있다. 이 로봇 팔은 자동차 사고로 가슴 아래가 마비되어 팔을 느끼지도, 움직이지도 못하는 네이선 코플랜드 같은 사람들에게는 멋진 일이다.

이 프로젝트의 책임 엔지니어인 마이클 매클로플린은 이렇게 말한다. "우리는 로봇 팔을 네이선의 뇌와 연결하고 그에게 쌍방향으로 전기적 피드백을 제공했다. 그는 생각만으로 기기를 움직일 수 있었을 뿐만 아니라, 손가락이 닿았다는 느낌처럼 로봇 팔에서 나오는 신호를 받았다. 그것은 정말이지 「스타워즈」 같은 순간이었다."[45]

코플랜드는 말한다. "나는 모든 손가락을 느낄 수 있었다. 정말 이상한 감각이었다. 때로는 전기적으로 느껴졌고, 때로는 압력이 느껴졌다. 하지만 대부분의 경우 나는 매우 정확하게 대부분의 손가락들을 말할 수 있었다. 누가 내 손가락을 건드리거나 누른 것처럼 느껴졌다."[46]

유타 대학교에서는 그레고리 클라크 박사 팀이 루크 스카이워커를 따라 이름을 지은 루크 암LUKE Arm을 개발했다. 이 진보된 의수는 팔이나 다리 절단수술을 받은 사람들에게 신경에 이식한 여러 개의 전극을 통해서 촉각을 느낄 수 있게 해준다. 케빈 월가모트는 전기 재해로 왼손과 팔의 일부를 잃었다.

월가모트는 처음 루크 암을 경험했을 때에 관해 이렇게 말했다. "나는 거의 울 뻔했다. 루크 암은 정말로 놀라웠다. 내 손을 다시 느끼는 일이 가능할 거라고 생각해본 적이 없었기 때문이다."[47]

가까운 미래에는 바이오닉 맨이나 바이오닉 우먼이 되기 위해서 의수를 착용할 필요는 없을 것이다. 새로운 종류의 외골격exoskeleton 보장구가 헐크처럼 믿을 수 없는 힘을 제공할 것이기 때문이다. 미군에서 현재 개발 중인 포티스FORTIS는 AI를 활용해서 군인의 움직임을 분석하고 향상시킨다. 리튬 이온 배터리가 동력을 제공하는 이 로보틱 외골격 보장구는 무게의 대부분을 감당하면서, 군인들이 훨씬 적은 에너지로 80킬로그램의 짐을 계단으로 5층 높이까지 운반할 수 있게 해준다.

포티스의 개발사인 록히드 마틴의 선임 프로그램 매니저 키스 맥스웰은 이렇게 말한다. "군에서 가장 엘리트 전력에 속하는 몇 명에게 이 외골격 보장구를 시험 착용시켰다. 완전 군장을 하고 달릴 때도 그들은 높은 민첩성을 보였다."[48]

외골격 보장구는 군용만이 아니다. 유에스 바이오닉스US Bionics는 노동자들의 등과 팔, 다리에 부담을 주지 않으면서 많은 짐을 감당할 수 있도록 돕는 일련의 산업용 외골격 보장구를 개발했다. 그들의 목표는 업무 관련 부상을 줄이고 노동자들의 생산성을 높이는 것이다.

유에스 바이오닉스의 CEO이자 버클리 대학교 교수인 호마윤 카제루니는 이렇게 말한다. "노동자를 위한 외골격 시스템은 스트레스와 일부 특정 관절에 가해지는 긴장을 최소화한다. 우리는 노동자들이 구매할 수 있을 정도로 저렴한, 소비재로서의 바이오닉 기기를 연구 중이다."[49]

미래에는 우리 모두 아이언맨 수트를 입고 걸어 다니게 될까? 아마도 그렇지는 않을 것이다. 우리가 화성이나 다른 어떤 행성에서 살게 되지 않는다면 말이다. 하지만 저렴한 외골격 보장구는 일부 사람들의 삶을 극적으로 개선할 것이다. 신체가 마비되거나 이동에 문제가 있는 사람들은 언젠가 휠체어 대신 외골격을 선택할 수도 있다.

묘기용[BMX] 자전거 사고 후에 허리 아래가 마비된 스티븐 산체스는 외골격 보장구를 착용하고 전 세계를 여행했다. 그리고 외골격 보장구는 그에게 필수품이 되었다. 역시 허리 아래가 마비된 애덤 골리츠키는 외골격 보장구의 도움으로 2020년 찰스턴 마라톤을 33시간 50분 23초 만에 완주했다.

외골격 보장구는 아직 초기 단계임을 유념하라. 다가올 몇 년 동안 가격, 무게, 배터리 수명, 폼팩터는 극적으로 개선될 것이다. 언젠가는 사람들이 옷 아래에 외골격 보장구를 입고 걸어 다녀도 아무도 알아차리지 못할 수도 있다. 따라서 가벼운 등산을 하거나, 차고를 청소하거나, 혹은 그저 진이 빠졌다고 느껴진다면, 생각할 필요도 없이 바로 바지 형태의 유연한 초경량 외골격 보장구를 입고 하루의 일과에 전념하면 된다.

크리스퍼 혁명

크릭과 왓슨, 윌킨스, 프랭클린은 DNA의 이중나선 구조를 발견한 1950년대에 현대 유전체학^{genomics}을 탄생시켰다. 그들은 유전적 지시사항들이 어떻게 유기체의 내부에서 유지되고 대대로 전달되는지를 밝혀냈다. 이 돌파구는 현재 우리가 알고 있는 분자생물학과 유전공학 분야의 급속한 진보가 이루어질 수 있는 무대를 마련했다.

크리스퍼^{CRISPR} 같은 진보된 유전자 편집기술이 발명된 지금은 모든 종류의 새로운 치료법과 진단기술, 유전적으로 변형된 유기체를 개발하기 위한 문이 활짝 열려 있다. 여기에는 우리가 예측할 수 없는 방식으로 지구의 생명을 영원히 바꿔놓을 수 있는 동력들을 촉발하는 것은 물론, 우리의 삶과 세상을 급진적으로 개선할 수 있는 잠재력이 있다.

우리가 먹는 음식부터 시작해보자. 1994년에 칼젠^{Calgene}은 유전공학적으로 변형된 작물을 최초로 시장에 소개했다. 플레이버 세이버^{Flavr Savr} 토마토였다.

NBC 나이틀리 뉴스의 앵커 톰 브로커는 이렇게 표현했다. "이 토마토는 공학적으로 변형되지 않은 품종보다 더 많이, 더 늦게 숙성되고, 그들 말로는 맛도 더 좋다는군요."[50]

곧 후폭풍이 불었다. 대부분의 사람들은 유전적으로 변형된 식품을 맞이할 준비가 되어 있지 않았기 때문이다. 비평가들은 이 토마토에 '프랑켄푸드^{Frankenfood}'라는 이름을 붙였고, 플레이버 세이버는 결국 시장에서 철수했다. 하지만 이런 상황이 칼젠을 인수한 몬산토^{Monsanto} 같은 기업들이 새로운 유전자 변형 작물들을 지속적으로 개발하는 일을 중단시키지는 못했다. 오늘날 미국에서는 대두의 93퍼센트와 옥수수의

88퍼센트가 유전적으로 변형되었다. 좋든 싫든, 쿠키와 아이스크림, 피자, 샐러드드레싱, 옥수수 시럽, 베이킹 파우더를 포함한 모든 가공식품의 60퍼센트 이상이 유전적으로 변형된 대두나 카놀라, 옥수수로 만든 재료들을 포함하고 있다. 불행히도 이들 가공식품들 중 어느 것도 성분 표시에 유전적으로 변형된 유기체GMO가 포함되어 있음을 고지하지 않고 있다. 이는 미국 내에서 기업 로비스트들이 가진 힘의 증거이다.

유럽에서는 이야기가 달라진다. EU 회원국들 대다수는 부분적으로, 혹은 완전히 GMO를 금지하는 데 투표하면서 미국과는 반대쪽 극단으로 가버린 상태이다. 그들은 GMO가 장기적으로 건강에 미칠 영향을 두려워한다. 우리가 먹거리를 대상으로 실험을 시작한 만큼, 무슨 일이 일어날지는 누구도 진실로 알지 못한다는 것이 사실이다. 몇 세대가 지났음에도 불구하고 아직까지 GMO는 독성을 드러내지 않았다. 하지만 그것이 GMO가 안전하는 것을 의미할까? 대답은 확실하게 알 수 없다는 것이다. 그리고 답을 알아내려고 기다릴 여유가 우리에게는 없는지도 모른다.

심지어 유기농 식품을 사더라도 유전자 변형 식품을 피하지 못할 수도 있다. GMO 작물들은 논밭에서 종자와 낟알의 혼입은 물론, 교차수분cross-pollination을 통해서 유기농 작물들을 오염시킬 수 있기 때문이다. 일단 유전자 변형 유기체를 야생에 풀어놓게 되면 이를 통제하기는 엄청나게 어렵다. 이런 상황은 유기농 농장주들에게 굉장한 골칫거리가 되었고, 이들은 유전적 오염에서부터 특허권까지, 모든 사안에서 몬산토와 열띤 논쟁을 벌이고 법적 싸움을 해오고 있다.

생태주의자이자 애리조나 주립대학교 교수인 신시아 세이거스는 말한다. "우리는 논밭과는 거리가 먼, 얼토당토않은 곳에서 형질전환 식물들이 자라고 있다는 사실을 알게 되었다. 그 작물들은 재배지에서 당연히 튀어나올 것이고, 이들과 교배가 가능한 잡초들은 북아메리카 전역에 널려 있다."[51] 달리 말하면, 우리는 어떤 강력한 농약에도 저항할 수 있는 슈퍼 잡초들을 양산하는 중인지도 모른다.

GMO 작물들과 연관된 모든 문제들에도 불구하고, 그 혜택은 실재한다. 현재 우리가 직면하고 있는 기후 위기를 예로 들어보자. 기후변화는 더 극단적인 날씨를 초래할 뿐만 아니라 작물을 파괴하는 해충과 질병의 영향력을 확대할 것이다. 몬산토가 투자한 스타트업인 페어와이즈Pairwise는 이 과제에 도전하고 있다. 그들은 맛이 더 좋고, 매장에서 판매할 수 있는 기간이 길 뿐만 아니라 질병에 저항력이 있고, 가뭄을 견디고, 홍수에서 살아남을 수 있는 신품종의 작물 개발에 크리스퍼 기술을 이용하고 있다.

유전자 변형 작물이 새로운 것은 아니다. 인간은 농업이 시작된 이래 언제나 작물의 유전적 구성을 바꿔왔다. 가장 우수한 작물의 종자를 선택하고, 교배시키고, 다양한 작물들을 교차교배시키는 일은 우리 역사의 일부이다. 오늘날 우리가 먹는 거의 모든 채소와 과일은 수천 년 전에 야생 상태로 자라던 것들은 아니다. 지금 먹는 채소나 과일은 더 달고, 더 크고, 오래 상하지 않는 경향이 있다. 수확량도 훨씬 많다. 유일한 문제점은 전통적인 교배 기술을 이용해서 식물을 변형시키는 데는 시간이 많이, 그것도 아주 많이 걸린다는 점이다. 식물의 유전자를 변형시키고 편집함으로써 우리는 그 과정의 속도를 높이고 결과에 대해서도 훨씬 더 강력한 통제력을 확보할 수 있다. 이런 장점은 결국 물 부족이 극심해지고, 온도는 더 극단적으로 변하고, 해충과 질병의 치명률은 더 높아지는 세상에서 우리의 생존에 필수적인 일일 수도 있다.

지금으로부터 50년이 지나면, 우리는 유전적으로 편집되고 변형된 작물이 유기농 식품에 비해 더 안전할 뿐만 아니라 더 바람직하다고 여기게 될 수도 있다. 알레르기 유발 항원이 없는 밀과 콩, 땅콩, 백신을 전달하는 바나나, 암과 심장질환의 위험을 줄이는 치료 성분이 풍부한 식물성 기름이 존재하는 세상을 상상해보라.

식료품점에서 우리는 망고나나, 블루플, 캐로콜리 같은 새롭고 이국적인 과일과 채소를 발견하게 될 수도 있다. 심지어 각자의 개별적인 영양과 유전에 따른 요구에 부합하도록 변형된 정밀 작물이 등장할 수도 있다. 의약품 대신에, 당뇨, 고지혈증, 고혈압과 같은 증상을 피하기 위해서 유전적으로 변형된 농산물을 소비할 수도 있다.

먹거리가 맛이 더 좋아지고 건강에도 도움이 된다면 이는 좋은 일이다. 우디 알렌의 고전 영화 「슬리퍼」처럼 디저트가 건강식품이 될 수도 있다. 디저트 바나나를 베어물면 캐러멜 맛이 날 수도 있다. 방울양배추 한 접시보다 건강에 더 좋은 도넛 한 상자를 원하는 사람이 있는가? 나는 원한다. 다만 우리에게 공급되는 식품을 유전적으로 조작하는 일이 안전하다는 것을 확신할 수 있을 때에만 그렇다.

오하이오 주립대학교의 식물 생태학자인 앨리슨 스노는 이렇게 말한다. "모든 형질전환 유기체들은 서로 다른 조합의 잠재적 위험과 혜택을 가져온다. 따라서 각각의 니즈가 사례별로 다르게 평가되어야 할 필요가 있다. 하지만 현재로서는 미국 농무부의 바이오텍 연구자금 중 그런 위험 평가에 배정되는 예산의 비율은 1퍼센트밖에 되지 않는다."[52]

우리가 고려해야 할 것은 농작물만이 아니다. 가축도 마찬가지이다. 우리는 식용 육류를 유전적으로 변형하려는 중이다. 현재 플로리다 대학교에서는 기온이 더 극단적으로 변한 세상에서도 살아남을 수 있도록 크리스퍼를 이용하여 높은 온도에도 적응할 수 있는 소를 번식시키기 위한 연구를 하고 있다.

중국에서는 지방이 적은 돼지를 만들기 위해서 크리스퍼를 활용한다. 돼지의 배아 세포에 쥐의 유전자를 삽입한 다음, 이 세포를 조작하여 돼지 배아 복제본을 2,000개 이상 만들어냈다. 이 배아들은 암컷 돼지들의 자궁에 착상되었고, 12마리의 새끼 돼지가 태어났다. 이 돼지들은 해당 유전자가 없는 돼지보다 체지방이 24퍼센트 더 적은 것으로 밝혀졌다.

이 실험은 진행 중인 여러 실험들 중 일부일 뿐이다. 미래에 우리는 식료품 매장에서 유전적으로 변형된 저지방 돼지고기, 소고기, 닭고기를 보게 될 것이다. 더 크고 빠르게 자라 농부들에게 시간과 돈을 절약해줄 가축들도 보게 될 것이다. 메사추세츠 주에 본사가 있는 스타트업인 아쿠아바운티AquaBounty는 이미 두 배나 빠르게 자라는 유전자 변형 연어를 개발 중이다.

아쿠아바운티의 CEO인 실비아 울프는 말한다. "한 가지 유전자만 제외하면 이 연어는 대서양에서 나는 연어와 같다."[53] 이 연어는 이미 캐나다에서 판매되고 있다.

진정으로 당신의 상상력이 마음껏 뛰어놀도록 내버려둘 생각이 있다면, 언젠가 과거에는 결코 존재하지 않았던 동물을 먹게 될 날이 올 수도 있다고 상상해보라. 유전자를 충분히 변형한다면, 한 종의 동물이 새로운 종이 되는 것은 어느 시점부터일까? 그리고 일단 그들이 새로운 종이라면, 거기서 더 나아가지 못할 이유가 무엇일까? 지금으로부터 수백 년 후의 소는 현재의 소와는 완전히 다를 수도 있다. 다리도 없고, 머리도 없고, 공장형 농장에서 커다란 통에 담긴 채 물 속에 떠 있을 수도 있다. 이 이야기가 기괴하게 들린다면, 공장형 농장들이 현재 어떻게 운영되는지 알아보라. 현실과 지나치게 동떨어진 이야기는 아님을 알게 될 것이다.

연구자들은 돼지와 닭의 잡종인 돼닭picken을 만들기로 할 수도 있다. 돼닭 한 조각을 먹어보고 싶지 않은가? 미래의 농장에는 하이브리드 동물들이 넘쳐나서 식도락가들에게 각 동물의 고기가 엄청나게 다양한 맛과 질감, 건강에 유익한 효과를 제공할 수도 있다. 유전적으로 변형된 하이브리드 고기처럼, 자연적이지 않은 어떤 것을 사람들이 실제로 먹게 될 것이라는 사실이 믿기 어렵다면, 현재 상점 매대에 줄지어 놓은 가공식품들만 보아도 된다. 성분표를 읽어본 적이 있는가? 그 식품 안에 무엇이 들어 있는지 절반이라도 이해할 수 있는가? 하지만 사람들은 이 식품들을 정기적으로 먹는다. 그 이유는 무엇인가? 그 식품이 너무나 맛있게 가공되어서, 먹고 싶은 유혹을 떨쳐내기가 어렵기 때문이다. 좋건 싫건 유전적으로 변형된 새로운 식품이 시장에 출시되면서 이런 추세는 계속될 것이며, 또 가속화될 것이다.

크리스퍼가 축산 산업에 영향을 미칠 수 있는 또다른 방식은 항생제에 내성이 있는 박테리아의 증식을 억제하도록 돕는 것이다. 의사들만 인간 환자에게 항생제를 과도하게 처방하는 것이 아니라 농장주들도 동물 사료에 엄청난 양의 항생제를 주입한다. 그 결과 우리는 우려할 만한 속도로 슈퍼박테리아를 증식시키고 있다. 미국만 해도 항생제 내성이 있는 박테리아에 감염되는 사람들이 연간 280만 명이 넘는 것으로 추산되고, 3만5,000명이 넘는 사람들이 사망한다. 보건 전문가들은 향후 수십 년 내에 항생제 내성으로 야기되는 위험이 극적으로 증가하여, 2050년까지 약에 내성이 있는 질병으로 인한 사망자 수가 매년 수천만 명에 이를 것으로 예측하고 있다.

가축들에게 항생제를 주입해야 하는 상황을 피하려는 노력의 일환으로, 중국에 있는 노스웨스트 A&F 대학교에서는 크리스퍼를 활용하여 결핵에 저항력이 있는 소를 개발하고 있다. 이런 노력이 성공한다면, 수많은 흔한 질병에 저항력이 있는 돼지와 닭, 오리, 그외 다른 가축을 개발할 수 있을 것으로 기대된다.

로커스 바이오사이언시스Locus Biosciences는 항생제에 내성이 있는 박테리아와의 전쟁에서 다른 접근방식을 취하고 있다. 이 스타트업은 크리스퍼를 이용하여 궁극적으로 모든 항생제를 대체할 수 있는 치료법을 개발하고자 한다. 지난 30년간 시장에 출시된 모든 항생제는 1984년에 개발된 기존 약의 변형이었다. 박테리아를 죽일 수 있으면서도 인간에게 독성이 없는 물질을 개발한다는 것은 어려운 도전 과제이기 때문이다. 이런 개발에는 엄청난 수익이 따르지 않는다. 주요 제약사들이 이 분야에 대한 투자를 서서히 축소해온 이유이기도 하다. 로커스 바이오사이언시스는 다양한 약품에 저항성이 있는 대장균 계통을 목표로 삼아 수익성 있는 방식으로 첫 번째 약을 개발할 수 있다고 말한다. 만약 이런 주장이 사실로 증명된다면, 크리스퍼로 만든 다른 항생제가 시장에 등장하는 것을 보게 될 수도 있을 것이다.

UC 샌디에이고 대학교는 그 근원을 직접적으로 향하고 있다. 그들은 크리스퍼를 기반으로 삼되, 박테리아 내부에 있는, 항생제에 내성을 가진 유전자를 비활성화시키는 시스템을 개발 중이다. 이 시스템 개발에 성공한다면, 가축이나 인간들을 감염시키기 전에 약에 내성을 가진 미생물들을 제거할 수 있을 것이다.

크리스퍼가 인간에게 제공할 수 있는 혜택의 잠재력은 무궁무진하다. 거기에 존재하는 위험에도 불구하고 유전자 편집과 유전적으로 변형된 유기체를 단순히 금지할 수 없는 이유가 그것이다. 그렇게 한다면 큰 실수를 하는 셈이 될 것이다. 이 기술들은 우리가 직면한 대부분의 시급한 문제들 중 많은 것에 대응할 수 있게 해준다. 여기서 해야 할 질문은 이 기술을 사용해야 하는지가 아니라, 어떻게 하면 이 기술을 책임감 있게 사용할 수 있는가이다.

유전자 드라이브

크리스퍼의 또다른 적용처는 유전자 드라이브이다. 유전자 드라이브는 정상적인 유전 속도보다 빠르게 인구 전체로 퍼지도록 설계된 유전자 변형이다. 크리스퍼를 이용하면 과학자들은 식물이나 동물에 있는 특정한 유전자를 변형시킨 다음, 부모 중 한 쪽만 이 유전자가 있다고 해도 그 유전자가 확실하게 다음 세대로 전해지도록 보장할 수 있다. 선택된 유전자를 후손의 DNA 가닥 양쪽에 모두 삽입함으로써, 유전자 드라이브는 열성의 특성 기능을 우성의 특성 기능으로 만들 수 있다.

오늘날 유전자 드라이브는 시행이 가능할 뿐만 아니라, 특히 침입종과 싸울 때 성공할 가능성이 있는 방법이다. 급속히 퍼지는 들쥐가 토종 조류 개체군을 완전히 파괴하고 있는 뉴질랜드의 예를 들어보자. 매년 들쥐들은 2,600만 마리 이상의 새끼 새들과 새알을 먹어치웠다. 뉴질랜드 사람들은 쥐약과 총, 덫으로 들쥐를 제거하느라 애를 먹고 있다. 약간의 성공을 거두기도 했으나, 들쥐의 개체수는 다시 계속 늘어나는 반면, 조류의 개체수는 계속해서 감소하고 있다.

이 문제 해결을 지원하기 위해서, MIT의 미디어랩Media Lab 교수인 케빈 에스벨트는 뉴질랜드로 가서 급증하는 들쥐들을 완전히 없앨 수 있는 유전자 드라이브를 제안했다. 이 제안은 수백만 달러를 절감하게 해주고 영구적인 해결책이 될 수 있었다. 자연보호론자들에게는 하늘이 준 선물이 될 터였다.

뉴질랜드에서 나고 자란 생태학자인 제임스 러셀은 이렇게 말한다. "뭔가는 죽게 될 것이다. 우리가 들여온 들쥐가 새를 죽일 수도 있고, 아니면 우리가 들쥐를 죽이게 될 것이다. 나는 들쥐가 비인도적으로 새를 죽이게 하느니, 우리가 인도적으로 들쥐를 죽이는 편을 택하겠다."[54]

그러나 많은 현지 주민들, 특히 기독교인과 마오리족은 동의하지 않는다. 그들은 자연선택의 과정에 간섭하는 것은 비도덕적이라고 생각한다. 아울러 그들은 유전자 드라이브가 결과적으로 유익보다 해악을 더 많이 초래할 거라고 믿는다. 만약 유전적으로 변형된 들쥐가 뉴질랜드 섬 안에 계속 갇혀 있지 않게 된다면 어떻게 할 것인가? 들쥐는 배에 뛰어오르고 내리는 습성이 있다. 결국 그 들쥐들이 자신의 유전자를 전 세계 다른 들쥐 개체군에 퍼뜨리게 될 수도 있다. 이 작은 실험이 결국 들쥐의 세계적인 멸종을 초래할 수도 있을까?

에스벨트는 원래 이 아이디어를 옹호했지만 지금은 우려하고 있다. "이 아이디어를 제안한 것부터가 매우 잘못된 일이었다. 희망이 간절했던 수많은 자연보호론자들을 심각하게 호도했기 때문이다. 정말 당황스러운 실수였다."[55] 그는 나중에 이렇게 말했다. "급속히 퍼지면서 자가 전파되는 이런 종류의 유전자 드라이브는 여러 가지 측면에서 침입종들과 마찬가지라고 할 수 있다."[56]

하버드 대학교의 동료들과 수학적 시뮬레이션을 수행한 후, 에스벨트는 유전자 드라이브가 그들이 해결하려는 문제보다 더 무서운 것일 수도 있다는 결론을 내렸다. 아무리 약한 유전자 드라이브라고 해도, 주의 깊게 설계하지 않으면 하나의 종을 멸종시킬 수 있기 때문이다.

러셀은 신중해야 한다는 데 동의하지만, 유전자 드라이브를 포기할 준비는 아직 되지 않았다. 그는 지구상에서 사라진 척추동물의 60퍼센트 이상이 섬에서 사라졌고, 그중 절반이 침입종에 의해 사라졌다는 점을 지적한다. 그는 어떤 종 전체를 멸종시키지 않으면서 유전자 드라이브를 통제할 방법을 찾아낼 만큼 우리가 충분히 현명하다고 생각한다.

동물이나 식물을 죽이도록 설계되지 않은 유전자 드라이브가 해결책 중 하나가 될 수도 있다. 에스벨트는 라임병을 퍼뜨리는 쥐들의 유전자를 변형함으로써 그 질병을 제거할 수 있는지 알아보기 위해서 낸터컷 섬에서 실험을 해보자고 제안했다. 쥐들을 박멸시키는 대신, 쥐들이 태어날 때부터 라임병에 대한 저항력을 가지게 하는 유전자 드라이브를 활용할 예정이다. 이것은 수용할 만한 위험일까? 에스벨트는 이 문제를 두고 갈등하고 있다. 그는 우리가 질병의 전파를 막기 위한 용도로 유전자 드라이브를 사용하게 될 때, 그것의 가치는 알지만, 그에 따른 장기적인 결과는 여전히 이해하지 못한다고 생각한다.

지구상에서 사라진다고 해도 우리 대부분은 신경도 쓰지 않을 특정한 종들이 있다. 그중 하나는 모기이다. 모기는 인류 문화의 시작부터 불행을 전파해왔다. 심지어 현대에 들어서도 말라리아는 전 세계에서 가장 치명적인 질병들 중의 하나이다. 매년 3억 명에서 6억 명의 사람들이 말라리아로 고생하는 것으로 추정된다. 말라리아로 1년에 100만 명이 넘는 사람들이 사망하는데, 그 대부분이 어린이들이다. 심지어 더 걱정스러운 사실은 아프리카의 많은 지역에서 발생하는 말라리아의 70퍼센트가 비싸지 않은 항말라리아제에 내성을 보인다는 점이다.

영국 임페리얼 칼리지 런던의 유전학자인 안드레아 크리산티는 말라리아를 전파하는 모기 종들을 박멸할 수 있는 유전자 드라이브를 연구해왔다. 그가 유전적으로 변형시킨 모기의 암컷들은 물지도 못하고 알도 낳지 않는다. 크리산티는 연구소의 모기 개체군을 대상으로 한 실험에서 모기들이 8대에서 12대 이내까지는 알을 전혀 낳지 않았다는 사실을 시연했다. 비영리기관인 타겟 말라리아Target Malaria는 이 기술을 아프리카와 다른 말라리아 위험지역에 도입하고 싶어한다.

존스홉킨스 대학교의 연구자들이 취한 접근방식은 조금 다르다. 그들은 모기를 먹이로 삼는 동물들의 막대한 희생을 초래할 수 있는 모기 개체군의 전멸 대신 모기들이 말라리아 기생충에 저항력을 가지도록 연구를 하고 있다. 모기의 소화관에서 말라리아균을 살아남게 해주는 유전자를 제거한다면, 모기들을 보존하면서도 감염을 막을 수 있다.

희망적으로 들리지만, 이런 유전자 드라이브에도 특정한 위험이 따른다. 그 위험은 실패한 한 번의 유전자 드라이브가 모기의 유전자 풀을 확장하고 변형시켜 궁극적으로는 모기의 회복력을 더 강하게 만들 수도 있다는 점이다. 이런 위험이 실제로 얼마나 클지 예단하기는 너무 이르지만, 과학자들이 주의 깊게 모니터링하고 있는 사안이기는 하다.

미국 국방부 산하기관인 방위고등연구계획국은 유전자 드라이브에 관한 많은 연구에 자금을 지원해왔다. 사실 에스벨트도 방위고등연구계획국의 자금을 지원 받았다. 음모론자들은 미국이 유전자 드라이브를 무기화할 준비를 하고 있다거나 우생학에 관여하고 있다고 주장하면서 이 일을 두고 신이 나서 떠들어댈 수 있다. 하지만 현실은 훨씬 단순하다. 유전자 드라이브는 국가 안보에 위협이 되며, 군에서는 여기에 대비할 필요가 있다.

테러리스트들이 유전자 드라이브 기술을 손에 넣는다면 어떻게 될까? 그들이 전 세계에 공급되는 식량을 대상으로 공격을 개시할 수 있을까? 네오나치 그룹이 특정한 인종을 공격하는 유전자 드라이브를 개발해서 유전적 홀로코스트를 선동할 수 있을까? 이런 가능성들은 정말로 우리를 소름 끼치게 만든다. 게다가 무서운 것은 오늘날 이런 기술을 쉽게 확보할 수 있다는 사실이다. 연구소를 세우고 실험을 시작하는 데는 많은 돈이 들지 않는다. 사람들의 의도는 중요하지 않을 수도 있다. 이 기술은 너무나 강력하고 예측이 불가능해서, 우리가 이를 통제하거나 제한할 수 있는 방법들을 파악하지 않는다면, 돌이킬 수 없는 피해를 가져올 수도 있다.

유전자 드라이브 기술은 도래했고, 따라서 우리는 이 기술에 대응해야 한다는 것이 사실이다. 우리는 원자력처럼 자연의 가장 위대한 비밀 중 하나의 빗장을 열었다. 우리가 할 질문은 그 과정에서 환경과 우리 스스로에게 영구적인 손상을 입히지 않으면서, 더 나은 세상을 만들기 위해 이 기술을 사용할 방법을 알아낼 수 있는가 하는 것이다.

소 배양 : 연구소에서 기른 고기

유전자 드라이브는 멸종 위기종을 천적에게서 구하고 사람을 기생충으로부터 구할 수 있는 한편, 연구소에서 기른 고기는 수십억 마리의 농장 동물과 물고기를 인간에게서 구해낼 수 있는 잠재력이 있다. 우리는 매일 2억 마리가 넘는 농장 동물과 30억 마리가 넘는 수생 동물을 도살한다. 세포 기반의 고기를 만드는 기술이 있다면, 이 모두가 바뀔 수 있다.

공장에서 만든 버거를 현재 패스트푸드 식당 메뉴에 등장시킨 임파서블 푸드 앤 비욘드 미츠Impossible Foods and Beyond Meats에 이어 식품 기술 스타트업인 멤피스 미츠Memphis Meats는 진짜이지만 동물에는 전혀 해를 끼치지 않는 고기를 제공하고 싶어한다. 캘리포니아 주 버클리 시에 자리한 이 스타트업은 바이오리액터bioreactor에서 고기를 제조해서 전 세계에 공급한다는 목표를 가지고 있다.

멤피스 미츠만이 아니다. 소고기, 오리고기, 돼지고기, 닭고기부터 생선까지 모든 것을 대상으로 연구를 진행하면서 세포 기반 고기를 생산하고자 하는 스타트업들은 많다. 하지만 이 일은 한 무더기의 줄기세포를 양동이에 쏟아붓고 재생산되기를 기다리기만 하면 되는, 쉬운 일이 아니다. 고기가 진짜 고기의 맛과 질감, 농도를 가져야 하기 때문이다. 흐물흐물한 스테이크를 먹고 싶어하는 사람은 아무도 없다. 과학자들이 젤라틴 거푸집에서 근육 세포를 기르는 실험을 해온 것은 바로 그런 이유 때문이다.

하버드 대학교의 바이오 공학자인 케빈 킷 파커는 말한다. "빌딩 벽에는 강철 프레임이 필요하고, 주택에는 나무 뼈대가 필요한 것처럼, 근육 세포를 기르려면 구조가 필요하다."[57]

또다른 문제는 고기 세포들이 처음에는 빠르게 복제되지만 시간이 지나면서 그 속도가 느려지고, 마침내 완전히 멈춘다는 데 있다. 이 문제를 해결하기 위해서 멤피스 미츠는 세포 재생 촉진에 유전자 편집기술을 활용하고 있다.

앞에 놓여 있는 이런 문제들로는 충분하지 않다는 듯이, 비용 문제도 존재한다. 2013년에 프로토타입 버거 한 개를 만드는 비용은 30만 달러 이상이었다. 멤피스 미츠는 이 가격을 2,400달러로 낮췄다. 그들의 목표는 이 비용을 패티 한 장당 5달러 이하로 낮추는 것이다.

 "연구실에서 나온 무엇인가를 상업적으로 성공시키는 것이 가장 어려운 일이다." 굿푸드 연구소Good Food Institute의 과학기술 이사인 데이비드 웰치의 말이다.[58]

 육류 시장의 규모가 1조9,000억 달러에 달하고, 벤처캐피털의 자금도 이 분야로 쏟아져 들어오고 있는 만큼, 지금의 문제들은 그것이 어떤 것이건 해결이 될 것이다. 중국이 현재 세계 최대의 고기 소비국이고, 전형적인 미국인 한 명이 매년 90킬로그램 이상의 붉은 육류와 가금류 고기를 소비하는 만큼, 이는 좋은 일이다. 인구의 많은 수를 채식주의자로 개종시키지 않으면서 육류를 지속 가능하게 공급할 수 있는 최선의 방법은 세포 기반 육류의 생산을 늘리는 일이다. 이렇게 공급된 육류가 더 건강하고, 저렴하고, 농장에서 기른 가축들처럼 맛이 좋다면, 도입이 문제가 될 리는 없다.

 연구실에서 만든 고기가 셀 수 없이 많은 동물들의 목숨에 더해 환경도 구해낼 수 있을까? 암소 한 마리는 연간 100킬로그램의 메탄을 배출한다. 전 세계에는 약 15억 마리의 소가 있다. 그저 계산만 해보라. 암소 한 마리는 매일 평균적으로 100리터의 물과 12킬로그램의 사료를 먹는다. 그러면 환경에 미치는 영향에 대한 감이 잡히기 시작할 것이다. 그러나 연구소에서 기른 수많은 육류는 여전히 갈 길이 멀다. 현재 전형적인 세포 기반 닭 한 마리의 탄소 발자국은 농장에서 키운 닭의 약 5배이고, 공장에서 제조한 제품보다 10배나 더 크다. 에너지가 많이 사용되는 과정으로 만들어지기 때문이다.

 그러나 네덜란드 기반의 모사 미트Mosa Meat는 그들의 배양육cultured meat 제품이 살아 있는 가축에서 나온 고기보다 온실가스를 96퍼센트 적게 배출하고, 토지는 99퍼센트, 물은 96퍼센트 적게 사용한다고 주장한다. 이 스타트업은 일단 배양육이 대량 시장에서 팔리는 식품이 되면, 산업형 농장은 필요가 없어질 것이라고 예측한다.

수백 년이 지나면 우리는 동물을 키우고 도살하는 행위를 돌아보면서 야만적이고 비인간적인 관행이라고 생각할 수도 있다. 오늘날 인간을 제물로 바쳤던 일을 보듯이 말이다. 아이들은 부모에게 "공장에서 고기를 기를 수 있는 데 단지 먹으려고 동물을 죽일 이유가 있었나요?"라고 물어볼지도 모른다.

DNA와 유기체 컴퓨터

인간은 배양접시에서 육류를 기르는 방법만이 아니라 테스트 튜브에서 유기체 컴퓨터를 키우는 방법도 알아내고 있다. 전통적인 컴퓨터는 실리콘 칩을 사용하는 반면, 유기체 컴퓨터는 유전자 물질에서 만들어진 생물학적 트랜지스터를 이용한다. 이들 DNA와 RNA 스위치들은 트랜스크립터transcriptor라고 불린다.

DNA 컴퓨팅은 1994년에 레너드 애들먼이 처음으로 시연했다. 그는 출장 중인 영업사원의 고민, 즉 두 장소 사이에서 영업사원이 택해야 할 가장 효율적인 경로를 알아내는 문제를 DNA만을 이용해서 해결했다. 애덜만의 실험 이래, DNA에 기반한 회로들은 불리언 로직Boolean logic*, 수학 공식, 신경 네트워크 계산을 실행하는 데에 성공했다. 분자 프로

---

* 0과 1, 두 숫자만으로 모든 논리적 문제를 생각하게 하는 수학의 새로운 한 분야.

그래밍molecular programming이라고 불리는 이 분야는 이제 막 도약을 시작했다.

그러나 문제는 속도이다. DNA는 고통스러울 만큼 느리다. 4자리 숫자의 제곱근을 계산하는 데 몇 시간이 걸릴 수도 있다. 게다가 DNA 회로는 1회용이며, 작동시키려면 매번 새롭게 만들어야 한다. 이런 제한점들을 감안할 때, DNA 컴퓨팅이 실리콘과 경쟁하는 일이 과연 일어날 수 있을까?

지금 당장은 아니겠지만, 전 세계의 과학자들은 성과를 내고 있다. MIT와 싱가포르 기술디자인 대학교는 유기적 바이러스를 이용해서 더 빠르고 효율적인 유기체 컴퓨터의 개발을 가능하게 해주는 획기적인 발견을 했다고 발표했다. 컬럼비아 대학교는 DNA 한 가닥에 컴퓨터 운영시스템 전체를 저장했다고 발표했다. 나아가 마이크로소프트와 워싱턴 대학교의 연구자들은 처음으로 데이터를 저장하고 검색하기 위한, 완전히 자동화된 DNA 시스템을 시연했다.

마이크로소프트의 연구자인 카린 슈트라우스는 이렇게 말한다. "우리의 궁극적인 목표는 최종 사용자에게 다른 클라우드 저장 서비스와 매우 비슷해 보이는 시스템을 생산하는 것이다."[59]

DNA의 조그만 얼룩 하나에도 1만 기가바이트의 데이터를 보관할 수 있다. 이는 쇼핑몰 하나만큼 큰 데이터 센터가 각설탕 한 조각의 크기로 줄어들 수 있음을 의미한다. 또한 DNA는 저렴하고 합성하기 쉬우며, DNA를 이용한 컴퓨팅에 필요한 에너지는 실리콘 프로세서보다 훨씬 적다. 구글 데이터 센터가 한 해에 수백만 달러 가치의 에너지를 소비하는 반면, 바이오 컴퓨터는 약간의 저렴한 대사물질만으로도 작동이 가능하다.

DNA 저장소에 더해, 유기체 컴퓨터는 실리콘이 갈 수 없는 장소에도 갈 수 있다는 잠재력이 있다. 취리히 연방공과대학의 연구자들로 구성된 팀에서는 크리스퍼를 이용해서 인간 세포 안에 기능적인 듀얼 코어 바이오 컴퓨터를 구축했다. 우리 몸 안에 살아 있는 컴퓨터가 있어서 건강을 모니터링하고, 손상된 조직들을 고치고, 신체 기능을 조절한다고 상상해보라. 심지어 유기체 컴퓨터로 지능을 높일 수 있는 가능성도 있다. DNA 컴퓨터들은 생화학적 환경과 상호작용도 할 수 있기 때문에 살아 있는 유기체 안에서 약물이나 치료제를 운반할 수도 있다.

이스라엘의 연구자들은 한 단계 더 나아가서 바퀴벌레의 몸속에 생물학적 회로를 만들었다. 그들은 탑재된 화물을 전달할 수 있는 나노봇을 만들기 위해 종이접기처럼 접힌 구조를 가진 DNA를 만들었다. 탑재된 화물은 분자일 수도 있고, 효소나 항체일 수도 있다. 각각의 탑재 화물은 그 사슬 안에 있는 그 다음 나노봇을 활성화시키거나 비활성화시켜서 살아 있는 세포 내부에 회로를 만들 수 있다. 이들 바이오 회로는 여러 방법으로 사용될 수 있다. 한 실험에서 과학자들은 바이오 회로를 활용하여 암세포와 정상세포를 구별하도록 했다. 그런 다음 암세포에는 자폭하라는 신호를 보냈다. 미래에는 종양의 진행 상태를 모니터링하고, 이 지점을 목표로 한 치료 약물 적용에 이와 유사한 바이오 컴퓨팅 기기들이 사용될 수도 있다.

이는 머나먼 여정의 시작일 뿐이다. 과학이 발전하면서 연구자들은 유기체 컴퓨터가 기능하는 방식에 대한 새로운 사실을 계속 발견하고, 그 역량에 고유하게 부합하는 더 많은 사용처를 개발해낼 것이다.

키메라, 바이오 프린팅, 이식 유전자를 가진 생명체

컴퓨팅 기기로 사용하려고 DNA를 변형하는 일과, 특이한 새로운 하이브리드 종을 만들려고 살아 있는 개체의 DNA를 조합하는 일은 별개이다. 과학자들은 키메라와 관련하여 바로 후자의 작업을 하고 있다.

키메라Chimera라는 말의 유래는 고대로 거슬러올라간다. 이 용어는 그리스어로 사자의 머리, 염소의 몸, 뱀의 꼬리를 가진 신화 속 동물을 부르는 이름에서 유래했다. 오늘날 과학자들은 키메라라는 용어를 초기 배아의 융합이나 돌연변이, 혹은 다른 유사한 과정을 거쳐 형성된, 유전적으로 서로 다른 조직의 혼합체를 보유한 유기체를 기술할 때 사용한다.

한 세기도 더 전에, 작가인 H. G. 웰스는 고전이 된 공상과학소설 『모로 박사의 섬(The Island of Doctor Moreau)』에서 이런 일을 상상했다. 1896년에 출판된 이 소설은 야수들의 신체와 뇌를 자신의 이미지를 따른 형상으로 만들어 인간으로 변형시킨 한 미친 과학자의 이야기를 그린다. 하지만 그 생명체는 야수의 본성을 벗어날 수 없었다. 결국 그 사회 조직은 무너지고, 섬 전체가 난장판이 되었으며, 키메라들은 모로 박사와 그의 비전을 파괴한다.

과학이 소설을 따라잡는 데는 한 세기도 걸리지 않았다. 1980년에 재닛 로산트는 서로 다른 종의 쥐 두 마리에서 추출한 유전자를 융합하여 키메라를 창조했음을 발표하는 논문을 발간했다. 그녀는 "우리는 당신이 실제로 종간의 경계를 넘어설 수 있다는 것을 보여주었다"라고 말했다.[60]

1984년 케임브리지 대학교의 동물생리학 연구소는 염소와 양의 DNA를 조합하여 최초로 기프geep를 탄생시켰다. 그 결과로 탄생한 키메라는 몸 전체에 마치 모자이크처럼 염소와 양의 조직을 가지고 있었다. 예를 들면 양의 배아에서 자란 가죽 부분에는 털이 북실거렸고, 염소의 배아에서 자란 부분은 털이 매끈했다.

현재 과학자들은 인간의 장기를 자라게 할 수 있는 키메라 돼지의 양산에 기대를 걸고 있다. 이 아이디어는 괴이하고 심지어 무섭게 느껴질 수도 있지만, 거기에는 충분한 이유가 있다. 세계는 인간의 간, 심장, 폐, 신장의 심각한 부족 현상을 겪고 있다. 미국에서는 매일 평균 33명의 사람들이 장기 이식을 기다리다가 죽어간다. 미국만 해도 대략 11만 5,000명의 환자들이 대기자 명단에 올라 있고, 이 문제는 해결되지 않고 있다.

이 문제를 해결하기 위해서 인간 게놈 프로젝트의 선구자인 크레이그 벤터는 인간에게 안전하게 이식할 수 있는, 유전적으로 변형된 돼지의 폐를 만들기 위해 유나이티드 테라퓨틱스United Therapeutics와 팀을 결성했다. 대부분의 사람들은 알지 못하지만, 돼지와 호모 사피엔스는 유전적으로 유사점이 많다. 어린 돼지의 장기는 크기가 인간의 것과 비슷하다. 과학자들은 이 장기들을 좀더 호환 가능하도록 만들기 위해 돼지의 게놈을 변형하여 인간의 면역 체계가 거부하지 않는 하이브리드 장기를 만들고자 한다.

현재까지 시행된 기초 연구 중 일부는 초기 성공을 거두었다. 개코원숭이 한 마리는 돼지의 신장을 이식한 채 136일 동안 살아남았고, 두 번째 개코원숭이는 돼지의 심장으로 거의 2년 반을 살았다. 그리고 베이징에 있는 줄기세포와 생식 생물학 국가핵심 실험실은 최근 돼지-원숭이 키메라가 태어났다고 발표했다.

과학자들은 인간 세포를 가진 유전자 이식 돼지의 개발과 관련된 문제들을 이제 막 이해하기 시작한 상태이다. 이 과정은 대개 성인인 인간 세포에서 만들어진 줄기세포와 함께 시작된다. 이 줄기세포는 초기 단계의 돼지 배아에 주입된다. 이 하이브리드 배아가 암돼지에게 다시 이식되면 이 암돼지가 키메라를 낳게 되는 것이다.

또다른 접근법은 유전자 편집기술을 이용하여 특정한 장기가 없는 상태로 자라는 호스트 동물을 만드는 것이다. 그런 다음 과학자들은 없어진 장기의 공백을 메우기 위해서 배아에 인간 줄기세포를 주입한다. 배아가 성숙하면서 키메라의 몸 안에는 100퍼센트 인간의 장기가 발달하게 되는 것이다.

선도적인 유전학자들의 낙관주의에도 불구하고, 이 길은 평탄하지 않았다. 먼저 소크 연구소 교수인 후안 카를로스 이스피수아 벨몬테의 경우, 과거에는 호스트 배아를 이용해 장기를 자라게 하는 일이 상당히 단순할 것이라고 믿었다. 하지만 결국 40명의 동료들과 함께 그들이 현재 직면하고 있는 수많은 장애물들 중 하나에 불과한, 단순한 유전자 이식 돼지를 만드는 방법을 파악하는 데만 거의 4년이 걸렸다.

UC 데이비스 대학교의 생식 생물학자 파블로 로스는 이렇게 말한다. "오늘날 서로 가장 잘 부합하는 장기조차도, 일란성 쌍둥이에게서 나온 것이 아닌 이상 시간이 지나면 면역계가 이들을 계속해서 공격하기 때문에 그렇게 오래 버티지 못한다."[61]

비록 유전자 이식 장기일지라도 인간의 신체가 다른 종에게서 나온 장기를 받아들이는 것이 얼마나 어려울지 상상해보라. 이 일이 성공하려면 동물의 장기에 충분히 높은 비율로 인간세포가 있어야 한다. 하지만 그 배아가 더 많은 인간세포를 수용하도록 하는 것은 매우 골치 아픈 문제이다. 혹여 과학자들이 이 작업에 성공한다고 해도, 그 장기가 거부반응을 일으키거나 단순히 작동을 멈출 때까지 얼마나 오랫동안 버틸 수 있을까? 돼지의 바이러스가 인체에 유입될 가능성도 있다.

벤처캐피털이 투자한 스타트업인 이제네시스Egenesis는 이 문제를 해결하려고 시도 중이다. 그들은 크리스퍼를 이용해서 배아 내부의 바이러스를 제거하고자 한다. 또한 유해한 바이러스를 보유하지 않은 유전자 이식 양을 대상으로 실험 중이다.

이제 과학자들은 인간의 DNA를 모든 종의 동물과 조합하고 있다. 과학적으로 한 걸음 앞으로 나아갈 때마다 우리는 『모로 박사의 섬』에 가까워지고 있다. 뉴욕 메디컬 칼리지의 세포 생물학자인 스튜어트 뉴먼은 말한다. "사람들이 혐오스러운 것을 만들어내려고 열망하는 것이 아니다. 하지만 상황은 계속 진전되고 있으며, 자연스럽게 멈출 수 있는 지점도 없다."[62]

비탈길에서처럼 위험 속으로 미끄러질 수 있는 이런 상황을 감안할 때, 정부가 나서서 인간의 DNA를 이용해 키메라를 만드는 연구를 전면적으로 금지해야 할까? 어떤 것이 더 비도덕적일까? 유전자 이식 동물을 만들고 그들의 장기를 거두는 일? 혹은 사람들이 기다리다가 죽도록 내버려두는 일? 여기에 정답이라는 것이 있기나 한 것일까?

케이스웨스턴 리저브 대학교의 생명윤리학자인 현인수는 말한다. "이런 유형의 실험이 도덕적으로 애매한 존재를 만들 거라는 우려가 있다. 우리는 양이 무엇인지 알고 사람이 무엇인지도 안다. 하지만 인간세포가 많은 부분을 차지하거나 온전한 인간의 장기를 가진 양은 어떤가? 이들은 새로운 존재이다. 이 스펙트럼의 어디쯤 해당되는 것일까?"[63]

이런 골치 아픈 질문들을 피해가기 위해서 일부 과학자들은 동물에게 의존하는 대신에 실험실에서 장기를 키우는 실험을 하고 있다. 인간 줄기세포는 이론적으로 어떤 장기든 될 수 있다. 배양접시에서도 심장이나 폐, 간의 세포로 바뀔 수 있다. 하지만 줄기세포를 자극해서 살아 있는 신체 바깥에서 완전하게 기능하는 장기를 자라게 하는 것은 별개의 문제이다. 그리고 환자들은 필요한 조직을 얻기 위해 고통스럽고 침습적인 과정을 거쳐야만 한다.

또다른 접근법으로 바이오 프린팅이 있다. 이는 신체 조직과 같은 구조를 만들기 위해서 살아 있는 세포와 증식 인자들growth factors*을 결합한 생체 재료를 사용한다는 점을 빼면 3D 프린팅과 유사하다. 웨이크 포레스트 대학교 연구진은 바이오 프린팅으로 만들어진 근육과 연골 같은 구조들을 설치류에게 이식하는 데 성공했다. 한편 이스라엘 과학자들은 바이오 프린팅을 통해서 인간 세포로 만들어진 3D 심장 모형을 만들었다.

텔아비브 대학교의 교수인 탈 드비르는 말한다. "어디서든 누군가가 세포와 혈관, 심실, 심방들로 가득 찬 온전한 심장을 성공적으로 설계해서 프린트 한 것은 이번이 처음이다."[64]

이 사례가 해답처럼 들릴 수도 있지만, 아직은 바이오 프린팅으로 만들어진 심장이나 신장을 곧 주문할 수 있을 거라는 기대는 하지 말라. 극복해야 할 장애물은 여전히 존재한다. 생체 재료는 제한되어 있다. 바이오 프린팅으로 만든 장기는 구조적 무결성을 유지하기가 어렵다. 그리고 현재의 기술로는 자연적인 맥관 구조vasculature를 모방하기도 어렵다.

따라서 우리는 다시 유전자 이식 동물로 돌아가게 된다. 가까운 미래

---

* 생물체의 기본성분이 되는 영양물질 이외의 것으로 세포의 증식, 생물체의 증식과 발육에 꼭 필요한 물질.

에 장기이식을 하려면 유전자 이식 동물이 최고의 선택일 수도 있지만, 기술적인 장애물에 더해서 사회적인 이슈들도 존재한다. 과학자들이 알츠하이머나 파킨슨병 같은 뇌 질병을 위한 치료법을 연구하려고 인간-원숭이 키메라를 만들기 시작한다면 어떤 일이 벌어질까? 그 결과로 탄생한 키메라는 동물일까, 인간일까? 우리는 언제 그 선을 넘게 되는 것일까?

인간의 DNA 대신에 영장류들의 DNA를 사용한다면 어떨까? 침팬지는 인간과 DNA의 99퍼센트를 공유한다. 하지만 침팬지는 분명히 인간이 아니며, 질병을 연구하고 새로운 약품을 실험하기 위한 연구소 실험에도 자주 이용된다. 빠져나갈 수 있는 구멍이지만 이 방법이 진정으로 더 윤리적인가? 과학자들은 바로 지금 이런 질문들과 직면하고 있다. 실제로 이스피수아 벨몬테는 인간 세포가 아니라 영장류 세포를 이용해서 키메라를 만든다는 조건으로 250만 달러의 연구비를 주겠다는 제안을 받았다. 그는 그 연구비를 받기로 했지만 여전히 다른 연구비를 받아서 인간 세포로 연구를 계속하고 있다.

중국의 한 실험실에서 이스피수아 벨몬테와 그의 팀은 최초로 인간-원숭이 하이브리드를 개발했다. 연구자들은 인간 줄기세포를 이용해 인간-원숭이 키메라의 배아를 만들었다. 윤리적 문제를 해결하기 위해서, 이스피수아 벨몬테의 연구팀은 인간 세포가 뇌로 이동한다면 스스로 자멸하도록 하는 메커니즘을 만들었다. 또한 그들은 임신기간을 14일로 제한했다. 이는 인간-원숭이 키메라의 배아가 2주일 이내에 모두 파괴되었음을 의미한다.

다른 과학자들이 그만큼 신중할 것인가 하는 의문이 생긴다. 아마도 그렇지 않을 것이다. 중국에 있는 쿤밍 동물학 연구소의 유전학자인 빙

수는 히말라야 원숭이의 단기 기억력을 개선하려는 목적으로 인간 뇌 유전자를 추가했다. 일부 생명윤리학자들은 인간 DNA를 가진 키메라가 결국 연구소 실험에서 이용되고, 신체 일부가 팔리고, 다른 방법으로 착취를 당할 수 있는 일종의 하등인류가 될 수도 있음을 우려한다. 기술이 법적, 윤리적 가이드라인을 실행할 수 있는 우리의 능력을 앞지르는 세상에서 기술이 남용될 가능성은 어마어마하다.

종교집단들의 압력을 받은 미국 국립의료원^{NIH}은 2015년에 인간-동물 키메라를 위한 연구자금 지급을 유예시켰다. 현재 NIH는 자금을 조달받기 전에 철저한 검토를 통과해야 한다는 전제로 이 실험에 대한 금지 조치를 해제하고 있다. 하지만 이 검토는 무엇을 의미하게 될까? 그리고 궁극적인 결정을 내리도록 위임을 받는 사람은 누구일까? 정부 관리일까, 과학자나 종교 지도자, 혹은 다른 누구일까?

미국이 이런 유형의 실험을 전적으로 제한한다고 해도 다른 나라들은 어떨까? 중국, 러시아, 유럽, 일본에 있는 연구자들이 실험을 중지하게 될까? 미국에서 인간-동물 유전자 이식을 금지하거나 제한한다면 미국은 뒤처질 것이다. 이 분야에 있는 최고의 과학자들 대부분이 규제가 덜한 환경으로 옮겨야겠다는 압박감을 느낄 수도 있기 때문이다.

유전자 이식 과학이 가속페달을 밟고 있다는 사실과, 다가오는 몇십 년 동안 꾸준한 흐름으로 돌파구를 찾아내리라는 사실에 의문을 가지는 전문가들은 거의 없다. 단기적으로 본다면, 키메라에는 생명을 구할 약품에 관한 실험 속도를 앞당길 수 있는 잠재력이 있다. 인간을 대상으로 하는 임상실험은 시간이 오래 걸리고 비용도 많이 든다. 전 세계 제약업계의 거인들은 여기에 수십억 달러를 쓴다. 그리고 많은 유망한 약들이 엄청난 비용 때문에 충분히 개발되지 못하고 있다.

이스피수아 벨몬테는 "돼지의 간에 인간 세포를 넣을 수 있다면, 화합물을 개발한 지 1년 이내에 인간에게 독성이 있는지 알 수 있을 것이다"라고 말한다.[65]

이 방법은 질병을 물리칠 차세대 약품 개발에 요긴하게 사용될 것이다. 우리가 약에 대한 시험과 개발을 앞당길 수 있다면 얼마나 많은 사람들이 삶의 변화를 경험할지 상상해보라. 게다가 유전자 이식 동물에게는 약품 생산에 들어가는 비용을 극적으로 낮출 수 있는 잠재력도 있다. 연구자들은 닭이 항암제를 함유한 달걀을 낳도록 하려고 이미 닭의 DNA에 인간 유전자를 이어붙였다. 일단 달걀이 나오면 제약회사들은 그 달걀에서 약성분을 추출하여 포장한 다음 시장에 내놓을 것이다.

"닭을 이용한 생산비용은 공장에서 만드는 경우보다 10배에서 100배까지 더 저렴할 수 있다."[66] 에딘버러 대학교의 리사 헤런은 말한다.

그들은 유전적으로 변형된 이 동물들을 바이오리액터라고 부른다. 아울러 과학자들은 유전자 이식 염소에게서 얻은 젖과, 양, 토끼, 쥐를 이용하는 바이오리액터를 만드는 연구를 하고 있다.

농부들이 완전히 새로운 유형의 가축을 만들기 위해 소와 말, 양, 돼지, 염소, 낙타, 리마의 가장 좋은 특질들을 결합하면서, 미래에 키메라 동물의 형태는 다양해질 수 있다. 나사NASA에서는 심지어 이 기술을 도입하여 다른 행성에서 살기에 적합하게 만들어진 동물을 개발할 수도 있다.

중국에서는 기획력 있는 과학자들이 이미 유전적으로 변형된 애완동물의 판매를 준비하고 있다. 그들은 탈렌TALEN이라고 불리는 유전자 편집기술을 적용하여 새로운 종의 초소형 돼지를 개발했다. 다 자라도 6.8킬로그램이 채 되지 않는 소형 돼지도 생산할 수 있다. 심지어 고객들은 털 색깔과 무늬도 선택하여 주문할 수 있을 것이다. 이런 돼지들은 다른 많은 애완동물들과 대략 같은 가격에 팔리게 될 것이다.

베이징 유전체학 연구소의 선임이사인 리용은 "이제 주문을 받아서 수요의 규모를 알아볼 계획"이라고 말한다.[67]

어떤 사람들은 전통적인 품종보다 키메라 동물들을 더 선호할 수도 있다. 궁극적으로는 동물을 좋아하는 사람들이 유전자 이식 개와 고양이의 외모와 느낌을 설계할 수 있을지도 모른다. 여기에는 눈 색깔과 몸 형태부터 털의 질감과 특정한 개별적 특성 등 모든 것이 포함될 수 있을 것이다.

동물원과 테마파크들은 관객들을 끌어들이기 위해서 가장 최근에 나온 키메라 개체를 전시한다는 선택을 할 수도 있다. 하마얼룩말이 어떻게 생겼을지 상상할 수 있는가? 테마파크에서는 심지어 페가수스, 그리핀, 유니콘처럼 신화적 존재들을 닮은 키메라를 만들어낼 수도 있다. 누가 알겠는가?

유전학의 이매지니어 : 멋진 신세계

DNA 주사만 맞으면 아놀드 슈왈츠제네거 같은 근육을 가지거나, 피부색을 바꾸거나, 질병을 치료할 수 있다는 이야기를 듣는다면 어떨까? 게다가 온라인에서 구매할 수 있는 유전자 편집 키트로 집에서 그런 일을 할 수 있다면 말이다. 믿거나 말거나 바이오해커들은 이런 시도를 하고 있다.

실리콘밸리의 바이오해커이자 사회운동가인 조사이아 제이너 역시 이런 선동가들 중 한 명이다. 머리카락 색깔을 끊임없이 바꾸고, 반체제적인 관점을 가진 그는 과학과 법률의 경계선을 기꺼이 확장하려는 사람의 역할에 잘 어울린다. 시카고 대학교에서 생물물리학 박사학위를 받은 후, 제이너는 나사의 에임스 우주합성생물학 연구센터에서 일하게 되었고, 화성에 건설할 미래 정착지의 설계를 도왔다. 누구나 꿈꾸는 직업처럼 들릴 수도 있지만 제이너는 만족하지 못했다. 그는 곧 "자리만 지키고 앉아 있는" 연구원들의 느린 속도와 "그 시스템에 질리게" 되었다.[68] 불과 2년 만에 그는 자신의 일을 하려고 나사 펠로십 자리를 박차고 나왔다.

유전자 편집의 잠재력에 매혹된 그는 박테리아 DNA를 편집하는 실험을 하고 싶은 사람 누구에게나 저렴한 크리스퍼 키트를 판매한다는 내용으로 크라우드 펀딩 캠페인을 시작했다. 그는 차고에서 연구하던 중 개구리에게 크리스퍼 DNA를 주입하여 근력을 향상시키는 방법을 알아냈다. 그 방법이 효과가 있는 것처럼 보이자 그는 이 실험을 해보고 싶을 만큼 호기심 많은 사람들에게 온라인으로 이 키트를 팔기 시작했다. 거기서 멈췄다면 좋았겠지만 제이너는 그런 사람이 아니었다. 가만히 앉아 있기란 영원히 불가능하고, 항상 권위에 도전하고 싶어하는 그는 대중의 관심을 끌기 위한 이벤트를 하겠다고 결정했다. 한 바이오텍 분야의 회의에서 실시간 방송이 진행되는 가운데, 그는 근육을 억제하는 단백질인 마이오스타틴myostatin을 결손시키도록 설계된 크리스퍼 DNA 칵테일을 자신에게 주사했다.

이벤트는 효과를 거두었다. 언론은 난리가 났고, 그는 바이오텍의 세계에서 하루아침에 유명인이 되었다. 동시에 해당 분야의 선도적인 과학자들 중 많은 사람들이 그의 무모한 행동을 비난했고, 주정부 공무원들도 이 사실을 알게 되면서 그의 행동을 조사하기 시작한 만큼, 역효과도 가져왔다. 그는 그때 이후 자신의 행동에 관해 정부 및 과학계와 수없이 많은 논쟁에 말려들었다.

현재 제이너는 자신이 너무 지나쳤음을 인정한다. "결국 누군가는 상처를 입게 될 것이라는 점에는 의심의 여지가 없다. 모두가 상대방보다 앞서려고 더 노력하고 있다. 상황이 점점 더 위험해지고 있다."[69]

제이너는 나쁜 선례를 남겼을 뿐만 아니라 그의 실험은 의도한 결과를 가져오지 못한 것처럼 보였다. 그 실험이 실제로 근육을 강화했다는 증거는 없으며, 그의 건강에 지속되는 손상을 초래했을 수도 있다. 시간이 말해줄 것이다. 하지만 이 사실이 제이너나 그와 비슷한 다른 사람들을 막지는 못했다. 대중을 위한 과학Science for the Masses 그룹 출신의 바이오해커 행동주의자인 가브리엘 리시나는 스스로를 대상으로 실험할 수 있는 권리가 모든 미국인에게 주어져야 한다고 믿는다. 그 주장을 증명할 목적으로 그는 자신에게 야간 시력을 부여하기로 결심했다. 그는 심해어가 어둠 속에서도 볼 수 있도록 해주는 화학물질을 자신의 눈에 짜 넣었다. 이 실험이 위험하게 들린다면, 실제로도 그렇다. 장기적으로 어떤 결과를 가져올지 아무도 확실히 알지 못한다. 과학자들은 빛을 증폭시키는 것이 눈의 세포조직에 악영향을 줄 수 있다고 지적한다.

그 화학물질을 눈에 넣은 후, 리시나는 짧은 시간 동안 어둠 속에서 50미터 이상 멀리 볼 수 있었다고 주장했다. 리시나의 데이터를 신뢰한다면, 이는 흥미로운 실험이라고 할 수 있다. 하지만 그는 스스로에게 초래할 수 있는 위험을 낮추고 논란을 덜 불러일으키면서 실험용 동물을 대상으로 똑같은 실험을 할 수도 있었다. 그럼에도 리시나와 제이너 같은 행동주의자들이 가장 원하는 것은 그들의 명분에 대한 언론의 관심이다. 그들은 정부와 대기업이 너무 많은 권력을 손에 쥐고 있다고 느낀다. 그래서 그들은 사람들이 바이오텍에 직접 접근할 수 있게 한다는 사명을 수행하는 중이다.

그들이 현재 시스템의 잘못이라고 제시한 사례들 중 하나는, 기업들이 가치 있는 치료법에 종종 과다한 비용을 청구하여 일반 사람들이 그런 치료를 받지 못하게 한다는 점이다. 결국 매우 좋은 보험에 가입한 사람들이나 부자들만 그런 치료를 받을 수 있으며, 다른 사람들은 불필요하게 고통을 받도록 내버려둔다는 의미이다.

망막이 쇠퇴되는 유전적 돌연변이로 인해서 서서히 시력을 잃어가는 열네 살 소녀 소피아 프리베가 그런 사례이다. 그때 그녀의 부모는 스파크 테라퓨틱스Spark Therapeutics에 대해 듣게 되었다. 이 회사는 크리스퍼를 이용해 시력을 회복할 수 있는 유전자 치료법을 개발해왔다. 해당되는 사람에게는 기적과도 같은 일이었지만, 치료비가 눈 한 쪽당 42만5,000달러로 매우 비쌌다. 불행히도 소피아의 부모는 비용을 감당할 수 없었고, 이를 지불해줄 보험도 없었다. 그들의 딸이 시각장애인이 될 수도 있다는 뜻이었다.

이 치료법이 왜 그렇게 비싼지를 묻자, 스파크 테라퓨틱스의 CEO인 제프 마라초는 "결국 우리가 이 치료법에 내재되어 있다고 믿는 가치의 문제"라고 대답했다.[70]

마라초가 말하는 '가치'는 그들이 시장으로부터 뽑아낼 수 있는 금액을 의미한다. 사람들과 보험회사가 기꺼이 지급하려는 금액이기도 하다. 이는 소비자에게 선택권이 없다는 이유로 전시에 폭리를 취하는 경우와 흡사하다. 어떤 부모가 딸이 시력을 잃도록 내버려두겠는가. 그것이 설사 평생 모은 적금과 집을 날리는 것을 의미한다고 해도 말이다.

역설적이게도 이 치료법의 근간이 된 크리스퍼 연구의 많은 부분은 원래 정부가 자금을 지원한 프로젝트에서 나왔다.

수많은 부정적인 압력을 겪은 다음 마라초는 이렇게 말했다. "우리는 소비자에게 할부로 비용을 지급하는 옵션을 제공할 수 있도록 새로운 해결책을 찾는 데 매진하고 있다."[71]

이는 바이오텍 회사에 결코 갚을 수 없을 만큼 큰돈을 빚지게 되는 사람들이 생기게 될 것임을 의미하는 것일까? 메디케어Medicare나 메디케이드Medicaid 같은 의료보호제도에 의존하는 사람들은 어떻게 해야 할까? 정부가 전체 금액을 지불해야 할까? 아니면 치료를 거부해야 할까? 높은 비용을 청구하는 회사는 스파크 테라퓨틱스만이 아니다. 국민의 비용으로 수익을 극대화하려고 노력하면서, 제약산업 전체가 이런 방향으로 나아가고 있다.

이것이 제이너와 같은 바이오해커들이 이런 기술을 사람들에게 직접 제공하는 것이 그들의 의무라고 믿는 이유이다. 에런 트레이웍은 이런 생각으로 어센던스 바이오메디컬Ascendance Biomedical을 출범시켰다. 제이너처럼 그도 FDA의 규제를 무시하고 혼자 힘으로 하는 편이 좋다고 믿는다. 트레이웍이 자가실험 컨퍼런스에서 관중들 앞에서 DIY 헤르페스 치료제를 스스로에게 주사했을 때, 언론은 이를 대대적으로 보도했다. 그의 스타트업은 그 전에도 또다른 셀프 주사 장면을 생방송으로 내보낸 적이 있었다. 에이즈 바이러스에 감염된 28세의 컴퓨터 프로그래머인 트리스탄 로버츠는 어센던스 측으로부터 혈액 내 HIV 입자 수를 줄여 준다는 화합물을 제공받았다.

검증되지 않은 이 약을 스스로에게 주입하기 전에 로버츠는 이렇게 말했다. "치료를 받을 수 없는 상태에서 돌아가신 모든 분들께 이 실험을 바치고 싶다." 몇 주일이 지난 후, 그는 자신이 큰 실수를 저지른 것은 아닌지 걱정했다. "나는 이 약이 괜찮을 거라고 98퍼센트 확신한다. 하지만 이 약이 끔찍한 것일 수도 있다는 2퍼센트의 가능성은 여전히 남아 있다."[72]

결국 큰일은 일어나지 않았다. 로버트는 죽지 않았고, 그 치료제는 에이즈를 치료하지 못했다. 후에 그는 결국 트레이웍과 결별했고 그 치료법을 중단했다. 정식 의료훈련도 받지 못했고, 자금 조달도 거의 하지 못한 트레이웍은 다른 실험으로 옮겨갔다. 그의 다음 아이디어는 멕시코 티후아나 시에 있는 한 병원에서 폐암 환자들을 치료할 목적으로 크리스퍼를 이용한다는 것이었다.

이 시점에 우리는 이런 질문들을 하지 않을 수 없다. 신속하고 예산이 적게 들며 규제를 받지 않는 이런 유형의 실험들은 좋은 것인가, 아니면 나쁜 것인가? 이런 실험들이 과학이 전진하도록 도와주는 것인가, 혹은 불필요하게 사람들의 생명과 건강을 위험에 빠뜨리는 것인가?

유전자와 세포치료를 위한 미국 유전자세포치료학회의 부회장이자 스탠퍼드 대학교에서 연구 중인 미셸 칼로스는 이렇게 말한다. "우리가 일어날 것을 두려워하는 유형의 일이 이런 것이고, 아마도 이런 일은 일어날 수밖에 없을 것이다."[73]

결국 티후아나에서의 실험은 트레이웍이 28세의 나이로 워싱턴 DC에 있는 한 스파의 감각박탈 탱크에서 사망한 후에 취소되었다.

제이너는 실험을 계속했다. 하지만 캘리포니아 의료위원회는 면허 없이 의료 행위를 한다는 이유로 그를 조사해왔다. FDA도 인간에게 사용할 목적으로 유전자 편집 키트를 판매하는 데 반대하면서 그를 뒤쫓고 있다. 이는 법을 위반하는 행위이다.

제이너는 트위터에 이렇게 썼다. "말도 안 되는 사실은 그토록 많은 사람들이 나 때문이 아니라, FDA와 정부가 사람들이 첨단 치료법이나 일부 경우에는 심지어 기본적인 의료 서비스에도 접근하지 못하도록 막기 때문에 죽어가고 있다는 점이다. 하지만 감옥에 갈 수도 있다고 위협을 받고 있는 사람은 나다."[74]

당신이 제이너와 트레이윅을 어떻게 생각하는지와는 상관없이, 크리스퍼는 지금 이곳에 현존하고 있으며, 지식과 몇백 달러의 돈만 있으면 누구나 쉽게 유전자 편집 키트를 구할 수 있다. 규제를 받는 크리스퍼 실험과 규제받지 않은 크리스퍼 실험의 숫자는 전 세계적으로 증가하고 있다. 신장암 치료에서부터 낫 모양(겸상) 적혈구 빈혈증 제거에 이르기까지 온갖 실험들이 인간을 대상으로 진행되고 있다.

중국에서는 선전에 있는 난팡 과기대학의 연구자인 허젠쿠이가 크리스퍼를 이용해서 HIV에 저항력을 가질 수 있도록 배아를 편집한 여아 쌍둥이가 태어났다. 이 사실이 전 세계에 알려지자, 그의 행동은 큰 비난을 받았다. 중국 정부는 허가된 모든 연구 프로젝트를 중단하도록 명령했고, 대학은 그를 해고했다. 후에 선전 법원은 그에게 징역 3년과 300만 위안의 벌금을 선고했다.

이런 격렬한 반응과 가혹한 처벌의 이유는 이런 실험이 아이들과 그 후손들에게 영속적인 유전질환을 야기할 수도 있기 때문이다. 크리스퍼는 불완전한 도구이다. 하나의 유전자를 편집하려는 시도는 게놈의 다른 곳에서 의도치 않은 변형을 야기할 수 있다. 그 아기들은 건강하게 태어났지만, 그의 팀은 이제까지 한 가지의 '의도하지 않은' 돌연변이를 발견했다고 인정했다.

그는 HIV 연구의 한계를 시험해본 것일 수도 있다. 하지만 치러야 할

대가는 무엇인가? 제이너처럼 자신을 대상으로 실험하는 일과, 트레이워크처럼 실험에 동의한 성인에게 검증되지 않은 약을 제공하는 일은 별개의 문제이다. 해당 사안에 대해 결정권이 없는, 태어나지도 않은 아이들에게 실험을 하도록 허용해야 하는가? 그는 말 그대로 자신의 연구와 야망을 그 아이들의 안전보다 우선시했다. 히포크라테스 선서를 위반하는 행동이다. 문제는 정부가 여기에 대해 어떤 조치를 취해야 하는가이다. 인간 배아를 대상으로 하는 모든 실험을 법으로 금지해야 하는가?

당신에게 다음에 낳을 아이가 가질 성별과 눈 색깔을 선택할 수 있다고 말한다면 어떤가? 그렇게 할 생각이 있는가? 사실 이런 선택은 지금도 가능하다. 미국에서는 합법이다. 뉴욕에 있는 불임연구소 소장인 제프리 스타인버그는 해당 특질이 부모들의 유전자에 존재한다는 가정하에, 태어나지 않은 아이들의 성별만이 아니라 눈 색깔이 푸른색이나 갈색, 녹색일지도 선택하게 한다.

"기술은 이미 거기까지 도달했다. 다만 질병에만 적용되어왔을 뿐이다." 스타인버그는 설명한다. "나는 그 문을 열고 이 일을 확장하면서 '들어보세요. 이건 사람들이 관심을 가지는 일이고, 아무런 해를 끼치지 않으며, 사람들을 행복하게 해줍니다. 이 일을 확대합시다'라고 말하기로 결심했다."[75]

20년도 더 전에 개발되었으며, 시험관 아기 시술에서 파생된 착상 전 유전자 검사를 통해서 커플들은 이제 아기의 유전적 구조를 더 깊게 파고들어 그들이 선호하는 수정란 중에서 어느 것을 착상시킬지를 선택할 수 있다. 배아는 변형되지 않는다. 부모들은 그저 다음과 같은 단순한 선택권을 제공받는다. 당신은 푸른 눈을 가진 수정란을 원하나요? 아니면 갈색 눈을 가진 수정란을 원하나요?

스타인버그는 말한다. "사람들은 전화를 걸어와서 온갖 종류의 것을 요구한다. 보컬 능력, 운동 능력, 키도 큰 관심사 중 하나이다. 키가 큰 아이들을 원하는 부모들이 많다."[76] "중국과 인도 같은 나라에서 온 여성들은 남자아이를 원하는 경향이 있고, 나머지 사람들은 여자아이를 선호하는 경우가 약간 더 많다."[77]

우리는 어디에 한계선을 그어야 할까? 현재 남성이 여성보다 3,400만 명 더 많은 중국에서 일어나는 문제들을 보라. 인도에도 비슷한 문제가 있다. 사회적 압력이 너무 강하다 보니 아무리 정부의 규제가 엄격해도 이런 불균형을 방지할 수 없었다. 그리고 우생학을 둘러싼 이슈들도 있다. 부모들이 더 밝은 색의 피부와 머리색을 제공할 DNA를 가진 배아를 선택할 수 있어야 할까? 이런 결정이 사회에는 어떤 의미를 가질까?

물론 스타인버그는 "이런 일을 하고 있으면, 윤리적으로 강경한 입장을 가지기는 어렵다"라고 인정했다.[78] 물론 부모들이 '해를 끼칠 수 있는 어떤 것'을 요구하지 않는 한 그렇다는 말이다. 이런 입장에도 불구하고, 사회적 분노가 감당할 수 없을 만큼 커지자 그의 병원은 피부나 머리카락의 색깔을 선택할 수 있게 하는 서비스를 중단했다.

비록 미국 정부가 불임 클리닉에서 이런 서비스를 제공하지 못하도록 금지한다고 해도, 다른 대부분의 정부들은 그렇게 하지 않을 것이 확실하다. 의과학자인 존 장은 2016년에 최초로 부모가 세 사람인 아기를 성공적으로 탄생시켜 언론의 대대적인 스포트라이트를 받았다. 그의 목표는 결함이 있는 모계 쪽의 미토콘드리아 DNA가 야기할 대사성 질병을 물려주지 않으면서 아이를 임신할 수 있도록 하는 것이다. 미국 국립과학원에서 실시한 한 연구에서는 이런 목적으로 그 절차를 시도하는 것은 윤리적일 수도 있다는 결론을 내렸다. 하지만 FDA는 미국 내에서 이런 일이 시행되는 것을 허용하지 않을 방침이기 때문에 장은 병원을 다른 나라로 이전해야 했다. 명백한 사실은 돈이 있는 커플들은 더 논란꺼리가 될 만한 절차를 합법적으로 시행할 수만 있다면, 그곳이 어디든 갈 것이라는 점이다. 지금 현재 당신이 부모가 세 사람인 아이를 낳고 싶다면, 우크라이나로 가서 그렇게 하면 된다. 비용은 약 1만5,000달러이다.

미국에 기반을 둔 감시단체인 유전학과 사회 센터를 이끌고 있는 마시 다노브스키는 이렇게 말한다. "우리는 사람들이 맞춤아기를 향해 아슬아슬한 방향으로 나아가는 모습을 본다. 힘이 더 세거나 잠을 덜 자도 되는 등의 특질을 자녀에게 줄 수 있기를 열망하는 부모들을 이해할 수는 있다. 어떤 사람은 '그래, IQ를 위한 유전자도 있으니까 우리는 더 똑똑한 아이를 가질 수 있어'라고 말한다."[79]

많은 사람들이 이것을 좋은 일로 인식할 것이다. 아이가 결코 암이나 다른 질병으로 고통 받지 않기를 바라지 않을 사람이 누가 있겠는가? 아이가 확실하게 자폐증이나 다른 기형을 가지고 태어나지 않도록 하지 않을 이유가 있겠는가? 자녀의 IQ를 10점 높이는 것은 어떤가? 결과를 결정할 힘이 있는데도 왜 우리는 부모들이 유전자 복권의 추첨 결과를 받아들일 것을 기대해야 하는가?

그 이유는 사회적 압력이 부모들에게 순응할 것을 강요하기 때문일 수도 있다. 누구도 자녀의 지적 능력이 학급에서 가장 떨어지기를 원하지 않는다. 하지만 어떤 가족에게는 그런 치료법을 이용할 경제적 여유가 있지만 다른 가족에게는 없다면 어떻게 해야 할까? 문제는 국가가 이 기술을 법적으로 금지한다고 해도, 부유한 부모들은 이런 시술을 위해서 해외로 갈 수 있다는 점이다. 이는 인구 중 일부만 뒤처지는 문제를 야기할 수 있다.

우리가 원하는 것이 부자들이 자녀에게 가장 높은 IQ, 훌륭한 외모, 완벽한 건강, 그외 모든 사람과의 경쟁에서 앞서게 해주는 다른 특질들을 제공할 수 있는 세상인가? 본질적으로 우리는 부자들이 지배 인종을 만들어내고 그들이 결과적으로 나머지 사람들을 통제하는 세상으로 나아가게 될 수도 있다.

유대인이며 홀로코스트로 먼 친척들을 잃은 나는 이 문제에 대해 많은 생각을 해보았다. 매우 불편한 사실이지만, 시계를 되돌릴 방법은 없다. 그 기술은 지금 여기에 있고, 더 좋아지기만 할 것이다. 하나의 사회로서 이런 유형의 시나리오가 완전히 실현되지 않도록, 이런 이슈들과 씨름하면서 전략 구성을 시작해야 한다.

우리가 인식해야 할 첫 번째 사실은 맞춤아기를 전면적으로 금지하기란 불가능하다는 점이다. 어떤 국가에서 더 똑똑하고 건강하고 능력이 있는 아기들을 만드는 것이 국익에 도움이 된다고 보기만 하면 그것으로 끝이다. 한 국가가 이를 합법적이라고 인정하기만 하면, 국민에게 혜택을 제공할 뿐만 아니라 수십억 달러 가치의 새로운 산업을 창조하는 데 앞장서게 될 것이다.

이런 유형의 시나리오는 이미 실현되기 시작했다. EU와 미국, 중국에서 크리스퍼 아기를 만드는 일을 금지했음에도 불구하고, 러시아의 한 과학자는 자신은 이 일을 계속 진행하겠다고 주장했다. 피로고프 러시아 국립연구 의과대학의 연구자인 데니스 레브리코프는 유전자가 편집된 배아를 여성들에게 착상시킬 계획이라고 말했다.

위스콘신 대학교의 생명윤리학자 R. 알타 차로는 이 계획에 대해서 이렇게 말한다. "무책임한 행동이다. 내가 가장 걱정하는 것은 실험에 대한 그의 욕망 때문에 고통을 겪게 될 아이들이 태어나리라는 사실이다."[80]

컬럼비아 대학교의 유전학 연구자인 디터 에글리도 동의한다. "그 기술은 아직 준비가 되지 않았다."[81]

지금은 아니라고 해도 이 기술은 결국은 준비가 될 것이다. 그 시점이 되면, 세계는 결정을 내려야 할 것이다. 우리가 전 세계 모든 국가에서 맞춤아기를 금지하는 협약에 서명하도록 만들 수 있다고 가정해보자. 핵무기 통제와 기후 변화와 관련한 우리의 과거 실적을 본다면 일어날 것 같지 않은 일이기는 하지만 말이다. 레브리코프 같은 의사들이 이런 행위를 하지 못하도록 하는 것으로 충분할까? 나는 그렇게 생각하지 않는다. 맞춤아기를 위한 암시장이 생겨날 가능성이 더 크다. 수요가 있고 많은 돈이 있는 곳에는 언제나 누군가가 기꺼이 그 서비스를 제공하려고 할 것이다. 어떤 상황이 펼쳐지건, 부자들이 자녀의 능력을 향상시킬 수 있는 기회를 이용하지 않는 시나리오는 상상하기가 어렵다.

진정한 의문은 전 세계가 새로운 슈퍼 인종을 만들 것인가가 아니라, 언제 그리고 어떻게 만들 것인가이다. 우리는 그 사실을 깨닫고, 그런 일이 이 사회를 위해서 공정하고 바람직한 방식으로 일어나도록 해야 한다. 수없이 많은 다른 의료절차와 흡사한 방식으로 이를 법제화하고 규제해야 한다는 의미일 것이다. 그것이 실제로 사회 모든 부류가 이용할 수 있도록 가격을 낮추는 유일한 방법일 것이다. 심지어 정부에서 가난한 사람들을 위해 보조금이 지원되는 유전자 편집 서비스를 제공해야 할 수도 있다.

이것이 선거운동의 공약이 되는 미래를 상상하기는 어렵지 않다. 보편적 기본소득과 보편적 의료 서비스와 더불어 보편적 유전자 향상도 존재하게 될 것이다. 제대로만 한다면 우리는 전 인류가 인생 전반에 걸쳐서는 물론이고, 태어나기 전부터 유전자의 최신 업그레이드를 받게 되는 세상에서 살고 있는 자신을 발견할 수도 있을 것이다. 유전자를 업데이트하는 일이 독감주사를 맞는 것처럼 일상이 될 수도 있다.

많은 사람들이 이용할 수 있게 된다고 해도 많은 윤리적 문제들이 사라지지는 않을 것이다. 부자들이 일반 대중보다 더 우수한 업그레이드 서비스를 부담할 여유가 있을 것인지의 문제는 여전히 존재할 것이다. 뿐만 아니라 어떤 종류의 업그레이드가 허용되어야 하는가? 부모가 자녀의 성격을 설계하는 정도까지 허용되어야 하는가? 똑똑한 아이를 낳는 일은 그렇다 쳐도, 더 유순하거나 경쟁심이 강한 성격을 만드는 일은 어떻게 처리해야 하는가?

이런 변화는 인류에게 어떤 의미가 있을 것인가? 우리 손으로 자연선택을 직접 해결하는 일이 다양성을 감소시킬 것인가? 자녀가 우울증이나 양극성 장애를 겪는 것은 대부분의 사람들이 원하지 않겠지만, 베토벤, 톨스토이, 찰스 디킨스, 빈센트 반 고흐, 윈스턴 처칠, 머라이어 캐리를 포함하여 가장 위대한 예술가들과 사상가들 중 일부는 이런 증상으로 고생했다. 우리가 전체 인구에서 이런 변형을 체계적으로 제거하기 시작한다면, 미래의 창의성과 혁신을 위한 우리 자신의 잠재력을 제한하는 일이 될까?

정부에서 국민을 대상으로 특정한 특성들을 향상시키는 것이 사회를 위한 최선의 이익을 도모하는 일이라는 결정을 내린다면 어떤 일이 벌어질까? 일부 국가에서는 더 순응적이고 법을 준수하도록 국민을 개조하기로 결정할 수도 있다. 일부는 더 나아갈 수도 있다. 정부가 인간을 틀에서 찍어낸 듯한 모범시민의 복제품들로 변화시킬 수도 있을까?

이는 인간의 경험을 그저 사회적으로 수용될 수 있는 성격 유형들의 좁은 부분집합으로 제한하는 결과를 가져올 수도 있다. 회사에서 드러내놓고 반항적인 사람과 대화하는 것은 마음이 불편한 일일 수도 있지만, 우리가 원하는 세상이 누구도 당당하게 이야기하지 않는 세상은 아닐 것이다.

완벽한 사람이란 무엇일까? 그리고 우리는 모든 사람이 완벽하기를 바랄까? 유전적 복권의 무작위성에는 아름다움이 존재한다. 그리고 그것이 세상을 더 흥미롭게 만든다.

3
인간 확장주의

HUMAN EXPANSIONISM

인간이 알려진 우주의 끝까지 밀고 나가도록 이끄는 힘인
인간 확장주의는 우주의 방대한 잠재력을 이용하기 위해서
우리를 양자의 세계와 우주 공간 더 깊은 곳까지
나아가게 할 것이다.

이 우주의 주인이 되는 것이 인류의 운명일까? 여전히 지켜보아야 할 일이지만, 우리는 우리 행성의 주인이 되었다. 경쟁자인 모든 동물을 물리쳤고, 지금은 미지의 영역으로 더 깊게 진출하고 있다. 우리는 양자물리학의 아원자subatomic 세계를 깊게 탐색하면서, 동시에 우주 공간으로 영향력을 확장하고 있다. 인간의 상상력이 개념화할 수 있는 곳이라면, 우리는 그곳에 갈 것이다. 우리는 알려진 세계의 경계를 더 멀리까지 확장해갈 수밖에 없고, 이제까지 우리가 발견한 사실은 과거에 존재한다고 생각한 것을 넘어서는 무엇인가가 항상 더 있다는 것이다.

나노 기술과 양자물리학의 아원자 우주로 들어가는 일부터 시작해보자. 우리는 이 보이지 않는 영역이 양자 컴퓨팅에서부터 바이오 연료 생산, 암 치료, 마천루 건설에 이르기까지 모든 것에서 엄청난 변화를 촉발할 잠재력이 있는지 살펴볼 것이다. 그래핀graphene 같은 마법 소재들은 완전히 새로운 산업들을 생성할 태세를 갖추었을까? 과학자들은 나노 입자로 정교한 로봇들을 만들 수 있을까? 그리고 이들 분자 머신들은 어떤 일을 할 수 있을까? 아원자 입자를 조작하는 일에는 어떤 위험이 존재할까? 이런 강력한 기술이 나쁜 사람들의 손에 들어간다면 어떤 일이 벌어질까?

그 다음은 우주로 날아가서 달과 화성에 정착지를 건설하는 일의 가능성을 살펴볼 것이다. 우주의 광대함을 정복하기 위해서 워프 드라이브, 우주 엘리베이터, 동면실, 양자 순간이동을 이용하는 것과 같은 참신한 아이디어들의 실행 가능성을 논의해볼 것이다. 또한 우리는 다음과 같은 윤리적인 문제들도 제기할 것이다. 민간기업이 광고판을 지구 궤도에 올리도록 허용해야 할까? 버려진 우주 쓰레기는 우주비행사들을 위험에 빠뜨릴까? 그리고 정착주의자들이 화성과 같은 행성을 급속히 퍼지는 박테리아로 오염시키는 것을 피하는 일이 가능할까?

이것들은 인간 확장주의의 한계를 향한 여정에서 고려해볼 주제들 중 일부에 불과하다.

양자 컴퓨팅

양자 컴퓨팅에 관한 이야기는 미국 시카고에 있는 아르곤 국립연구소에서 이론물리학자로 일하던 폴 베니오프가 튜링 기계$^{Turing\ machine}$의 양자역학 모형을 제안한 1980년대 초에 시작되었다. 후에 리처드 파인먼과 유리 매닌은 양자 컴퓨터가 기존 컴퓨터들이 할 수 없는 시뮬레이션을 할 수 있을 것이라고 가정했다. 그때 이후로 과학자들은 계산 수행을 위해서 양자역학의 중첩^{superpostion}과 얽힘^{entanglement} 현상을 어떻게 이용할 수 있을지를 파악해왔다.

이 현상이 어떻게 작동되는지를 단순화해서 설명하면 다음과 같다. 큐비트^{qubit}는 2진법에 국한되지 않는다는 점을 제외하면 전통적인 컴퓨팅에서 비트^{bit}와 같다. 1큐비트는 1 혹은 0 양자 상태에 있을 수 있다. 혹은 1과 0이 중첩된 상태에 있을 수도 있다. 신기한 부분은 과학자가 관측할 때마다 큐비트는 언제나 1이거나 0인 상태라는 점이다. 하지만 1이거나 0일 확률은 그 큐비트가 관찰 전에 있던 양자 상태에 따라서 달라진다. 이런 측면에서 큐비트는 실리콘 기반의 트랜지스터와 완전히 다르다. 그리고 이런 특성은 특정한 계산을 기하급수적으로 빠른 속도로 수행할 수 있게 해준다.

이런 양자 현상을 이용해서, IBM과 구글, 그밖의 다른 기업들은 현재 세계가 이제까지 본 가장 강력한 컴퓨터를 만들려는 시도를 하고 있다. 양자 컴퓨팅이 얼마나 큰 혜택을 제공할 수 있는지를 보여주는 사례는 다음과 같다. IBM이 1997년, 체스 챔피언인 가리 카스파로프를 이긴 딥 블루Deep Blue AI를 개발했을 당시, 이 AI는 초당 2억 건의 체스 수를 시험할 수 있었고, 이는 AI에게 상당한 우위를 제공했다. 여기에 비교한다면, 전형적인 양자 기반 시스템은 초당 1조 건 정도의 체스 수를 계산할 수 있다.[1]

구글은 양자 컴퓨터를 이용해 난수생성기로 만들어진 숫자의 무작위성을 증명할 수 있었다. 세계에서 가장 빠른 전통적인 슈퍼컴퓨터가 엄청나게 어려운 이 계산을 한다면, 계산 완료에만 1만 년이 걸릴 것이다. 양자 컴퓨터는 이 계산을 3분 20초만에 끝냈다. 이 특정한 계산을 수행할 때, 양자 시스템이 전통적인 슈퍼컴퓨터보다 15억 배 이상 더 빠르다는 의미이다. 구글의 실험은 전통적인 컴퓨터가 현실적인 인간의 시간적 틀 안에서 풀 수 없는 문제를 양자 컴퓨터가 풀 수 있다는 의미인 만큼 양자의 우위를 시연했다는 점에서 하나의 이정표가 되었다. IBM이 나중에 이의를 제기하기는 했지만, 당시 한 중국의 연구 그룹은 양자 컴퓨터를 이용해 심지어 더 어려운 계산 문제를 기록적인 시간 안에 해결했다. 따라서 어찌되었건 우리는 양자 우위˚로 향하는 길을 걷고 있다.

---

* 양자 컴퓨터의 성능이 슈퍼컴퓨터보다 우월해지는 상황을 말한다.

양자 컴퓨터가 탁월성을 보이는 또다른 영역으로는 비정형 데이터 unconstructed data 처리가 있다. 지구상에서는 인터넷에 연결된 컴퓨터와 기업, 정부, 모든 사람이 믿기 힘든 속도로 새로운 데이터를 창출하고 있다. 매일 250경 바이트 이상의 데이터가 생성되고 있으며, 사람들이 온라인에서 시간을 더 많이 보내고, 더 많은 기기를 인터넷에 연결함에 따라 그 숫자는 계속 늘어나고 있다. 이 모든 데이터를 처리하고 이해하는 일은 거대한 프로젝트이며, 그곳이 양자 컴퓨터의 속도가 역할을 맡게 될 지점이다. 곧 우리는 양자 컴퓨터를 이용해 현재는 데이터베이스 안에서 그저 놀리고 있는 비정형 데이터로부터 유용한 정보를 추출할 수 있게 될 것이다. 이는 데이터를 원재료로 삼는 인공지능 영역에 엄청난 영향을 미칠 수 있으며, AI 제품과 서비스의 극적인 진보로 이어질 수 있다.

이 모든 진전에도 불구하고, 우리 책상에서 양자 컴퓨터를 보는 일은 곧 일어나지 않을 것이다. 현재 세대의 양자 컴퓨터는 덩치가 클 뿐만 아니라 믿을 수 없을 정도로 손상되기가 쉽기 때문이다. 주변에 아주 작은 진동이나 전자기 파동만 있어도 프로세서의 큐비트를 엮고 있는 초전도 금속에 영향을 미쳐서, 양자 시스템이 관측될 수 있기 전에 그 상태를 잃어버리는 결어긋남decoherence을 야기할 수 있다. 이런 이유로 양자 컴퓨터는 극저온에서 보관되어야 한다. 디웨이브D-Wave 양자 컴퓨터의 내부가 절대 영도에 가까운 섭씨 영하 237도인 이유이다. 누구도 가까운 미래에 양자 스마트폰을 들고 걸어다니는 일은 일어나지 않을 것이다.

아울러 양자 컴퓨터는 대부분의 사람들이 휴대전화나 노트북에서 하는 유형의 업무에 적합하지 않다. 양자 컴퓨터는 완전히 다른 원칙의 조합들 위에서 작동하며, 극도로 어려운 수학적 문제들을 해결하는 데 더 적합하다. 여기에는 매우 큰 소수를 찾아내는 일이나 분자가 움직이는 방식을 시뮬레이션하는 일 등이 포함된다. 사진 공유, 문자 전송, 생산성 앱을 작동시키는 것은 양자 컴퓨터를 위한 이상적인 과제가 아니다. 사실 우리 대부분이 일상적으로 사용하는 앱들은 전통적인 마이크로프로세서에 훨씬 더 적합하다.

예측 가능한 미래 동안은 양자 컴퓨터가 데이터센터에 남아 있으면서 배경에서 작동하게 될 것이다. 사람들은 양자 컴퓨터에 의해 작동되는 클라우드 기반 서비스를 이용하면서도 그 사실을 깨닫지 못할 수도 있다. 하지만 이 컴퓨터들은 전체 인터넷과 우리가 하는 모든 일에 심오한 영향을 미칠 것이다. 몇 가지 사례를 들어보자.

첫째, 양자 컴퓨터는 곧 현재의 암호화 체계를 쓸모없게 만들 것이다. 양자 컴퓨터는 기존 방식으로 암호화된 어떤 메시지도 몇 초 안에 해독할 수 있다. 이런 상황으로 인해서 기업과 정부의 데이터베이스는 물론, 은행부터 주식시장까지 금융 시스템 전체가 취약해질 수 있다. 양자 컴퓨터를 생산하는 첫 번째 사람들은 말 그대로 왕국으로 들어가는 열쇠를 가지게 될 것이다.

이 기술이 나쁜 사람들의 손에 들어가면 어떤 일이 벌어질지는 생각만 해도 두렵다. 하지만 긍정적인 측면도 있다. 양자 컴퓨터로 양자 기반 암호화가 가능해진다면 정보를 훨씬 더 안전하게 보호할 수 있게 될 것이다. 이것이 최초의 양자 컴퓨터를 만들기 위해 전 세계의 기업과 정부들이 경쟁하고 있는 이유이다. 양자 얽힘을 이용하면 실질적으로 침입이 불가능한 양자 네트워크를 만들 수 있다는 잠재력이 있고, 이는 현재의 인터넷보다 훨씬 더 안전하고 빠른 양자 인터넷으로 이어질 수 있다.

양자 컴퓨팅은 과학 분야에 가장 큰 영향력을 미치게 될 것이다. 기존 컴퓨터가 감당할 수 있는 범위를 넘어섰기 때문에 연구자들의 손을 빠져나갔던 수많은 미스터리를 풀도록 도와줄 수도 있다. 향후 몇 년 안에 우리는 양자 컴퓨터가 분자 상호작용 모델링, 입자물리학, 천체물리학 역학, 유전적 돌연변이 패턴 등에서 뛰어난 성과를 이루는 것을 보게 될 것이다. 새로운 유형의 유전자 치료법과 약품에서부터, 더 효율적인 연료와 태양광 전지를 개발하는 일까지 모든 분야에서 돌파구가 마련될 것이다.

우리는 겨우 양자 컴퓨팅 시대의 출발점에 있음을 명심하라. 내일의 컴퓨터는 현재 우리가 보유한 컴퓨터들을 능가할 것이다. 무어의 법칙에 따르면 기존 컴퓨터의 처리 성능이 약 18개월마다 두 배로 늘어날 것이다. 이 법칙은 약 반세기 동안 사실로 유지되었다. 양자 컴퓨터의 경우에도 같은 법칙이 적용될까? 하트무트 네븐이 옳다면, 양자 컴퓨팅의 능력은 이를 훨씬 앞지를 것이다. 네븐은 '이중지수doubly exponential'의 속도를 기대하고 있다. 그래프를 보면 성장률은 거의 수직처럼 보인다. 상상을 초월하는 수준이다.

결국 양자 컴퓨터는 우리 문명이 기능하는 방식을 완전히 바꿔놓을 것이다. 이 컴퓨터들은 경제적 시장 동인들을 모델링하고, 날씨 패턴을 예측하고, 우리가 꿈만 꿀 수 있었던 의약, 나노 기술, 그리고 신소재 개발에도 도움을 줄 것이다. 그 가능성은 너무나 방대해서 양자 컴퓨터가 우리를 위해서 무엇을 해줄 수 있는지를 파악하기 위한 양자 컴퓨터가 필요할 정도이다.

신소재의 탄생

수천 년 동안 인류는 자연 세계에서 발견하고 수확한 소재material에 의존해왔다. 시간이 지나면서 우리는 이전에는 결코 존재하지 않았던 신소재를 창조하는 법을 배웠고, 이를 현대 문명의 건설에 이용했다. 지금 우리는 AI와 더 빠른 프로세서, 양자 컴퓨팅 같은 도구들을 이용하여 거의 마법처럼 보이는 특성들을 가진 신소재들의 물결이 촉발되려는 시점에 있다.

예를 들면 한 층의 탄소 원자들이 평면적인 육각형 격자구조로 배열된 물질인 그래핀graphene을 살펴보자. 이 2차원 소재는 믿을 수 없을 만큼 얇고 가볍다. 그래핀은 사람 머리카락보다 100만 배 더 얇다. 축구장 하나를 덮을 정도로 큰 그래핀 한 장의 무게가 페니 동전의 절반도 안 되는, 1그램 미만이다. 게다가 너무도 유연해서 바람이 불면 천 조각처럼 날릴 정도이다. 그럼에도 불구하고 그래핀은 강철보다 200배 더 강하다. 이론상으로는 그래핀 한 장이 부러지지 않고 코끼리 한 마리의 무게를 떠받칠 수 있다.

그래핀은 왜 이렇게 강할까? 그 이유는 양자물리학으로 설명할 수 있다. 벌집 모양 격자로 배열되었을 때, 각각의 탄소 원자는 이웃한 3개의 원자들과 공유 결합을 한다. 즉 원자들이 전자를 공유함으로써 그 소재의 강도를 기하급수적으로 높인다는 의미이다.

그래핀의 또다른 특성은 초전도체를 제외하면 알려진 것들 중에서 가장 효율적인 전도傳導 소재라는 점이다. 은이나 구리 혹은 다른 어떤 금속보다 더 낫다. 그래핀이 너무나도 효율적인 전도체이다 보니 아주 작은 양의 그래핀으로도 엄청난 양의 에너지를 저장할 수 있다.

문제는 산업에서 하고자 하는 많은 일들을 할 수 있는 충분히 큰 그래핀 시트를 생산하기가 어렵다는 점이다. 그래핀은 강하지만 극도로 깨지기 쉽다. 한 조각의 그래핀에 발생한 아주 미세한 균열도 이를 약화시키기에 충분하다. 그리고 제조 과정에서 균열이 아주 쉽게 생긴다. 이것이 그래핀이 다리나 사무용 건물의 건설에 사용되지 못하는 이유이다.

그럼에도 불구하고 그래핀은 이미 점점 더 많은 제품에 포함되고 있다. 자동차 타이어의 경우, 마모에 대한 저항력을 높이기 위해서 고무 같은 다른 소재에 아주 작은 그래핀 조각들을 혼합한다. 그래핀을 시멘트와 섞어서 전기가 통하게 만들기도 한다. 그래핀은 벽 내부에 전선을 삽입할 필요성을 대체할 뿐만 아니라, 열을 분산시키는 만큼 시원함을 유지해야 하는 구조물에 유용할 수 있다.

과학자들은 현재 다양한 중합체polymer에 그래핀을 혼합한 섬유를 개발하고 있다. 이런 그래핀 섬유는 피부 온도나 다른 요인들에 맞게 옷을 더 따뜻하게, 혹은 시원하게 만들 수도 있다. 게다가 그래핀으로 된 옷은 휴대전화 배터리를 충전하고, 심박수와 혈압을 모니터링하고, 심지어 의료 진단을 하는 데도 사용될 수 있다. 사용 가능한 다른 용도에는 박테리아와 모기를 쫓거나, 환경 중의 독성 가스를 포착하거나, 체취를 줄이는 일 등이 포함된다. 이것만으로 부족하다면, 그래핀이 섬유 속에서 사람의 호흡, 신체 움직임, 그외 다른 인풋과 동기화를 이루는 색상 변화를 유발할 수도 있다.

한 이탈리아 연구팀은 실험에서 거미가 마시는 물에 그래핀과 탄소 나노튜브를 첨가하여 이 물질들이 미치는 영향을 실험했다. 그 결과, 이 거미들은 그래핀 거미 명주라는 지구상에서 가장 강한 소재를 만들어냈고, 그것으로 거미줄을 뽑아냈다. 이 소재는 방탄조끼에 많이 쓰이는 케블러^{Kevlar}보다도 더 강하고 가볍다. 총알도 막을 수 있는 그래핀 거미 명주로 만든 셔츠나 광범위한 신경 손상 치료에 그래핀 명주를 사용한다고 상상해보라. 같은 기술을 다른 동물이나 식물에 적용하면 완전히 새로운 차원의 바이오닉 소재가 탄생할 수도 있다. 그래핀으로 성능이 향상된 면이나 양모로 만들어진, 찢어지지 않는 방한 내의가 있다면 마음에 들지 않을까? 수명이 오래 가는 그래핀 가죽 신발이나 스크래치를 방지하는 그래핀-나무 바닥재는 어떨까?

과학자들은 심지어 그래핀 시트 몇 장으로 에너지를 생산할 수 있다는 사실도 발견했다. 그래핀 시트가 상온에서 주변 온도로 인해서 잔물결을 일으킨다는 사실을 관찰했기 때문이다. 그들은 이 에너지를 이용하면 나노 발전기를 생산할 수 있으리라고 믿는다. 이 발전기는 스마트폰부터 피트니스 트래커까지, 어떤 기기에나 삽입되어 재충전할 필요 없이 끊임없는 전기 흐름을 창출할 수 있을 것이다. 심지어 체온을 이용하는 심장박동 조율기와 달팽이관 이식을 포함하여 스스로 전기를 공급하는 바이오 임플란트를 만들 수도 있다.

그래핀이 유일한 선택은 아니다. 그래핀을 어제의 신동처럼 보이게 할 수도 있는 다른 신소재들도 등장하고 있다. 여기에는 그래핀보다 더 강하고 유연한 보로핀^{borophene*}, 마천루에 사용될 수 있는 투명한 알루미늄, 전자 혈액 생산에 이용될 수 있는 모양이 변형되는 액체 금속이 포함된다. 심지어 수상 도시 건설에 사용될 수 있는 금속성 거품도 있다.

---

* 붕소의 한 층으로 이루어진 물질이며 그래핀보다 전도성이 높다고 알려져 있으며, 전자공학에서 광전지까지 여러 분야에서 응용이 가능할 것으로 기대된다.

이들은 전 세계의 여러 연구소들에서 등장하고 있는 것들 중 일부에 불과하다. 과학자들은 끊임없이 신소재를 만들어 그것들로 실험을 하고 있다. 식물이나 동물로 지은 옷을 입는다, 철로 만들어진 차를 제작한다, 시멘트와 벽돌, 나무로 집을 짓는다는 개념은 결국 선사시대의 이야기처럼 느껴지게 될 수도 있다. 분자와 나노 입자의 양자 우주로 깊숙이 들어가 모험하면서, 인간은 소재 세계의 경계를 계속 확장하고 가능한 일들을 새롭게 상상할 것이다.

나노 스케일 : 분자와 원자 조작하기

나노 기술을 이해하려면 먼저 나노 스케일nanoscale에서 작동한다는 것이 어떤 것인지를 이해할 필요가 있다. 나노 스케일은 우리가 매일 경험하는 미터의 세계보다는 10억 배가 작고, 현미경의 척도보다는 1,000배가 더 작다. 나노 기술을 개발하는 과학자들은 원자와 분자를 종종 개별적으로 조작한다. 하지만 그 작업은 힘들다. 아주 작은 기계를 만들거나 한 번에 원자나 분자를 하나씩 구조화하는 모습을 상상해보라. 그래서 과학자들은 더 큰 기능적 유닛을 구성하기 위해서 한 시스템의 구성요소들이 스스로 모여 자체 조립되는 나노 입자들로 향하게 된다. 그러면 훨씬 더 복잡한 나노 구조를 구축할 수 있다.

나노 크기의 대상을 구축하는 또다른 접근방식은 더 큰 대상을 나노 스케일로 줄이는 것이다. 영화 「앤트맨」에 나온 내용처럼 들릴 수도 있지만, MIT 연구자들은 훨씬 더 큰 대상을, 원래 크기의 약 1,000분의 1 정도로 축소해서 3D 나노 스케일 버전으로 생산할 수 있는 시스템을

만들었다. 대상을 특정한 유형의 히드로겔hydrogel*로 덮고 압축 제작기
법implosion fabrication을 활용하여 전체 구조가 줄어들게 만드는 것이다.

MIT 연구의 공저자인 사무엘 로드리케스는 이렇게 말한다. "사람들
은 수년간 더 작은 나노 소재를 만들 수 있는 더 좋은 장비를 발명하려
고 노력해왔다. 하지만 우리는 그저 기존 시스템을 이용하되 대상 물질
을 겔에 끼워넣기만 하면, 패턴을 왜곡하지 않고 그 물질을 나노 스케
일로 축소할 수 있다는 사실을 알게 되었다."[2]

과학자들은 3D 분자 프린터를 활용한 나노 구조물도 만들고 있다.
컴퓨터가 보조하는 설계 소프트웨어를 이용하면 분자 프린터는 기능적
인 분자들을 조각조각 조립할 수 있다. 이 방식은 한 부대의 나노봇들
을 만들거나 새로운 유형의 나노 소재 조립에 사용될 수 있다. 심지어
이 프린터로 개인별 DNA를 중심으로 설계하는 정밀의학을 고안할 수
도 있다. 언젠가는 담당 의사가 당신의 DNA를 업로드 해둔 약국을 방
문하기만 하면, 몇 분 후에 당신만을 위한 맞춤 약을 들고 그곳을 나오
게 될 수도 있다.

대부분의 사람들은 깨닫지 못하고 있지만 나노 기술은 이미 일상 제
품들로 출시되고 있다. 많은 자외선 차단 크림에는 현재 나노 입자가
포함되어 있다. 이 입자들은 위험한 자외선을 흡수하며 피부에 더 매끄
럽게 펴진다. 자외선 노출을 줄이고 유통기한을 늘리기 위해서 음식 포
장에도 이와 유사한 나노 입자가 사용된다. 현재 탄산음료 용기에 쓰이
는 일부 플라스틱 병에는 유통기한을 몇 달 정도 늘리게 도와주는 나노
점토가 포함되어 있다.

---

* 분산매체가 물이거나 물이 기본성분으로 들어 있는 겔.

아울러 나노 기술은 공항, 연구소, 산업현장에서 극도로 낮은 수준의 화학물질을 감지할 때도 널리 사용된다. 나노 센서는 수십억 분자들 중에서 하나의 분자를 식별할 수 있다. 이 센서는 공항에서 불법 약물을 탐지하고, 체내 물질이나 화학공장의 유출 등을 탐지하는 데 유용하다.

아마도 여러분은 물과 커피, 잉크, 기름, 심지어 땀까지 튕겨내는 나노 스케일 섬유에 관한 유튜브 영상을 본 적 있을 것이다. 양전하와 음전하로 충전된 여러 겹의 나노 층은 박테리아부터 산acid까지 모든 것을 떨쳐낼 수 있다. 이 나노 층은 얼룩이 생기지 않는 양탄자나 옷, 가구 제작에 사용된다. 이 기술은 박테리아 감염 예방을 위해 병원에서도 사용될 수 있고, 근로자를 독성 화학물질로부터 안전하게 보호하는 방호복에도 사용될 수 있다.

나노 입자가 박테리아와 바이러스를 물리칠 수 있다면 나노콘돔은 어떨까? 전기 방사electro-spinning라고 불리는 나노 섬유화 기술을 이용해서 과학자들은 정자를 막는 섬유를 항HIV 약품을 전달하는 섬유와 함께 직조한 직물을 생산했다. 그 결과는 완벽한 여성 콘돔이었다. 이 콘돔은 임신을 막고, HIV가 전염되지 않도록 보호하고, 사용한 지 몇 시간이 지나면 녹아 없어진다. 빌 앤 멀린다 재단은 이 제품을 시장에 출시하기 위해서 해당 연구팀에 100만 달러를 지원했다.

또다른 혁신은 스스로 치유하는 나노 플라스틱과, 잘리면 액체가 흘러나오는 나노 금속이다. 손상이 발생하면 소재 내부의 나노 캡슐이 터지고, 액체가 스며나와 손상부위가 수선된다. 자동차 표면이 긁혔다고 걱정할 필요가 없다는 의미이다. 페인트가 자체적으로 보수를 할 것이기 때문이다. 이 기술은 전자제품부터 우주선까지 무엇을 만들건 유용하게 사용될 수 있다. 예를 들면 인체에 이식된 칩이 손상되거나 부식되어도 칩이 스스로 회복할 수 있기 때문에 수술로 제거할 필요가 없다. 화성과 같은 먼 행성에 탐사선을 보낼 때도 마찬가지이다. 부품과 전기 기기들이 자체적으로 보수를 할 수 있기 때문이다.

또다른 돌파구도 곧 등장할 예정이다. 현재 연구자들은 마이크로칩이 아닌 나노칩을 개발하고 있다. 이 작은 칩은 에너지 효율이 100배 이상 높고 메모리 저장에 추가 전력이 필요없다. 크기가 작다는 점이 더해지면, 이 칩으로 완전히 새로운 유형의 훨씬 더 작고 가벼운 전기 센서와 소비자 가전을 만들 수 있다. 속도도 더 빨라질 것이다. 나노 기술 덕분에 트랜지스터가 실리콘 대신 진공과 같은 공기의 작은 틈을 통해서 전류를 보낼 수 있기 때문이다.

"빽빽하고 복잡한 거리를 걸어서 A지점에서 B지점으로 간다고 상상해보라. 군중들 때문에 나아가는 속도가 더뎌지고 에너지는 소진될 것이다." 나노 기술 분야의 교수인 샤라트 스리람의 말이다. "반면 진공 상태에서 이동한다는 것은 훨씬 높은 에너지 효율로 더 빨리 운전할 수 있는 텅 빈 고속도로와 같다."[3]

스리람이 혼자서 이런 돌파구를 찾아낸 것은 아니다. 그는 아내인 마두 바스카란과 함께 연구했다. 두 사람 모두 멜버른에 있는 RMIT의 교수이다. 그들은 인도에 있는 한 대학에서 만났고, 동시에 오스트레일리아로 왔으며, 같은 교수의 지도를 받으면서 같은 전공으로 같은 날 석사학위를 취득했고, 같은 날 박사과정에 진학했다. 현재 이들은 대학 연구소를 함께 운영하고 있다. 물론 바스카란이 출산휴가를 갔을 때를 제외하고 말이다. 그 시기는 수년 동안 하나처럼 움직여온 이 커플에게는 매우 힘든 시기였다.

프로세서의 속도 개선도 그렇지만, 세계에서 가장 심각한 일부 문제를 해결하는 데 나노 기술을 이용하는 것은 어떨까? 특히 건조한 기후에서는 지구 온난화와 함께 식수 확보는 심각한 문제이다. 이런 어려움을 해결하려는 노력으로 연구자들은 나노 섬유 옷으로 공기 중에서 물을 뽑아내는 방법을 알아냈다. 메시 그물은 사용되는 소재에 따라 공기 중에서 2퍼센트에서 10퍼센트의 수분을 포집할 수 있다. 이론적으로 본다면 하루에 소재 1제곱미터당 거의 55리터의 물을 모을 수 있다는 의미이다.

"인류의 위기를 해결하기 위한 일이다." 오하이오 주 애크런 대학교의 교수인 싱청 웡은 이렇게 말한다. "궁극적인 목표는 가뭄을 겪는 지역을 도울 수 있는, 실행가능한 해결책을 전 세계에 제공하는 것이다. 나는 모든 인간이 신선한 물을 마실 권리가 있다고 생각한다. 전 세계의 가장 부유한 사람들만이 아니라."[4]

세계가 직면한 또다른 문제는 온실가스이다. 아자얀 비누는 오스트레일리아 뉴캐슬 대학교의 소재과학 및 나노 기술 분야의 교수이다. 인도의 타밀 나두에 있는 작은 마을에서 태어난 그는 전 세계에서 나노소재 과학분야를 이끄는 15명의 최고 과학자 중 한 명이 되었다. 믿기 어려운 일 같지만 그는 이산화탄소를 포집하여 연료화하는 방법을 찾아냈다. 그는 이 방법으로 환경을 정화하면서 동시에 에너지도 창출할 수 있다고 말한다. 비누가 고안한 시스템은 나노기공성이 있는 탄소질산염으로 이산화탄소를 포집한 후, 햇빛과 물의 도움을 받아 이를 연료로 변환한다. 그의 팀은 현재 이 기술을 태양광 전지 및 배터리 기술과 연결하기 위해 연구 중이다. 비누는 "이것은 화석연료를 사용할 필요 없이 어떤 차량이든 움직일 수 있고 에너지도 제공할 수 있는 기기"라고

밝혔다.[5]

나노 기술은 마법처럼 보이는 일을 수행할 수 있는 지점에 도달하고 있다. 해리포터의 팬이라면 이 말을 이해할 것이다. 나노 기술 연구자들은 두께가 80나노미터에 불과한 투명망토를 개발했다. 이 망토는 물체가 보이지 않는 것처럼 하기 위해서 몇 조각의 황금 나노안테나를 이용해 반사된 빛의 파장 경로를 변경한다. 아직 현미경으로 보아야 할 정도의 크기로밖에 만들 수 없지만, 이 기술의 토대가 된 원칙들이 망토의 크기를 키울 수 있을 것이다. 버클리랩의 이사인 시앙 장은 말한다. "가시광선으로부터 임의의 모양을 한 3D 물체를 숨길 수 있었던 것은 이번이 처음이다."[6]

사람들이 투명망토를 쓰고 당신을 훔쳐본다는 생각이 마음에 들지 않는다면, 그것에 대한 나노 솔루션도 있다. 과학자들은 쥐의 안구에 아주 작은 나노 입자를 주사함으로써 적외선 시력을 가지게 하는 데 성공했다. 이 실험은 본질적으로 쥐들에게 초시력을 제공했지만, 초시력이 그들의 평소 시력을 방해하는 것처럼 보이지는 않았다. 중국 과학기술대학의 쉐텐은 말한다. "우리 연구는 막대세포와 원뿔세포가 모두 이들 나노 입자와 결속되고 근적외선 빛으로 활성화된다는 사실을 보여주었다. 따라서 초시력을 만들기 위해서만이 아니라 인간의 적색색맹을 위한 치료적 해결책으로 인간의 눈에도 이 기술을 적용할 수 있을 것이라고 믿는다."[7]

나노 기술의 가능성은 끝이 없다. 과학자들이 더 많이 연구할수록 더 많은 적용방안이 등장할 것이다. 나노 기술이 우리에게 경이로운 힘을 부여할 때까지 오랜 시간이 걸리지는 않을 것이다. 궁극적으로 우리는 셀 수 없이 많은, 보이지 않는 나노 크기의 로봇 부대들을 거느리게 될 것이다. 이 로봇들은 먼지를 쓸고 부스러기들을 집어삼키면서 집 주변을 행진하고, 냄새를 일으키는 박테리아와 먼지를 제거하면서 피부와 옷 위를 가로질러 다니고, 균열을 메우고 도로에 생긴 구멍들을 처리하면서 도시의 거리를 돌아다니고, 막힌 곳을 뚫고 파이프를 수선하면서 하수처리 시스템을 헤엄쳐 다니고, 창문과 벽들을 문질러 깨끗이 만들면서 차와 빌딩 위를 기어다니고, 심지어 질병과 싸우고 세포들을 보수하면서 우리 몸속을 헤치고 다닐 것이다. 우리가 보이지 않는 분자의 세계를 완전히 파악하게 됨에 따라 이들 작은 로봇 군인들은 인간 확장주의의 선봉대에 서게 될 것이다.

나노봇 : 미니어처 의료 머신

수천 개 혹은 심지어 수백만 개의 조그만 나노봇들이 당신의 혈액, 기관, 근육조직을 돌아다니는 모습을 상상할 수 있는가? 그런 상상이 당신을 불편하게 만든다면, 우리 몸속 세포들 중 인간 세포는 43퍼센트에 지나지 않는다는 사실을 알아두는 것도 좋을 것이다. 그 나머지는 현미경을 통해서만 볼 수 있는 식민지 주민들이다. 여기에는 수조 개의 박테리아, 바이러스, 곰팡이, 고세균archaea이 포함된다. 그러니 이런 조합에 수백만 개의 나노봇을 추가하는 것쯤은 그다지 큰일이 아닐지도 모른다. 특히 그렇게 해서 수명과 건강이 개선된다면 말이다.

나노 기술은 새로운 유형의 약물 전달 메커니즘에서부터 병원 수술실에서 사용되는 나노 도구에 이르기까지, 이미 수많은 방식으로 의료 서비스를 재창조하는 단계에 들어서 있다. 연구자들은 심지어 혈관에 주입하면 몸속 내부를 뜯어먹기 시작하는 나노 입자도 개발했다. 물론 이 것은 마이클 크라이튼의 소설 속 이야기가 아니다. 실제로는 좋은 일이 다. 미시간 주립대학교와 스탠퍼드 대학교에서 개발된 이 나노 입자들 은 심장 마비와 뇌졸중, 그외 다른 치명적인 질병으로 이어질 수 있는 유해한 플라크^{plaque}를 공격목표로 삼는다. 나노 입자들은 플라크를 제 거해서 동맥을 깨끗하게 만들 수 있다. 이런 나노 입자가 있다면, 우리 는 더블치즈버거를 죄책감 없이 원하는 개수만큼 실컷 먹을 수도 있을 것이다.

만약 동맥을 청소하는 나노봇 삽입에 실패하는 바람에 당신이 삼중 혈관 우회수술을 받아야 해서 수술실에 누워 있게 된다면, 전자 밴드를 활용해보는 것은 어떨까? 연구자들은 상처 치유를 촉진하기 위해서 상 처가 난 곳에 나노발전기로 전자 박동을 일으키는 밴드를 개발했다. 이 방식은 환자의 신체 동작에서 발생하는 전기를 활용한다.[*] 게다가 비용 도 일반 밴드보다 많이 비싸지는 않다. 이 기술은 특히 상처가 심각하 거나 내부 출혈이 있을 때 유용하다.

"우리는 회복속도가 이토록 빠르다는 사실에 놀랐다." 위스콘신 대학 교의 왕슈동 교수의 말이다. "이 기기가 어느 정도 효과가 있을 거라고 예상은 했지만, 기대보다 훨씬 더 큰 효과가 있었다."[8]

전자 밴드가 출혈을 막기에 항상 충분한 것은 아니다. 피는 응고되기 도 해야 하기 때문이다. 상처가 심각하거나 환자가 혈우병을 앓는 경우 에는 피가 잘 응고되지 않을 수 있다. 기증자에게 의존하는 천연 혈소 판 제품은 공급이 제한되어 있고, 보관기간이 짧으며, 잠재적으로 심각

---

* 밴드 착용자의 몸통 주변을 감싸서 호흡 시 갈비뼈의 팽창과 수축으로 전기가 발생 된다.

한 생리적 부작용을 일으킬 수 있다. 이 문제를 해결하기 위해서 연구자들은 부상으로 인한 출혈이 발생한 현장에서 바로 혈액을 응고시키는 혈소판의 능력을 모방하는 합성 나노 입자를 개발했다. 이 합성 혈소판을 인체에 주입하면, 수술과 외상, 낮은 혈소판 수치로 인해서 발생할 수 있는 출혈로 인한 합병증을 예방할 수 있다.

"우리의 나노 입자 기술은 민간이나 군에서 비압축성 외상성 출혈(지혈대나 압박붕대로 출혈점을 압박할 수 없는 경우)이 발생했고 기증자들이 제공한 혈소판을 쉽게 구할 수 없는 상황에서 활용할 수 있다."[9] 케이스 웨스턴 리저브 대학교의 아니르반 센 굽타 교수의 말이다.

이제는 내가 가장 좋아하는 나노머신을 소개할 차례이다. 당신은 기꺼이 입 안 가득 로봇들을 물고 있을 생각이 있는가? 펜실베이니아 대학교 연구진은 치아 사이를 기어 다니면서 치석을 제거하는 나노 입자를 장착한 마이크로봇을 활용 중이다. 미국 어린이들은 곧 양치를 하거나 치실을 쓰라는 잔소리를 더 이상 듣지 않아도 된다는 사실에 기뻐하게 될 것이다. 이 연구가 성공하면, 치과 방문을 아예 건너뛸 수 있을지도 모른다.

다시는 칫솔질을 할 필요가 없다는 사실이 믿을 수 없을 만큼 기쁜데, 암을 제거할 수 있다면 어떻겠는가? 벨기에에 있는 루뱅 가톨릭 대학교 연구진은 종양이 산화구리 나노 입자에 민감하게 반응한다는 사실을 발견했다. 아울러 산화철을 함유한 나노 입자는 건강한 세포를 손상시키지 않고 암세포를 공격할 수 있다는 사실도 알아냈다. 그들은 이런 연구들을 종합해서 새로운 면역 치료법을 개발하고 있으며, 이 치료법이 폐암, 유방암, 난소암, 대장암과의 싸움에서 항암치료를 대체할 수도 있을 것이라고 믿고 있다.

이런 치료법들을 개발하면서, 연구자들은 쥐를 대상으로 실시한 실험에서 구리 화합물이 직접 암세포를 죽일 뿐만 아니라 면역계 내에서 외부 물질과 싸우는 세포들을 도울 수도 있다는 사실을 발견했다. 나노입자와 면역 치료법을 조합하자 쥐에게서 암 종양이 완전히 사라진 것이다. 다음 단계는 실험을 통해서, 면역효과를 오래 유지하면서 암세포와 가장 효율적으로 싸울 수 있는 다른 산화 금속들을 발견하는 일이다. 연구자들은 연구가 성공한다면, 이 기법을 모든 암의 60퍼센트에 적용할 수 있을 것이라고 믿는다.

애리조나 대학교의 과학자들은 다른 접근방식을 선택했다. DNA 오리가미origami* 분야의 전문가인 하오 얀은 건강한 세포를 손상시키지 않으면서 악성 종양을 찾아내고 파괴하는 나노봇 군단을 설계했다. 이들 나노봇은 종양의 혈액 공급을 목표로 삼고 그 흐름을 차단하는 방식으로 작동한다. 어떤 종양이건 살아남으려면 혈액이 필요한 만큼, 이 방식에는 다양한 암을 무찌를 수 있는 잠재력이 있다.

얀은 자신이 과학자가 아니라면 무대에서 전자기타를 연주하고 노래하는 록스타가 되고 싶다고 말하곤 한다. 그는 연구소에 최고의 인재를 끌어들이고 그들이 성장할 수 있는 환경을 육성하는 데 자신의 창의적 능력을 활용한다. "나는 그들을 연못에 밀어넣고 헤엄치도록 한다." 얀의 말이다. "나는 기술자를 양성하고 싶지는 않다. 스스로 아이디어를 생각하고 문제를 해결할 수 있는 과학자이자 창의적인 사고의 소유자를 키우고 싶다."[10]

---

* 긴 DNA 단일가닥이 상보적 염기를 지닌 짧은 DNA 단일가닥과 결합하여 이중가닥을 형성하는 성질을 이용해 종이접기처럼 1차원의 DNA가닥으로 2차원, 3차원의 머리카락 굵기보다 1,000배 가는 크기의 나노구조물을 만드는 방법을 의미한다.

그의 작은 연구소에서 근무하는 연구자들 중에는 이미 3명이 미국 국립보건원이 뽑은 '떠오르는 혁신가'로 선정되었다. 2019년에 얀은 패스트 컴퍼니Fast Company*로부터 '가장 창의적인 기업인' 중 한 명으로 선정되었다. 얀과 그의 팀은 다학제적 접근방식의 협업을 높게 평가했기 때문에 나노 기술을 종양생리학이나 암 면역치료법과 같은 분야와 결합시킬 수 있었다. "나는 우리가 이 기술을 현실적이고 실용적으로 의학 분야에 적용하는 데 훨씬 더 가까워졌다고 생각한다. 합리적으로 설계된, 다양한 에이전트를 운반할 수 있는 다양한 나노봇들을 결합하는 작업은 고형 종양과 혈관성 전이의 근절이라는 암 연구의 궁극적 목적 달성에 도움이 될 수 있다."[11]

그러나 이런 나노봇들은 어떻게 몸속을 돌아다닐까? 혈관 속으로 나노 크기의 로봇 군단을 주입하는 것과 이들을 적절한 위치로 인도하는 것은 별개의 일이다. 퍼듀 대학교의 연구자들은 이 조그마한 로봇들을 초음파와 자기장을 이용하여 조종하는 분야에서 선두주자들이다. 이 방법을 사용하면 나노 모터에 동력을 제공할 뿐만 아니라 로봇들이 몸속을 돌아다니도록 안내해줄 수 있다. 그리고 이 로봇들은 우리 몸속에서 암과 싸우는 일부터 약물을 전달하는 일, 혹은 인간의 두뇌를 지도화하는 일까지 무엇이든 할 수 있다.

"이 설계에서 멋진 부분은 로봇의 자기적 성질을 맞춤 제작해서 로봇에 회전 자기장rotating magnetic field을 접근시키면 서로 다른 방식으로 기어다니도록 하는 방법을 고안했다는 것이다." 퍼듀 대학교 교수인 데이비드 카펠레리는 이렇게 말한다. "이 방법으로 로봇들은 건조하든 축축하

---

* 미국의 경제 전문 매체로 매년 IT, 헬스케어, 엔터테인먼트, 비영리단체 등 다양한 분야에서 100명의 영향력 있는 기업인을 선정하여 발표한다.

든 상관없이 다양한 유형의 거칠고, 울퉁불퉁하고, 끈적거리는 표면을 굴러다닐 수 있게 된다."[12]

이 이야기가 누군가에게는 1966년에 나온 고전영화 「마이크로 결사대」를 상기시킬 수도 있다. 이 영화에서는 잠수함 승무원이 부상을 당한 과학자의 몸속으로 들어가 그의 뇌에 생긴 손상을 치료하기 위해서 현미경을 통해서만 보일 정도로 작아진 상태로 모험을 하게 된다. 하지만 이 로봇들은 그보다도 크기가 더 작을 뿐만 아니라 인간을 축소시킬 필요도 없다.

궁극적으로 우리 모두는 혈관 안에서 굴러다니면서 나쁜 박테리아, 바이러스, 암 세포들과 싸우는 나노 스케일 로봇을 선단 규모로 보유하게 될 수도 있다. 이 나노봇들은 손상된 조직을 회복시키고, 기생충을 죽이고, 호르몬 수치를 조절하는 일을 담당할 것이다. 동시에 우리는 몸 곳곳에 나노센서를 전략적으로 배치해서 실시간으로 건강 상태를 모니터링하고 문제가 발생하면 의료 서비스 제공자들에게 이를 경고하도록 할 수도 있다. 나노 기술은 정신 활동을 빛의 진동수로 변환하고 외부 센서에 기록할 수 있게 해서 뇌에 대한 심층 데이터 수집이 가능해질 수도 있다.

이 모두는 환상적인 이야기로 들리겠지만, 나노 기술에는 어두운 측면도 존재한다. 플라크를 먹어치우고, 암세포를 파괴하고, 박테리아를 죽이는 모든 기계는 무엇인가가 잘못되면 우리 몸을 먹어치울 수도 있다. 이 가상의 시나리오는 그레이 구gray goo 이론으로 연결된다. 이 이론은 자가증식하는 나노머신들이 통제 불능 상태가 되어 지구상에 있는 모든 생물군을 먹어치우고 살아 있는 모든 것을 회색 곤죽으로 만든다는 대재앙의 시나리오이다.

이 이야기의 공상과학 버전을 읽고 싶다면, 제프 칼슨이 쓴 『전염병의 해(*Plague Year*)』라는 스릴러 소설을 보면 된다. 소설에서는 나노 기술 전염병이 발발해 해발 3,000미터 아래에서 살고 있던 모든 온혈동물이 잡아먹힌다. 이 전염병 때문에 살아남은 사람들은 높은 고도로 도망갈 수밖에 없고 그곳에서 그들은 생존을 위해서 분투한다.

킬러봇 이야기는 그만하자. 나노 기술이 우리를 죽이지 않는다면, 우리를 더 강하게 만들어줄 테니 말이다. 나노 기술은 인간 수명의 한계를 늘려줄 뿐만 아니라 수천 년간 우리 신체가 싸워온 수많은 질병이나 문제에 대한 걱정에서 우리를 해방시킬 수도 있다. 우리는 가장 근본적인 수준에서 물질세계의 구성요소를 파악하면서, 우리를 둘러싼 모든 것을 재창조하는 과정에 있다. 이 기술에 대한 의존이 너무 심해져서 이 기술이 없는 삶은 상상조차 할 수 없는 때가 올 수도 있다.

우리의 호기심에는 끝이 없다. 인간 확장주의는 우리가 계속해서 아원자 영역을 향해 더 깊게, 그리고 미지의 우주를 향해 더 멀리 파고들도록 만들 것이다. 어느 방향이건, 더 멀리 모험할수록 우리는 우주가 진실로 얼마나 방대한지를 더 깊게 깨닫게 될 것이다.

우주의 정복자 혹은 대멸종?

만족을 모르는 우리의 호기심과 알려진 세계의 경계를 확장하려는 욕망은 양날의 검이다. 이는 인간의 주도권을 담보해왔지만, 결국 우리를 몰락시킬 수도 있다. 지식을 확장하고 DNA를 퍼뜨리려는 추동과 결합된 타고난 지능이 인간을 지구에서 가장 성공적인 동물로 만들었음은 아무도 부인할 수 없다. 하지만 항상 그런 식이었던 것은 아니다. 호모 사피엔스는 선사시대에 몇 차례 멸종에 직면했고, 더 최근에는 그런 상황이 더 잦았다.

최초의 사건은 120만 년 전에 일어났다. 거의 멸종에 가까운 상황을 야기한 것이 무엇이었는지는 불확실하다. 하지만 여러 가설들 중에는 거대한 유성이 지구와 충돌했다는 설도 있고, 혹은 지구 냉각과 해양 화산활동이 촉발한 해수면의 변화와 해양 산소 결핍 때문이라는 더 그럴듯한 가설도 있다. 우리가 알고 있는 사실은 호모 사피엔스, 호모 에르가스터, 호모 에렉투스를 모두 합해도 3만 명이 되지 않을 정도로 전체 인구가 줄어들었고, 번식이 가능한 인구는 1만 명에 불과했으리라고 추정된다는 점이다. 이 숫자는 오늘날 고릴라의 개체수보다도 더 적다. 달리 말하면 우리 조상들은 멸종 위기종이었다.

이런 초반의 후퇴도 우리를 막지는 못했다. 호모 사피엔스는 다시 늘어났고, 다시 한번 아프리카로부터 지구의 다른 지역으로 퍼져나가기 시작했다. 하지만 19만5,000년 전에 기후 변화로 전 세계의 기온이 곤두박질쳤고, 지구는 빙하시대로 들어섰다. 빙하기 동안 호모 사피엔스들에게는 재앙 수준의 희생자가 발생했다. 전문가들은 전 세계에 흩어져 있던 번식 가능한 인구가 600명 수준까지 줄어들었다고 믿는다.

인류는 마침내 회복되기 시작했지만 곧 또다른 재앙이 닥쳤다. 약 7만 년 전에 대재앙 수준의 화산 분화로 수마트라 섬이 폭발했고, 화산재가 지구의 많은 부분을 덮으면서 햇빛을 가렸다. 그 결과로 또다른 빙하기가 도래했고, 다시 한번 우리는 멸종될 지경에 이르렀다. 일부 과학자들은 당시 지구의 인구가 1,000명 정도에 불과했을 수도 있다고 믿는다.

전 인류가 마을 하나에 들어갈 수 있는 세상을 상상하기란 쉽지 않다. 현재는 80억 명에 가까운 사람들이 여러 대륙에 흩어져 살아가고 있으며, 어디를 가든 아무도 살고 있지 않은 곳을 발견하기가 어렵다. 우리는 이 행성의 거의 모든 부분을 식민지화했고, 기후 변화의 위협에도 불구하고 아마도 다시는 그 정도로 멸종에 가까워지는 일 없이 살아갈 수 있을 것이다. 아니면 그런 일이 다시 발생할 수도 있을까?

모든 기술적 성취에도 불구하고, 지구에서 우리 종의 위치는 많은 사람들이 상상하는 것만큼 안정적이지 않다. 충분한 시간이 주어진다면, 아마도 인간의 군림에 종지부를 찍을 수 있는 또다른 격변과 마주하게 될 것이다. 화성을 정착지로 만드는 일이 그렇게 정신나간 생각이 아닐 수도 있는 이유이다.

많은 사람들은 지구에도 해결할 문제가 산적한 시기에 우주 탐색에 수십억 달러를 지출한다는 아이디어를 비난해왔다. 그들은 그 돈과 자원을 온실가스 배출을 줄이고, 기아와 질병을 없애고, 극빈 상태에서 살고 있는 13억 명의 사람들을 구제하는 데 써야 한다고 주장한다. 하지만 인류 멸종의 위협이 우리가 안심하고 무시해도 될 정도로 낮을까? 가까운 과거만 돌아봐도 우리가 세계 인구의 많은 부분을 잃을 만한 상황에 얼마나 근접했는지를 알 수 있다.

불과 1995년에만 해도 러시아에서 노르웨이의 기후 로켓을 잠재적 핵 공격으로 오인한 적이 있었다. 당시 러시아 대통령이던 보리스 옐친은 발사 암호를 찾았고, 핵 가방을 자기 앞에서 열게 했다. 다행히 그는 암호를 입력하지 않았다.

그로부터 12년 전인 1983년에는 구소련의 한 시스템에서 여러 발의 대륙간 탄도 미사일이 미국에서 발사되었으며, 러시아를 향하고 있다고 잘못 보고했다. 사전 통고가 너무나 부족했기 때문에 한 소련 공군 중령에게 전권이 맡겨졌다. 만약 그가 소련의 군 프로토콜을 거역하기로 결정하고 명령을 거부하지 않았다면, 우리는 핵전쟁의 엄청난 재앙을 겪었을 것이다.

1962년에는 쿠바의 미사일 위기로 전 세계가 전면적인 핵 대립 상태로 빠져들 뻔했다. 냉전이 끝난 후에는 세상이 바뀐 것처럼 보일지도 모르지만 실제로 우리는 지금 그 어느 때보다 더 위험한 상황에 놓여 있다. 핵 확산은 북한과 파키스탄, 이란과 같은 더 불안정한 국가들의 손에 대량 살상 무기를 쥐어주었다. 핵무기를 이용하거나 핵보유국의 컴퓨터 시스템을 해킹하여 미사일 통제권을 보유할 수 있는 테러리스트들의 위협도 존재한다. 또다른 가능성은 핵공격을 가장하고 전면전을 유발하는 사이버 해커들이다.

기후변화의 위험도 존재한다. 지구가 뜨거워지면 어떤 일이 일어날지는 가장 선도적인 기후학자들도 완전히 이해하지 못하고 있다. 만년설의 해빙이 더 가속화되거나 멕시코 만류가 붕괴되면 어떻게 될까?

누군가가 실수로, 혹은 의도적으로 유전적으로 변형된 유기체를 야생에 풀어놓아 지구의 방대한 지역에 존재하는 동물과 식물을 감염시키고 생명을 앗아가게 될 가능성도 존재한다. 그리고 1918년에 5,000만 명 가까운 사망자를 낸 스페인 독감 팬데믹의 반복으로 또다른 슈퍼버그가 등장할 위험도 존재한다.

이런 위협들은 우리 행성을 벗어난 곳에서 다가오는 것들을 포함한, 가장 공포스러운 위협 축에는 끼지도 못한다. 과학자들은 공룡을 전멸시킨 소행성의 크기가 약 11–13킬로미터밖에 되지 않았을 것으로 추정한다.

우주화학자이자 작가인 내털리 스타키는 이렇게 말한다. "지구가 혜성이나 소행성의 치명적인 영향으로 생명이 파괴되는 일을 겪을 가능성은 매우 낮아 보이지만, 미래의 어느 시점에는 거의 확실하게 일어날 사건이다. 문제는 그때가 언제인가이다."[13]

우리는 이미 미국의 절반을 파괴하고 전 세계를 암흑으로 몰고갈 정도로 충분히 큰 소행성을 수천 개나 확인한 상태이다. 그러나 나사의 과학자들은 우리가 적어도 향후 100년 동안은 안전하다고 믿는다. 그들이 뭔가를 놓치지 않았다고 가정한다면 말이다. 확인을 위해서 나사는 지구 궤도로 새로운 망원경을 발사하여 이들 살인자 암석들을 잡아내려고 한다. 하지만 우리 행성과 충돌할 경로에 있는 소행성의 방향을 바꾸거나 멈추기가 불가능할 수도 있다.

더 큰 미지의 존재는 태양 표면의 폭발이다. 150년 전에 지구를 강타했던 것과 같은 태양 표면의 폭발이 오늘 발생한다면, 모든 위성통신과 전력망, 인터넷이 망가질 것이다. 훨씬 더 규모가 크고 파괴적인 태양 표면 폭발도 가능하다. 이 폭발은 오존층을 파괴하고, 대규모의 DNA 돌연변이를 일으키고, 지구의 모든 생태계를 붕괴시키기에 충분한 자외선과 고에너지 하전입자를 방출할 수도 있다. 우리가 살아남을 수 있을지 여부는 누구도 알 수 없는 일이다.

예일 대학교의 천문학과 천체물리학 교수인 그레고리 로플린은 이렇게 말한다. "나는 태양 표면 폭발 걱정 때문에 밤잠을 설치지는 않는다. 그렇다고 누군가가 그런 일을 걱정할 필요가 없다는 뜻은 아니다."[14]

유전적으로 변형된 유기체나 다른 신기술의 위협은 차치하고, 아직 나는 미국 옐로스톤 국립공원 아래에 자리한 것과 같은 슈퍼 화산의 폭발이나, 발생 시 지구 자기장을 약화시켜 태양풍에 지구를 노출시킬 수도 있는 지구 자기장 역전에 대해서는 다루지도 않았다. 지구에 출현한 모든 생물종의 99퍼센트가 멸종했고, 현대 인류가 등장한 것은 몇만 년밖에 되지 않았다는 사실을 감안할 때, 우리가 공룡만큼 오래 존속할 가능성은 우리 생각만큼 높지 않다.

일론 머스크는 이렇게 말한다. "우리는 지구에서 다른 행성들로 퍼져나가거나 멸종될 위기를 겪을 것이다. 멸종은 불가피하고, 우리는 스스로를 점점 더 파멸시키고 있다."[15]

이는 머스크가 밤잠을 설치고 스페이스X를 출범시키게 된 원인들 중 일부이기도 하다. 그는 매일 3대의 스타십 로켓을 발사하여 2050년까지 100만 명을 화성에 보낼 계획이라고 말했다. 작은 목표는 결코 수립하지 않던 그는, 우리가 구제받기를 원하든 원하지 않든 상관없이 인류를 구하기로 작정했다.

화성을 향한 미션

스페이스X에는 화성에 정착지를 건설한다는 거대하고 대담한 비전이 있다. 이 회사는 고비가 닥칠 때마다 비관론자들을 물리쳐온 것으로 보인다. 스페이스X는 매년 수백 대의 스타십을 구축하여 지구와 화성의 궤도가 일렬이 될 때마다 수만 명의 사람들을 지구에서 화성으로 보낸다는 계획을 발표했다. 궁극적으로 이 회사가 꿈꾸는 것은 수천 대의 스타십이 두 행성을 오가며 사람과 보급품들을 실어나르는 모습이다.

불가능한 일처럼 들릴 수도 있지만, 이 일은 사실 쉬운 부분이다. 어려운 부분은 일단 인간이 붉은 행성에 도착했을 때에 시작된다. 해답이

나오지 않은, 해결해야 할 질문들이 너무나 많다. 인간이 어떻게 화성에 안전하게 착륙할 것인가? 일단 착륙한 다음, 그들은 떠날 수 있을 것인가? 혹은 평생을 갇히게 될 것인가? 그리고 누구든 그토록 가혹한 화성의 대기 속에서 번영은 고사하고, 살아남기를 희망하는 것조차 가능한 일인가?

머스크를 비판하는 사람들은 많다. 실제로 전문가들 대부분은 그의 계획이 지나친 과욕이며, 그가 사실보다는 신념에 과도하게 의존하고 있다고 믿는다. 하지만 머스크를 그토록 뛰어난 탐험가로 만드는 것이 바로 그런 점이다. 그는 자신을 둘러싼 모든 사람이 실현가능성을 의심할 때조차도 기꺼이 한 가지 신념에 모든 것을 건다.

스페이스X가 우리를 화성으로 데려다줄 스타십을 확보하게 될 수도 있다. 하지만 인간과 같은 취약한 승객들을 태우고 화성에 착륙하기란 쉽지 않을 것이다. 게다가 정착지 주민의 생명 유지에 필요한 모든 것을 공급하는 문제에 관한 질문은 계속 진행 중이다. 어떤 종류의 잘못이라도 발생한다면, 식민지 주민들은 행성 간 임무를 위해서 지구와 화성이 일렬로 적절하게 늘어설 때까지 또다른 26개월을 기다려야 할 것이다.

세포를 뚫고 들어와 암을 유발하고, 뇌를 손상시키고, 신경조직을 찢는 무시무시한 우주선cosmic ray으로부터 화성 생명체를 보호할 수도 있었던 자기장은 약 38억 년 전에 화성에서 사라졌다. 나사에서 프로젝트 책임을 맡고 있는 카말 다타는 이렇게 말한다. "현재의 방어기술로는 중이온 방사선의 해로운 영향으로부터 우주비행사들을 보호하기가 어렵다. 이런 효과에 대응할 약을 사용하는 방법도 있을 수 있지만, 그런 약은 아직 개발되지 않았다."[16]

화성에 머무를 사람이 오랫동안 생존하고 싶다면 이런 방사선으로부터 보호를 받아야 한다는 의미이다. 이런 환경에서 사람들을 보호할 특수한 물질을 개발할 수 없다면, 정착지 주민에게는 그다지 즐거운 상황이 아닐 것이다. 그러나 방사선이 최악의 문제는 아니다. 자기장이 부족하다는 것은 화성 대기가 우주로 새나가기 시작했으며, 사람이 살기가 점점 어려워지고 있다는 뜻이다.

화성 연구소의 소장 파스칼 리는 이렇게 설명한다. "화성에서 보호받지 못하는 상태로 있게 되면……상온에서도 당신의 피가 끓어오를 것이다. 마치 콜라 캔을 따는 것처럼 당신은 김이 빠져서 죽게 된다."

지구의 대기는 질소 78퍼센트와 산소 21퍼센트, 그리고 극소량의 수증기, 이산화탄소, 그외의 가스들로 이루어져 있는 반면, 화성의 대기는 95퍼센트가 이산화탄소이다. 리는 말한다. "우리는 숨을 쉬려면 산소가 필요하다. 화성 대기에는 유리산소free oxygen가 없다. 이 가스로는 숨을 쉴 수가 없으므로, 우리는 몇 분 안에 저산소증으로 죽게 될 것이다."[17]

다음으로 온도 문제가 있다. 화성의 적도는 기온이 섭씨 약 21도까지 올라갈 수도 있지만 밤에는 살인적인 수준까지 떨어진다. 평균 온도는 영하 62도까지 떨어진다. 적절한 우주복과 숙소가 없다면 사람들은 오래 버티지 못할 것이다.

그래도 단념이 안 된다면, 화성의 독성 먼지는 너무나 미세하면서 거칠어서 인간의 폐에 큰 손상을 입힐 수 있다. 이 먼지를 몇 주일만 마셔도 당신은 무덤에 누워 있게 될 것이다. 화성이 열대의 낙원이 아닌 것은 확실하다.

이 모두는 문제의 일부일 뿐이다. 화성에 정착지를 세우려는 사람이라면 누구든지 깨끗한 공기, 물, 식량, 모든 것이 돌아가도록 유지시켜줄 전력원은 물론이고, 안전한 주거구조가 필요할 것이다. 최소한 처음에는 이 모두를 지구에서 가져와야 하므로 돈이 엄청나게 많이 들 수밖에 없다. 누가 이 비용을 지불하려고 할까? 스페이스X는 상당한 규모의 자본을 조달했지만 그 일에는 얼마나 많은 비용이 들까? 그리고 투자자들은 수익을 얻을 수 있을까? 그들이 성과를 얻으려면 100년 넘게 기다려야 할까? 대부분의 벤처 펀드들은 투자 회수 기간을 6년에서 12년으로 잡는다.

작물 재배 문제를 살펴보자. 화성의 토양에는 중요한 영양분이 없고, 해로운 화학물질들이 들어 있으며, 물이 통과해서 다 새버릴 정도로 결이 곱다. 그 말은 수경재배나 지구에서 가져온 토양으로 특별하게 설계된 온실에서 모든 것을 길러야 한다는 의미이다. 이 비용도 목록에 추가해야 한다.

화성을 지구처럼 변모시키는 일에 관한 논의는 많지만 설사 그 일이 가능하다고 해도 하룻밤에 일어나지는 못할 것이다. 대부분의 과학자들은 희박한 화성 대기를 지구 대기와 비슷하게 바꾸려면 수백 년이 걸릴 것이라고 본다.

화성의 약한 중력 역시 인간의 건강에 영향을 미칠 것이다. 신장 결석과 뼈의 골절 위험이 높아질 것이다. 사람들은 근육량, 힘, 지구력의 상실로 어려움을 겪을 수도 있다. 약한 중력은 심장에 영향을 미치고, 이는 심장 기능 약화로 이어질 것이다. 게다가 극미중력은 균형을 유지하고, 시력을 안정화시키고, 몸의 방향을 이해하는 우리의 능력을 방해한다. 우리의 몸이 지구에서 진화했으며, 고향 행성의 상태에 맞춰져 있다는 사실은 잊기 쉽다. 하지만 다른 곳으로 데려가보라. 우리는 물 밖에 나온 물고기 같은 존재이다.

이 모든 장애물에도 불구하고 스페이스X는 의연하게 앞으로 나아가는 중이다. 그 대담함에는 감탄할 수밖에 없다. 나를 포함한 많은 사람들은 향후 약 50년 동안은 인간이 아닌 로봇을 화성에 보내는 것에 주안점을 두어야 한다고 믿고 있다. 로봇에게는 이런 모든 문제가 없고, 향후 인간이 거주하기 위한 길을 로봇이 닦아놓을 수도 있다.

그러나 머스크는 기다리고 싶어하지 않는다. 그는 믿을 수 없을 만큼 낙관적이면서도, 돌이킬 수 없는 멸종 사건이 예상보다 더 빨리 올 수도 있다는 사실을 두려워한다.

머스크에게 화성은 인류의 백업 드라이브이다. 그리고 그는 큰 사고가 닥치기 전에 이 드라이브를 작동 중인 상태로 만들고 싶어한다.

행성 간 에코시스템 구축

우주 탐험은 세계에서 가장 강력한 정부 우주기관들은 물론이고, 수백 개의 기업들이 포진하고 있는 성장 산업이다. 궁극적으로 우주 전체의 에코시스템의 건강 때문에 인간은 화성과 그 너머로 가게 될 것이다.

나사는 화성에 사람을 보내고 싶어하며, 달을 그 디딤돌로 본다. 달 기지를 건설해서 이를 화성으로 가는 도약판으로 활용한다는 생각이다. 나사는 이 계획을 실현하기 위해 스페이스X, 블루 오리진Blue Origin, 보잉과 협력한다.

빌 넬슨은 미국 상원에서 화성 프로그램을 위한 자금 지원에 찬성한 이후 이렇게 말했다. "케네디 대통령이 인간을 달에 보내라고 요구한 지 55년이 지난 지금, 상원에서는 인간을 화성에 정착시킬 것을 나사에 요구하고 있다. 이 법안에서 우리가 나사에 제시한 우선순위는 미국 우주

비행의 새 시대가 열렸음을 보여준다."[18]

더 많은 예산과 더 대담한 비전으로 무장한 나사는 거기서 멈추지 않는다. 착륙선인 인사이트Insight는 화성 표면에서 지진에 귀를 기울이는 중이고, 2021년에는 화성 탐사선인 퍼서비어런스Perseverance가 합류했다. 뉴 허라이즌스New Horizons는 태양계가 탄생하고 남은 수백만 개의 얼음 조각들이 떠도는 카이퍼 대Kuiper Belt를 탐사 중이다. 아울러 나사는 태양 궤도를 24회 돌면서 데이터를 수집할 탐사선을 발사했다. 그리고 얼음으로 이루어진 토성의 위성, 타이탄의 표면 위로 원자력을 동력으로 하는 헬리콥터를 날려보내 외계 생명체의 징후를 살펴볼 계획이다.

실리콘벨리에서 영감을 얻은 나사는 지금 또다른 달 탐측선 발사 프로그램을 진행 중이다. 그들의 참신한 몇몇 아이디어들 중에는 극단적인 화성의 환경에서도 살아남을 수 있는 새로운 유전자 변형 유기체들을 만들고, 이들을 화성에 보내서 토양을 해독하고 비옥하게 만든다거나, 우주선에 이온 반동추진 엔진을 갖추고, 태양 전지판을 붙인 다음, 강력한 레이저로 쏘아보내는 더 효과적인 태양열 범선 우주선을 제작한다거나, 잔해들의 수렁에 빠지지 않고 틈새에도 끼이지 않는 물렁물렁한 로봇을 소행성으로 보내서 이 로봇들이 굴러다니며 표본을 수집하게 한다거나, 압력이 높고 지옥처럼 뜨거운 행성인 금성 표면에서 못쓰게 될 전자부품들은 제외하고, 스팀펑크steampunk* 소설에 나올 법하게 완전히 기계로만 작동하는 금성 탐사선을 출범시킨다는 등의 아이디어가 있다.

나사의 독창적인 아이디어 중에는 그들의 제조 기능을 우주로 이전

---

* 전기 동력이나 내연기관 위주로 기술이 발전한 현실과 달리 산업혁명 시기의 증기기관을 바탕으로 기술이 발전한 가상의 세계를 배경으로 한 대중문화 장르를 말한다.

한다는 내용도 있다. 나사는 궤도에 머무르면서 3D 프린팅으로 우주선 부품을 생산하는 작업을 시연한다는 계약을 스타트업인 메이드인스페이스Made In Space와 이미 체결했다. 이 계약 덕분에 나사는 인간이 만든 거대한 구조물을 궤도로 쏘아올리는 비싸고 비효율적인 방법을 이용할 필요가 없게 되었다. 나사 관계자인 짐 로이터는 말한다. "우주에서 로봇을 이용한 제조와 조립이 가능하다면, 그것은 확실한 게임 체인저이자 미래의 우주 탐험을 위한 필수적인 역량이 될 것이다."[19]

그러나 이 3D 프린터에는 여전히 원재료가 필요하다. 프린스턴 대학교 교수이자 우주 비저너리인 제러드 오닐이 여기서 등장한다. 그는 1974년에 달에서 캐낸 광석 화물을 전자기 레일건railgun*으로 지구 궤도로 쏘아올리는 방법을 제안한 바 있다. 그러면 지구 궤도를 도는 3D 프린팅 공장이 그 원재료를 이용할 수 있으므로 계획이 실현가능해질 수도 있을 것이다.

스페이스X의 가장 큰 경쟁자 중 하나는 블루 오리진이다. 제프 베이조스가 지휘하는 이 스타트업은 자원이 부족하지는 않지만 좀더 소박한 접근방식을 취한다. 화성을 목표로 삼는 대신 베이조스는 달에 시선을 둔다. 이 회사의 모토는 그들의 접근방식을 함축하고 있다. 그라다팀 페로키테르gradatim ferociter는 '한 걸음씩, 맹렬하게'라는 의미의 라틴어이다.[20] 블루 오리진은 그들의 사명이 "확실하게 더 낮은 비용과 높은 신뢰성으로 인간이 우주에 접근할 수 있게 해주는 기술" 개발이라고 언급한 바 있다.[21]

베이조스는 사람들이 우주에서 살면서 일하는 모습을 보고 싶어하지

---

* 화약을 사용하지 않고 2개의 레일 사이의 전자력을 이용해서 발사체를 음속보다 7배 빠르게 발사하는 첨단 무기이다.

만, 그의 목표는 반드시 다른 행성을 정착지로 삼는 것이 아니다. 오히려 우리가 환경을 완전히 파괴하기 전에 중공업과 발전소를 우리 행성에서 제거하는 것이 그의 비전이다. 그는 환경을 가장 많이 오염시키는 산업을 재배치할 완벽한 장소로 달을 생각하고 있다.

베이조스는 이렇게 말한다. "물과 태양열 에너지를 확보할 수 있는 달의 극지에 영구 정착지를 건설해야 한다. 우리는 달에 관해 1960년대와 1970년대에는 알지 못했던 사실들을 알고 있다. 그리고 재사용이 가능한 로켓들을 이용해 적정한 비용으로 이 일을 할 수 있을 것이다."[22]

또다른 억만장자인 로버트 비글로는 거대한 공기주입식 우주 거주지 건설에 재산을 투자하고 있다. 호텔 사업으로 돈을 번 비글로는 여행업에 관한 자신의 전문성을 우주로 이전 중이다. 산업용 강도의 풍선과 비슷한 이 거주지는 로켓들로 채워져 있으며 궤도로 발사된다. 일단 궤도에 안착하면 이 거주지는 바깥으로 확장이 가능해서 우주비행사와 관광객들이 살면서 일하는 거처를 만들 수 있다.

비글로는 풍선 같은 자신의 호텔이 태양계 전체는 물론이고 심지어 심우주deep space에서도 사용될 수 있을 것으로 예상한다. 나사도 여기에 뒤질세라 달과 화성용 공기주입식 거주지를 자체적으로 시험하고 있다. 나사는 견고한 섬유와 고무 같은 코팅, 그리고 혹독한 온도, 방사선, 빠른 속도로 날아다니는 바위와 잡동사니들로부터 우주비행사들을 보호할 수 있는 다른 재료들을 이용해서 이런 구조를 설계했다.

과학자들은 또한 우주에서 건물을 자라게 하는 가능성에도 주의를 기울이고 있다. 지구에서 우주로 재료를 가져오려면 비용이 극도로 많이 드는 만큼, 나사는 버섯에서 구조를 키우는 방법을 탐색 중이다. 나사 연구자들은 균류가 내장된 가벼운 소재로 주거지를 만드는 아이디어를 제안했다. 일단 그 주거지가 달이나 화성에 도착하면, 우주비행사들이 할 일은 물을 주는 것밖에 없다. 나머지는 균류들이 알아서 할 것이다.

나사에서 이 프로젝트의 책임연구원인 우주생물학자 린 로스차일드는 이렇게 말한다. "현재 화성을 위한 전형적인 주거지는 등에 짐을 지고 다니는 거북이 같은 설계이다. 신뢰할 수 있는 계획이기는 하지만 많은 에너지가 소모된다. 그 대신 우리는 그곳에 도착하면 균사체를 활용하여 이들 주거지가 저절로 자라도록 할 수 있다."[23]

다른 많은 기술들처럼, 이 균류 벽돌들도 지구에서 사용될 방법을 찾게 될 수도 있다. 나사가 이미 상업적으로 생산한 균사체 재료들은 단열재이자 내연재로 알려져 있으며, 유독가스를 분출하지도 않는다. 이들 재료의 특성 매트릭스를 살펴보면, 압축 강도는 목재보다 우월하고, 휨 강도는 철근 콘크리트보다 좋으며, 절연재로서의 가치는 경쟁력이 있는 수준이다. 이는 언젠가 우리 모두 버섯 집에서 살 수도 있음을 의미한다.

달에 여름용 버섯 오두막이 있다면 좋겠지만 산소가 부족해서 짧은 휴가밖에 보낼 수 없겠다고 생각했다면 걱정할 것 없다. 유럽우주국에서 이 문제를 해결했기 때문이다. 유럽우주국 연구자들은 달의 먼지에서 산소를 생산하는 방법을 발견했다. 놀랍게도 달 먼지는 무게를 기준으로 40퍼센트에서 45퍼센트 사이의 산소를 포함하고 있다. 글래스고 대학교의 베스 로맥스는 말한다. "달에서 발견한 자원에서 산소를 확보할 수 있다는 사실은 숨을 쉬는 문제와 로켓 연료의 현지 생산 문제에서 미래의 달 거주자들에게 엄청나게 유용한 일임이 분명하다."[24]

그들이 할 일은 염화칼슘 소금을 녹여 달 먼지와 섞은 후에, 950도까지 끓인 다음 전류를 흘려보내 산소를 방출시키는 것이 전부이다. 규모를 키웠을 때에도 이 실험이 작동된다면, 우리 모두는 안도의 한숨을 내쉴 수 있을 것이다.

달에는 산소만 있는 것이 아니다. 달과 화성 모두에는 만년설에 저장된 상당한 양의 물이 있다. 잠재적인 정착주의자들에게는 좋은 소식이다. 심지어 나사는 화성이 대기를 잃어버리기 전인 35억 년 전에는 사람이 살 수 있는 장소였을 것으로 추정한다.

우주생물학자인 잉어루스 텐카터는 이렇게 썼다. "생체분자와 메탄의 발견은 과거에 화성에 생명체가 있었을 가능성에 대한 폭넓은 시사점을 제공한다. [나사가 화성 과학실험실 미션의 일부로 보낸 탐사선인] 큐리오시티는 게일Gale 분화구가 약 35억 년 전에, 생명체가 진화했던 시점의 초기 지구의 환경과 비교할 만한 환경이었다는 점에서 사람이 살 수 있는 곳이었음을 보여주었다."[25]

더 희망적인 사실은 화성에 흐르는 물이 있다는 점이다.

나사의 화성 탐사 프로그램의 대표 과학자인 마이클 마이어는 말한다. "현재 화성 표면에는 액체로 된 물이 있다. 이 사실을 토대로 적어도 오늘날 사람이 살 수 있는 환경이 존재할 가능성이 있지 않을까 추측하고 있다."[26]

화성에서 여름에 해당하는 달에는 협곡과 분화구 벽을 타고 물이 흘러내린다. 연구자들은 이 물이 어디에서 오는지 확신할 수 없지만, 아마도 대수층이나 지하에서 얼음이 녹으면서 솟아올랐거나 희박한 화성의 대기에서 응축되었을 수도 있다. 심지어 볼로냐 대학교의 교수인 로베르토 오로세이는 화성의 표면 아래에서 20킬로미터 넓이의 거대한 호수를 발견했다. 이는 화성 정착주의자들의 생명 유지 목적을 위해서만이

아니라 농장에 물을 대고, 전기분해를 통해서 수소 연료를 생산하기에
도 충분한 물을 확보할 가능성이 있다는 의미이다.

농장과 관련하여 하버드 대학교와 칼텍, 에딘버러 대학교의 과학자
들로 구성된 연구팀에서는 단 2-3센티미터 두께의 에어로겔aerogel 한 겹
만으로도 식물들을 극단적인 화성의 기온과 태양 방사선으로부터 보
호해주는 끈적거리는 온실을 만들기에 충분할 수도 있다고 믿는다. 그
들은 연구실에서 화성과 동일한 환경을 조성하여 에어로겔을 실험하고
있다.

하버드 대학교 연구원인 로빈 워즈워스는 말한다. "이것은 행성을 지
구처럼 만들기 위한 수많은 아이디어들과는 매우 다른 접근법이다. 하
지만 훨씬 먼 미래가 아니라 수십 년 내에 실제로 실행할 수 있다는 이
점이 있다."[27]

멋진 이야기처럼 들린다. 식민주의자들이 채식주의자가 되기를 꺼리
지 않는다면 말이다. 좀더 단백질이 풍부한 식단도 가능할까? 화성에서
는 가축을 키우기가 쉽지 않고, 수백만 명의 사람들을 먹여 살리기에 충
분한 고기를 지구에서 수입하기는 불가능하다. 그렇다면 어떤 다른 선
택지가 있을까? 센트럴 플로리다 대학교의 연구자들은 그들이 해답을
가지고 있다고 생각한다. 바로 곤충 농장이다.

이 연구의 입안자이자 행성 과학자인 케빈 캐넌은 이렇게 말한다. "다
른 행성에서 거대한 인구를 먹여 살리고 싶다면, 물기 많은 채소라는 아
이디어에서 벗어나 충분한 칼로리 생산에 필요한 엄청난 양의 에너지와
물, 원재료를 생각해봐야 한다. 사람들이 역겨움을 극복할 수 있다면
곤충과 바이오리액터가 그 해답이다."[28]

바퀴벌레 먹기와 몇 가지 건강 문제를 참고 견디기, 거대한 버섯 내부

에서 살기를 꺼리지 않는다면, 당신을 기다리는 일자리가 있을 수도 있다. 달과 화성에는 많은 양의 물이 있고, 인간에게는 풍부한 독창성이 있는 만큼, 결국 화성 아니면 쪽박이라는 식의 사람들이 알고 보면 그다지 이상한 사람은 아닐 수도 있다. 우리가 살아 있는 동안 사람들이 화성에서 살고 일하는 모습을 보게 될지도 모를 일이다.

우주 개척자들과 골드러시

우주는 지금 거친 서부이다. 자기 권리를 확실하게 차지하고 빨리 부자가 되기 위해서 기업가들이 달려가는 중이다. 다양한 소행성 사냥꾼 무리들보다 이 사실을 더 완벽하게 보여주는 존재는 없다.

만화책에서나 나올 법한 이야기처럼 들릴 수도 있지만 미국에서 가장 큰 투자은행인 골드만삭스는 이 산업에 대해 낙관적이다. 골드만삭스는 소행성 채광산업이 1조 달러의 산업을 낳을 수도 있다고 본다. 지름이 30미터인 작은 소행성 하나에 500조 달러 가치의 값비싼 광물이 들어 있을 수도 있다. 각각의 우주 바위는 백금, 로듐, 이리듐 같은 온갖 종류의 가치 있는 광물이 들어 있을 수도 있는, 말 그대로 날아다니는 금광이다. 광물이 풍부한 주맥主脈은 폭이 915미터에 달하는 소행성일 것이며, 여기에는 수조 달러 가치의 백금이 있을 수도 있다. 현재 가치가 6억7,000만 달러밖에 되지 않는 유명한 네바다 주의 캄스톡 광맥이 보잘것없어 보일 정도이다.

골드만삭스에서 일하는 항공우주산업과 재료산업 애널리스트인 노아 포포낙은 이렇게 보고했다. "탐광 탐사선은 1대당 수천만 달러면 구축할 수 있을 것이다. 칼텍의 제안에 따르면, 소행성을 붙잡을 우주선을 제작하는 데에는 260억 달러 정도가 소요될 수 있다."[29]

이 정도면 몇몇 기업가들이 곡괭이와 삽을 움켜쥐고 부를 찾아서 우주로 떠나도록 만들기에 충분하다. 몇몇 스타트업들은 이미 간판을 내걸었다. 딥스페이스인더스트리즈Deep Space Industries도 그중 하나이다.

딥스페이스인더스트리즈의 공동창업자인 릭 텀린슨은 말한다. "미친 아이디어들이 문화를 발전시킨다. 우리가 가진 신념체계가 방해하지 않는다면, 이 일이 불가능하다고 말하는 것은 아무것도 없다."[30]

또다른 소행성 채광 스타트업인 플래네터리 리소시스Planetary Resources는 5,000만 달러를 조달했는데, 그중 2,100만 달러는 구글의 에릭 슈밋과 영화감독 제임스 캐머런을 포함한 거물급 투자자들에게서 나왔다. 소행성 채광이 가진 가장 큰 잠재력은 귀금속을 지구로 가져와 판매하는 것이 아니다. 사실 시장에 너무 많은 귀금속들이 쏟아지면 가격이 급락할 수도 있고, 전체적인 노력에 대한 수익성이 크게 떨어질 수도 있다. 소행성 채광의 진정한 장기적 가치는 우주에서 사용할 재료를 확보하는 데 있다.

그런 금속은 우주정거장에서부터 거대한 안테나와 태양열 농장에 이르기까지 이 모든 것들을 건설하는 데 사용될 수 있는 반면, 소행성에 있는 얼음은 로켓 추진연료로 사용될 가능성이 있다. 우주에 있는 이런 재료들을 사용하게 되면 먼 지구까지 소행성을 가져오는 비용을 줄이면서 우주 경제 구축에 핵심적인 역할을 할 수 있다.

벤처캐피털 펀드인 스페이스 엔젤스Space Angels의 CEO 채드 앤더슨은 이렇게 말한다. "우리가 꿈꿔온 이 모든 것을 둘러싸고, 흥분과 가시적인 감정들이 터져나왔다. 이 두 회사는 실제로는 그들의 기술로 입증되지 않은 어떤 비전을 토대로, 추진력을 확보하고 스토리텔링과 마케팅을 하는 능력은 매우 뛰어났다."[31]

그러나 이 스타트업들 중 어느 쪽도 약속을 실천하지 못했다. 딥스페이스인더스트리즈는 브래드퍼드 스페이스Bradford Space에 매각되었고, 플래네터리 리소시스는 블록체인 소프트웨어 회사인 콘센시스ConsenSys에 인수되었다.

플래네터리 리소시스의 초기 투자자인 앤더슨 탠은 말한다. "나는 충격을 받았다. 그들은 그 회사의 장비와 자산을 인수하고 싶었던 것 같다. 하지만 뭘 하려고 그런 건지는 잘 모르겠다."[32]

조지워싱턴 대학교의 우주정책 연구소 소장인 헨리 허츠펠드는 말한다. "결론은 우주가 어렵다는 것이다. 우주에는 리스크가 있고, 비용이 많이 들고, 초기 비용이 굉장히 높다. 따라서 자금이 필요한데, 오랫동안 돈을 구하는 데는 한계가 있다."[33]

주된 문제는 이들 스타트업이 너무 일렀다는 점이다. 소행성 채광이 실행 가능해지려면 관련 생태계가 발전해야 한다. 탠은 이렇게 말한다. "소행성에서 채광을 한다면, 그 소행성을 처리하기 위해 달로 보낼 가능성이 높을 것이다. 비용이 천문학적일 것이므로 지구에서 처리를 할 수는 없을 것이다. 따라서 이건 닭이 먼저냐 달걀이 먼저냐 같은 문제인 셈이다. 채광을 먼저 한 다음에 달 기지를 개발할 것인지, 혹은 달 기지 건설에 투자를 하고 소행성 채광을 하러 갈 것인지 말이다."[34]

소행성 채광업체들은 블루 오리진과 나사 및 다른 기관들이 기초작업을 할 때까지 기다려야 할 듯하다. 그런 다음 그들은 행동에 다시 착수할 수 있을 것이다. 그러는 사이에 손이 닿을 만한 곳에도 다른 신나는 기회들은 많다. 러시아의 스타트업인 스타트로켓StartRocket은 여러 개의 큐브샛^{CubeSat*}을 이용해서 밤하늘에 거대한 옥외 광고판 스타일의 광고를 게시하고 싶다고 말했다.

스타트로켓만 있는 것이 아니다. 뉴질랜드의 스타트업인 로켓랩스 Rocket Labs는 2018년에 휴머니티 스타^{Humanity Star}라는 이름의 지오데식 geodesic** 디스코볼을 궤도로 쏘아올렸다. 로켓랩스는 이 밝고 번쩍거리는 위성이 "모든 사람이 올려다보고 우주에서 우리의 위치를 생각해보도록 독려하기 위해 설계되었다"고 말한다[35](휴머니트 스타는 발사 후 몇 주일 만에 궤도를 벗어나 대기 중에서 타버리는 바람에 예상보다 일찍 소멸되었다).

당신의 열정에 불을 지피기에 이것으로도 부족하다면, 일본 스타트업 에이엘이^{ALE}는 세계 최초로 인공 유성우를 만들고 싶어한다. 각 위성이 싣고 갈 400개의 작은 공들은 우주선에서 발사되면 대기를 통과해 떨어지면서 찬란하게 빛날 것이다. 그들의 사업 모델은 돈을 지불하겠다는 사람이 있다면 누구에게든 이 서비스를 판매하는 것이다. 여기에는 억만장자들의 생일 파티도 포함된다.

이것은 오염되지 않은 밤하늘을 상업지역으로 변모시키려는 최초의 추한 움직임일 수도 있다. 하이퍼사이언시스^{HyperSciences}는 모든 종류의 더 작은 기업들이 게임에 뛰어들기에 충분할 만큼 저렴하게 위성을 궤도로 쏘아올릴 수 있게 되기를 바란다. 이 회사는 램 가속^{ram accelerator***} 시

---

* 가로, 세로, 높이가 모두 10센티미터쯤인 초소형 인공위성으로 무게도 1킬로그램 안팎이며, 발사비용도 1킬로그램당 1억원에 불과해서 대학이나 작은 벤처기업, 개인도 제작할 수 있다.

** 다면체로 이루어진 반구형 혹은 구형의 건축물로 표면은 삼각형의 구면 격자로 이루어져 응력을 분산시켜 얇은 껍질만으로 하중을 지탱할 수 있다.

*** 화포 혹은 전차에서 발사된 탄을 가연성 기체 혼합물로 채워진 가속 튜브 내에서 탄

스템을 선택하여 이를 반대로 뒤집었다. 그래서 발사탄을 음속의 9배에 달하는 속도로 위로 쏘아올릴 수 있게 했다. 그들의 목표는 전통적인 로켓보다 훨씬 저렴한 가격으로, 거대한 튜브에서 소량 화물들을 우주로 쏘아올리는 것이다.

스타링크Starlink로 알려진 초대형 인공 별자리에 수천 개의 위성들을 배치하는 중인 스페이스X는 공격을 받고 있다. 인터넷에 접속할 방법이 거의, 혹은 전혀 없는 전 세계 사람들에게 빠르고 믿을 만한 인터넷 서비스를 제공한다는 그들의 목표는 가치가 있는 것이지만, 그들의 방식은 사람들을 화나게 했다. 많은 과학자들은 스페이스X의 위성들이 별을 올려다보기를 즐기는 사람들에게 짜증을 불러일으키는 것은 물론이고, 지상 관측천문학에 실존적인 위협을 가한다고 주장한다.

미시간 대학교의 천문학자인 패트릭 사이처는 말한다. "모든 사람과 천문학 커뮤니티, 스페이스X가 놀란 이유는 그 위성들이 너무나 밝았기 때문이다."[36]

스페이스X는 그 위성들이 눈에 덜 띄게 하려고 다양한 코팅을 시도 중이지만 밝기는 여러 문제들 중 하나일 뿐이다. 떠다니는 우주 쓰레기의 문제도 있다. 오늘날 지구 궤도에는 3,000개의 죽은 위성들과 함께, 1밀리미터보다 큰 우주 쓰레기 1억2,800만 개와 10센티미터보다 큰 우주 쓰레기 3만4,000개가 떠다닌다. 이들은 우주정거장에 구멍을 내고, 위성과 로켓을 손상시키면서 우리가 우주로 보내는 모든 것에 피해를 줄 수 있다.

두 개의 위성이 충돌한다면 수천 개의 파편들로 산산조각이 나면서

체와 튜브 사이에 형성되는 충격파에 의해서 유도되는 탄두 후방의 연소현상을 이용하여 초고속으로 가속시키는 형태의 탄.

훨씬 더 많은 쓰레기가 나올 수 있다. 1978년에 도널드 케슬러는 지구 궤도를 도는 너무 많은 우주 쓰레기가 연쇄반응을 야기할 수 있으며, 이 반응으로 충돌이 기하급수적으로 증가할 수 있다고 지적했다. 더 많은 회사들이 우주 경제에 난입하고 있는 만큼, 궤도로 보내는 대상과 그 행동양식에 관한 규제가 필요하다.

이 모든 문제들은 해결이 가능하다. 어느 정도의 선견지명과 정부들 간의 협력만 있으면 된다. 위성이 감쇄 궤도decaying orbit* 안에 있게 된다면, 시간이 지나면서 대기 중에서 타버리는 만큼 위협은 제거될 것이다. 또한 현대 위성들은 우주 쓰레기를 포착하고 피할 수 있다. 기업들이 책임감 있게 행동하는 한, 미래에 어떤 문제가 발생하더라도 이를 완화할 수 있는 해결책은 일부 존재할 것이다.

우주 개척자들은 정부들이 과민하게 대응해서 우주 탐험을 위해서 막 부상하려는 산업을 심각하게 훼손할 수 있는 규제를 너무 많이 부과하지 않기를 바란다. 그러나 혁신할 수 있는 영역이 광대한 만큼, 대부분의 전문가들은 정부와 협업해서 일하는 민간 산업이 미래를 위한 최고의 승부수라는 데 동의한다.

우주 경제

벤처캐피털이 가진 수십억 달러의 돈은 우주산업의 성장에 연료를 제공하고 있다. 이 길에 앞장선 것은 미국 기업들이었지만, 투자된 달러 금

---

* 어떤 대상의 궤도가 시간이 지나면서 점차 고도가 낮아져서 결국 대기와 충돌하는 경우를 말한다.

액의 약 3분의 1은 중국 기업들이 부담했다. 대부분의 자금은 스페이스X, 블루 오리진, 버진 갤럭틱Virgin Galactic 같은 수완가·기업들에 돌아갔지만 더 작은 규모의 스타트업에 대한 투자도 늘어나고 있다. 미국 상공회의소는 우주 경제의 규모가 2040년에는 1.5조 달러에 달할 것으로 예상한다.

위성 이용을 공유하면서 비용이 상당히 낮아져서 더 많은 기업들이 시장에 진입하고, 더 많은 위성이 궤도를 돌 수 있게 되었다. 현재 위성 기반 서비스를 구축하거나 출범시키는 데 집중하는 스타트업들의 수는 수백 개에 달한다. 우주 궤도 속으로 태워다주는 서비스를 제공하는 스페이스X, 블루 오리진, 버진 갤럭틱과 함께 우주 관광산업도 성장 중이다. 대부분의 여행에서 탑승객에게 제공하는 서비스는 벨트를 풀고 귀중한 몇 분 동안 주변을 떠다닐 수 있게 해주는 것뿐이다. 그러고 나면 지구로 돌아와야 할 시간이 된다. 충분한 돈이 있다면 달 주변을 도는 짧은 여행까지 예약할 수 있을지도 모른다. 그 다음에는 떠다니는 우주 호텔들과 화성으로의 여행이 등장할 것이다. 우주비행은 저렴하지 않을 것이다. 하지만 그 이전의 상업용 항공교통처럼, 규모의 경제가 작동하면서 가격은 점진적으로 하락할 것이다.

돈을 조금 아끼고 싶다면, 우주 열기구를 타고 하늘로 올라가는 시도도 가능할 것이다. 스타트업인 제로 2 인피니티Zero 2 Infinity와 월드뷰World View는 버진 갤럭틱의 절반도 되지 않는 가격에 우주 열기구를 탈 수 있는 서비스를 제공 중이다. 물론 내는 돈만큼의 서비스를 받는다. 기술적으로 우주는 해발 100킬로미터 상공 지점에 해당하는 카르만 선Kármán line에서 시작되지만, 이 우주 열기구는 약 35킬로미터의 고도까지 밖에는 올라가지 못한다. 그렇지만 탑승객들은 지구의 만곡 너머로 해가 떠오르는 광경을 포함한 멋진 풍광을 볼 수 있을 것이다.

지구 궤도나 달보다 더 멀리 갈 계획을 세운다면, 우주비행에는 긴 시간이 걸릴 수도 있다. 화성으로의 여행은 우주선의 속도와 행성들의 정렬 여부에 따라 약 150일에서 300일이 걸린다. 나는 12시간 비행에도 안절부절 못한다. 몇 달 동안 다른 탑승객들과 양철통 안에 꼼짝 않고 계속 들어앉아 있는 일은 상상할 수 없다.

이런 문제는 나사에서 인공 감성지능의 개발을 추진하게 하는 원동력이기도 하다. 제트 추진연구소^{Jet Propulsion Laboratory}의 CTO인 톰 소더스트롬은 심우주 임무에서 우주비행사들에게 정서적인 도움을 제공할 수 있는 AI를 개발하고 있다. 소더스트롬은 이렇게 말한다. "우리는 우주선의 온도와 방향을 제어할 수 있고, 어떤 기술적인 문제들도 파악할 수 있는 지능형 어시스턴트를 보유하고자 한다. 그 어시스턴트는 인간의 행동도 지켜볼 것이다."[37]

감성형 AI는 각 개인의 얼굴 표정, 몸짓 언어, 목소리 톤을 읽는 법을 배운 다음, 탑승객들과의 협업관계 조성에 그 데이터를 활용할 것이다. 이 AI는 심지어 스트레스가 많은 상황을 포착하고 이 상황들이 문제가 되기 전에 완화시키는 작업을 할 수도 있다. 이는 화성으로 향하는 비행에서, 한편으로는 막후에서 당신의 여행이 편안하고 생산적이 되도록 일을 하면서, 당신의 심리적, 육체적 상태도 끊임없이 모니터링하는 AI 어시스턴트와 많은 시간을 보내게 될 수도 있음을 의미한다.

사람들이 때로 간과하는 사실은 과잉 상태인 우주정거장, 위성, 거대한 망원경은 차치하고, 우주 경제에 그저 스페이스X의 빅 펠컨 로켓^{Big Falcon Rocket}, 드래곤 화물 우주선, 스타십과 같은 크고 섹시한 것만 있는 것은 아니라는 점이다. 생태계에는 덜 가시적인 측면도 있다. 우주 경제에는 소프트웨어와 기계부품, 도구, 우주복, 음식, 재료, 수백만 가지의 다른 작은 것들을 만들기 위해서 일하는 연구자, 정부 기관, 기업들도 필요해질 것이다.

덜 가시적이지만, 행성 간 상거래와 통신을 위한 장비들을 제공하는, 잠재적으로 수익성이 더 좋은 분야에 있는 기업가들에게는 엄청난 기회가 존재한다. 스페이스X와 블루 오리진 같은 개척자들이 더 많은 진전을 이룰수록, 모두를 위한 파이는 더 커질 것이다.

워프 드라이브 : 파격적인 아이디어들

다음에는 어떤 것이 등장할까? 워프 드라이브^{warp drive}와 트라이코더^{tricorder}, 텔레포테이션^{teleportation}을 보유한 「스타트렉」 같은 것이 정말로 생겨나게 될까? 과학자들과 기업가들이 꿈꾸는 과감한 아이디어들 중 몇 가지를 들으면 아마 놀랄 것이다.

기존의 우주선 이용과 관련한 큰 문제는 먼 행성에 도달하는 데 오랜 시간이 걸린다는 점이다. 우리 은하와 가장 가까운 나선은하인 안드로메다에 도달하는 데도 250만 광년이 걸릴 수 있다. 화성까지 여행하는 일만 해도 벅차다. 그렇지만 해결책이 존재할 수도 있다. 여행기간 내내 잠을 자는 것은 어떨까?

애틀랜타에 있는 스타트업인 스페이스웍스^{SpaceWorks}는 동면실 건설의 타당성을 조사하기 위해 두 차례에 걸쳐 나사의 자금 지원을 받았다. 겨울 동안 동면을 위해서 동굴로 들어가는 곰처럼, 연구자들은 둔마 상태^{torpor}라고 부르는 수면 상태를 유도하여 신체의 심부 체온을 약 8.8도

정도로 낮출 수 있다고 믿는다. 2009년에 발간된 한 보고서에 따르면, 메이오 클리닉의 한 환자는 2주일간 둔마 상태를 유지했다.

심지어 태양계 내에서의 상대적으로 짧은 여행에서도 이는 큰 차이를 가져올 수 있다. 저체온 상태가 되면 신체의 대사율은 50퍼센트에서 70퍼센트까지 감소할 수 있으며, 이는 산소, 음식, 물과 다른 부족한 자원들의 소비가 감소한다는 의미이다. 동면에는 뼈의 미네랄 소실, 두개頭蓋 내 압력, 근육 위축을 포함하여 신체에 미치는 극미중력의 영향에 저항하도록 돕는 부가적인 이득이 있다. 곰은 겨울 동안 근육을 잃지 않는다. 아울러 동면 덕분에 우주선 한 대를 더 많은 사람들로 빽빽하게 채울 수 있게 될 것이다.

언젠가 알츠하이머나 암에 걸린 사람들은 의사들이 그들의 질병을 치료할 방법을 개발할 때까지 동면을 선택할 수도 있을 것이다. 나 역시 누군가가 노화를 되돌릴 방법을 발견할 때까지 기다리고 싶어하는 억만장자에게 동면이 인기가 있을 것임을 이해한다. 혹은 지금부터 50년 후에 다시 등장해서 미래 세상이 어떤지 경험해볼 수 있도록 동면을 시도하고 싶어하는 사람들도 있을 수 있다. 멕시코 국립자치대학의 핵과학연구소 소장인 미겔 알쿠비에레는 이렇게 말한다. "「스타트렉」을 보다가, 나는 빛보다 더 빠르게 여행하도록 해주는, 공상과학소설 속 워프 드라이브의 아이디어와 비슷한 시공간의 기하학적 구조를 제안할 방법은 없을까 생각해보게 되었다."[38]

그는 마침내 우주선 앞쪽의 우주는 압축하면서 뒤쪽의 우주는 팽창시키는 워프 버블Warp Bubble이라는 개념을 창안했다. 이 방법은 이론적으로는 우주선이 전혀 움직이지 않고 있음에도 불구하고 빛보다 더 빠르게 여행하도록 할 수 있다. 상대성 이론이 공간의 팽창에는 어떤 속도

제한도 부과하지 않는 만큼, 물리법칙을 거스르지도 않을 것이다. 해결해야 할 한 가지 남은 문제는 시공간을 왜곡하려면 에너지 밀도가 영^{0}보다 낮은 물질이 필요하다는 점이다. 불행히도 아직 그런 물질이 존재한다고 알려진 바는 없다. 하지만 이런 사실도 나사의 물리학자인 헤럴드 화이트를 말리지는 못했다. 「뉴욕 타임스(*New York Times*)」에 따르면, 화이트와 그의 팀은 "보이저 우주선과 같은 크기의 덩어리로 워핑warping을 달성할 수 있도록 해주는 가상의 음에너지 물질을 형상화하는 방법을 발견했다"고 주장한다.[39]

화이트는 이렇게 말한다. "여기서 우리가 한 일은 그 아이디어를 완벽한 불가능의 범주에서 어쩌면 그럴 수도 있음의 범주로 이동시킨 것이다. 실현 가능성에 대해 말하는 것이 아니다. 그래서 불행히도 저 지점을 대개는 놓친다."

시애틀에 있는 스타트업인 울트라 세이프 뉴클리어 테크놀로지스Ultra Safe Nuclear Technologies는 좀더 현실적인 수준에서, 화성까지 가는 여행시간을 절반으로 줄일 수 있는 원자력 열추진 엔진을 구축하고자 한다. 정확하게 워프 스피드는 아니지만, 화성까지의 여행에 3개월이 걸린다면 정착지를 만들려는 시도에 큰 변화를 가져올 수 있을 것이다. 나사는 현재 그 기술을 평가해서 실현 가능성을 결정하려는 중이다.

우주 엘리베이터는 조금은 더 현실적인 아이디어이다. 즉 모든 것을 로켓에 실어 궤도로 끌고 가는 대신에 엘리베이터 같은 시스템을 구축하는 것이다. 일본 시즈오카 대학교 연구진은 이미 실행 가능성을 평가하기 시작했다. 만약 이것이 실현 가능하다면, 근지구 궤도로 많은 양의 재료와 장비를 옮기는 비용을 획기적으로 낮출 수 있게 될 것이다. 우주 엘리베이터에는 지구에서 저 멀리 우주까지 연결된 케이블을 오르

내릴 수 있는 운송수단이 필요하다. 이 케이블은 극도로 가볍지만 강한 탄소 나노 튜브, 혹은 다이아몬드 나노실을 포함한 다양한 물질로 만들 수 있다.

케임브리지와 컬럼비아 대학교의 과학자들은 지름이 몇 밀리미터에 불과한 최고로 강하고 얇은 케이블을 달 표면에 닻처럼 고정시키고 이를 지구 표면으로부터 약 25만6,500킬로미터 높이의 정지궤도까지 연장하는 방법을 제안했다. 이들은 일단 케이블이 자리를 잡으면 궤도로 화물을 올릴 때 첨단장치가 이 케이블을 타고 올라갈 수 있을 것으로 보았다. 과학자들은 여전히 어떤 종류의 우주 엘리베이터가 현실적인지를 두고 논쟁 중이다. 많은 과학자들은 탄소 나노 튜브와 다른 물질은 소용이 없을 것이라고 믿는다. 누가 옳은지는 시간이 말해줄 것이다.

곰처럼 동면하는 것보다 더 좋은 방법은 화성으로의 순간이동일 것이다. 대부분의 사람들의 예상과 달리 순간이동은 가능하다. 인간은 차치하고, 어떤 물리적 대상을 한 장소에서 다른 장소로 순간이동 시키는 방법을 파악한 사람은 없지만, 광자와 분자에 대한 **정보**를 양자 얽힘 quantum entanglement이라는 과정을 통해서 순간이동 시킬 수 있다.

알베르트 아인슈타인은 이를 "원거리에서의 유령 같은 거동"이라고 불렀다. 모든 기존의 논리를 거스르기 때문이다. 두 개의 입자가 양자 차원에서 얽힐 때, 이들은 멀리 떨어져 분리되어 있을 수 있지만, 한 입자의 양자 상태에서 일어난 어떤 변화에 대한 묘사는 다른 입자에 즉각적으로 반영될 것이다. 달리 말하면 이는 어떤 것도 빛보다 빠를 수 없다는 아인슈타인의 상대성 이론을 거스르는 것처럼 보인다. 상상이 되는 일이지만, 아인슈타인은 이 이론을 좋아하지 않았다.

2017년에 중국의 연구자들은 지구에 있는 광자와 지구에서 500킬로미터나 떨어진 궤도를 도는 위성에 있는, 그 광자와 얽힘 상태에 있는 다른 광자 사이에서 정보를 성공적으로 순간이동 시켰다. 2019년에 유럽 연구자들은 칩과 칩 사이의 양자 전송을 수행했다.

브리스틀 대학교의 연구자인 댄 루엘린은 이렇게 말한다. "우리는 연구소에 있는 두 개의 칩 사이에서, 각각의 칩에 있는 광자가 동일한 양자 상태를 공유하는, 고품질의 얽힘 연결을 시연할 수 있었다."[40]

이것은 우주에 양자 인터넷을 구축하는 작업을 향한 첫 단계였다. 지구에서는 베이징, 시카고, 뉴욕과 같은 몇몇 도시들에서 양자 인터넷이 이미 실험되고 있다. 양자 인터넷이 발달함에 따라 전 세계적으로, 그리고 아마도 행성 간에도 고도로 안전한 형태의 통신이 가능해질 것이다. 아울러 양자 인터넷이 기하급수적으로 더 많은 대역폭을 공급하면서 양자 컴퓨터가 클라우드에서 엄청나게 복잡한 시뮬레이션을 실행할 수 있도록 해줄 것이다. 멀리 떨어져 있는 시계들은 오늘날 사용되는 원자시계보다 1,000배 더 정확하게 동기화될 수 있을 것이다. 이는 GPS 시스템과 지구의 중력장 지도도 개선할 것이다. 또한 더 좋은 광학망원경과 전파망원경을 만들 수도 있을 것이다.

이것들 가운데 그 어떤 것도 당신을 눈 깜짝할 사이에 화성으로 데려다놓을 수는 없을 것이다. 하지만 통신과 인터넷 보안, 그리고 우주를 이해하는 우리의 능력은 획기적으로 개선될 것이다.

다른 행성의 생명체

우주에는 최소 2,000억 개의 은하계가 있는 만큼, 다른 행성에도 지적인 생명체가 존재할 가능성이 있다. 화성에서 일부 미생물을 발견하는 일과 우리와 다르게 진화한 의식을 가진 존재를 발견하는 일은 별개이다. 의문은 이들 외계 생명체들이 지구에서 얼마나 멀리 있으며, 우리가 그들과 소통할 수 있는가 하는 것이다. 우주는 너무나 광활해서 우리가 서로 부딪힐 가능성은 적은 듯 보이지만, 반드시 그렇지는 않다. 최근의 한 연구에서는 수십 개의 지적인 외계 문명이 바로 지금 우리 은하계에 숨어 있으며, 그들 모두와 통신이 가능하다고 추정한다.

노팅엄 대학교의 천체물리학 교수인 크리스토퍼 콘셀리스는 말한다. "다른 행성에서 지적 생명체가 탄생하는 데 50억 년이 걸린다고 가정하면, 우리 은하계 내부에는 활동이 왕성한 문명이 적어도 수십 개는 존재할 것이 틀림없다."[41]

일부는 우리가 이미 외계인들의 방문을 받았을 수도 있다고 믿는다. 음모론이 아니다. 영국의 우주비행사이자 우주생물학자인 헬렌 샤먼 박사는 바로 지금 보이지 않는 외계인들이 우리들 사이에서 살고 있을 수도 있다고 의심한다. 이들은 우리가 영화에서 보는 것 같은 외계인들이 아니라 그림자 생물권에 존재하는 지적이지 않은 미세한 유기체들이다. 샤먼은 이렇게 기술한다. "내가 말하는 것은 유령 왕국이 아닌, 아마도 다른 생화학으로 움직여서 발견되지 않는 생물들이다. 우리의 이해 범위를 벗어나기 때문에 그 존재를 연구할 수도, 심지어 알아차릴 수도 없다는 의미이다."

이런 일은 가능성의 영역을 벗어난 곳에 있는 것이 아니다. 모든 지구 생명체는 탄소를 기반으로 하는 반면, 실리콘은 화학적으로 탄소와 유사하고, 우리 행성에 풍부하지만 생물학적 유기체에 의해서 활용되는 경우는 놀랄 만큼 적다. 하지만 2016년에 칼텍의 연구자들은 살아 있는 세포들을 조심스럽게 조작하여 실리콘과 결합시키는 데 성공했다. 샤먼은 말한다. "우리에게는 생명을 형성하는 탄소 기반 분자들이 운석에 붙어 지구에 도달했다는 증거가 있다. 따라서 그런 증거는 더 익숙하지 않은 생명 형태도 동일한 가능성이 있다는 사실을 확실하게 배제하지 않는다."[42]

우리가 평생 동안 동명의 영화처럼 미지와의 조우close encounters of the third kind를 하게 되지는 않겠지만, 아마도 생전에 다른 행성에서 번성하고 있는 새로운 형태의 생명체를 보게 될 수도 있다. 유전자 편집기술을 이용해서 우리는 이미 이곳 지구에서 우리의 니즈에 맞춰 적응할 수 있는 다수의 유전자 변형 식물과 동물, 미생물을 개발하고 있다. 우리가 화성이나 타이탄, 엔켈라두스의 환경처럼 생경한 환경에 적합하도록 이들을 설계하지 못할 이유는 없다. 이런 생물 형태는 아마도 과거에는 결코 존재하지 않았을 것이고, 다시 지구로 돌아오면 생존할 수 없을 정도로 매우 다를 수도 있다.

환경 독소들과 극단적인 기온은 차치하고, 우주선과 외계 행성의 방사선 수준은 치명적일 수도 있다. 이것이 많은 과학자들이 대부분의 생명체를 오랜 기간 동안 심우주로 보내기 전에 유전적으로 변형해야 한다고 믿는 이유이다. 코넬 대학교의 교수인 크리스토퍼 메이슨은 "누군가를 유전적으로 보호하는 것이 가능하다면, 그런 조치를 취하지 않은 채 그 사람을 다른 행성에 보낼 수는 없다. 그것은 비윤리적인 행위이다"라고 말했다.[43]

새로운 생명 형태와 관련하여, 유전학자인 조지 처치는 유전적으로 변형된 동물의 개발에 앞장서고 있다. 그는 매머드에게서 DNA를 채취해서 코끼리 배아에 주입함으로써 세계 최초로 맘모펀트mammophant를 만들기 위한 연구 중이다. 이 작업이 4,000년 전에 멸종한 매머드를 되살릴 수 있을까?

처치는 이렇게 말한다. "우리 목표는 매머드의 특질 몇 가지를 보유한 코끼리처럼 하이브리드 코끼리-매머드 배아를 생산하는 것이다."[44] 처치의 연구는 다른 행성에서 생존하기에 더 적합한 동물들을 설계하는 길을 개척할 수도 있다.

처치의 또다른 프로젝트는 완벽한 인간 게놈을 합성하는 것이다. 그의 목표는 인간을 인간으로 만드는 모든 유전자를 밑바닥에서부터 구축하는 것이다. 이 기술은 특히 인공 자궁과 합쳐졌을 때, 은하 전체로 인류의 씨앗을 퍼뜨리기 위한 중요한 다음 단계가 될 수 있다.

필라델피아 아동병원의 연구자들은 현재 인공 자궁을 개발하고 있으며, 이미 양의 태아로 실험도 했다. 그들의 목표는 조산아의 생명을 구하는 것이지만, 인공 자궁은 우주여행 동안 사용할 목적으로 개조될 수도 있다. 만삭까지 9개월간 임신을 유지하는 것이 저중력 환경에서는 위험할 수도 있는 만큼, 정착주의자들은 더 안전한 대안으로 실험관 수정과 인공 자궁을 선택할 수도 있다. 언젠가 우리는 화성과 다른 행성에서 인간만이 아니라 유전적으로 변형된 애완동물과 가축들도 탄생시키는 정교한 번식 시설을 보유할 수도 있을 것이다.

일부 우주생물학자들은 여기서 한 걸음 더 나아가 합성 인간 게놈을 이용하고 싶어한다. 여기에는 방사선 손상에 견디고, 바이러스를 막아내고, 저중력 환경에서 근육 위축과 골다공증 예방에 도움을 주기 위해서 인간의 염색체를 재코딩하는 일도 포함된다. 아울러 이 연구는 독립영양형prototrophic 인간을 개발하는 일로도 이어질 수 있다. 이들은 지구에서 발견할 수 있는 영양분이 부족한 제한적인 식단으로도 연명할 수 있다. 진보된 유전공학을 이용하여 우리는 제한된 음식만으로, 오랜 기간 여행하면서 생존에 필요한 아미노산, 비타민, 기타 영양분을 신장 세포가 합성하도록 할 수 있을지도 모른다.

컬럼비아 대학교의 해리스 왕 교수는 말한다. "나는 사람들이 내가 친환경 인간을 만들고 있다고 말하기를 바라지 않으며, 곧 그렇게 할 수 있을 거라고 제안하는 것도 아니다. 다만 은하계 사이를 여행하고 싶다면 완전한 자급자족이 가능해야 하는데, 그 문제를 해결해야 한다고 제안하는 것이다. 우리는 인간을 매우 극단적인 상황에 처하게 하고 있으며, 그런 관점에서 이 방법은 장기적인 계획을 위한 하나의 아이디어가 될 수 있을 것이다."[45]

연구자들은 이미 줄기세포에서 배아를 만드는 방법을 알아냈다. 먼 행성으로의 장기 여행에는 인간이나 동물을 보낼 수 없을지도 모른다. 대신 우리는 인공 자궁과 함께 줄기세포와 DNA를 보내기만 하면 될 수도 있다. 일단 우주선이 인간이 살 수 있는 목적지에 도착하면, 로봇들이 상황을 넘겨받아 환경 조건에 따라 유전자를 변형하고 필요한 생명체를 번식시키게 할 수 있다. 좋은 점은 DNA와 줄기세포가 엄청나게 작다는 점인데, 이는 노아의 방주 전체를 실험 튜브 하나에 넣을 수도 있음을 의미한다.

어느 시점이 되면 우리가 인간이라고 부르는 존재가 사실상 이들 행성에서만 살아남을 수 있는 다른 종이 될 수도 있다. 이들 신인류가 지구로 돌아온다면 그들은 외부에서 걸어다니기 위해서 보호복이 필요할 수도 있다. 수많은 동물들과 식물들은 너무나 낯설게 변해서 지구에 있는 사람들이 심지어 그것들을 알아보지 못할 수도 있다.

라이스 대학교의 진화생물학자이자 교수인 스콧 솔로몬은 이렇게 지적한다. "결국 우주에 사는 사람들은 우리가 그들을 다른 종이라고 생각할 만큼 지구인들과는 다르게 진화할 수도 있다."[46]

화성을 지구처럼 바꾸려는 시도 대신, 식물, 동물, 곤충, 그리고 화성에서의 생존에 필요한 다른 것들과 함께, 우리는 스스로를 화성인으로 바꿀 수도 있다. 달리 말하면 우리가 영화에서 보는 무서운 외계인들이 될 수도 있다.

이 이야기가 너무 허황되게 들린다면, 케임브리지 대학교 연구진이 완전히 재설계된 DNA를 가지고 세계 최초로 살아 있는 유기체를 창조했다는 사실을 알 필요가 있다. 이 유기체는 근본적으로 달라진 완벽한 합성 DNA 부호로 인해서 여러 바이러스에 대한 저항력을 갖췄다.

임페리얼 칼리지 런던의 합성생물학자인 톰 엘리스는 이렇게 평가한다. "그들은 현재까지 가장 크기가 큰 합성 게놈을 성공적으로 구축했을 뿐만 아니라, 이제까지 하나의 게놈에 가장 많은 부호화 변이를 일으킴으로써, 합성 게놈이라는 분야를 새로운 수준으로 끌어올렸다."[47]

모두 흥미롭게 들리는 이야기이지만, 고려해야 할 윤리적인 문제도 있다. 인간이 신의 역할을 한다는 개념에 반대하는 사람들도 많을 뿐만 아니라 행성 그 자체를 생각해야 한다. 일단 그곳에 도착하면, 우리는 불가피하게 모든 종류의 박테리아를 도입하게 된다. 이로 인해서 어떤 생물 형태가 그 행성에서 진화했고, 어떤 것이 지구에서 도입되었는지를 구분하기 어려운 상태에서 그 행성들은 영구적으로 바뀔 것이다.

전형적인 우주선은 수십만 개의 박테리아 포자들을 싣고 있다. 이는 한 행성의 유전적 순수성에 실질적인 위협을 가한다.

휴스턴 대학교의 미생물학자 메드한 티루말라이는 이렇게 말한다. "박테리아 포자들은 매우 강인하다. 그들은 싹을 틔우기에 적절한 환경을 발견할 때까지 수백만 년 동안 기다릴 수 있다."[48]

이스라엘의 달 착륙선이 달과 충돌했을 때, 그들이 달 표면에 한 무더기의 물곰들tardigrades을 쏟았을 수도 있다. 다리가 8개인 이 극소동물은 엄청나게 강인하며, 우주 공간과 같이 고압의 방사선이 극심한 환경에서도 생존한다. 나사의 행성보호사무국은 달에는 생명체가 존재하지 않기 때문에 달에 관해서는 그다지 걱정하지 않는다. 그러나 수많은 토종 미생물을 품고 있을 수 있는 화성에서 똑같은 일이 일어난다면, 다른 행성에서 생명체가 어떻게 진화했는지 연구하고 싶어하는 과학자들에게는 재앙이 될 수도 있다. 이들 행성을 원시적인 상태로 보존하고 싶어하는 사람들과 정착지로 개척하고 싶어하는 사람들 사이에는 가열된 논쟁이 이어지고 있다.

아마도 정착주의자들이 이길 가능성이 더 클 것이다. 행성에 많은 수의 우주선들을 착륙시키기 시작한다면, 침습적인 미생물들을 함께 데려가지 않는 것은 사실상 불가능할 것이다. 그리고 인간들이 도착한다면 게임은 끝난 것이다. 우리는 걸어다니는 생물 오염 도구이다. 이것이 도덕적 재앙인지, 인류를 위한 대담한 도약인지는 진보를 어떻게 보느냐에 달려 있다.

어찌되었건 인간의 확장주의를 멈추게 하는 것은 불가능하다. 이것은 우리 문명의 진보를 이끌어나가는 다섯 가지 근본적인 동력 중의 하나이다. 그러니 화성인들이여 준비하라. 우리가 간다.

4
딥 오토메이션

DEEP AUTOMATION

생명을 관리하고 성장시키고, 유지하기 위한
모든 근원적인 과정들을 알고리즘적으로 자동화하도록 이끄는
동력인 딥 오토메이션은 혁신을 가속화하고, 부를 창출하며
우리를 노동으로부터 자유롭게 할 것이다.

대부분의 사람들은 자동화를 생각할 때 모든 일을 해내는 로봇을 상상한다. 인공지능이 없다면 로봇들은 그저 둔한 기계일 뿐이라는 사실은 종종 간과된다. 로봇들이 진보된 과제를 수행할 수 있게 하는 것은 지적인 알고리즘이다. 따라서 기계가 아닌, AI가 자동화를 진전시키는 주요한 동력이 될 것이다. AI는 휴머노이드 로봇에서부터 집, 사무실, 공장, 우리 몸에 삽입될 다양한 스마트 기기에 이르기까지 모든 것에 동력을 제공할 것이다. 또한 지능형 알고리즘은 인프라, 헬스케어, 금융, 교통, 정부 운영에 쓰이는 소프트웨어에도 동력이 될 것이다.

앞으로 다가오는 몇 년간 딥 오토메이션의 동력은 우리 사회를 뒤엎어놓을 것으로 보인다. 우리의 삶과 부모, 조부모의 삶을 비교해보면 그토록 짧은 시간에 얼마나 많은 것이 변화했는지 알 수 있다. 펜과 종이가 지배하던 세상에서 주머니에 컴퓨터를 넣고 걸어다니며, 인터넷이 없는 세상은 상상할 수 없는 디지털 실존 상태로 옮겨왔다. 어느 때보다 더 빠른 속도로 등장하는 새로운 기술과 더불어, 다가오는 혁신의 물결은 더 큰 변화를 가져올 것이다. 우리가 확실하게 아는 것은 미래에는 그 영향으로부터 자유로울 일자리가 거의 없으리라는 점이다. 향후 10년 내지 20년 동안의 미래에도 여전히 쉐프, 회계사, 교사가 존재하겠지만, 그 직업에서 그들이 하는 일과 일을 하는 방식은 오늘날과 완전히 다를 수도 있다. 기술은 사람들이 수행하는 일상적인 업무의 많은 부분을 바꾸고 장악할 것이며, 동시에 사람들이 전에는 너무 어렵게 여기거나 상상할 수 없었던 일들을 할 수 있게 해줄 것이다.

이 장에서 우리는 딥 오토메이션을 이끄는 핵심적인 발전 상황을 조명해보고자 한다. 여기에는 좁은 인공지능(특화 AI 혹은 ANI^Artificial Narrow Intelligence)과 로보틱스부터 새로운 유형의 센서, 컴퓨터 네트워크, 사물인터넷^IoT까지 모든 것의 진보가 포함된다. 이 모든 기술들 중에서 좁은 인공지능이 가장 포괄적인 시사점을 가지고 있는 만큼, 우리는 좁은 인공지능과 그것이 자동화에 미치는 영향에 더 많은 시간을 할애할 것이다. 좁은 인공지능이라는 것은 로봇청소기에게 집을 안내해주고, 영어를 스와힐리어로 통역하고, 사진 속에서 개를 알아차리는 일과 같이, 명백하게 정의된 과제를 수행할 수 있는 알고리즘을 의미한다.

오늘날 우리가 보는 모든 AI는 좁은 인공지능이다. 이것들 중에서 어느 것도 인간 의식의 재생산 수준에는 미치지 못한다. 세상을 이해하고, 인간처럼 배울 수 있는 인공지능은 아직 발명되지 않았기 때문이다. 컴퓨터 과학자들은 이를 범용 인공지능^Artificial General Intelligence, AGI이라고 부른다. 하지만 기술적인 내용에 덜 익숙한 사람들을 위해서 우리는 이를 초지능^Superintelligence이라고 부르고자 한다. 초지능은 이 책의 마지막 부분에서 다룰 예정이다. 거기서 우리는 인간 두뇌에 필적하거나 이를 뛰어넘을 수 있는 기계를 만드는 일이 내포하는 현실적이고 철학적인 시사점을 모두 다룰 것이다.

딥 오토메이션에는 초지능이 요구되지 않는다. 이는 이 과제가 가까운 미래에 달성 가능하다는 것을 의미한다. 실제로 핵심 기술의 대부분은 이미 존재하며, 공장, 사무실, 집에서 사용되고 있다. 우리 중에는 시리나 알렉사 같은 가상 비서부터 넷플릭스와 아마존의 추천 서비스처럼 ANI가 가능하게 하는 자동화를 일상에서 경험하는 사람들이 많다. 우리가 당연하게 받아들인 것이지만, 거기에는 드러나지 않고 논의도 부족했던 사회적, 경제적 시사점들도 존재한다. 이런 시사점들은 세심한 균형을 이루고 있는 사회질서를 뒤엎어놓을 수도 있다.

예를 들면 자동화가 진행되면서 우리는 프라이버시를 지키고 삶을 통제할 수 있게 될까? 충분한 데이터가 주어진다면 알고리즘은 우리의 구매 습관에서부터 연애 파트너까지 모든 것을 예측할 수 있을까? 점점 더 능력이 커지는 컴퓨터와 인간은 어떻게 공생하면서 함께 일하게 될까? 노인 돌봄, 어린이 교육, 업무 환경을 자동화한다는 것은 어떤 의미일까? 그리고 기계에 너무 많이 의존하게 되면서 결국 우리는 인간성의 핵심요소들을 잃게 될까?

스마트 시티 : 요술 왕국의 꿈

사우디아라비아 같은 국가들은 스마트 시티smart city 전체를 밑바닥부터 구축하고 있다. 그들의 목표는 도시를 더 효율적이고, 생산적이고, 생태적이고, 지능적으로 만들기 위해서 가장 최근의 기술로 가능한 한 많이 자동화시키는 것이다.

무함마드 빈 살만 왕자는 척박한 사막과 미개발된 해안가를 미래 도시로 변모시키는 데 5,000억 달러를 걸었다. 사우디인들은 이 새로운 대도시를 네옴Neom이라고 부르며, 네옴이 실리콘밸리를 무색하게 만드는 혁신 허브가 되기를 원한다. 이 계획에는 하늘을 나는 택시, 로봇 가사 도우미, 최첨단 병원, 미슐랭 별점을 받은 식당, 쥐라기 공원 스타일의 로봇 파충류 섬, 야광 모래해변, 로봇들이 격투를 벌이는 스포츠 경기장, 모든 시민을 추적하기 위한 안면 인식, 비를 위한 인공강우 시스템, 그리고 심지어 밤이면 도시 위로 떠오를 두 번째 인공 달까지 포함된다.

소문에 의하면 왕자는 한 회의에서 "우리에게는 도로나 인도가 필요 없다. 우리는 2030년에는 하늘을 나는 자동차를 소유하게 될 것이다!"라고 말했다고 전해진다.[1]

여기에서 궁금한 점은 이것들 중에서 어느 것이 허황된 꿈이고 어느 것이 현실적인 계획인가 하는 것이다. 나에게 이 도시는 도박과 술이 없는, 스테로이드를 맞은 라스베이거스처럼 느껴진다. 하지만 이 모든 현란함으로 하이테크 기업들이 이 사막 지역으로 옮겨오게 만들 수 있다면, 시도해보지 않을 이유가 무엇이겠는가?

여기에 뒤처지지 않으려고 중국은 500개의 스마트 신도시를 건설하고 있다. 나는 이 도시들 중 일부는 직접 보았고, 마이크로소프트, 화웨이, 완커Vanke, 3M, 현대 및 다른 글로벌 기업들과 같은 빅 플레이어들과 함께 컨설턴트로서 기획 회의에 참여했다. 중국 정부는 인프라를 현대화하기 위해서 모든 최신 기술들을 활용하는 데 우선순위를 두고 있다. 이는 경제를 활성화하고, 일자리와 기회를 찾아 도시 지역으로 이주하는 시골 인구를 위한 공간을 확보하려는 더 커다란 전략의 일부이다.

중국 허베이 성의 슝안 신구는 왕관의 보석과도 같다. 슝안의 건설에는 사우디의 풍족한 석유자원에서 나오는 예산을 넘어서는 5,800억 달러가 들 것으로 추정된다. 이 도시는 베이징에서 고속철도로 20분밖에 걸리지 않으며, 궁극적으로는 대런던보다도 더 큰 규모인 1,770제곱킬로미터에 걸쳐 확장될 것이다. 중국 정부는 슝안이 신기술의 허브가 될 것으로 상상한다. 이 스마트 시티는 지능형 도시 관리 시스템을 갖출 것이다. 슈퍼컴퓨팅과 빅 데이터를 포함하는 첨단 통신 네트워크도 구축될 것이다. 더욱 인상적인 부분은 중국이 재생 가능한 저탄소 에너지를 활용하여 이 도시에 100퍼센트 클린 전력을 공급한다는 목표를 세웠다는 점이다.

스마트 시티는 중국과 사우디아라비아만이 아니라 전 세계 곳곳에 세워지고 있다. 포레스트 시티Forest City는 싱가포르에 대한 말레이시아의 해답이다. 자동차가 없고 푸른 식물들이 건물들을 뒤덮을 그곳은 미래의 도시로 묘사된다. 포레스트 시티는 70만 명의 거주자를 수용할 수 있는 규모로 네 개의 인공섬으로까지 확장될 예정이다.

포레스트 시티의 관리자인 시앙예타오는 주택들이 너무나 스마트하게 지어져서, 인간이 개입하지 않아도 당신이 키우는 난초에는 물이 완벽하게 공급되고, 옆집 아이들이 축구를 하다가 집 유리창이 깨져도 당신이 집에 돌아오기 전에 고쳐질 것이라고 주장한다.[2] 이런 약속들이 실현되건 실현되지 않건, 말레이시아 앞바다의 호화로운 섬에서 산다는 것은 매력적인 일이다. 하지만 그것이 당신의 취향이 아니라면, 언제나 카자흐스탄의 호르고스, 스리랑카의 콜롬보 포트시티, 오만의 두쿰으로 가도 된다.

이 모든 이야기는 멋지게 들린다. 그러나 이 도시들이 어떻게 뉴욕, 베를린, 도쿄, 선전보다 더 진보적이고 효율적이 될 수 있을까? 이 모두는 그저 눈속임에 불과한 것일까? 아니면 이제는 우리가 오늘날 현존하는 어떤 방식보다 훨씬 더 탁월한 방식으로 도시들을 설계할 수 있는 것일까? 한창 진행 중인 몇 가지 혁신을 살펴보자.

대부분의 새로운 스마트 시티에는 아마도 스마트 파킹 기술이 결합될 것이다. 그곳에 차가 있다면 말이다. 스마트 주차 솔루션은 의무적으로 충전 스테이션이 설치된 완전히 자동화된 주차장에서부터, 빈자리가 나면 미리 알려주고, 자동으로 주차비를 청구하고, 주차 미터기가 만료되기 전에 경고를 해주는 스마트 주차 미터기까지 다양하다.

일부 도시들은 스탠퍼드 대학교에서 개발 중인, 전기가 통하는 포장 도로를 도입할 수도 있다. 이 도로에서는 차량만이 아니라 물건을 배송 하며 돌아다니는 로봇 편대들까지 충전이 가능할 것이다. 게다가 전기 도로는 자율주행 차량이 한 번에 며칠씩 도로를 주행할 수 있게 해서 우버나 리프트 같은 기업의 비용을 절감해줄 수도 있다. 이런 비용들이 너무나 저렴해져서 대부분의 사람들에게 차를 소유한다는 것이 말이 안 되는 일이 될 수도 있을 것이다.

진정한 궁금증은 우리가 날아서 출근하는 일이 가능할까 하는 것이 다. 아마도 그렇게는 할 수 없을 것이다. 도시 내에서 하늘을 나는 차량 을 이용하는 것은 아마도 상당한 시간 동안 진기한 일로 남아 있을 것이 다. 복잡한 대도시에서는 나는 자동차는 실용적이지 않다. 자동차의 결함으로 건물과 충돌한다고 상상해보라. 도시 공무원들은 대부분 수 천 대 혹은 수만 대의 자동차들이 날아 다니는 위험을 감수하고 싶어하 지 않을 것이다. 이런 자동차는 도시 안이 아니라 도시 간 이동에 주로 이용될 것이다.

스마트 시티에서는 전력망 관리에서부터 공원 관리, 도로에 난 구멍의 보수까지 도시 서비스의 대부분이 AI와 로봇에 의해서 주로 관리될 것이 다. 모든 것을 자동화할 때의 단점은 당신이 무엇인가가 필요할 때, 사람이 전화를 받아서 응대하게 하는 일이 그리 쉽지 않을 수 있다는 점이다. 젯슨 가족*에게서 영감을 받은 3D 식품 프린터가 오작동을 한

---

* 우주의 자동화된 주택에 사는 젯슨 가족을 중심으로 벌어지는 일상 이야기를 담은 애니메이션.

다면, 아마도 당신은 AI와 채팅으로 오류를 해결해야 할 것이다.

이들 도시의 모든 곳에는 센서가 설치될 것이다. 길 아래쪽에 사는 소년이 너무 시끄럽게 드럼을 친다면, 관련 기관에 경보가 전달될 수도 있다. 바르셀로나에서는 소음 공해를 통제하기 위해서 이런 시스템을 이미 시험 실시 중이다. 스마트 카메라와 센서가 모든 차량을 추적하면서 교통 정체를 완화하기 위해 교통 흐름을 바꾸고, 사고가 발생하면 경찰에게 알릴 것이다. 공공장소에서 담배에 불을 붙이면 아마도 스마트 기기가 담배를 끄라고 말할 것이다. 그리고 쓰레기를 버릴 생각은 아예 하지 말라. 청결과 질서에 집착하는 도시인 싱가포르에서는 이미 AI로 작동하는 카메라가 이를 살펴보다가 자동으로 벌금을 매긴다.

또한 에너지를 절감하기 위해서 실내 조명과 온도 조절장치, 가로등, 그리고 실질적으로 전력망에 연결된 다른 모든 것들이 지능형 알고리즘으로 관리될 것이다. 길거리나 사무실에 아무도 없다면, AI는 자동으로 조명을 조정하고, 히터를 끄고, 열려 있는 창문이나 문을 닫고, 다른 많은 에너지 절약 조치들을 시행할 것이다.

만약 허리케인이나 지진이 발생한다면, 시내 전역에 설치된 수만 개의 센서를 통해서 데이터를 제공받은 중앙부의 AI가 전체 위기 대응을 위한 지휘를 맡을 것이다. 각종 오염도 추적되고 관리될 것이다. 공기 질이 나쁜 날에는 지역 공장과 그 지역 내의 다른 오염원들이 자동으로 문을 닫을 수도 있다. 하수처리 시스템은 자동화될 것이다. 각 도시에서는 진공 튜브를 이용해서 폐기물 용기에 담긴 쓰레기를 중앙 집결소에 모은 다음, 트럭이 이를 쓰레기 하치장까지 운반하는 방법을 이용할 수도 있을 것이다. 바르셀로나에서는 이미 이 시스템을 시범 운용하고 있다.

모든 도시에는 생태공원과 녹지가 있을 것이다. 미래 도시는 맨해튼보다는 디즈니랜드와 공통점이 더 많을 수도 있다. 모든 것이 모니터링되고, 통제되고, 세심하게 구성될 것이다. 질서를 갈망하는 사람에게는 좋은 일이지만, 당신이 나 같은 사람이어서 삶에 약간의 혼란과 예측 불가능성을 선호한다면, 틀에 박힌 듯한 스마트 시티는 당신의 취향이 아닐 수도 있다. 자유롭게 돌아다니는 것과 조금의 민폐를 끼치는 것만 제외하면, 모든 니즈가 충족된 상태로 어항 안에서 사는 것과 비슷할 것이다.

스마트 정부

스마트한 통치방식 없이는 진정한 스마트 시티를 보유할 수 없다. 발트해 지역을 방문했을 때, 나는 에스토니아 정부 공무원을 만나보고 싶었다. 구소련에서 독립한 이후, 그들이 이룬 발전에 관한 이야기를 너무나 많이 들었기 때문이다. 나는 어떻게 인구 130만 명의 작은 나라가 훨씬 더 큰 나라들을 제치고 전 세계의 기업들을 끌어들였는지 알고 싶었다.

에스토니아가 처음 독립했을 당시, 인플레이션은 1,000퍼센트에 달했다. 오늘날 에스토니아의 인플레이션은 1퍼센트에 가깝다. 게다가 그들은 소비에트식의 비대한 관료주의를 물려받았지만, 현재는 유럽에서 가장 군살이 없는 정부 중 하나가 되었다. 에스토니아에는 원래 민간기업이라고 할 만한 것이 거의 없었으나, 오늘날에는 전 세계에서 국민 1인당 포천 500대 기업을 가장 많이 보유한 나라가 되었다. 구소련에 속해 있을 때는 스타트업 문화도 존재하지 않았다. 이제 그들은 같은 규모의 어떤 나라보다 많은 유니콘 기업들을 보유하고 있다.

내가 배운 사실은 에스토니아가 맨땅에서부터 이를 성취했다는 점이다. 그들은 밑바닥부터 정부를 재창조했다. 가격 통제를 없애고, 무역장벽을 낮추고, 이민을 독려하고, 일률과세를 적용하는 일부터 시작했다. 그 다음 단계는 모든 정부 서비스를 온라인으로 가져오는 것이었다. 이는 정부를 투명하게 만든다는 것을 의미했다. 이렇게 함으로써 부패를 줄이고 효율을 높였을 뿐만 아니라 그 나라의 안에 살건 바깥에 살건 버튼만 누르면 정부 서비스에 접속할 수 있게 했다.

다음으로 에스토니아는 전자영주권e-Residency 허가제도를 실행하여 전세계 어디에 사는 사람이건 에스토니아에 발을 들이지 않고도 사업을쉽게 할 수 있게 했다. 이는 명석한 조치였다. 덕분에 전 세계의 기업가들이 유럽 안에 사업체를 설립하고 원격으로 사업을 영위할 수 있었기때문이다. 기업가들은 현지 은행계좌도 개설할 필요가 없었다. 어떤 EU은행이건 이용할 수 있었다. 에스토니아는 외국 기업 소유주들이 수익을 나라 밖으로 가져가지 않는 한 세금을 내지 않아도 되도록 허용함으로써 이 제안을 더 매력적으로 만들었다. 이 조치는 기업가들이 그 지역에 재투자하도록 독려했다.

에스토니아의 최고 정보 책임자인 오트 벨스베르그는 이렇게 말한다. "우리는 가능한 한 군살이 없는 정부를 원한다. 공무원 수가 줄어들면서비스의 질이 저하될 거라고 걱정하는 사람들도 있다. 하지만 AI 에이전트의 도움을 받을 수 있다."[3]

벨스베르그는 AI로 정부 서비스를 자동화하는 국가적 노력을 감독하고 있다. 정부 조사관들은 더 이상 정부 보조금을 받는 농장주들이매년 여름 건초지를 베는지 확인하지 않는다. 위성 이미지를 머신러닝 알고리즘에 제공하고, 지도 위에 이를 겹쳐본 다음 해당 농부에게 이메일이나 문자로 상황을 업데이트해준다. 전체 과정은 자동화되어 있다.

정부의 머신러닝 시스템 중 또다른 하나는 일시 해고된 근로자들의 이력서를 확보해서 그들의 기술을 잠재적 고용주들과 맞춰보는 것이다. 이 알고리즘은 너무나 성공적이어서 일자리를 얻은 근로자들 중 70퍼센트 이상이 6개월이 지난 후에도 여전히 고용 상태를 유지했다. 인간이 이 작업을 했을 때의 수치인 58퍼센트보다 상승한 것이다.

모든 과정의 간소화에 몰두해온 에스토니아는 아이들이 태어나면, 현지 학교에 자동으로 등록시킨다. 이렇게 함으로써 부모들은 대기자 명단에 서명하거나 학교 관리자에게 전화를 걸 필요가 없다.

나아가 에스토니아는 소규모 법적 계약에 대한 논쟁 해결에도 AI 판사를 배정한다. 사건이 항소가 될 때까지는 어떤 인간 판사도 관여하지 않는다.

스탠퍼드 대학교의 디지털 정부 관련 전문가인 데이비드 엥스트롬은 말한다. "AI 접근방식은 현재보다 일관성을 더 높일 수 있다는 장점이 있다. 그리고 AI가 주도하는 체계는 아마도 인간의 의사결정 체계보다 더 정확할 것이다."[4]

에스토니아는 더 나아가 정부의 모든 데이터베이스를 연동하여 정보를 공유할 수 있게 했다. 그리고 디지털 포털을 통해서 누가 자신의 정보에 접속했는지 거주자들이 확인할 수 있게 했다. 이 정도 수준의 자동화는 효과를 톡톡히 보고 있다. 에스토니아의 성인들 중 3분의 2 이상이 인터넷으로 정부 양식을 신청한다. 유럽 평균의 약 두 배에 달하는 수치이다.

정부 공무원들은 이런 모든 서비스를 온라인으로 가져왔음에도 불구하고 중대한 데이터 침해나 도난이 한 건도 발생하지 않았음을 지적한다. 자원이 제한적인 작은 국가에서 이는 상당한 실적이다. 미국 같은 큰 나라들은 대부분 정부 자동화 수준에서 이에 미치지 못하는 상태이다.

로보캅 : 자율적인 치안유지 활동

경찰의 자동화는 이미 시행되고 있다. 미국 전역의 40개가 넘는 법집행 기관이 사용하는 프레드폴^{PredPol}은 AI가 어느 도시에서 언제, 어디에서 특정한 범죄가 발생할 가능성이 있는지를 500×500제곱피트 지역까지 예측하는 것이 가능하다고 주장한다.

프레드폴 측은 이렇게 말한다. "우리는 3년에서 10년 사이의 범죄 데이터에서 추출한 적절한 정보사항을 알고리즘을 통해서 얻는다. 장단기 추세, 반복적으로 발생하는 사건들, 환경 요인들을 전부 고려한다."[5]

프레드폴은 머신러닝 알고리즘 덕분에 경찰이 자원을 더 잘 활용할 수 있고, 범죄율을 낮추는 데도 도움을 받을 수 있다고 믿는다.

산타크루즈 경찰국 부국장인 스티브 클라크는 이렇게 말한다. "범죄가 일어날 가능성이 있는 시간대와 장소 예측에서 그 모델은 믿을 수 없을 정도로 정확했다. 그때 우리는 이것에 뭔가가 있다는 사실을 알게 되었다."[6]

AI는 판사들이 형을 결정하는 데도 영향을 미치고 있다. 2013년 2월, 경찰은 에릭 루미스가 총격에 사용된 차를 운전했다는 사실을 알아냈다. 체포된 이후 그는 한 경관을 교묘하게 피해 다녔다는 혐의를 인정했다. 판사는 그의 형량을 결정하면서 범죄기록만 본 것이 아니라 콤파스COMPAS라는 알고리즘 소프트웨어가 산정한 점수도 참고했다. 부분적으로는 루미스가 앞으로 더 많은 범죄를 저지를 가능성이 있다는 AI의 예측을 근거로 판사는 6년의 징역형을 선고했다. 나는 필립 K. 딕의 『마이너리티 리포트(*Minority Report*)』가 빠르게 현실이 되어가고 있는 것 같아 두렵다.

문제는 이 시스템들이 완벽하지 않다는 사실이다. 『프로퍼블리카(*ProPublica*)』는 2016년에 콤파스에 인종에 대한 편견이 존재한다고 보도했다. 콤파스가 흑인 피고인은 실제보다 상습적 범행을 저지를 위험이 더 높은 존재로 판단하는 한편, 백인 피고인은 그럴 위험이 덜하다고 보고하리라는 것이다. 이런 편견은 딥러닝 알고리즘에 제공되는 원본 데이터에서 비롯되었다. 이런 시스템이 얼마나 잘못될 수 있는지를 알면서도, 보석을 허가하고, 양형을 결정하고, 심지어 기소된 사람의 유무죄를 판단할 때 진정으로 AI의 도움을 받기를 원하게 될까? 아마도 당신이 선고를 받는 사람이라면 그렇지 않을 것이다. 데이터가 편향되지 않았음이 밝혀진다고 해도, 인종이 그 데이터에 포함되어야 하는 것일까?

AI 자동화는 법정에서만이 아니라 길거리에서도 적극적인 역할을 담당하고 있다. 스타트업인 나이트스코프Knightscope는 완전히 자율적인 보안 로봇을 설계하고 만든다. 그들의 4세대 모델은 바퀴가 달린 원뿔형 머리의 로봇처럼 보인다. 이 로봇에는 센서가 빽빽하게 설치되어 있으며, 수상쩍은 일이 진행되는 것을 감지하면 보안요원이나 경찰에 알릴 수 있지만, 아직 스스로 범죄자를 체포할 수는 없다.

쾨버 서플라이 체인Körber Supply Chain의 로보틱스 담당 부회장인 존 산타게이트는 이렇게 말한다. "나는 이 로봇들을 길모퉁이에 세워둔 경찰차에 비유한다. 차에 아무도 없더라도 그 차 주변에 있는 사람들은 행동을 조심한다."[7]

억제력이 나이트스코프의 가장 큰 혜택이지만, 이 로봇들은 많은 정보도 수집할 수 있다. 와이파이 신호를 스캔하고, 스마트폰과 소유주에 관한 정보를 식별할 수 있다. 이 데이터는 불청객을 식별하고 추적하는 데 이용된다.

경찰에서도 도시를 파악하고, 교통 흐름을 모니터링하고, 용의자를 추적하고, 공중에서 범죄 현장을 조사하고, 사고에 대한 3D 재구성을 수행하는 데 드론을 이용하고 있다. 드론은 수동으로 제어할 수 있지만 자율적으로 운행되는 경우가 늘어날 것이다. 이들 하늘을 나는 로봇들은 이미 수색과 구조 활동을 하고, 응급 재난에 대응하고, 허리케인과 지진 피해자들에게 구호 서비스를 제공하는 등 경찰을 돕고 있다.

록 콘서트처럼 대규모 군중행사의 관리를 돕고, 시위를 모니터링하고, 폭동을 진압하는 데 지상과 공중의 로봇들을 결합한다면 그 잠재력이 어떨지 상상할 수 있을 것이다. 경찰 드론은 무허가 드론들을 파악하고 이들을 끌어내리는 데도 이용된다. 그리고 드론만이 아니다. 포드는 자율주행 경찰차를 개발하고 있다. 이 차에는 센서가 빽빽하게 부착되어 있고, 맹렬한 속도의 자동차 추격부터 주차 위반 스티커를 발부하는 일까지 모든 것을 할 수 있다.

스폿Spot이라는 로봇 개를 개발한 보스턴 다이내믹스Boston Dynamics의 부회장인 마이클 페리는 말한다. "현재 우리의 주요 관심사는 사람을 보내기에 너무 위험한 환경에서 정보를 수집하고 싶을 때 이 로봇을 보내는 것이다."[8]

AI가 더 정교해질수록, 우리는 이 로봇들에게 더 많은 일을 하도록 요구할 것이다. 처음에는 그저 범죄자를 추적하고, 경찰이 도착할 때까지 그들을 저지하는 정도일 것이다. 하지만 이 로봇들이 치명적인 조치까지 취할 수 있도록 하는 시점이 올 수도 있다. 범죄자나 테러리스트가 사람들을 인질로 잡아둔 상황을 상상해보라. 경찰을 대신해서 로봇을 들여보내기로 결정할 수도 있다. 혹은 자살 폭탄 테러범이나 총기 난사범을 처음으로 마주친 것이 로봇이라면 어떨까? 그 로봇은 그저 대기하면서 경찰이 나타나기를 기다려야 할까, 혹은 행동을 취해야 할까?

2016년에 댈러스 경찰은 다섯 명을 살해한 저격수를 죽이기 위해 폭발물로 무장한 폭탄 해체 로봇을 보낸 적이 있다. 이 사건은 처음으로 비군사용 로봇이 누군가를 살해하는 데에 사용된 사례였다.

미국 시민자유연맹American Civil Liberties Union의 케이드 크록포드는 말한다. "우리에게는 이 시스템이 정부에 의해 잘못 사용되거나 남용될 수 없음을 확실히 하기 위한 보장의 토대가 될 법과 규제가 반드시 필요하다. 그렇다. 시스템 서비스 계약의 일부 조건으로 포함시키는 것으로는 불충불하다."[9]

더 많은 로봇을 배치할수록 이런 시나리오가 등장할 가능성도 높아질 것이다. 딥 오토메이션은 인간 경찰관의 필요성이 줄어들고 더 많은 지능형 기계들이 그들의 자리를 차지할 것임을 의미한다. 어느 시점이 되면, 반드시 필요할 경우 이 기계들이 치명적인 폭력을 행사하도록 허용하는 것도 말이 된다고 느껴질 수 있다. 이때 정당화의 근거는 그 기계의 근간이 되는 AI가 인간보다 더 정확하고 신뢰할 만하다는 이유가 될 것이다. 이런 상황을 상상하기란 어렵지 않다. 스트레스가 높은 환경에 처하면 인간에게는 공포가 발동되고, 아드레날린이 뿜어져 나오면서, 최고의 훈련을 받은 경찰관도 실수를 저지를 수 있다. 기계는 이런 생물학적 장애로 애를 먹는 일이 없을 것이며, 잘 훈련된 AI가 있다면 부적절한 경찰 폭력 사건도 훨씬 감소할 것이다.

만약 미래의 로봇이 과도하게 대응할 가능성이 적고, 편견에 영향을 덜 받으며, 절대적으로 필요하지 않다면 폭력을 사용할 가능성이 인간 동료보다 적다는 사실을 알게 된다면, 우리는 로봇을 대신 이용해야 할까? 이 질문은 분명 전 세계적으로 논쟁의 대상이 될 것이며 국가들은 서로 다른 선택을 하게 될 것이다.

우리가 확실하게 아는 사실은 법 집행을 자동화하고 개선하는 데 점점 더 많은 수의 로봇이 사용되리라는 점이다. 그리고 거기에는 로봇만 있는 것이 아니다. 로봇은 모든 CCTV, 마이크, 스마트 기기, 경찰 네트워크의 컴퓨터 데이터베이스를 아우르는 전체 치안유지 시스템의 연장선상에 있을 것이다. 의사결정을 할 때, AI는 매우 다양한 출처에서 데이터를 입수하고, 편집하고, 분석하고, 그 다음에 해야 할 일을 결정할 것이다. 한 AI가 범죄 용의자를 체포할 때에는 수십 개의 로봇 및 수백 개의 스마트 기기와 공조할 수도 있다.

전부는 아니더라도, 미래의 로봇들 중 대부분은 비살상 로봇일 거라는 희망을 가져보자. 그 로봇들은 인체를 손상시키지 않으면서 대상을 진압하기 위해서 로봇 팔, 고무 쬠쇠, 그물이나 다른 방법을 사용하도록 설계될 수도 있다. 만약 우리가 살상기계를 승인한다면, 그들은 총기 난사범이나 테러리스트의 공격과 같은 극단적인 상황에서만 동원되어야 한다. 이런 방법을 통해서 치안 활동이 더 자율화되고 안전해질 수도 있다. 우리가 일어나지 않기를 바라는 일은 나쁜 인간들이 로봇을 손에 넣어 이를 무자비한 탄압에 이용하는 것이다.

로봇이 책임감 있게 사용된다면, 어느 시점에는 우리가 로봇을 인간보다 더 선호하게 될 수도 있다. 언젠가는 인간이 하는 순찰이 완전히 사라질 수도 있다. 상상조차 하기 힘들지도 모르지만, 로봇들이 일상적으로 익숙해진 미래를 떠올려보면 우리는 로봇을 그렇게 많이 두려워하지 않게 될지도 모른다. 그 대신 우리는 통계에 집중할 수도 있다. 만약 AI와 경찰 로봇에게 의존하는 도시에서 범죄율과 사망률이 급격히 떨어진다면, 우리보다 로봇을 활용하는 편이 합리적일 수밖에 없다.

감시의 나라 : AI가 당신을 지켜보고 있다

우리가 사는 세계를 알고리즘으로 자동화하면서, 우리는 경찰 로봇만이 아니라 보안과 상거래에서 중심 역할을 담당할 감시기술도 보유하게 될 것이다. 예를 들면 일본의 한 스타트업은 범죄 의도를 예측할 수 있는 AI를 장착한 카메라를 개발했다. 이 회사는 시범 운영기간 동안 이 소프트웨어를 사용한 매장에서 절도로 인한 손실이 77퍼센트 줄어들었다고 주장한다. 이 소프트웨어는 특히 당신이 매장을 운영하고 있다면 긍정적으로 보일 것이다. 미국 소매업연맹에서는 절도와 사기로 매년 500억 달러가 넘는 손실이 발생한다고 추정한다. 이 소프트웨어는 분명 가치가 있지만, 이것이 선을 넘게 되는 것은 언제일까?
　시민의 권리를 주창하는 많은 사람들은 상점에서 그들이 어떻게 돌아다니는가, 어떤 옷을 입었는가, 문신이 있는가 등의 통계적 상관관계에 근거하여 AI가 누군가를 수상한 사람으로 표시하는 상황을 우려한다. 이런 방식은 불쾌한 결과로 이어질 수 있다. 상점에 들어갈 때마다 AI가 통계적 상관관계를 근거로 당신이 절도범일 수도 있다고 경고한다면 어떤 느낌이 들까? 절도에만 국한될 수도 있지만, 특정 무리의 사람들에게는 부당하게 표적이 된다는 느낌을 줄 수도 있다.

스탠퍼드 대학교와 MIT의 연구에서는 많은 상업용 안면 분석 프로그램들이 성별과 피부색 양쪽 모두에 대해 편향되어 있음이 밝혀졌다. 이런 편견은 이미 우리의 문화와 사회에 내재되어 있기 때문에 AI에게서 이를 완전히 제거하기란 극도로 어렵다. 심지어 부정적인 행동으로 이어질 수 있는 부정적인 사회적 고정관념 만들기를 AI가 영속화할 가능성도 존재한다. AI가 그들에게 하는 말에 근거하여 매장 직원들이 특정한 유형의 사람들에게 더 적대적이 될 수도 있고, 거기에 대응해 그 사람들이 상점을 대상으로 범죄를 저지름으로써 보복할 수도 있다.

게다가 일부 고객을 희생양으로 삼아 수익을 극대화하는 데에 AI가 이용될 가능성도 있다. 가치가 높은 고객이 상점에 들어오는 것을 파악할 때마다 AI가 직원에게 이를 알려준다고 생각해보라. 컴퓨터 서버에 숨어 있는 고유한 데이터 덕분에 편애와 차별이 매일 이루어지는, 디지털 카스트 시스템에 상응하는 계층화된 사회로 귀결될 수도 있다.

어떻게 보이는지만이 아니라 당신이 무슨 말을 하는지도 당신에 관한 데이터를 결정할 수 있다. AI는 당신이 상점 안을 걸어다니며 친구와 나누는 개인적인 대화를 카메라와 마이크로 모니터링하고, 거기에서 나온 데이터를 당신에 관한 프로파일 작성에 활용할 수도 있다. 이 데이터는 더 나은 고객 서비스 제공에 사용될 수도 있다. 예를 들면 AI가 당신이 혼란스러워한다는 사실을 파악하면, 직원에게 당신을 도와주라고 주의를 줄 수 있다. 이 데이터를 이용해서 당신의 구매 선호도를 이해할 수도 있다.

이와 동시에 매장을 걸어다니며 하는 모든 대화 내용이 녹음되고 분석된다고 생각하면 이는 즐거운 경험이 아니다. 그런 절차에 사람이 관여하지 않는다고 해도, 그 데이터는 여전히 어디론가 가고 있다. 결국 다른 업체에 팔리게 될 수도 있다. 온라인 데이터에는 이런 일이 항상 일어난다. 이 정보가 완전히 익명화되는지 확실하게 알 방법도 없다. 당신이 말하는 내용이 당신의 신분과 연결된 어떤 데이터베이스에 입력될 수도 있다. 그럴 경우, 그 내용이 거기에 있다는 사실조차 모를 수도 있기 때문에 이와 관련하여 당신이 할 수 있는 일은 아무것도 없을지도 모른다. 정부의 규제가 없다면, 우리의 데이터가 누구에게 팔렸는지, 혹은 제3자가 우리의 정보로 무슨 일을 할지를 알 수 있을지 의문스럽다.

익명성을 둘러싼 우려도 존재한다. 특히 사람들은 때로는 아무도 몰랐으면 하는 마음에 현금을 들고 상점에 뭔가를 사러 간다. 하지만 그 상점에서 CCTV 카메라로 모든 사람을 녹화하고 있다면 그렇게 하기는 불가능하다. 우리가 쇼핑을 하면서 당연하게 여겨온 권리와 특권 중 많은 것들이 현재 사라지기 직전이다.

우리는 상점 내에서만 모니터를 당하는 것이 아니다. 도로에서도 그렇다. 오스트레일리아 뉴사우스웨일스 주에서는 운전하면서 통화하는 사람들을 포착하려고 노변 카메라에 기계 시각을 결합시켰다. AI는 자동으로 운전자를 확인하고 그들에게 경고 편지를 보낸다.

지금은 당신의 전화기로 전화를 걸어와 당신과 대화도 나눌 수 있는 CCTV 카메라도 있다. 이 카메라들은 공원에서 통행로를 벗어나지 말라고 경고할 수도 있고, 직장에서 게으름을 그만 부리라고 말할 수도 있다. 사실상 오늘 당신이 갈 수 있는 공공장소 중에서 당신을 관찰하지 않는다고 확신할 수 있는 장소는 없다. 그리고 딥 오토메이션이 진전될수록 프라이버시에 관한 우려는 더 커져가기만 할 것이다. 도로, 집, 학교, 직장, 모든 곳에 로봇이 있는 세상을 상상해보라. 그들은 센서로 당신 주변의 모든 것을 녹화할 것이고, 그것은 가치 있는 데이터가 될 것이다. 누군가는 그 데이터를 소유하고, 사용하고, 판매하고 싶어할 것이다.

영국에서는 이미 시민 10명당 1대의 감시 카메라가 있다. 중국에 있는 CCTV의 개수에 관해서는 추정이 분분하다. 하지만 애널리스트들은 다가오는 10년 내에 언젠가 중국에는 인구 2명당 1대의 카메라가 존재할 것이라고 믿는다. 이것은 다가올 일들에 대한 조짐일까? 우리는 각국의 공공장소에 사람보다 카메라가 더 많아지는 상황에 도달하게 될까? 증강현실이 대량 판매될 때, 어떤 일이 일어날지 상상해보라. 그 시점이 되면 수백만 명이 CCTV 카메라에 상당하는 무엇인가를 머리에 달고 걸어다니게 될 것이며, 애플과 구글 같은 기업들은 그들이 보는 모든 것에 관한 데이터를 수집할 것이다. 이것이 바로 프라이버시 옹호주의자들이 생각하는 악몽이다.

우리가 생각해야 할 것은 카메라만이 아니다. 샷스포터^{ShotSpotter}와 같은 기업들은 야외 마이크를 이용해서 발포지역을 정확히 집어내고 이를 경찰에 알린다. 그들은 이 마이크가 경찰관의 대응시간을 줄이고 그들이 필요로 하는 데이터를 제공한다고 주장한다. 게다가 이 데이터는 오디오 녹음을 활용해서 그곳에 발포자가 몇 명이나 있었고, 어떤 종류의 무기가 발사되었는지도 밝혀낼 수 있다. 이 마이크는 미국 전역의 100개가 넘는 도시에 배치되어 있다. 문제는 우리가 그들이 어디에서 무엇을 녹음하는지 모른다는 사실이다.

유럽에서는 파상^{PASSAnT}이 마이크가 설치된 스마트 펜스를 배치하고 있다. 이 펜스는 누가 실수로 부딪힌 것인지, 비바람이 치는 날인지, 누가 기어오르고 있는지를 구분할 수 있다.

독일의 기술안전보안 연구소의 이사인 레온 베르베르는 이렇게 말한다. "치안유지는 점점 더 기술에 기반을 둔 활동이 될 것이다. 그리고 현재는 모든 사람이 그런 변화에 준비가 된 것은 아니다. 하지만 그들에게 이런 기술이 일을 더 쉽게 할 수 있게 해주고, 거리는 더 안전해질 거라는 점을 보여줄 수만 있다면, 나는 그들도 동의할 것이라고 확신한다."[10]

도시 전역에 당신의 대화를 귀 기울여 듣는 마이크가 있는 것이 이상한 일이라고 생각한다면, MIT 연구자들이 생각해낸 아이디어를 들을 때까지만 기다려보라. 바로 목소리를 바탕으로 당신이 어떻게 생겼는지를 예측하는 AI이다. 이 머신러닝 알고리즘은 사람의 목소리가 담긴 짧은 오디오 클립을 분석한 후, 그 사람의 외모를 재구성한다. 완벽하지는 않지만 효과가 있다.

이 이야기만으로 충분히 으스스하지 않다면, MIT에서는 이를 물리적 장애물을 꿰뚫을 수 있는 기술로 한 단계 더 발전시켰다. 그들의 시스템은 사람의 몸에서 반사되는 전파 신호를 분석하는 신경망을 통해서, 벽 뒤에서 걷고, 앉고, 움직이는 사람을 포착하고 추적할 수 있다. 이는 다른 누군가를 감시하는 사람에게는 물론이고, 법 집행과 군대에서 매우 유용하게 쓰일 수 있다.

이스라엘 회사인 코르티카^{Cortica}는 인도 전역에서 AI를 기반으로 범죄와 싸우는 시스템을 시행하고 있다. 이 시스템은 CCTV 정보에서 행동의 이례성을 분석하여 누군가가 범죄를 저지르려는 순간을 포착한다. 이 소프트웨어는 근육의 씰룩거림이나 안면 움직임, 제스처, 자세, 걸음, 그외 다른 신체적 움직임 같은 미세한 표현을 해독하여 테러리스트들을 식별하는 군의 스크리닝 시스템을 기반으로 한다.

중국에서는 경찰관들이 안면 인식기능이 탑재된 스마트 안경을 쓴다. 경찰관은 용의자의 사진을 찍고 이를 데이터베이스에 맞춰봄으로써 군중 안에서도 그들을 식별할 수 있다. 센스타임SenseTime은 중국 전역에 안면 인식 소프트웨어를 배포했고, 현재 세계에서 가장 가치가 높은 AI 회사들 중 하나가 되었다. 6,000개가 넘는 고성능 그래픽 처리 유닛들로 구성된 슈퍼컴퓨팅 플랫폼과 수억 명의 얼굴에 대한 접근성을 보유한 센스타임은 사람들과 그들의 행동을 식별하는 데 능숙하다. 이제 센스타임은 소셜 네트워킹 앱에서부터 의료 서비스까지 모든 분야에서 이 기술을 사용하고 있다. 공동창업자인 린다후아는 말한다. "일단 안면 인식을 위한 인공신경망을 최적화한다면, 심지어 휴대전화에서도 실시간으로 작동이 가능하다."[11]

IC 리얼타임IC Realtime은 감시 데이터 접속을 심지어 더 쉽게 만들고 있다. 그들의 앱은 구글 클라우드에서 작동되며, 거의 어떤 CCTV 시스템에서도 화면을 검색할 수 있다. 사용자들은 앱을 다운받을 수 있으며, 한 달에 7달러만 내면 화면검색을 시작할 수 있다.

CEO인 맷 세일러는 말한다. "강도 사건이 있었다고 해보자. 그리고 당신은 어떤 상황이 일어난 건지 잘 알지 못한다. 하지만 그후에 동쪽에서 지프 랭글러가 속도를 위반했다. 그러면 앱에 접속해서 '지프 랭글러'를 검색한다. 그 차는 거기 있다."[12]

이런 유형의 기술은 쉽게 검색이 가능한 방대한 양의 시각적 데이터를 만들어낸다. 미래에 누군가가 당신이 어디에 있었고, 무엇을 하려고 하는지 알고 싶다면 그저 당신 이름만 입력하면 된다. 이런 기술이 나쁜 사람들의 손에 들어간다면, 「블랙 미러」의 에피소드 중 하나 같은 일이 벌어질 수도 있다. 비록 그 기술이 범죄와의 전쟁에만 쓰인다고 해도,

여전히 사람들의 행동 방식에 영항을 미칠 것이다.

그러나 감시기술은 이미 다른 사용처를 발견했다. 중국 동부의 항저우 11번 고등학교는 학생들을 감시하기 위해서 3대의 CCTV를 설치했다. 이 시스템은 무감정과 행복, 슬픔, 실망, 분노, 공포, 놀라움의 일곱 가지 다른 표정을 식별한다. 목표는 학생들이 수업에 집중하고 있는지를 판단하는 것이다. 그렇지 않다면 카메라가 교사에게 이를 알린다.

학생들 중 한 명은 이렇게 말한다. "별로 좋아하지 않는 수업을 들을 때 예전 같으면 게으름을 부리면서 책상에 엎드려 낮잠을 자거나 다른 교과서를 획획 넘겨보곤 했을 거예요. 하지만 교실에 카메라가 설치된 후에는 산만해질 엄두도 못 내요. 비밀스런 눈이 저를 끊임없이 쳐다보는 것 같아요."

이 방법은 분명 어릴 때에만 누릴 수 있는 즐거움 중 일부를 빼앗는다. 마치 빅브라더가 앞으로 다시는 누구도 들키지 않고 침으로 뭉친 종이 공을 던지거나 심지어 몇 초간 깜빡 조는 것도 안 된다고 결정하는 것과 같다.

교장인 니쯔위안은 이렇게 말한다. "교사에게 보조교사가 생긴 것이나 마찬가지이다. 수업의 질도 개선할 수 있다. 일부에서는 이 카메라가 학생들의 프라이버시를 침해할 수도 있다고 하지만, 이 카메라는 학습 활동을 영상으로 찍는 것이 아니라 학생들의 움직임만 녹화한다. 수업에 집중한 학생들은 모두 A를 받는 반면, 마음이 헤매도록 내버려둔 학생들은 B를 받게 될 것이다."[13]

똑같은 기술이 당신이 사는 도시의 공장, 콜센터, 상점, 사무실에도 다가오고 있는지도 모른다. 당신에게는 문제가 안 될지도 모르지만, 나는 때때로 빈둥거릴 시간이 필요하다. 결코 한순간도 쉴 수 없다는 것은 엄청난 스트레스를 준다. 게다가 나는 학생과 근로자들이 신체적 건강이나 정신적 건강문제로 고통 받게 될까봐 걱정된다.

임상 심리학자인 브룩 치점은 장기간의 감시가 사람들에게 미치는 영향에 관해서 광범위한 연구를 시행했다. 그는 사람들이 감시받고 있다는 사실을 얼마나 깨닫고 있는지, 감시의 동기가 무엇이라고 믿는지에 따라 그 영향이 달라진다는 사실을 발견했다.

치점은 말한다. "그런 유형의, 저 뒤편에 존재하면서 쌓여가는 매일의 긴장이 있다. 우리는 그 긴장의 존재를 알지만 어느 정도는 무시한다. 그리고 그 긴장이 사라지기 전에는 자신이 얼마나 신경이 곤두선 상태였는지 깨닫지 못한다. 낮은 수준이지만 누적되는, 일종의 배경처럼 깔린 그런 종류의 긴장은……사람들은 관계에 대해 더 많은 어려움을 느끼고, 논쟁도 더 많이 하게 될 것이다. 위협을 찾아 살피면서 지나치게 불안해할 것이다."[14]

개인과 감시의 유형에 따라 달라지는 부정적인 영향은 가벼운 긴장부터 심각한 외상 후 스트레스장애PTSD와 우울증까지 다양하다. 스트레스와 연관된 증상들과 다양한 육체적 질병도 초래된다. 감시는 본질적으로 무해한 기술이 아니다. 부적절하게 쓰일 경우, 우리의 웰빙에 대한 감각과 건강에 직접적인 영향을 미칠 수 있다.

미국 시민자유연맹의 분석가인 제이 스탠리는 말한다. "우리는 사람들이 그냥 자유롭기를 바라는 것이 아니라 자유롭다고 느끼기를 원한다. 이 말은 알려지지도 않고 보이지도 않는 관객이 자신의 모든 움직임과 발언을 어떻게 해석할지, 혹은 잘못 해석할지에 관해 걱정할 필요가 없어야 한다는 의미이다. 우리가 우려하는 것은 사람들이 자기가 하는 모든 일이 잘못 해석되어 자기 삶에 부정적인 결과를 가져올까봐 스스로를 끊임없이 자기 검열을 하는 것이다."[15]

딥러닝 알고리즘이 우리의 행동과 관련하여 온갖 종류의 것들을 결정할 수 있게 되기까지 오래 걸리지는 않을 것이다. 예를 들면 CCTV 카메라와 스마트 기기에서 나오는 데이터를 바탕으로, 우리가 길을 걸을 때 알고리즘은 우리가 어디에 가고, 누구를 만나고, 무엇을 할 것인지, 그리고 심지어 우리의 의도가 무엇인지도 예측할 수 있다. 크기가 계속 작아져 가장 작은 것은 모래알 한 알 크기밖에 되지 않는 카메라와 이 기술을 결합하면, 우리 모두는 곧 주인공이 TV쇼의 일환으로 숨겨진 카메라에 자신의 모든 행동이 포착된다는 사실을 전혀 알지 못했던 영화 「트루먼 쇼」 속에서 살게 될 것이다.

이것이 우리가 살고 싶은 세상일까? 남아 있는 약간의 프라이버시가 과거의 유물이 되기 전에 우리가 지금 던져야 할 질문이다. 두려운 사실은 사무실과 가정, 거리, 공원에 수백억 개의 스마트 기기들이 대량으로 배치되면서 상황은 더 나빠지리라는 점이다. 누군가가 우리를 모니터링하거나 분석하거나 분류하고 있지 않다고 확신할 수 있는 장소를 찾기는 곧 불가능해질 것이다.

그럼에도 불구하고 희망은 있다. 강력한 소수가 다수를 감시할 수 있는 사회에 살고 있기는 하지만, 대중은 이런 힘이 남용될 잠재력을 억제하면서 그 소수를 거꾸로 감시할 수 있다.

토론토 대학교의 교수이자 "웨어러블 컴퓨팅의 아버지"로 널리 알려진 스티브 만은 이런 현상을 수베일런스sousveillance* 혹은 언더사이트 undersight라고 부른다. 이런 현상은 보통 사람들이 스마트폰, AR 기기,

---

* 어떤 활동의 참가자가 그 활동을 녹화하는 경우를 말한다.

웨어러블 카메라 등을 이용해서 그들 주변의 세상을 녹화할 때 발생한다. 오늘날 행인들이 휴대전화 카메라로 경찰의 폭력을 녹화하거나, 행동주의자들이 시위 참가자들의 숫자를 추정하거나, 벌어질 상황을 기록하기 위해서 스마트 기기를 이용할 때, 우리는 이런 현상을 볼 수 있다. 스마트 기기가 모든 사람의 손에 있는 세상에서 수베일런스의 힘은 감시에 맞서 건강한 균형을 유지하는 역할을 할 수 있다.

AI 역술가 : 예측 기계

호모 사피엔스는 가능한 미래 시나리오를 모델링하고 예측하는 일에서 지구상의 다른 어떤 종보다 더 유능하다. 하지만 현재의 지능형 기계들 앞에서 우리는 언제라도 침팬지처럼 보일 수 있는 상황이다. 엄청난 양의 데이터를 검토하는 능력은 AI가 우리를 훨씬 능가한다. 미래를 바라보며 무슨 일이 일어날지 결정하는 컴퓨터의 능력에는 산업 전반을 붕괴시키고 우리 삶을 재구성할 수 있는 잠재력이 있다는 의미이다.

아마존은 그들이 가진 방대한 데이터로 사람들이 구매할 제품에 대한 예측을 포함한 사업의 모든 측면을 알고리즘으로 자동화하고 있다. 예를 들면 아마존은 통계 모델을 활용해 다음 주 화요일에 시카고에서 얼마나 많은 질레트 면도날이 판매될지를 예측하고, 해당 제품을 미리 운송시킬 수 있다. 이것이 바로 아마존이 야간 배송 비용을 아끼고, 다음날 주문한 물건을 받아보고 싶어하는 소비자에게 그 아낀 비용으로 제품을 제공하는 방법이다. 물론 이 방법은 대용량 제품의 경우에 가장 효과적이다. 물량이 많을수록 예측은 더 정확해진다.

아마존의 궁극적인 미션은 고객이 어떤 제품이 필요하다는 사실을 알아차리기도 전에 그 제품을 판매하는 것이다. 아마존은 어떻게 이런 일을 할 수 있을까? 모든 것은 다시 데이터로 귀결된다. 온라인과 오프라인 쇼핑에서 얻은 데이터는 물론, 알렉사와 같은 스마트 기기를 이용해서 아마존은 각 개인의 구매 습관을 배우고 모델링하려고 노력한다. 일단 아마존이 충분한 데이터를 확보하면, 다음 단계는 개인들이 주문을 하기도 전에 그들에게 제품 배송을 시작하는 것이다. 아마존 배송 상자가 문 앞에 도착해서 그 상자를 열었는데 당신이 주문하려고 했던 제품들이 들어 있다고 상상해보라. 원하지 않는다면 그중 일부는 공짜로 돌려보낼 수 있다.

이 서비스로 수익을 낼 수 있을 만큼 머신러닝 알고리즘이 정교해지면 아마존은 지체 없이 이 서비스를 제공할 것이다. 그때를 대비해서 아마존은 물류창고부터 문 앞까지, 전체 물류망을 자동화하고 있다. 배송 비용이 더 낮아질수록 더 많은 반품을 받아들일 수 있기 때문이다. 이 목표를 달성하려면 인간의 노동을 이 순환고리에서 제외시켜야 한다.

언젠가는 아마존의 물류창고, 배송차량, 그리고 그 중간에 있는 모든 것이 자율적으로 운영될 것이다. 일단 이 시스템이 자리를 잡으면, 주문을 거절하는 고객의 비용은 최소화되며, 아마존은 주문을 받기에 앞서서 제품을 보낼 수 있게 될 것이다. 달리 말하면, 아마존은 구매과정의 모든 단계를 자동화함으로써 그 과정에서 구매 의사결정을 제거하고 싶어한다. 고객들이 제품을 찾기 위한 쇼핑을 중단한다면, 그들은 온라인에서 최저가를 검색하지 않고 경쟁 상점을 방문하지도 않을 것이다. 장기적으로 이런 방식은 아마존에는 엄청난 수익을 안겨줄 것이며, 고객에게는 시간을 아껴주고 쇼핑의 번거로움을 덜어줄 것이다.

구글의 딥마인드DeepMind에서는 채혈이나 다른 검사 없이, 단순히 망막 이미지로 심장마비나 뇌졸중 같은 심혈관 질환의 발생 가능성을 예측하는 소프트웨어를 개발하고 있다. 향후 몇 주일 내에 심장마비를 겪을 가능성이 높으니 병원으로 가보라고 말해주거나, 뇌졸중을 피하려면 향후 24시간 안에 특정한 약물을 복용하라고 알려주는 웨어러블 기기가 생길 날도 멀지 않았다.

구글의 이런 움직임을 이끌고 있는 의사이자 과학자인 릴리 펭은 말한다. "우리는 284,335명의 환자들에게서 얻은 데이터로 훈련시킨 딥러닝 알고리즘을 이용해서 독립된 두 데이터 집단에서 나온 환자들의 망막 이미지를 보고, 놀라울 정도의 높은 정확성으로 심혈관 위험요인들을 예측할 수 있었다."[16]

딥마인드는 어떤 환자가 치명적인 신장 손상을 겪을 가능성이 있는지를, 의사들이 인식할 수 있는 대부분의 증상들이 나타나기 48시간 이전에 예측할 수 있는 알고리즘도 만들었다. 구글의 연구자들은 그 정확성이 이미 90퍼센트에 달한다고 밝혔다. 이런 유형의 기술이 있다면, 의사들은 어떤 일이 일어날지 추측하는 것을 멈추고, 다가올 일에 대한 계획을 세울 것이다. 또한 병원들은 이 데이터를 활용해서 누가 환자를 담당할 것이며, 요일마다 얼마나 많은 병상이 필요할지 계획을 세움으로써 더 낮은 비용으로 더 많은 생명을 구할 수 있게 될 것이다.

놀라운 이야기로만 들릴 수도 있지만, AI는 심지어 당신의 심장 검사 결과를 보고 1년 안에 당신의 사망 확률을 예측할 수도 있다. 의사에게는 결과가 정상으로 보일 수도 있지만, AI는 무엇인가가 잘못되었음을 알려줄 수 있다. 가이싱어Geisinger의 딥러닝 알고리즘은 177만 건의 심전도 결과를 가지고 학습한 후, 인간 의사들은 간과하는 경향이 있는 기형적인 패턴 변화를 포착해 담당 의사에게 알려줄 수 있었다.

세계보건기구WHO에 따르면, 매년 거의 80만 명의 사람들이 자살한다. 페이스북은 자살 시도 가능성을 예측할 수 있는 머신러닝 시스템을 개발했다. 어떤 포스트에 잠재적 자살 위험이 있다고 표시되면, 그 정보는 페이스북의 컨텐츠 관리자팀으로 보내진다. 그 팀은 사안이 시급하다고 느끼면, 경찰에 통보해서 너무 늦기 전에 그들이 개입할 수 있도록 한다.

마크 저커버그는 이렇게 썼다. "지난해 우리는 도움이 필요한 전 세계의 약 3,500명의 사람들에게 응급 의료요원이 신속하게 접근할 수 있도록 했다."17

곧 우리는 학교와 소셜 네트워크들이 학생들에게 거식증과 폭식증 같은 섭식 장애가 생길 가능성에서부터, 특정 학생이 폭력적인 행동을 저지를 가능성까지 모든 것을 데이터를 이용하여 예측하는 모습을 보게 될 것이다. 이런 유형의 데이터를 모으는 일에 대한 프라이버시 문제도 제기되지만, 그 혜택은 분명하다.

아울러 페이스북은 매출을 극대화하기 위해서 예측 엔진을 사용하고 있다. 페이스북은 사용자들에게 미래에 어떤 기사, 영상, 광고를 클릭할 것인지를 묻는 실험을 진행했다. 그런 다음 페이스북은 머신러닝 알고리즘에 그 사용자의 미래 행동을 예측하라고 요청했다. 누가 더 잘 맞췄을 것 같은가? 사용자 자신일까, 혹은 AI일까? 물론 정답은 AI였다.

이 이야기가 불편하게 들리겠지만, AI는 우리가 하게 될 일을 우리 자신보다 더 잘 예측할 수 있다. 우리가 믿고 싶어하는 바와 달리, 우리는 스스로를 그다지 잘 알지 못한다. 흥미로운 과학 영상을 클릭할 거라고 생각은 할 수 있지만, 귀여운 동물들의 영상이 튀어나오면 우리가 보는 것은 결국 그 영상이다. 딥러닝 알고리즘은 우리가 하겠다고 말하는 일이 아닌, 우리가 실제로 하는 일을 본다. 이 데이터를 이용해서 그들은 우리가 스스로에 대해서 아는 것보다 우리를 더 잘 알게 될 수도 있다.

미래와 연관해보면 이 이야기가 의미하는 것은 무엇일까? 넷플릭스에서 무엇을 볼지 정할 때건, 저녁 식사 장소를 정할 때건, 살아가면서 의사결정을 내려야 할 때에 우리가 AI에게 점점 더 의존하게 될 것임을 의미한다. 충분한 데이터가 주어진다면 AI는 재미없는 영화를 보거나 맛없는 음식을 먹지 않아도 되도록 우리를 구원해줄 것이다. 그리고 우리도 리뷰를 읽고 실제로 원하는 것을 고르려고 애쓰느라 시간을 보낼 필요가 없어질 것이다.

어떤 제품이나 서비스가 우리의 니즈에 가장 잘 맞는지 파악하는 일은 우리 대부분에게 고통이다. 누구도 번거로움을 원하지 않는다. 특히 AI가 그 일을 더 잘할 수 있다면 말이다. 무서운 것은 이렇게 고도로 편리한 알고리즘 서비스 중의 하나를 이용할 때마다 우리가 자율성을 조금씩 더 포기하게 되리라는 사실이다. 처음에는 크게 문제가 되지 않을 것이다. 어쨌든 우리가 20분씩 낭비하지 않고도 더 좋은 영화를 찾을 수 있다면 무엇이 해롭겠는가?

그러나 그 대상이 가끔 보는 영화 한 편이 아니라 식료품과 작은 도구들에서부터 뉴스와 매체에 이르기까지 우리가 소비하는 모든 것이 된다면 어떤 일이 벌어질까? 결국 머신러닝 알고리즘이 우리의 거의 모든 소비 습관을 결정하게 될까? AI가 우리의 삶을 자동화하도록 내버려두는 것은 좋은 생각일까? 그리고 정보를 바탕으로 결정을 내리는 우리의 능력과 관련해서 이것이 의미하는 바는 무엇일까?

이 알고리즘들이 대놓고 사악한 목적으로 만들어지지는 않을 것임을 기억하라. 알고리즘은 우리를 만족시키기 위해 설계될 것이다. 하지만 모든 것이 만족스러워야 하는 것은 아니다. 불쾌하다는 사실을 알 필요가 있는 일들도 있다. 아울러 소비자의 선택은 힘이다. 만약 우리가 소비하는 제품과 컨텐츠에 대한 적극적인 선택을 중단하고 알고리즘에게 그런 의사결정을 넘겨준다면, 돈의 사용처에 대한 우리의 영향력은 점점 줄어들 것이다.

아울러 자율성의 문제도 있다. 우리가 어느 시점이 되면 자유의지가 약해지도록 내버려두게 될까? 모든 유형의 중요한 결정을 AI에게 위임하기 시작하는 시점이 올 수도 있다. 당신이 일을 그만둬야 할지를 두고 초조해하고 있다면 상상해보라. 당신은 이렇게 물어볼 수 있다. "그만두면 더 좋은 일자리가 있을까? 다음 직장에서는 얼마를 받을 수 있을까? 지금 직장을 계속 다닌다면 커리어를 발전시킬 가능성은 얼마나 될까?" AI가 당신보다 당신 자신을 더 잘 아는 만큼, AI는 이런 질문들에 당신보다 더 정확한 답변을 해줄 수 있을 것이다. 대부분의 사람들은 그런 정보가 없이 이런 유형의 결정을 내리는 위험을 원하지 않는다. 그러기에는 너무 중요한 일들이기 때문이다.

이런 논리에 따르면 더 큰 결정일수록 AI와 상의할 가능성이 더 커질 것이다. 이런 현상은 돈을 어떻게 투자해야 하는지부터 누구와 데이트를 해야 하는지, 혹은 심지어 결혼을 해야 하는지까지 우리 삶의 모든 측면으로 확대될 수 있다. 당신도 알다시피, 투자와 데이트에 관해서는 이미 AI가 주도하는 서비스가 존재하며 수백만 명의 사람들이 그 서비스를 이용하고 있다. AI가 더 정교해질수록 그들은 점점 더 눈에 보이지 않게 될 것이다.

AI에 대한 의존은 우리의 행동에 너무도 깊게 뿌리를 내려서 우리가 이 사실을 재고하는 일마저 없어질 것이다. 의사결정을 AI에게 넘기면서 그 사실을 깨닫지도 못하는 시점이 올 것이다. 실제로 이런 일은 이미 벌어지고 있다. 많은 앱들이 우리를 위해서 의사결정을 할 때, 기본적으로 AI를 활용한다. 따라서 앱을 이용하고 싶다면 AI가 우리를 위해 선택을 하리라는 사실을 받아들여야 한다. 이미 우리는 AI의 작동으로 뉴스피드newsfeed를 프로그래밍하고, 친구들과 사진을 공유하며, 이벤트를 계획하고, 들어오는 메시지에 답변을 준비하는 앱들을 이용하고 있다. 심지어 전화를 받아서 우리 대신 말을 해주는 앱도 있다. 하루 24시간을 AI 비서에게 위임할 때까지는 오랜 시간이 걸리지 않을 것이다.

우리가 결정하려고 애쓰는 대상이 주말에 할 일인지 여생 동안 할 일인지와는 상관없이, 방대한 양의 데이터에 접근이 가능한 만큼 우리가 더 나은 결정을 내리도록 도와줄 머신러닝 알고리즘이 존재할 것이다. 우리가 할 일은 그것을 쓸지 말지를 결정하는 것뿐이다. 그리고 이 알고리즘을 더 많이 이용할수록, 알고리즘은 더 강력하고 더 정확해질 것이다.

언젠가는 AI가 자율주행차량을 보내서 아이들을 학교에서 데려오고, 피아노 레슨을 받을 장소로 데려다주게 될지도 모른다. 그런 다음 AI는 세탁소에서 옷을 받아오고 식료품을 주문할 수 있다. AI는 우리를 위해 계획된 행사에 따라 특정한 날에 입을 옷을 추천해줄 수도 있다. AI가 유용하지 않거나 시간을 절약해주지 않는 분야는 거의 없다. 이 순수한 편리함이라는 요인이 너무나 크다 보니 대부분의 사람들은 싸워보지도 않고 스마트폰을 받아들였듯이, AI도 자신의 삶에 받아들일 것이다.

저항은 거의 불가능할 것이다. 당신은 방관하는 러다이트^{Luddite*}로 남아 있는 반면, 다른 모든 사람은 AI를 사용한다면, 그런 세계에서 어떻게 당신이 경쟁을 하거나 심지어 일을 수행할 수가 있겠는가? 단순히 말해서 AI를 피한다는 것은 대부분의 사람들에게 실행 가능한 옵션이 아니다. AI를 이용한 자동화를 도입하지 않으면 기업들이 사라지듯이, 우리 역시 AI를 이용하지 않으면 뒤처질 것이다. 달리 말해서 AI는 산업을 자동화시키는 데에서 그치지 않고 우리의 삶도 자동화시킬 것이다.

크건 작건 결정의 대부분이 AI에게 위임되는 세상에서 우리는 자유의지를 가지게 될까? 답변은 그렇다와 아니다 둘 다이다. 우리에게는 항상 선택권이 있겠지만, 그 권리를 행사할지 말지는 또다른 문제이다. 나는 대부분의 경우 우리가 자신이 한 최고의 선택보다 AI를 선택할 것이라고 믿는다. 미래에는 AI가 너무나 강력해져서 AI의 판단이 실질적인 모든 측면에서 우리의 판단을 능가할 것이기 때문이다.

교육 재창조하기

딥 오토메이션은 우리가 아는 교육을 혁신하고 있다. 우리는 최근 몇 년간 온라인 교육 스타트업들이 어떻게 학습을 더 저렴하고 접근하기 쉽게 하는지를 지켜보았다. 칸 아카데미^{Khan Academy}는 온라인으로 수학을 가르치면서 그 길을 개척해왔다. 현재는 물리부터 화학, 역사까지 모든 것을 가르친다.

---

* 영국의 산업화 과정에서 임금이 하락하고 고용이 감소하자 기계가 일자리를 빼앗는다고 여긴 노동자들이 일으킨 기계 파괴 운동을 말한다.

또다른 교육 플랫폼인 듀오링고Duolingo는 게임처럼 학습자들이 포인트를 얻고 레벨을 높이는 시스템을 이용해서 프랑스어, 독일어, 영어 및 다른 언어들을 무료로 가르치고 있다. 이 플랫폼은 등록된 사용자가 3억 명이 넘는, 세계에서 가장 인기가 높은 온라인 학습 사이트 중 하나가 되었다.

코드 아카데미Code Academy는 누구나 자바스크립트부터 파이톤까지 다양한 컴퓨터 언어로 프로그램을 만드는 법을 배울 수 있게 도와준다. 등록한 사용자는 4,500만 명이 넘으며, 이 회사 덕분에 어린이와 성인 모두 교실에 발조차 들여놓지 않고도 코드를 배울 수 있었다.

IBM의 프로젝트 디베이터Project Debater는 AI를 이용해서 학생들에게 토론하는 법을 가르치도록 설계된 최초의 시스템이다. 이들의 AI는 기후 변화의 위험에서부터 보편적 의료보험의 혜택까지, 다양한 종류의 복잡한 주제들로 대결을 할 수 있다. IBM의 목표는 학생들이 설득력 있는 주장을 세우고, 정보에 기반한 결정을 내리도록 돕는 것이다.

그외에도 학교에서 사용하도록 설계된 가상 및 증강 현실 앱들이 상당수 있다. 이들 앱은 학생들이 고대 로마를 여행하거나, 공룡시대를 경험하거나, 원자보다 작은 입자를 상상할 수 있게 도와준다.

학교에서도 소셜 소프트웨어를 도입 중이다. 에드모도Edmodo와 스쿨로지Schoology처럼 교사들이 학생 및 학부모들과 교류하고, 과제를 위해서 협업하고, 디지털 교재를 공유하고, 활동을 조직할 수 있는 프리미엄freemium* 플랫폼들이 확산되는 중이다.

중국은 온라인 교육의 거대한 시장이다. 정부에서 보조금을 넉넉히

---

* 공짜(free)와 프리미엄(premium)의 합성어로 기본 서비스는 무료로 제공하되 부가 서비스나 고급 서비스는 유료화하는 가격 전략을 말한다.

제공해왔고, 중국 벤처캐피털리스트들은 교육 기술 스타트업에 10억 달러 이상을 투자했다.

스쿼럴 AI[Squirrel AI]는 중국의 유니콘 기업들 중 하나로, 학생들이 시험 점수를 높일 수 있도록 설계된 방과 후 멘토링 플랫폼이다. 이 회사는 수백 개의 도시에 수천 개의 학습 센터를 개설했다. 이들은 AI 알고리즘을 이용해서 학생들의 능력 수준에 맞춘 다양한 강좌를 제공한다. 예를 들면 중학교 수학은 1만 개가 넘는 구성요소들로 쪼개진다. 그리고 AI는 학생들이 어디에서 지식 격차를 보이는지 파악한 후, 그 부분에 초점을 맞춘다.

코로나19로 인해서 온라인 학습을 향한 대대적인 이동이 시작되었다. 교사들은 학생들과의 소통에 줌[Zoom]을 비롯한 다른 도구들을 이용하고 있지만 아직 갈 길이 멀다. 교사들은 학생들의 학습방식을 개혁할 최신 기술을 아직 충분히 활용하지 않고 있다. 그 이유는 무엇일까? 공립학교들 중에서 최신 하드웨어와 소프트웨어를 구매할 예산이 있는 학교가 매우 드물기 때문이다. 게다가 학교는 새로운 기술과 학습기법의 도입에서 매우 느린 경향이 있다. 이는 그들이 변화에 저항하는 관료주의에 근간을 두고 있기 때문이기도 하다. 현재의 교육계는 시험점수에 지나치게 많은 비중을 두고 있기 때문에 학교 관리자들은 학교의 순위를 떨어뜨릴 수 있는 일은 무엇이든 시도하고 싶어하지 않는다. 결국 학교는 학생들이 배울 수 있도록 가르치는 것이 아니라 시험을 위해서 가르치게 된다는 점에서 이는 부끄러운 일이다. 표준화된 시험은 좁은 범위의 지능만 측정한다. 한 학생의 상상력이나 리더십, 잠재력, 정서지능, 언어 능력, 예술적 능력, 그밖의 한 사람의 진정한 잠재력을 결정하는 다수의 다른 중요한 특질들을 고려하지 않는다.

산업혁명 시대에는 표준화된 수업과 교육과정들이 합리적인 방법이었다. 늘어나는 도시 인구에 맞춰 교육을 확대할 수 있는 유일한 방법이었다. 교사들은 수학이나 물리, 역사와 같은 과목에 특화된 상태로 모든 학생에게 비슷한 내용을 가르치고, 숙제를 내고, 시험을 치르게 하는 한편, 학생들은 조립 라인에 놓인 제품들처럼 한 교사로부터 다른 교사에게 이동했다.

한 세기 전에는 이것이 최선의 방법이었다. 그러나 컴퓨터와 인터넷, AI가 등장하면서, 지금은 학생들을 교육시킬 수 있는 훨씬 더 좋은 방법들이 존재한다. 그들에게 교실에서 18년 이상을 보내면서 정보를 복제하고, 그 정보를 시험에서 다시 토해내는 방법을 배우도록 계속 강요하는 일은 그들이 앞에 놓인 어려움을 대비하는 데 더 이상 도움이 되지 않는다. 오히려 우리는 젊은이들에게 어떻게 창조하고, 혁신하고, 협업하는지를 가르쳐야 한다.

앞으로 다가올 미래에는 소프트 스킬soft skill*이 하드 스킬hard skill**보다 훨씬 더 가치가 있을 것이다. 중요한 것은 사실이 아니라 사실을 활용하는 방법이다. 학생들은 스스로 생각하고, 팀을 꾸리고, 장애물을 극복하는 방법을 배울 필요가 있다. 자동화된 미래에는 까다롭고 미묘한 문제를 해결하고 현실 세계의 복잡성을 헤쳐나가는 방법을 이해하는 것이 역사적 사건이 벌어진 정확한 날짜를 기억하거나 암산을 잘하는 것보다 훨씬 더 중요하다.

---

* 공통 혹은 핵심 스킬이라고도 알려져 있으며, 인간관계 기술, 소통 기술, 성격, 태도, 사회적 지능, 정서 지능 등의 조합을 말한다.

** 직무에 특화된 기술 혹은 현장 경험, 직업 훈련, 교육을 통해서 배운 지식으로 어떤 직무를 수행하는 데에 필요한 기술이나 일반적인 경험의 조합을 말한다.

기술 혁신이 가속화되는 상황에서 미래의 고용주와 사회에 가치 있는 존재가 되려면 무엇이 가장 중요한지를 신속하게 파악하고, 새로운 환경에 적응하고, 완전히 새로운 시스템에 통달할 수 있는 능력이 필요하다. 지금 우리는 아이들에게 이런 능력을 제대로 가르치지 못하고 있다. 대부분의 학생들이 교실보다는 그들 스스로, 그리고 친구들에게서 훨씬 더 가치 있는 교훈을 배운다.

선견지명이 있는 기업의 리더들을 보면, 거의 모두 평생 동안 배움을 이어갔고, 기본적으로 독학을 한 사람들이다. 일론 머스크는 아홉 살에 『브리태니커 백과사전(*Encyclopaedia Britannica*)』 전권을 읽었고, 공상과학소설에 빠져 하루에 10시간 이상 책을 읽었다. 빌 게이츠는 독학으로 코딩을 배웠다. 래리 페이지와 세르게이 브린은 대안학교를 다녔고, 그들의 성공이 그 학교가 독특하게 아동 중심 학습과 발견을 강조한 덕분이라고 보았다. 우리의 미래를 창조하는 이들 중 대부분은 어린 나이에 창의적인 문제 해결법을 배웠고, 끊임없이 지식의 새로운 원천을 찾아다녔다.

다행히도 현재 우리에게는 교육을 대규모로 재창조할 수 있는 기술이 있다. 머신러닝, 빅 데이터, 뇌-컴퓨터 인터페이스, 가상현실과 같은 도구가 있는 만큼, 우리는 학생들이 어떻게 실제로 학습하고, 배운 것을 기억하고, 더 많은 창의성을 키우는지를 측정함으로써 교육을 완전히 바꿀 수 있는 전환점에 서 있다. 향후 10년 동안 우리에게는 학습의 질을 개선할 뿐만 아니라 비용을 절감하고, 학생들의 참여를 높이고, 더 많은 유연성을 제공할 수 있는 기회가 있다.

모든 학생에게 같은 과정을 제공하는 대신, AI에 기반을 둔 교육과정은 수업을 자동화하면서 동시에 개인화할 수도 있다. 각 과정을 다양한 학생들에게 맞춰 설계해야 하는 교사들과 달리, AI는 각 학생의 능력과 선호도를 고려하면서 무엇을 배우고 어떻게 배울 것인지의 선택권을 학생들에게 줄 수 있다. 오늘날 대부분의 교실에서 교사들은 수업을 평균적인 학생들에게 맞춰야 하기 때문에 앞서가는 학생들은 지루하다고 느끼고, 학업에 어려움을 겪는 학생들은 따라잡느라 분투하는 상태로 내버려두게 된다. 반면 AI는 각 학생이 이미 배운 것이 무엇인지를 정확하게 밝혀내서 그 부분은 건너뛰고, 주어진 과목에서 그 학생의 능력에 정확하게 맞춰서 수업 진도를 나갈 수 있다.

또한 잘 설계된 머신러닝 플랫폼은 학습 장애를 포착하고, 학생들의 특별한 니즈를 수용하여 그들이 한계를 극복하도록 함께 노력할 수 있다. 신경망은 상호작용을 통해서 학습하도록 설계되어 있으며, 따라서 시간이 지나면서 AI는 플랫폼에 있는 모든 사람을 위해 지속적으로 수업을 개선하면서, 모든 유형의 학생과 상황에 맞춰 개인화된 수업을 고안할 수 있는 잠재력을 가지게 된다. 만약 이런 알고리즘이 바이오 피드백, 뇌-컴퓨터 인터페이스, 다른 생물학적 인풋과 결합된다면, 우리는 각 학생의 뇌를 더 깊은 수준에서 이해할 수 있다. 그 소프트웨어는 심지어 개별 학생들이 어떻게 정보를 처리하는지, 무엇이 그들의 상상력을 자극하는지, 그리고 어떤 행동이 지식을 보유하는 능력을 촉발하는지도 배울 수 있다.

AI가 주도하는 교육과정은 또한 학습경험에 게임의 요소들을 적용할 수도 있다. 요즘 아이들을 보면, 복잡한 게임을 익히기 위해서 엄청난 시간을 쏟아 게임을 마스터한다. 심지어 소셜 미디어도 모든 참가자들이 유명해지고 인기를 얻기 위해서 경쟁하는 일종의 게임이다. 그것은 게임이 인간의 타고난 보상체계를 작동시키기 때문이다. 잘 설계된 게임들은 금을 캐고 괴물들을 물리치며 경험 포인트를 쌓듯이, 장애물을 극복하고 반복적인 과제를 마치도록 학생들에게 동기를 부여하는 법을 정확하게 알고 있다.

가장 유명한 게임들은 두뇌의 도파민 센터를 작동시키는 방법을 꿰뚫고 있기 때문에 플레이어들이 그 게임에 시간과 돈을 투자하도록 유도할 수 있다. 2010년에 헨리 체이스와 루크 클라크는 도파민이 어째서 쾌락과 연관되지 않고 오히려 보상을 추구하고 나쁜 결과를 회피하려는 동기를 조절하는 데 중추적인 역할을 하는지를 보여주는 연구 결과를 발표했다. 게임 속의 활동들이 반드시 즐거워야 할 필요는 없는 이유가 그것이다. 우리가 이 메커니즘을 채택하여 교육에 적용한다면, 심지어 성적이 저조한 학생들에게도 과제를 마치도록 동기를 부여할 수 있을 것이다.

딥러닝 알고리즘은 네트워크 효과에서도 이익을 얻는다. 더 많은 학생들이 머신러닝 플랫폼과 상호작용을 할수록 그 플랫폼은 더 똑똑해질 것이다. 수백만 명의 학생들에게서 데이터를 모으고, 서로 다른 배경과 개성, 지적 수준을 가진, 모든 유형의 사람들을 대상으로 어떤 것이 효과가 있고 없는지를 파악할 수 있다고 상상해보라. 우리는 이제 막 두뇌가 어떻게 정보를 처리하고 문제를 해결하는지에 대한 비밀을 풀수 있는 AI를 구축하는 길로 한 걸음 더 나아가고 있는 셈이다.

일단 AI가 주도하는 플랫폼이 기존 학교보다 학생들을 더 잘 가르칠수 있음이 증명된다면, 그때는 모든 것이 달라질 것이다. 이미 미국에서는 200만 명의 학생들이 홈스쿨링을 하고 있다. 일단 이들 알고리즘 교육 플랫폼이 스스로를 증명하고 사회적으로도 수용된다면, 이 숫자는 크게 치솟을 수도 있다.

최고의 대학들이 이들 플랫폼이 제공할 수 있는 데이터와 통찰을 깨닫게 될 때, 티핑 포인트가 올 수도 있다. 이는 AI가 작성한 분석 자료를 대학 입학처에서 학생들의 잠재력을 판단할 증거로 받아들이는 경우로 요약될 수 있을 것이다. 이런 일이 일어난다면 관료주의의 벽은 무너질 것이고, 대학의 입학 관문으로서 표준화된 시험 점수에 대한 의존은 사라질 것이다.

이런 변화가 시작될 수 있는 곳은 대학만은 아니다. 대기업의 채용 관행도 바뀔 수 있다. 기업들이 신규직원을 채용할 때, 출신 대학이 아닌 애널리틱스가 주도하는 교육 프로그램들을 어떻게 수행했는지를 근거로 삼는다면 채용 관행의 균형을 옮겨놓을 수도 있을 것이다. 그렇게 함으로써 자녀들이 구글과 월트 디즈니, 골드만삭스에서 일자리를 얻을 수 있다고 믿는다면, 대부분의 학부모들은 기쁜 마음으로 최고의 AI 교사와 AI 가정교사에게 배우도록 돈을 지불할 것이다. 알고리즘 기반 교육이 똑같은 일을 더 빠르고, 훌륭하고, 저렴하게 달성할 수 있다면, 왜 사립대학이나 공립대학에 돈을 지불하겠는가?

언제 최초의 AI 주도 플랫폼이 등장해서 교육의 지형을 바꿔놓을지는 아무도 확실하게 알 수는 없다. 하지만 이런 일이 일어난다면 학교들은 여기에 적응해야 할 것이다. 이런 변화가 일어난다면, 학생들은 온라인 교육 쪽으로의 전환을 시작할 것이다. 실제 사람들과 상호작용하고 세계를 이해하기 위해서는 여전히 구조화된 오프라인 환경이 학생들에게 도움이 될 것이다. 미래의 교육자들은 학생들이 팀으로 작업하고, 현실 세계의 장애물에 도전하고, 서로에게서 배우는 활동에 참여하면서, 젊은이들을 코칭하는 멘토에 더 가까워질 것이다. 이런 학교 활동에는 과학 프로젝트에서부터 기업가 프로그램, 연극 공연, 운동 경기, 리더십 워크숍 등이 포함될 수 있다.

우리는 딥 오토메이션이 가진 힘 덕분에 교육방식을 개혁하고 교과과정을 대폭적으로 개선할 수 있을 것이며, 천편일률적인 암기와 표준화된 시험은 언젠가 마차를 타고 직장에 출근하는 일처럼 시대착오적으로 보이게 될 것이다.

알고리즘 예술 : AI가 창의적이 될 수 있을까?

사람들은 창의력이 인류의 마지막 보루라고 주장해왔다. 기계가 다른 영역에서는 인간과 견주거나 인간을 능가하는 것이 가능할지 몰라도 의미 있는 그림이나 시, 음악은 결코 창작할 수 없다는 것이다. 결국 무생물에 불과한 실리콘 조각이 살아 있다는 것이 어떤 의미인지, 어떻게 알 수 있겠는가? 아무리 정교하다고 한들 알고리즘이 어떻게 인간의 경험을 이해할 수 있겠는가?

인간만이 자연과 우주에 관한 내적 진실을 표현할 능력이 있다는 것은 사람들이 흔히 가지고 있는 믿음이다. 기계가 눈길을 단번에 사로잡는 무엇인가를 만들 수 있을지는 몰라도, 살아 있지 않기 때문에 결코 삶의 정수를 포착할 수 없다. 알고리즘은 본질적으로 우리의 세상을 물들이는 감정을 볼 수 없기 때문에 그들이 창조하는 예술은 항상 결핍되어 있다는 것이다.

이런 논쟁이 설득력 있게 들리기는 하지만, 현재의 딥러닝 알고리즘은 이런 가정에 도전하고 있다. 럿거스 대학교의 연구자들은 페이스북의 AI 연구랩과 함께 "그림"을 창작할 수 있는 지적 알고리즘을 개발해왔다. 이 시스템은 15세기부터 현대까지 1,000명이 넘는 화가들의 그림 81,449점을 분석했다. 이 이미지들을 연구하면서 AI는 서로 다른 양식을 알아보는 법을 배웠다.

그런 다음 연구자들은 창의적인 대립 신경망adversarial network을 개발했다. 하나의 알고리즘이 새로운 이미지를 창조하면, 다른 알고리즘은 그 이미지가 예술로 볼 수 있는 것인지 혹은 작위적인 패턴인지를 결정한다. 목표는 보티첼리나 오키프의 작품을 창작하는 것이 아니다. 오히려 AI는 예술을 창조하도록 프로그래밍 되었다. 즉 그림을 보는 사람이 예술가의 이름을 댈 수는 없지만, 그 그림에 대가의 작품이 가지는 모든 특질을 담고 있도록 말이다. 달리 말해서 그 그림은 진정한 예술성을 가진 독창적인 작품으로 여겨질 것이다.

알고리즘이 완성되자 연구자들은 예술 비평가와 일반 대중을 섭외해서 이미지들을 제공한 후에 이를 평가하는 온라인 설문조사를 실시했다. AI가 만든 이미지들은 과거의 대가들이 그린 작품 옆에 전시되었다. 어떤 것이 AI가 그린 것인지 듣지 못한 대상자들은 이미지의 복잡성, 모호함, 새로움으로 점수를 매기도록 요청받았다. 그들은 또한 그 그림이 그들에게 영감을 주고 기분을 고양시키는지, 그들과 소통하고 있는지, 그리고 그들이 예술가의 의도를 볼 수 있었는지에 관한 질문을 받았다. 마지막으로 연구자들은 참가자에게 AI가 그렸다고 생각되는 이미지들을 골라달라고 요청했다. 놀랍게도 많은 베테랑 예술 평론가들조차도 대부분의 경우 어느 그림이 AI가 그린 것인지 구분하지 못했다.

럿거스 대학교의 아메드 엘가말 교수는 이렇게 썼다. "응답자들 중 75퍼센트가 그렇게 창조된 이미지들을 한 예술가가 그렸다고 생각했다."[18]

더 믿기 어려운 사실은 현재 예술 수집가들이 컴퓨터가 만든 예술에 엄청난 돈을 지불하고 있다는 점이다. 지난 2018년 10월, 파리에서 활동하는 한 예술가 집단이 개발한, AI가 창조한 캔버스 인쇄 작품인 「에드먼드 드 벨라미Edmond de Belamy」는 크리스티 경매소가 최초에 추정한 금액보다 40배 더 많은 43만2,500달러에 팔렸다. 크리스티 경매소는 알고리즘을 이용하여 창작한 최초의 초상화가 경매에 등장했다고 이 작품을 홍보했다. 같은 행사에서 실제 앤디 워홀의 프린트는 7만5,000달러에 팔렸고, 로이 리히텐슈타인의 청동 작품은 8만7,500달러에 팔렸다.

일부에서는 「에드먼드 드 벨라미」를 대중의 이목을 끌기 위한 행위로 평가절하할 수도 있다. 그러나 역사가 어떤 조짐을 알려주는 것이라면, 반대론자들이 틀렸던 경우가 이번이 처음은 아닐 것이다. 1917년에 예술가인 마르셀 뒤샹이 유럽에서 가장 까다로운 예술 평론가들에게 「샘」이라는 작품을 소개했을 때, 그들은 이를 장난으로 여기고 무시했다. 「샘」이 그저 공중화장실에서 볼 수 있는 소변기였다는 점에서 이는 놀라운 일은 아니었다. 하지만 오늘날 그 작품은 테이트 모던 미술관에 전시되어 있으며 중요한 작품으로 간주된다.

어째서 전 세계에서 가장 유명한 미술관 중 한 곳이 소변기를 전시하는지 궁금해하는 사람들이 많다. 그것은 이 작품이 우리가 예술을 생각하는 방식을 바꿔놓았기 때문이다. 이 작품은 예술이 아름답고 의미 있는 무엇인가를 손으로 창작하는 일 그 이상이라는 사실을 강조한다. 예술은 우리가 주변 세상을 보고 감상하는 방식을 변혁하는 일이다. 우리에게 말을 걸고, 우리 문화와 스스로에 대한 새로운 진실에 눈을 뜨게 해준다면, 어떤 것이든 예술이 될 수 있다. 「샘」은 공장에서 생산되었지만, 뒤샹이 이를 예술로 제시하기로 선택했기 때문에 지금은 예술로 간주된다. AI가 창조한 예술은 이와 다를까? 이것이 한 미술품 수집가가

「에드먼드 드 벨라미」에 기꺼이 상당한 돈을 지불하려는 이유이다. 그 수집가는 AI가 창조한 예술의 시대가 왔다고 믿는 것이 분명하다.

AI의 예술은 그림에만 국한되지 않는다. 컴퓨터들은 심지어 시를 쓰려는 시도까지 하고 있다. 2010년에 듀크 대학교의 대학원생인 재커리 숄은 문맥 자유 문법 시스템을 이용해서 자동 완성 시를 쓰게 했다. 그런 다음 그는 시를 올리는 웹사이트에 그 시들을 올렸고, 독자들의 반응을 기록했다. 긍정적인 반응이 압도적이었다. 숄은 계속해서 그 시들 중 하나를 듀크 대학교의 문학 잡지인 「디 아카이브(*The Archive*)」에 제출했고, 편집자들은 컴퓨터가 썼다는 사실을 알지 못한 채 그 시를 선택해 게재하기로 했다. 그 시는 다음과 같다.

번개를 맞아 변형된 집
균형 잡힌 벽감들은 억누른다.
이 만족할 줄 모르는 행성인 지구를.
그들은 이것을 기계로 된 뿔로 공격했다.
그들이 당신을 사랑하기 때문에. 불과 바람 속에 존재하는 사랑.
너는 말한다. 봄 속에서 기다리고 있는 이 시간은 무엇인가?
나는 그것이 당신의 흩날리는 가지를 기다리고 있다고 말한다.
당신은 왜 이것이 자라는지 모르는
달콤한 냄새가 나는 다이아몬드 건축물이기 때문에.[19]

당신이 이 시를 어떻게 생각하는지와 상관없이, 이 시는 알고리즘 예술로 향하는 작은 첫 걸음에 불과하다. 숄은 심지어 복잡한 AI를 사용하지도 않았다. 오늘날 다양한 팀의 연구자들은 단순히 AI에게 충분한 사례들을 제공함으로써, 셰익스피어, T. S. 엘리엇, 예이츠, 워즈워스를 포함한 어떤 작가의 스타일로도 시를 창작하게 할 수 있다.

로봇들이 로댕의 「생각하는 사람」이나 미켈란젤로의 「다비드」와 동일한 맥락에 있는 조각품들을 만들어내는 것도 시간문제일 뿐이다. 심지어 춤과 연극, 행위 예술에서도 언젠가 지능형 로봇들과 무대를 공유해야 할지도 모른다.

기계가 순수 미술작품을 대량으로 생산한다는 생각이 불쾌하게 느껴진다면, 당신 혼자만 그런 것은 아니다. 많은 사람들은 인간이 어떤 존재인지 이해조차 하지 못하는 기계가 우리의 가장 내밀한 공포와 욕망, 꿈을 포착하고 표현할 수 있는지를 묻는다. AI 예술은 단순히 파생적인 것은 아닐까? 그리고 심지어 그중 일부가 진정으로 "독창적"이라고 판명되었다고 해도 컴퓨터가 어떻게 빈센트 반 고흐나 파블로 피카소가 가졌던 통찰과 감성적인 울림에 필적할 수 있을까?

그러나 우리는 반 고흐나 피카소 같은 위대한 예술가들이 그들의 가장 유명한 작품을 창작할 때, 실제로 무슨 생각을 했는지 거의 알지 못한다는 것이 사실이다. 갤러리에 가거나 위대한 예술작품을 볼 때, 우리는 그 예술가가 작품을 보는 대로 그 작품을 보지 않는다. 우리는 매우 다른 무엇인가를 보고 있다. 우리 자신의 개인적 경험과 우리가 속해 있는 문화에 토대를 둔 무엇인가를 말이다.

심지어 내 옆에 서 있는 사람도 그 작품에 대해 상당히 다른 경험을 하게 될 것이다. 그 사람이 다른 문화나 사회경제적 집단 출신이라면 특히 더 그럴 것이다. 따라서 예술가가 대작을 창작할 때 무엇을 느끼거나 생각했는지가 중요할까? 그런 정보의 대부분은 우리에게 잊힌다는 것이 진실이다. 우리에게 남는 것은 사회가 우리에게 말해온 것들과 결합된, 그 작품에 대한 우리의 개인적인 해석뿐이다.

기계가 할 수 있는 일은 기존에 있던 주제를 변형하여 대량 생산하는 것 이상은 아니라고 폄하하기는 쉽다. 하지만 이것이 공정한 비판일까? 모든 예술가들이 모방을 통해서 배우고 나중에야 자신의 것을 독자적으로 시작하지 않는가? 반 고흐의 아이디어는 느닷없이 나온 것이 아니다. 그는 렘브란트와 도레를 연구했고, 고갱과 밀레의 영향을 많이 받았다. 그는 외부와 단절된 상태에서 작업한 것이 아니다. 반 고흐의 예술은 그의 시대를 휩싸고 관통하던 아이디어와 흐름의 융합이었다.

피카소의 작품은 급진적으로 보이기도 하지만, 그의 주변에서 소용돌이치던 문화적 동력의 영향도 그만큼 받았다. 그는 인상주의와 원시주의, 이베리아식 조각, 아프리카 부족들의 가면에서 영감을 얻었다. 그는 이 형태들을 취해서 자기만의 미학과 결합하기 시작했다. 예술을 창조하는 과정을 보면, 이는 언제나 가까이 있는 아이디어들을 다루는 작업들 중 하나이다. 예술가들이 하는 작업은 딥러닝 알고리즘이 예술을 창조하는 방식과 그다지 다르지 않다. 이것은 마법이 아니다. 그들은 새롭고 신선한 접근방식을 생각해내기 위해서 다양한 양식과 아이디어를 혼합하면서 콤비 플레이에 참여한다.

컴퓨터가 예술적 과정을 점점 더 많이 복제할 수 있게 되면서 대부분의 사람들이 그들의 작품을 진정한 예술로 인식하게 될 가능성은 높아질 것이다. 그들의 작품이 인간이 창조한 예술과 같지 않을 수는 있지만 결코 덜 "예술적"이지는 않을 것이다.

컴퓨터는 결코 예술을 창조할 수 없다고 말할 때, 사람들은 예술이 곧 예술가가 아니라는 사실을 깨닫지 못하는 것이다. 예술은 당신이 보고, 듣고, 만지는 것이 아니다. 물리적 성질은 표층에 불과하다. 예술은 당신이 그것을 경험하면서 느끼고 생각하는 것이다. 예술은 인간의 두뇌 안에서 창조되고 머무른다. 우리는 예술을 감정으로 가득 채운다. 우리 뇌는 이미지와 단어, 소리를 해석하고, 이들을 의미 있는 뭔가로 변환시킨다. 알고리즘은 사회를 이해하고 데이터에서 정보를 추출하면서, 이런 대화에 참여할 수 있을 것이다.

컴퓨터는 또다른 초능력을 창의적인 과정에 이용할 수 있다. 바로 통계를 이해하는 능력이다. 인간은 선천적으로 대량으로 제공되는 수치 데이터를 분석하는 일에 형편없지만, 알고리즘은 이 분야에서 탁월하다. 무엇이 예술을 "예술"로 만드는가를 알아내려면 컴퓨터는 그저 우리에게 의지하면 된다. 예를 들면 AI는 페이스북이나 트위터 같은 소셜 네트워크에 그들의 작품을 올리고 사람들의 반응을 살펴볼 수 있다. 사용자들이 얼마나 오래 이 작품을 감상하는가? 그들이 이를 얼마나 많이 공유하는가? 평가는 어떤 내용인가? 이런 유형의 데이터는 신경망 네트워크가 서서히 어떤 것이 효과가 있고 어떤 것은 그렇지 않은지에 집중하게 하면서 새로운 단계의 반복작업에 들어가도록 만들 수 있다.

인간과 비교하면 컴퓨터는 이런 일을 실시간으로 할 수 있는데다가 비용도 무시할 수 있을 정도로 적다는 이점이 있다. 강력한 AI 플랫폼은 피드백을 받아들일 수 있고, 어떤 예술 형태의 디지털 표현도 몇 밀리초 안에 수정할 수 있으며, 수정된 내용에 대해서 더 많은 피드백을 모을 수 있다. 어떤 인간도 몇 분의 1초 안에 전체 예술작품을 다시 작업할 수 없으며, 이를 실험하고, 분석하고, 특정한 기준을 중심으로 최적화할 수 없다. 달리 말해서 컴퓨터 네트워크가 가진 힘을 활용한다면 우리는 이전에 경험한 어떤 것보다 더 매력적이고, 설득력이 있으며, 우리를 흥분시키는 예술을 생성할 잠재력을 가질 수 있다. 알고리즘이, 우리 스스로가 창조할 수 있는 모든 것을 넘어서는 예술을 만들 때까지는 오랜 시간이 걸리지 않을 것이다. 급진적인 선언처럼 들릴지도 모르지만 그렇지 않다. 이는 우리가 이미 접어든 경로의 연장선일 뿐이다.

웨어러블 기기들을 이용해서 이제 컴퓨터는 심장 박동수와 체온, 땀, 그외 다른 신체 기능들을 기록할 수 있다. 카메라와 다른 센서들로 우리는 누군가의 감정 상태, 반응, 의도 등을 유추할 수 있다. 뇌-컴퓨터 인터페이스를 이용하면 인간의 뇌파를 기록할 수 있고, 심지어 특정한 생각과 감정도 포착할 수 있게 될 것이다. 알고리즘은 이 데이터를 활용하여 주어진 예술 작품에 인간들이 어떻게 반응할 것인지를 정확하게 결정하고, 그 데이터를 이용해서 우리의 집단적이고 개인적인 영혼 깊은 곳에서 심금을 울릴 때까지 반복해서 작품을 만들 것이다.

알고리즘은 심지어 우리의 개인적인 소망과 공포, 욕망을 이용한 개별 예술 작품들을 설계할 수도 있다. 이 모두는 데이터로 귀결된다. 기계가 우리를 더 많이 알게 될수록 그들은 우리가 예술에서 필요한 것이 무엇인지를 더 잘 파악하게 될 것이다. 결국 그 데이터는 우리의 마음과 신체에서 직접 나온다. 우리는 상상할 수 있는 가장 개인적인 방식으로 예술이 무엇인지를 기계에게 알려주게 될 것이다. 기계들은 단순히 그 수작업의 노동을 하게 될 것이다. 우리가 하나의 예술 작품을 거부하면, 기계는 우리의 승인을 얻을 때까지 또다시 계속해서 시도할 것이다. 우리는 무엇이 진정한 예술이고 무엇이 예술이 아닌지 논쟁할 수는 있지만, 결국 예술은 그것이 무엇이건 우리가 만드는 것이 될 것이다. 인간 지능이 만든 것인지, 인공지능이 만든 것인지, 그 둘이 결합해서 만든 것인지는 중요하지 않다.

나의 직감으로는 지금부터 50년 후가 되면 컴퓨터가 진정한 예술을 창작할 수 있는지 묻는 일조차도 어리석어 보일 것이다. 그 대신 우리가 예술 그 자체와 어떻게 상호작용하고, 예술이 우리의 삶에서 어떤 역할을 하는지에 더 신경을 쓰게 될 것이다. 예술의 가치는 그것이 우리 자신과 사회에 대해 무엇을 말해주는가에 달려 있다. 이는 선사시대 선조들이 동굴 벽에 그림을 그리기 시작했을 때부터 진실이었다. 이런 일이 일어나면, 가장 강력한 영향력을 가장 널리 미칠 수 있는 예술은 어떤 방식으로 창조되었는지에 상관없이 우리의 의식을 지배할 것이다.

실리콘밸리와 할리우드의 미래

엔터테인먼트의 미래는 할리우드 대로 혹은 실리콘밸리를 관통할까? 밝혀진 바에 따르면, 이 두 도로는 서로 떨어져 있지만, 현재 똑같은 하이테크 슈퍼 하이웨이로 나아가는 진입차선에 해당한다. 온라인 컨텐츠 유통이 빠르게 성장하면서, 엔터테인먼트 산업은 이미 근본적인 변화를 겪고 있다. 대형 스튜디오의 경우, 공중파 방송, 케이블 네트워크, 극장들을 통제하는 것만으로는 더 이상 충분하지 않다. 실질적인 상황은 넷플릭스, 훌루, 디즈니플러스, 아마존, 아이튠즈, 스포티파이에서 벌어지는 중이다.

이 플랫폼들의 힘은 가공하지 않은 데이터와 시청 습관을 정확하게 예측하는 능력에 있다. 10여 명의 사람들을 초대해서 파일럿 프로그램을 시청한 다음 피드백을 받는 포커스 그룹을 운영하는 것은 더 이상 의미가 없다. 시청자들이 말하는 자신의 행동에 대한 계획보다 그들이 실제로 하는 행동에 대한 데이터를 수집하는 편이 훨씬 더 낫다. 넷플릭스는 편안한 버뱅크*의 사무실에서 과도한 월급을 받는 스튜디오 임원들이 실리콘밸리에서 숫자를 두들기는 괴짜들을 이길 수 없음을 증명했다.

넷플릭스는 데이터를 이용해서 스튜디오 시스템을 재창조했다. 그들은 딥러닝 알고리즘을 활용하여 시청자들이 보는 프로그램을 분석하고 그들이 다음에 원하게 될 프로그램의 유형을 결정한다. 이런 통찰로 무장한 다음, 그들은 남쪽 로스앤젤레스로 향해 그들의 컨텐츠를 제작하고 거기에 출연할 최고의 인재를 채용한다. 이런 기술과 인적 재능의 결합은 우승 공식임이 증명되었다.

로스앤젤레스에 자리한 스타트업인 시네리틱Cinelytic은 워너브라더스와 소니픽처스 같은 스튜디오들이 실리콘밸리를 모방하면서 데이터를 활용해 엔터테인먼트 프로젝트의 진행 여부를 결정하도록 도와준다. 시네리틱은 그들이 9만5,000편 이상의 영화와 50만 명의 영화 전문가들에게서 얻은 데이터 덕분에 박스오피스 수입을 85퍼센트 이내의 정확도 수준에서 예측할 수 있다고 주장한다.

이런 예측의 한 가지 사례가 「헬보이」의 리부트 편이었다. 시네리틱은 이 영화가 박스오피스에서 실패할 거라고 내다보았고, 그 예측은 정확하게 맞아떨어졌다. 시네리틱의 딥러닝 알고리즘은 이 영화의 예산이 5,000만 달렀음에도 미국에서 박스오피스 수입은 2,320만 달러에 불과할 것이라고 예측했다. 영화는 예상보다 더 나쁜 2,190만 달러라는 실적을 거두었다.

2년간 영화 산업에 몸담았던 시네리틱의 CEO 토비아스 퀘이서는 좋

---

* 미국 캘리포니아 주 로스앤젤레스 북부의 도시로 영화 촬영 및 텔레비전 산업의 중심지. 디즈니 스튜디오 본사가 있다.

은 데이터가 부족하다는 사실에 끊임없는 좌절감을 느껴왔다. 그는 영화계에서 어떤 프로젝트의 잠재력을 선별할 때에 이용하는 엑셀 문서와 끝없는 회의 같은 방식이 고리타분하다고 느꼈다. 과거 금융 분야에서 일하면서 실시간 데이터에 접근할 수 있었던 그는 영화사 임원들에게 이런 데이터를 제공하는 데에서 사업의 기회를 찾았다.

할리우드 제작사들이 실리콘밸리와의 경쟁을 시도하며 스트리밍 쪽으로 옮겨오면서 시네리틱은 그들을 돕고 있다. 이 제작사들은 넷플릭스와 아마존처럼 방대한 양의 데이터에 접근할 수 없기 때문에 불리한 상황에 처해 있다. 이 점을 보완하기 위해서 시네리틱은 전 세계의 불법 다운로드를 모니터링하고 있다. 그리고 그들은 사람들이 다운로드하는 작품과 스트리밍 채널에서 보게 될 작품 간의 높은 상관관계를 발견했다. 그들은 여기에서 얻은 통찰을 제작사 임원들에게 전달했고, 그들이 스트리밍 서비스에서 인기가 있을 만한 프로젝트를 결정하는 데 도움을 주었다.

스타트업인 스크립트북ScriptBook은 이 퍼즐의 다른 조각들과 씨름하고 있다. 이 회사는 감정과 주인공의 여정, 관객이 느끼는 매력, 막의 구조를 포함한 400개의 서로 다른 추천 기준을 근거로 대본을 분석할 때, 머신러닝과 자연어 처리를 활용한다. 그런 다음 그 대본이 제작할 만한 가치가 있는지를 결정한다. 이 회사는 그들의 정확도가 84퍼센트라고 주장한다. 이는 인간의 정확도보다 3배나 높은 수준이다. 자신들의 주장을 입증하기 위해서 스크립트북은 62편의 소니 영화 대본에 대한 테스트를 소급해서 실시했다. 그들은 그 기간 동안 손실을 기록한 32편의 소니 영화들 중 22편을 성공적으로 찾아냈다.

스크립트북의 창업자이자 CEO인 나디라 아제르마이는 이렇게 말한다. "소니가 우리 시스템을 이용했다면, 재정적으로 실패한 22편의 영화를 제작하지 않았을 수도 있다."[20]

스크립트북은 5분이면 대본 1편을 분석한다. 이들은 미국 영화협회 MPAA의 관람등급을 예측하고, 등장인물들을 평가하고, 주인공과 그와 대립하는 인물을 파악하고, 목표 관객의 성별과 인종을 예측하고, 박스오피스 수입을 추정한다.

스크립트북의 데이터 과학자인 미키엘 루엘른즈는 말한다. "우리가 이 시스템을 고객에게 보여주면, 첫 번째 질문은 도대체 대본을 컴퓨터에게 주고 컴퓨터가 이 모든 결과를 제시하는 것이 가능하기나 한 건가요?이다."[21]

그들의 비법은 과거 영화 수천 편의 대본을 대상으로 딥러닝 알고리즘을 훈련시킨 다음 이를 현재 프로젝트와 비교하도록 하는 것이다. 이 소프트웨어는 완벽하지 않다. 「라라랜드」의 박스오피스 잠재력을 소급해서 평가했을 때, 스크립트북은 이 영화가 5,900만 달러의 수입을 거둘 거라고 추정했지만, 실제로는 1억5,000만 달러 이상의 수익을 올렸다. 물론 이 시스템이 영화를 긍정적으로 평가한 부분은 맞았다.

우리는 진정으로 AI가 어떤 프로젝트를 영화로 제작할지를 결정하기를 바랄까? 현재의 AI는 드라마나 코미디가 무엇인지도 모른다. 알고리즘은 농담에 웃을 줄도 모르고, 비극적인 장면에서도 울지 못한다. 알고리즘은 하나의 데이터 세트를 다른 데이터 세트와 비교할 뿐이며 현실 세계에 대한 개념은 없다.

대부분의 경우 그 소프트웨어의 재무적 추정이 옳다고 하더라도, 그 소프트웨어가 특정한 유형의 콘텐츠를 걸러낼 가능성이 실제로 존재한다. AI는 오로지 과거와 성공적인 것들만 보기 때문이다. 그들의 데이터가 토대로 삼는 것은 이미 일어난 일이지 일어날 수도 있는 일이 아니다. 따라서 이 소프트웨어는 본질적으로 편향되어 있다. 멕시코나 필리핀 배우들이 나온 블록버스터들을 많이 보지 못한다면, 머신러닝 알고리즘은 단순히 그런 영화들이 크게 돈벌이가 되지 않기 때문이라고 가정할 것이다. 위험은 이 소프트웨어가 미묘한 형태의 블랙리스트가 될 수 있다는 점이다.

새롭고 실험적인 아이디어도 마찬가지이다. 스탠리 큐브릭, 아녜스 바르다, 오즈 야스지로, 페데리코 펠리니가 등장했을 때 이 기술이 존재했다면, 그들은 결코 기회를 얻지 못했을 수도 있다. 이런 문제는 부분적으로는 사회가 그대로 멈춰 있지 않기 때문이다. 취향은 변하고 트렌드가 등장한다. 과거에 효과가 있었다고 반드시 미래에도 반향을 가져올 수 있는 것은 아니다. 이는 시대를 약간 앞서는 아이디어들이 이미 시도된 것들과 검증된 것들로 인해서 옆으로 밀려날 수도 있음을 의미한다.

실패에도 가치가 있다. 이 사회에서 가치 있는 존재가 되기 위해서 모든 영화가 즉각적으로 수익을 거둬야 하는 것은 아니다. 「블레이드 러너」는 박스오피스 실패작이었다. 제작에 2,800만 달러가 들었지만, 개봉 첫 주에 600만 달러밖에 벌어들이지 못했다. 하지만 그 영화는 오늘날 전 시대를 통틀어 가장 위대한 공상과학영화 중 한 편이 되었다. 우리가 알고리즘에만 의존하다가, 대담하지만 증명되지 않은 비전을 가지고 위험을 감수하는 일이 할리우드에서 과거의 유물이 되는 지경까지 간다면, 얼마나 수치스러운 일이인가.

AI를 위한 시장정보 플랫폼인 코그니션 X[Cognition X]의 공동창업자이자 영국 정부의 AI 자문위원회 의장인 타비다 골드스타우브는 이렇게 말한다. "우리는 이미 기존의 틀을 벗어났기 때문이 아니라 안전하기 때문에 점점 더 많은 리메이크와 속편이 제작되는 현실을 보고 있다. 많은 사람들은 그것은 수학이기 때문에 편향될 수 없다고 생각하지만 실제로는 정반대이다."[22]

어떤 이야기를 영화화할지를 선택하는 것은 별개의 문제이지만, AI가 전체 제작 과정을 자동화하게 된다면 어떤 일이 생길까? 여전히 핵심 일원으로서 인간이 필요할까? 할리우드 스타들의 시절은 막을 내리고 있는 것일까? 음악 산업부터 살펴보자. 영화나 TV쇼보다는 AI가 창작한 앨범을 제작하는 편이 훨씬 더 쉽다. 새로운 AI 음악 스타트업이 물결처럼 밀려왔고, 그들은 맹렬한 속도로 AI가 창작한 곡들을 쏟아내고 있다. 여기에는 알고리즘을 사용해서 놀랄 만큼 들기 좋은 음악과 비트를 만들어내는 비트 블렌더Beat Blender, 뉴럴 드럼 머신Neural Drum Machine, 피아노 지니Piano Genie가 포함된다.

소니에는 플로 머신즈Flow Machines라는 자체 프로젝트가 있다. 이 프로그램은 수만 곡의 노래를 분석한 후, 연주 악보와 오디오 스템*들을 작곡할 수 있다. AI는 결코 음악 이론을 배우지 않았다. 누구도 AI에게 코드나 3화음triads을 가르치지 않았다. AI는 기존 음악을 분석하면서 모든 것을 스스로 배웠다.

소니의 선임 연구원인 피에르 로이는 말한다. "우리는 그 기계에 음악적 규칙이나 추상적인 음악적 지식을 제공하지 않는다. 이것은 데이터에서 배운 내용을 바탕으로 음악을 만드는 기계일 뿐이다."[23]

싱어송라이터이자 「아메리칸 아이돌」 출신의 스타인 타린 서던은 AI 음악 소프트웨어의 얼리어답터였다. 서던은 앰퍼Amper를 사용하여 「브레

---

* 곡을 구성하는 보컬 및 악기 각각의 음원.

이크 프리」라는 곡을 작곡했는데, 사용하고 싶은 악기와 시간당 비트, 장르를 구체화하는 것으로 작업을 시작했다. 그러자 AI는 다양한 음악 요소들을 잇달아 내놓았고, 그녀는 이를 재배열해 노래로 만들었다. 서던은 또한 AI의 도움을 받은 자신의 첫 앨범 「나는 AI」를 제작하기 위해서 구글의 마젠타^{Magenta}, IBM의 왓슨 비트^{Watson Beat}, 아이바^{AIVA}를 포함한 다른 플랫폼들도 활용했다.

서던은 말한다. "네, 완전히 부정행위를 하는 거죠. 만약 음악이란 게 일종의 최종 목표에 도달하기 위해 모든 사람이 고수해야만 하는 하나의 과정이라고 구체적으로 규정된다면, 그렇다면, 네, 저는 부정행위를 하는 게 맞죠. 저는 그런 부정행위자들을 위해 앞장서고 있습니다."[24]

이것이 미래일까? 웨이브AI^{WaveAI}의 CEO이자 공동창업자인 마야 애커먼은 그렇게 생각한다. 그녀가 재능과 상관없이 누구나 엄청나게 쉽게 음악을 창작할 수 있게 해주는 앱인 알리시아^{ALYSIA}를 개발한 이유이다. AI는 사용자의 분위기에 적합한 곡들을 창작할 뿐만 아니라 가사도 제안한다. 그리고 사용자가 그 노래를 부르고 싶은 기분이 아닐 때에는 AI가 그를 위해 그 노래를 불러줄 것이다.

애커먼은 음악을 창작하는 과정이 억눌린 감정을 표출하고, 복잡한 감정들을 해소할 수 있도록 함으로써 사람들의 삶을 바꿔놓을 힘을 지녔다고 믿는다. 알리시아에 관한 아이디어는 그녀 자신의 힘들었던 경험에서 탄생했다. 어린 시절 그녀는 피아노 치기를 좋아했지만 열두 살 무렵에 부모님은 피아노를 팔아야 했고, 다시 새로운 피아노를 살 여유는 생기지 않았다. 그녀는 대학에서 컴퓨터공학을 공부했지만 항상 음악적으로 자신을 표현하기를 갈망했다.

애커먼은 말한다. "지금까지 나는 내가 정말로 뭔가가 빠진 상태라는 것을 알고 있었다. 내 안의 예술가는 굶주리고 있었다. 그래서 보컬 강습을 받기 시작했다. 그 결정은 나의 삶을 바꿔놓았다. 처음에는 상당히 형편없는 가수였지만 9개월 안에 절반은 전문적인 오페라 가수가 될 수 있었다."[25]

그녀는 현재 다른 사람들이 음악적 꿈을 이룰 수 있도록 돕는 임무를 수행 중이다. AI 연구자이자 교수인 그녀는 알리시아에 관한 아이디어를 떠올렸다. 그녀는 이렇게 설명한다. "음악가로서 당신은 정말로 자신의 음악을 가질 필요가 있다. 나는 제작자가 되기 위해 3년 동안 공부하고, 피아노와 즉흥곡 레슨을 받으면서 매진했지만, 독창적인 좋은 곡을 만들기 위해 필요한 뭔가가 부족한 것만 같았다. 결국 나의 음악적 꿈을 실현시켜줄 수 있는 것은 나의 머신러닝 기술이라는 사실을 깨닫게 되었다."[26]

애커먼은 거기서 멈추지 않았다. 그녀의 스타트업은 가사와 음성 멜로디 모두를 완전히 AI가 만든 최초의 앨범이라고 주장하는 「미스 블루 크리스마스」를 출시했다. 인간은 필요 없었다.

AI가 만든 음악은 얼마나 좋을까? 글쎄, 당신이 판정단이 될 수 있다. 그런 음악은 분명 기업 영상물이나 광고, 게임용으로는 충분히 좋다. 하지만 당신이 조만간 판도라와 스포티파이, 유튜브, 다른 서비스에서 알고리즘 음악을 듣게 될까? 좋아하건 아니건, 당신은 그 음악을 이미 듣고 있는지도 모른다. 그저 그 사실을 모를 뿐이다. 스포티파이 같은 온라인 음악 회사들의 가장 큰 비용은 저작권료이다. 만약 유통되는 음악에 대한 저작권료를 창작자에게 지급할 필요가 없다면, 그들의 수익은 치솟을 것이다. 스포티파이는 이 사실을 염두에 두고 대중음악계에서 AI 적용에 관한 최고의 전문가 중 한 사람인 프랑수아 파셰를 고용했을 수도 있다.

파셰는 소니의 플로 머신즈로 발전한 플로 컴포저Flow Composer의 공동 창작자이다. 파셰는 또한 2012년에 AI를 이용해 작곡한 첫 팝송으로 알려진 곡을 만들었고, AI를 전문적으로 사용하여 음악 제작에 전념하는 최초의 음반사를 설립했다. 스포티파이와 다른 회사들이 자동화된 음악 제작을 활성화하는 것은 시간문제일 뿐이다. 틱톡은 또다른 AI 음악 스타트업인 주크박스Jukebox를 인수하여 그 첫 발을 내딛었다. 당신이 틱톡의 팬이라면 그들의 영상에서 AI가 작곡한 음악을 점점 더 많이 듣게 될 것이다.

웹사이트인 "뮤직 비즈니스 월드"는 스포티파이가 이미 플레이리스트에 가짜 예술가들의 음악을 계획적으로 편성하고 있다는 사실을 포착했다. 듣자하니 스포티파이는 최고의 음악 프로듀서들에게 돈을 지급하고 잘 알려져 있지 않은 가명으로 트랙을 창작하도록 해왔다고 한다. 왜 그들이 그런 일을 하는 것일까? 음반사들의 손아귀와 돈이 많이 드는 수입 공유 거래에서 빠져나오기 위해서이다. 대개 전체 수입의 55퍼센트가 음악에 대한 권리를 소유한 사람에게 간다.

스포티파이가 소유한 트랙들은 각각 스트리밍 횟수가 50만 건이 넘으며, 시간이 갈수록 더 많은 수익을 가져올 것이다. 만약 스포티파이 같은 회사가 비용을 낮추기 위해서 인간인 가짜 아티스트들에 의한 음악을 출시할 생각이 있다면, 컴퓨터가 만든 음악도 고려할 것임에는 의심의 여지가 거의 없다. 그들은 심지어 밴드 구성원으로 사람 이름처럼 들리는 이름을 들고 나올 수도 있다. 사람들이 들어보기도 전에 그 음악을 바로 거부하지 않도록 하기 위해서 말이다.

음악 플랫폼들에는 이 핵심 단계의 일원으로서 인간이 필요 없어지는 시점이 올 것이다. 그들은 모든 사람이 쉽게 좋아할 수 있도록 데이터를 활용한 맞춤형 음악 채널들을 쏟아부을 수도 있다. 당신이 테일러 스위프트나 아델, 엘튼 존의 열렬한 팬이라면, 당신의 맞춤형 라디오 스테이션에서는 비용을 거의 들이지 않고 변주곡들을 끊임없이 만들 수도 있다. 심지어 비틀즈와 브루노 마스 같은, 사용자들이 선호하는 밴드들을 혼합해서 독창적인 히트곡을 들고 나올 수도 있다.

오늘날 들을 수 있는 알고리즘 음악은 앞으로 다가올 것에 비하면 아무것도 아니다. 오사카 대학교 연구진은 음악을 들을 때, 사람들의 뇌파를 분석하는 머신러닝 기기를 개발했다. 더 브레인 뮤직The Brain Music의 헤드셋은 사람들이 다양한 곡을 들으면서 어떻게 느끼는지를 검토하고 거기에 맞춰서 더 감정적이고 만족스러운 경험을 제공할 수 있도록 음악을 바꾼다.

이 플랫폼들은 뇌-컴퓨터 인터페이스와 피트니스 트래커, 스마트워치 같은 기기에서 나온 데이터를 이용해서 당신이 에너지가 넘치는 상태건, 긴장이 이완된 상태건, 향수에 젖은 상태건, 의욕에 넘치건, 생산적이건, 열정적이건 상관없이, 당신의 기분과 정확하게 맞는 음악을 찾아낼 것이다. 따라서 헬스장에서 운동을 하고 있건 소파에서 쉬고 있건 상관없이 AI는 당신이 플레이 버튼을 누르기만을 기다리면서 완벽한 음악을 준비해둘 것이고, 거기에 저작권료는 한 푼도 들지 않을 것이다.

이런 상황이 제기하는 중요한 질문들은 다음과 같다. AI가 지배하는 미래에는 열심히 일하는 뮤지션들이 생계를 유지하기 위해서 무엇을 해야 할까? 그들은 유통 수단을 통제할 수 없고, 일단 기계들이 그들보다 더 많은 가치를 제공할 수 있다면, 저작권료 설정 협상에서 그들은 불리한 상황에 처하게 될 것이다. 인간 공연자들에게는 라이브쇼와 콘서트가 마지막 피난처가 될 수도 있다. 사람들은 여전히 무대 위에 있는 사람을 보고 싶어할 수도 있고, 음악이 가진 매력의 일부는 음악 뒤에 자리한 개성이기 때문이다. 다가올 몇 년 동안 이런 상황은 계속되겠지만, 우리가 이제까지 만난 어떤 인간보다 더 인간 같은 아바타들과 가상 세계에서 더 많은 시간을 보내게 되는 시점이 오면, 라이브 콘서트라는 개념조차 달라질 수 있을 것이다.

미래의 가상 뮤지션들은 AI가 주도하는 개성과 배경 이야기로 완벽함을 갖추게 될 것이다. 장점은 당신이 좋아하는 아티스트와 일대일로 원하는 만큼 많은 시간을 보낼 수 있다는 점이다. 그들은 인간이 아니겠지만 VR 속에서는 그 무엇보다 더 현실적이기 때문에 당신은 거기에 신경 쓰지 않을 것이다. 그리고 그들에게는 그 세계 속에서 당신을 즐겁게 해줄 시간이 차고도 넘친다.

우리는 자동화로 인해서 일자리가 사라질 것을 걱정해야 할 사람들이 우버 운전자와 공장 노동자들만은 아닌 미래로 진입하고 있다. 심지어 뮤지션들도 위험하다. 소비자들의 대다수는 계속해서 진짜 인간이 만든 음악을 선호할 것이라고 주장하는 사람도 있을 것이다. 하지만 그렇지 않을 수도 있다. 제품의 질이 좋고 가격이 적정하기만 하다면, 사람들은 시스템이 제공하는 것을 택하는 경향이 있다. 결국 우리도 모두 수제 의류나 가구, 장인이 만든 식기류를 살 수 있지만 대개는 대량 생산된 제품을 선택한다. 특히나 애초부터 디지털인 음악이 왜 달라야 하는가?

미래에 영화와 TV 스타들은 뮤지션들보다 상황이 더 나을까? 우리는 이미 AI가 할리우드에 미친 영향을 본 적이 있다. 후반 제작과정을 살펴보면 AI가 편집부터 음향 제작까지 모든 것이 자동화되도록 뒷받침하고 있다. 게다가 일종의 특수효과가 포함되지 않은 영화는 찾아보기가 어렵다. 「로그 원:스타워즈 스토리」는 핵심 엔딩 장면을 위해서 리아 공주의 CGI 버전을 재도입했다. 그렇다면 다음은 무엇일까? 완벽하게 AI가 제작한 장편 극영화일까?

맞다. 그것도 등장할 예정이다. 제임스 딘은 반세기도 더 전에 사망했지만 만인의 연인이었던 그는 컴퓨터 그래픽의 기적으로 현대 영화에 출연하기 위해서 되살아나는 중이다. 컴퓨터 도플갱어가 제임스 딘처럼 보이고, 말하고, 행동한다면, 그리고 박스오피스에서 이 영화가 판매된다면 보지 않을 이유가 있을까? 이런 유형의 가상 배우는 점점 더 흔해지기만 할 것이다. 기술이 진보하면서 우리가 실제 사람을 보는 것인지 컴퓨터가 만들어낸 복제인간을 보는 것인지 구별하기란 불가능해질 수도 있다.

심지어 현재 가장 유명한 스타들이 영화 촬영 세트에 잠시 등장하고, 그 뒷부분은 그들의 AI가 이어받도록 허용하는 경우를 보게 될 수도 있을 것이다. 이렇게 되면 그들은 동시에 여러 편의 영화에 자유롭게 출연하거나 갈라 행사에 참석할 수 있게 되고, 아무도 눈치채지 못할 것이다. 연기는 힘든 일이다. 그들이 페르소나를 사용하도록 허용하는 편이 더 합리적일 수도 있다. 같은 방식으로 스파이더맨과 인크레더블 헐크도 대형 프랜차이즈가 되었고, 배우와 뮤지션들은 자신의 브랜드 사용권을 빌려주고 시간의 대부분을 홍보나 팬들과의 교류에 쓸 수도 있다. 어떤 배우를 복제하기 위해서 AI와 CGI를 이용하는 일은 유명인들이 회고록을 대필할 누군가를 고용하고 모든 공로는 자신이 차지하는 오늘날의 상황과 흡사할 수도 있다.

사이파이 런던^{Sci-Fi London}의 이사인 루이스 사비는 AI가 쓴 최초의 영화 대본들 중 하나에 대해서 내게 이야기해주었다. 제목은 「선스프링」이다. 이 영화는 모든 것이 보이는 것과 다른 이상한 미래에 살고 있는 사람들에 관한 공상과학 단편영화이다. 오스카상을 받을 만한 정도는 아니지만 흥미롭다. 사비는 대부분의 사람들이 AI가 이 영화의 대본을 썼다는 사실을 알아차리지 못했다고 설명했다. 그들은 그저 예술적이고 다소 이상한 영화라고 생각했다.

오늘날 AI가 쓴 대본에는 미흡한 점이 많지만, AI가 작성한 뉴스는 상승세를 타고 있다. 금융 관련 최신 뉴스부터 날씨 예보까지 우리가 온라인에서 읽는 내용이 스마트 알고리즘의 산물인 경우가 점점 더 많아질 것이다. 「블룸버그 뉴스」에서 발행하는 컨텐츠 중 3분의 1 이상이 일종의 자동화된 기술을 사용한 것이며, 그 수치는 계속 높아질 것이다. 기자들은 비용이 많이 들고 느리며, 금융 데이터는 신속하게 업데이트될 필요가 있다. 산문의 품질보다 타이밍이 때로는 더 중요하다.

금융 관련 뉴스만이 아니다. 로봇 기자들은 「AP 통신」을 위한 마이너리그 야구 기사, 「로스앤젤레스 타임스」를 위한 지진 관련 기사, 「워싱턴 포스트」를 위한 고교축구 관련 기사를 쏟아내왔다. 「포브스」는 버티[Bertie]라는 AI를 이용해서 기자들에게 기사 초고와 스토리 템플릿을 제공하는 실험을 해오고 있다. 낮아지는 수익률로 고전 중인 언론계에서 이런 유형의 딥 오토메이션은 합리적일 수밖에 없다.

중국은 현재 AI 뉴스 앵커를 최초로 도입했다. 「신화통신」은 "그 아나운서는 스스로 라이브 방송 영상을 보면서 학습하고, 전문 뉴스 앵커처럼 텍스트를 자연스럽게 읽을 수 있다"고 보도했다.[27]

기술이 진보하면 정말로 AI가 성공적인 영화 대본이나 소설을 쓸 수 있게 될까? 텔레비전 개발부문 임원이자 극작가로 할리우드에서 일했던 만큼, 나는 대부분의 영화가 상당히 정형화되어 있다고 말할 수 있다. 영화를 충분히 많이 본 사람에게는 다음에 무슨 일이 일어날지 예측하기가 어렵지 않다. 현실적인 대화를 나누면서 캐릭터가 주도하는 이야기를 쓰는 것은 AI가 빠른 시간 내에 숙달할 수 있는 일은 아니다. 하지만 연구조사를 더 잘하고, 아이디어를 창출하고, 구조를 분석하는 일은 물론, 심지어 그럴듯한 줄거리의 윤곽을 잡는 일에서도 AI는 작가들을 도와줄 수 있을 것이다.

사실상 이는 스크립트북이 연구 중인 다른 프로젝트이기도 하다. 그들은 이 시나리오 작성 소프트웨어를 딥스토리DeepStory라고 부른다.

아제르마이는 이렇게 말했다. "우리는 다음 장면이 어디로 흘러가야 할지 알 수 없을 때마다 딥스토리가 이야기를 창작할 수 있게 하는, 차세대 작가들의 방을 상상한다. 이 엔진은 당신이 쓴 모든 것을 고려한 다음, 다음 장면이나 다음 10페이지의 대본을 제공하거나 혹은 결말까지 그 이야기를 쓸 것이다."[28] AI가 창작한 대본을 당신이 어떻게 생각하건, 콘티 관리와 편집, 자료화면 아카이브, 색 조정, 보정, 현지화, 특수효과와 같은 복잡한 과정을 자동화하는 문제에서는 특히 말할 것도 없이, 알고리즘은 영화산업의 제작과 후반 작업 단계에서 엄청나게 유용하다는 사실이 판명되었다.

오늘날 컴퓨터가 만든 장면이나 사운드 효과와 실제를 구분하기는 어렵다. 「토이스토리」나 「겨울왕국」 같은 CGI 영화는 이미 큰 성공을 거두었다. 다음 단계는 AI를 활용해서 실시간으로 영화의 대체 버전을 만드는 일이 될 수도 있다. 우리는 이미 알고리즘을 이용해서 즉흥적으로 세계를 만들어내는 컴퓨터 게임에서 이를 보고 있다. 게이머들에게 물어본다면, 그들은 그 세계를 인간이 만들었는지 AI가 만들었는지는 신경

쓰지 않는다. 그들이 원하는 것은 멋진 게임을 하는 일뿐이다. 영화 제작에도 유사한 기술을 이용하지 않을 이유가 무엇이겠는가?

실시간으로 전환되는, AI가 만든 컨텐츠는 완전히 다른 종류의 관람 경험을 제공할 것이다. 미래의 영화나 TV 시리즈를 보고 있다고 상상해 보라. 우리는 그 이야기에 등장시키고 싶은 남녀 배우를 선택할 수 있을지도 모른다. 당신은 레오나르도 디카프리오를 선택했지만 배우자는 브래드 피트를 선호할 수도 있다. 따라서 두 사람은 각자 자기 기기에서 자신의 버전을 보게 될 것이다.

당신은 더 많은 액션과 폭력을 원하지만 배우자는 캐릭터의 발전과 로맨스를 선호할 수도 있다. 당신의 선호도를 파악하게 되면서, 미래의 영화는 당신의 개인적 취향에 맞추기 위해서 달라질 수 있다. 넷플릭스와 디즈니는 흥분을 더 고조시키기 위해 심지어 생체 데이터까지 이용할 수 있다. 맥박과 체온의 미세파동, 뇌파, 다른 바이오 피드백을 측정하면서 그들은 우리의 기분에 맞춰 실시간으로 컨텐츠를 바꿀 수도 있다.

게임에서는 이런 일이 이미 일어나고 있다. 레드 미트 게임즈^{Red Meat Games}는 심박수 측정기를 이용하여 좀비들이 우글거리는 퍼즐 기반의 공포 게임 「브링 투 라이트^{Bring to Light}」의 공포 정도를 조정한다.

창업자인 키스 막스는 말한다. "공포 게임은 서로 다른 사람들에게 서로 다른 방식으로 공포감을 준다. 심박수 측정기를 이용하면 개별 사용자에게 무서움을 촉발하는 것이 무엇인지 알 수 있다. 그리고 맞춤형 AI를 이용해서 실시간으로 게임을 바꾸면 이를 필요한 만큼 더 무섭게 혹은 덜 무섭게 만들 수 있다."[29]

딥 오토메이션은 제작부터 유통과 소비까지 엔터테인먼트의 모든 측면에서 점점 더 큰 역할을 담당하게 될 것이다. 딥 오토메이션은 컨텐츠를 경험하는 방식을 근본적으로 바꿔놓을 것이다. 심지어 우리가 엔터테인먼트를 소비하는 중에, 실시간 피드백의 순환고리 속에 반영되는 우리의 기분과 반응에 맞춰서 컨텐츠가 수정되거나 창작되는 날이 올 수도 있다. 똑같은 영화나 음악을 두 번째로 틀면, 정확하게 똑같지 않을 수도 있다. 나는 오슨 웰스나 베토벤이 이것에 대해서 어떻게 생각할지 궁금하다.

불 꺼진 공장들과 공급사슬 자동화

중국은 딥 오토메이션을 그들의 미래라고 본다. 거의 수억 개에 달하는 공장들이 돌아가고 있음에도 불구하고, 임금이 올라가면서 중국은 더 이상 인도네시아나 베트남처럼 노동비용이 더 낮은 국가들과 경쟁할 수 없다. 제조업의 허브로 남고 싶다면 로보틱스와 AI에 투자해야 한다는 사실을 중국은 알고 있다.

중국에서 통신장비회사를 경영하는 제리 웡은 말한다. "중국은 노동비용과 에너지 비용이라는 엄청난 압력에 직면해 있다. 그것이 저임금 노동에 의존하기보다 자동화에 중점을 두는 이유이다. 우리는 연구개발 담당자들에게, 앞으로 자동화를 위해 설계되지 않은 제품은 생산되지 않을 거라고 말했다."[30]

중국의 국가주석 시진핑은 제조업 분야에서 '로봇 혁명'을 요구해왔으며, 현재 그 작업은 한창 진행 중이다. 2020년에 작동 중인 산업용 로봇의 수는 100만 대에 가까우며, 중국의 산업용 로봇 시장의 규모는 60억 달러로 추정된다.

로봇국제연합의 회장인 조 제마는 말한다. "중국은 연간 매출액과 운용 대수로 본다면 단연코 세계에서 가장 큰 로봇 시장이다. 로봇 시장은 세계적으로 가장 빠르게 성장 중이다. 다른 어떤 시장도 이렇게 짧은 기간 내에 이토록 역동적인 성장을 보인 적은 없었다."[31]

아이폰을 제조하는 폭스콘Foxconn은 직원 수가 100만 명이 넘고, 매출액이 1,800억 원이 넘는 산업계의 거인이다. 회장인 궈타이밍은 향후 5년에서 10년 이내에 근로자의 80퍼센트를 로봇으로 대체할 계획이다. 폭스콘은 폭스봇Foxbot이라는 수만 대의 독점적인 산업 로봇들을 공장에 보유하고 있으며 매달 그 수가 증가 중이다.

궈타이밍은 항상 새로운 기술을 공격적으로 도입했다. 그는 1974년에 7,500달러의 창업자금으로 나이 많은 근로자 10명과 함께 타이베이에 있는 임대 창고에서 텔레비전 세트에 들어가는 플라스틱 부품을 만드는 일로 사업을 시작했다. 그는 아타리Atari가 콘솔 조이스틱을 생산해달라고 요청했을 때, 첫 번째 중요한 기회를 맞았다. 그후 그는 새로운 고객을 찾아서 미국으로 출장을 갔다. 초창기에는 종종 초대도 받지 않고 회사로 쳐들어가거나 보안요원이 계속 요구해도 새로운 주문을 받지 않고는 떠나지 않는, 공격적인 영업 기술을 구사하는 사람으로 알려졌다.

궈타이밍은 사업을 자동화하는 문제에서도 그만큼 공격적이다. 그는 폭스콘이 "전 세계적으로 100만 명이 넘는 직원들을 보유하고 있으며, 인간은 동물이기도 한 만큼 100만 마리의 동물을 관리하는 일은 골치 아픈 일이다"라고 말한 것으로 유명하다.[32]

불 꺼진 공장을 건설하는 그의 꿈은 야심찬 것이지만, 특히 제품 수명이 더 긴 제품들에 집중하는 공장들의 경우에는 불가능한 꿈은 아니다. 이 기술은 그의 생전에 자신의 동물들로 인한 두통이 사라지는 것을 볼 수 있을 만큼 빠르게 진보하고 있다. 공정하게 말하자면 귀타이밍은 이런 말에서 느껴지는 것만큼 비정한 사람은 아니다. 그는 수많은 자선재단을 설립했고, 자신이 가진 부의 90퍼센트를 기부하겠다고 약속했다.

이목을 끄는 또다른 로보틱스 옹호자는 중국 최대 전자상거래 기업들 중 하나인 징둥JD.com의 CEO 류창둥이다. 그는 극심한 가난을 겪으며 자랐다. 모교인 한 중학교에서 연설을 하면서 그는 가족이 1년에 고기를 몇 번밖에 먹지 못했기 때문에 어린 시절에 고기를 얼마나 먹고 싶었는지를 밝히기도 했다. 동네 사람들이 도와주지 않았다면 대학 진학도 할 수 없었던 형편이었다. 그는 말한다. "그들은 76개의 달걀과 500위안을 기부하여 내 삶을 바꿔놓은 그 기회를 나에게 주었다."[33]

류창둥이 대학을 졸업했을 때, 동기들 대부분은 정부에서 일하거나 공부를 하러 해외로 나갔다. 하지만 그는 관료가 되고 싶지 않았고, 해외로 갈 형편도 되지 않았다. 게다가 할머니의 병원 치료를 위한 돈이 필요했다. 이런 상황은 결국 그가 전자제품을 유통하는 개인 사업을 시작하게 만들었고, 그 사업이 성장해서 징둥이 된 것이다.

그 회사는 아마존의 뒤를 따랐고, 사업 자동화 분야에서 선두를 지켜왔다. 결과적으로 그는 추정되는 순자산 가치만 70억 달러가 넘는, 중국에서 가장 부유한 기술 재벌이 되었다. 제프 베이조스처럼, 그도 가능한 최소한의 시간 안에 고객에게 제품을 배송하는 일에 집착하게 되었다. 회사에 따르면 징둥에서 고객이 구매하는 제품의 90퍼센트가 당일 혹은 다음날 배송된다.

류창둥은 말한다. "현재 거리에서 일하는 우리 배송기사들의 수는 7

만 명이 넘는다. 비용이 높은 사업이다. 로보틱스를 사용하여 택배를 배달할 수 있게 된다면 그 비용은 매우 낮아질 것이다."[34] "다양한 영업을 수행하기 위해 우리는 궁극적으로 100만 대 이상의 드론 보유를 목표로 하고 있다."[35]

이 회사는 중국에서 드론으로 택배를 배송하기 위한 실험을 하고 있다. 이제 이 실험은 멀리 떨어진 섬과 서비스가 부족한 마을에도 드론을 이용하여 배송할 수 있는 동남아시아로 확대되고 있다.

류창둥은 이렇게 말한다. "우리는 거의 완전하게 인간의 통제를 벗어난 비즈니스 모델을 만들기 위해서 인공지능과 로봇을 이용할 계획이다. 모든 블루칼라 노동자들이 없어도 될 거라고 말하는 것은 아니다. 지금은 수지를 맞추려면 약 1만 명의 고객이 필요하지만 자동화 덕분에 미래에는 고객이 1,000명만 있어도 수지를 맞추거나 수익을 낼 수도 있을 것이다."[36]

전체 공급사슬은 업그레이드되고 있다. 내가 자문을 제공한 중국의 유통 및 물류 기업인 링하오Linghao는 AI를 이용해서 가능한 한 많은 부분을 자동화하는 데 몰두하고 있다. 이들의 지퉁Zhitong 3000 플랫폼은 트럭 운전사들과 기업을 연결시켜주면서 그 과정을 최적화한다. 언젠가는 트럭, 선박, 비행기, 기차에서 창고까지 모든 것이 완전하게 자율적으로 운영될 것이다. 인간이 집 앞까지 택배를 가져다주는 시절은 얼마 남지 않았다.

두 명의 전직 구글 엔지니어가 설립한, 스스로 운전하는 로봇 배송 스타트업인 뉴로Nuro는 이미 자율운행 자동차로 식료품을 집으로 배송하고 있다.

슈퍼마켓 체인인 크로거Kroger의 최고 디지털 책임자인 야엘 코셋은 말한다. "몇 년 전에는 오늘 주문하면 내일 오후까지 상품이 준비될 수 있다고 말하면 고객들은 만족했다. 현재 고객들 중 일부는 같은 주문이 한 시간 안에 준비될 것으로 기대할 것이다."[37]

게다가 제품을 생산하는 방법 그 자체도 진화하고 있다. 「스타트렉」 시리즈에서 '리플리케이터replicator'라고 불리는 번쩍거리는 가상의 기기는 난데없이 무에서 제품을 만들 수 있었다. 오늘날 3D 프린팅은 그런 신출귀몰한 목표에 가까워지고 있다. 산업용 3D 프린터는 금속과 유리, 세라믹, 탄소섬유, 플라스틱, 수지를 포함한 다양한 재료를 이용해서 비행기, 자동차, 빌딩과 그외 다른 제품에 사용할 수 있는 신뢰할 만한 부품들을 생산한다.

제조업과 소매업을 병합한다면 훨씬 더 유연하게 소비자들의 트렌드 변화에 적응하고, 더 개인화된 제품을 생산하고, 재고를 관리하고 유통과 운송 비용을 절감할 수 있게 될 것이다. 언젠가는 당신이 매장에 들어가 원하는 스타일, 색상, 특성들을 말해주면 현장에서 당신을 위해 그 제품을 인쇄해줄지도 모른다.

로보토 박사 : 스마트 병원과 헬스케어

자동화되고 있는 또다른 핵심 분야로 헬스케어가 있다. 「랜싯 디지털 헬스(*Lancet Digital Health*)」가 발표한 논문에 따르면, 진단에서는 딥러닝 모델이 최소한 헬스케어 전문가만큼 좋은 성과를 나타낸 한편, X-레이 이미지를 보고 유방암을 발견하는 데에서는 구글 AI 시스템이 영상의학과 의사를 속도와 정확성 측면에서 의미 있는 수준으로 추월했다. 미국 병원에서 이들 AI 시스템의 위양성은 5.7퍼센트, 위음성은 9.4퍼센트 감소했다. 이는 대부분의 AI 진단 기술 역시 마찬가지일 것이다. 까다로운 경우를 위해 인간은 예비로 남겨질 것이다. 하지만 결국 그런 경우들조차도 기계가 더 잘 다루게 될 것이다.

시간이 오래 걸리는 수작업 과정이 필요했던 전통적인 방식들과 달리, 이제 연구자들은 레이저 이미징과 딥러닝 알고리즘을 이용해서 150초 이내에 뇌종양을 진단할 수 있다.

서리 대학교와 워릭 대학교, 피렌체 대학교의 연구자들은 심지어 한 번의 심장 박동에서 100퍼센트의 정확도로 심부전을 식별할 수 있는 AI를 개발했다.

MIT에서는 삼킬 수 있는 로봇을 개발했다. 이들 삼킬 수 있는 오리가미 로봇들은 알약 하나의 내부에 맞는 크기까지 접을 수 있다. 의사는 이 로봇들이 펼쳐진 다음에는 이들을 조종해서 장애물을 제거하거나 상처를 꿰매거나 그저 둘러보도록 할 수 있다. MIT의 컴퓨터과학 및 인공지능 연구소 소장으로 임명된 최초의 여성인 다니엘라 러스는 이 프로젝트를 지휘하는 최고의 두뇌들 중 하나이다. 로봇 전도사이자 타고난 긍정주의자인 러스는 로봇이 로봇을 만들고, 심지어 주어진 과제를 수행하기 위해서라면 어떤 형태건 최적의 형태로 변신하면서 스스로를 재조립하는 미래를 그린다. 그녀는 계단을 오를 수 있는 슬링키*로 변신했다가 모양을 바꿔서 좁은 공간 속을 미끄러지듯 나아갈 수 있는 뱀 모양의 로봇이 되고, 그런 다음 헤엄을 치기 위해 물고기 같은 기계로 변신할 수 있는 더 작고 정교한 로봇들을 우리가 곧 만들 수 있으리

---

* 나선형으로 조밀하게 감긴 용수철 형태의 장난감.

라고 믿는다.

러스는 말한다. "로봇을 이용해 절개도 하지 않고, 감염 위험도, 고통도 없는 수술을 할 수 있을 것이라는 말을 들으면 어떨 것 같은가?"[38]

러스는 평평한 판에 인쇄할 수 있고, 특정한 과제를 수행하기 위해 다양한 모습으로 스스로를 접는 오리가미 로봇을 개발함으로써 로봇 제조비용을 절감하려고 노력 중이다. 그녀의 팀은 공기를 넣고 뺄 수 있는 작은 에어백으로 만들어진 경량의 로봇 근육들을 개발해왔다. 이 기계 근육은 이미 그들 무게의 세 배에 상당하는 무게를 들 수 있다. 이 로봇 근육을 접합부가 있는 골조 시스템에 부착한다고 상상해보라. 이들 로봇식 외골격 덕분에 로봇은 바위투성이의 지형을 오르거나 효율적으로 물건을 옮기거나 일부 비상한 손재주를 요구하는 수술을 할 수 있게 될 것이다.

러스의 사무실 바깥에는 하루 종일 학생들이 와서 음악을 연주하는 작은 피아노 한 대가 놓여 있다. 그 피아노는 실수로 그녀의 사무실로 배달되었다. 원래는 집에 있는 아이들에게 갔어야 했지만 학생들이 너무나 좋아하는 바람에 그녀는 피아노를 그곳에 두기로 결정했다. 그녀는 학생들이 쉬면서 그들의 우뇌와 접촉하는 것이 중요하다고 믿는다.

모든 형태의 기술에 대해 지칠 줄 모르는 열정을 가진 듯 보이는 러스는 더 큰 규모의 과제를 수행할 수 있도록 이들 오리가미 로봇의 규모를 확대하고 싶어한다. "가능성은 끝이 없다. 그리고 많은 로봇이 있는 세상은 엄청나게 재미있을 것이다."[39]

네덜란드의 스타트업 프리사이즈Preceyes도 유사한 경로를 향해 가고 있다. 그들은 이미 인간이 할 수 없는 수술을 집도할 수 있는 로봇 시스템을 개발했다. 마이크로봇을 이용해서 그들은 세계 최초로 환자의 눈

안에서 수술을 해냈다. 움직임이 1밀리미터의 1,000분의 1만큼 정밀하며, 컴퓨터가 제어하는 7개의 모터로 움직이는 이 작은 로봇은 기계 팔처럼 작동한다. 이 로봇 덕분에 환자들은 더 높은 품질의 처치를 받을 수 있을 뿐만 아니라 그 정확성 때문에 안과의사가 그 기술이 존재하기 전에는 할 수 없었던 완전히 새로운 처치방법을 개발할 수도 있다. 아울러 처치 과정을 자동화하는 데도 도움이 된다. 이는 안과 의사들이, 특히 개발도상국에 있는 안과 의사들이 더 낮은 비용으로 더 많은 수술을 할 수 있음을 의미한다.

다음 차례의 로봇 외과의들은 완전히 자율적일 것이다. 미국 국립 아동 건강 시스템Children's National Health System에서 근무하는 한 팀은 그런 방향으로 한 걸음 더 나아갔다. 그들은 복강경 키홀keyhole 수술 중 창자를 꿰맬 때, 선을 따라 저절로 봉합할 경량 로봇 팔을 개발했다. 이 과정은 대개 복잡한 손의 움직임을 요구하기 때문에 가장 숙련된 외과의사조차도 어려움을 겪는다. 하나라도 놓치면 장 누수와 패혈증의 심각한 위험이 발생한다. 로봇의 장점은 과로를 하거나 밤잠을 설치거나 코감기에 걸리거나 수술실에서 집중에 방해를 받는 일이 없다는 것이다.

토론토 대학교에서 지난 10년간 외과수술 자동화를 연구해온 아니메시 가르그는 이렇게 말한다. "외과의사는 자신이 봉합하고 싶은 부위를 계속 클릭하면 된다. 우리는 이 로봇 팔을 수술 중에 크루즈 컨트롤 기능처럼 쓸 수 있기를 바랐다."[40]

이 기술은 점차 완벽해지면서 비용을 절감하고 생명을 구할 수 있게 될 것이다. 존스홉킨스 대학교에 따르면, 미국에서만 매년 25만 명이 넘는 사람들이 의료사고로 사망하며, 주요 사망원인 가운데 의료사고는 심장질환과 암 다음인 세 번째로 많다. 저비용 로봇 개발에 따른 또다른 혜택은, 특히 시골의 경우가 그렇지만, 숙련된 외과의사가 부족한 지역사회가 많은 만큼, 고품질의 헬스케어가 존재하지 않는 세계 각 지역에 이를 제공할 수 있다는 것이다. 로봇 외과의는 여전히 초기 단계이지만, 궁극적으로는 전 세계의 병원과 클리닉에서 로봇들이 일상적인 수술 중 상당수를 담당하게 될 것이다. 진행 속도의 대략적인 상황을 살펴보면, 2012년에는 로봇이 시행한 수술이 전체 일반 수술의 1.8퍼센트밖에 되지 않았지만, 2018년에는 그 수치가 15.1퍼센트로 높아졌다. 그리고 그 속도는 계속 가속되고 있다. 유명한 실리콘밸리 투자자인 비노드 코슬라는 2035년까지 로봇들이 의사를 대체할 것이라고 믿고 있다.

심지어 정신건강처럼 사적이고 인간적인 분야도 자동화되고 있다. 서던 캘리포니아 대학교의 연구자들은 가상 치료사 역할을 하는 3D 아바타 엘리Ellie를 개발했다. 엘리는 기계 시각을 이용해서 환자들의 언어와 표정이 주는 신호를 해석하고 그들을 지지하는 입장에서 응대한다.

엘리는 환자들이 마음을 열게 할 수 있을 뿐만 아니라 그들의 극히 미묘한 표정이나 몸의 움직임도 포착할 수 있다. 스트레스를 받고 있는 사람들의 미소는 더 짧고 덜 강렬하다. 그리고 시선을 마주치지 않고 피한다. 불안한 사람들은 손을 가만히 두지 못한다. 이 모든 데이터는 수집되고 분석된 이후 인간 심리학자에게 보내는 보고서로 요약된다. 심리학자는 최종 진단을 내리고 치료를 감독한다.

엘리는 완전히 자동화된 정신건강 돌봄 서비스를 향한 첫 단계이다. 결국 우리는 인간이 놓칠 수 있는 미세한 표정처럼 감지하기 힘든 정보를 수집하기 위해서만이 아니라, 더 진보된 버전의 엘리가 머신러닝을 활용해서 기저질환을 진단하고, 심지어 항우울제와 같은 약물을 처방하는 모습을 보게 될 것이다.

이는 우리가 필요할 때마다 가상의 헬스케어 전문가와 접할 수 있다는 의미이다. 오늘날 우리의 운동 루틴, 심장 박동, 수면을 모니터링하는 피트니스 트래커들처럼 언젠가 우리의 주머니 속에는 항상 AI 의사와 정신과 전문의, 라이프 코치가 함께할지도 모른다. 신체 상태부터 정신 건강까지 모든 것을 추적하는 웨어러블과 함께 진보된 머신러닝 알고리즘은 우리 신체가 만들어내는 방대한 양의 데이터를 고려해서 실행 가능한 제안들을 제시할 수 있을 것이다.

감기 기운이 느껴질 때면 웨어러블 AI 의사가 이를 포착하여 운동을 건너뛰고 특정한 과일이나 채소를 먹으라고 조언하고, 심지어 특정한 영양보충제나 약을 처방해줄 수도 있는 미래를 상상해보라. 우울하다고 느낄 때면 AI 정신과 전문의가 식단의 변화를 제시하거나 항우울제를 추천할 수도 있다. 병원이나 클리닉, 상담소를 정기적으로 방문할 필요가 거의 없어질 수도 있다. 사실 절대적으로 필요하지 않다면 인간 전문가를 만나러 갈 필요도 없어지는 만큼, 수십억 달러의 비용과 대기실에서 기다리는 많은 시간을 아낄 수도 있을 것이다. 멋지지 않은가?

알고리즘 농업

농업은 딥 오토메이션이 확고히 자리를 잡은 또다른 영역이다. 골드만삭스는 농업과 기술이 결합된 정밀농업의 시장 규모는 2050년이면 2,400억 달러에 달할 수 있다고 추정한다. 이는 좋은 일이다. 세계자원연구소는 약 100억 명의 사람들을 먹여 살리려면 2050년까지 식량 생산을 두 배로 늘려야 한다고 추정하고 있기 때문이다.

데카르트 랩스Descartes Labs와 팜로그FarmLogs는 농부들이 곡물 수확량을 늘리도록 작물의 빅 데이터, 머신러닝 알고리즘, 컴퓨터 시각을 이용해서 돕고 있다. 이 기술 덕분에 작물의 병이 퍼지기 전에 포착하고, 자율주행 드론이나 로봇을 보내 해당되는 특정 지역에만 농약을 뿌려 사용되는 농약의 양을 줄일 수 있다.

캘리포니아 농업연합에 따르면, 농부들은 자동화된 토마토 수확기를 이용해 노동비용을 90퍼센트 절감했다. 그리고 노동비용의 문제만 있는 것이 아니다. 이 일 자체의 어려움은 일을 하려는 충분한 수의 노동자를 찾기가 힘들다는 데 있다. 미국 같은 국가들에서 대부분의 사람들은 과일이나 채소의 수확에 필요한 매우 힘든 노동을 하려고 하지 않는다. 따라서 농부들은 이민자들의 노동력에 의존해야 한다. 관리하고 수확할 인력의 부족으로 작물들은 덩굴과 덤불에서 썩어간다. 이런 현상이 지금 밀려드는 기계화의 물결을 주도하고 있다.

다양한 베리류를 생산하는 드리스콜스Driscoll's의 선임 부회장인 스콧 코마는 말한다. "베리건 상추건 포도건 상관없이 우리는 모두 가용한 노동력을 찾으려는 쟁탈전을 벌이고 있다."[41]

베리를 따는 일은 힘들고 노동집약적인 농장 일 중의 하나이다. 베리류는 약해서 기계로 수확하면 쉽게 물러지고, 따도 될 정도로 충분히 익었는지 판단하기도 어렵다. 그럼에도 불구하고 하비스트 크루 로보틱스Harvest CROO Robotics는 진보된 AI와 로봇을 이용한 해결책을 제시한다. 한 대의 하비스트 크루 기계는 한 나무에서 베리를 따는 데 8초가 걸린다. 이 기계는 30명이 넘는 인간 노동자들을 대체하며 하루에 8에이커의 땅을 담당할 수 있다.

이 기계의 기술적인 부분을 담당한 밥 피처와 크루 로보틱스를 공동으로 창업한 게리 위시나츠키는 이렇게 말한다. "베리가 더 차가워지고 멍들 가능성도 낮은 밤에 집중적으로 수확하면서 하루 24시간 작업을 할 예정이다."[42]

위시나츠키는 베리 산업에서 일한 지 거의 50년이 되었다. 그는 하얀 염소수염을 자랑스럽게 내보이며, 남부 사람들 특유의 말투로 점잖게 말하는 3세대 베리맨이다. 기업가 정신은 그의 집안에 흐른다. 할아버지는 무일푼으로 러시아에서 이민을 왔고, 밀고 다니는 손수레에 과일과 채소를 싣고 뉴욕에서 행상을 시작했다. 나중에 그는 도매회사를 설립했는데 품목 중에 베리류도 있었다.

이런 배경은 젊은 위시나츠키에게 자신의 농장을 마련하여 베리 사업에 뛰어들겠다는 아이디어를 제공했다. 그가 농장을 시작했을 때, 딸기 한 상자는 지금보다 4배나 비싸게 팔렸다. 위시나츠키는 말한다. "당시 겨울에는 베리류가 사치품이었다. 노동력 문제를 해결할 수 없는 한 우리는 그때로 다시 향할 수밖에 없다. 작년에 나는 농장 법안 문제를 앞두고 국회에서 증언하면서 이렇게 말했다. '자동화로 이 문제를 해결할 수 없다면, 우리는 엄청난 어려움에 처할 겁니다.'"[43]

이 지점에서 하비스트 크루 기계에 대한 아이디어가 등장했다. 위시나츠키는 로봇이 인간보다 훨씬 빠른 속도로 딸기와 다른 작물들을 수확함으로써 노동력 부족을 메꿀 수 있다고 믿는다. 그리고 자신의 조부처럼, 그는 새로운 영역을 향해 모험하기를 두려워하지 않는다.

와인 산업은 이미 자동화가 가져오는 혜택을 엄청나게 누리고 있다. 캘리포니아의 와인용 포도재배자협회에 따르면, 캘리포니아 주의 경우 2018년도에 기계가 수확한 와인용 포도가 전체의 80퍼센트에 달했다. 농부들의 인력 의존도가 줄어들었을 뿐만 아니라, 기계로 포도를 수확하는 비용은 사람의 절반도 되지 않는다. UC 데이비스 대학교의 연구자들은 여기서 더 나아가 '노터치' 포도밭을 개발했다. 이 포도밭에서는 관개부터 수확까지 기계가 실질적으로 모든 일을 하며, 1달러였던 나무당 노동비용이 7센트까지 줄어들었다.

사물인터넷[IoT] 역시 농업의 자동화에 큰 역할을 담당한다. 빅 데이터에 의존해 토양, 물, 햇빛, 날씨 패턴, 식물 성장, 곰팡이, 해충 등을 분석하는 농장들이 점점 더 증가하고 있다. 더 많은 데이터를 수집할수록, 효율성을 더 높일 수 있다. 윌리엄 블레어 앤 컴퍼니[William Blair & Company]의 애널리스트인 로런스 드 마리아는 말한다. "나는 이것이 농업 생산성에서 차세대의 거대한 물결에 해당한다고 생각한다. 자동화로 정밀농업을 완성할 경우, 수확량이 증가하고, 재배자의 입장에서는 투입 비용을 절감할 수 있다. 농업 생산성의 중요한 동인으로서 녹색혁명과 기계화에 버금갈 수도 있다."[44]

기술로 혜택을 보는 대상은 과일과 채소 농부들만이 아니다. 목장주들도 혜택을 본다. 오스트레일리아 오지에 있는 양떼와 소떼 목장들은 규모가 어마어마하다. 예를 들면 수플잭 다운스[Suplejack Downs]는 4,000제곱킬로미터에 달하고 가장 가까운 도시에서 13시간을 운전해야 갈 수 있다. 그들이 로봇을 이용하여 가축 떼를 모니터링하는 이유이다.

낙농장에서는 젖소에서 우유를 짜는 데 점점 더 많이 로봇에 의존한다. 로봇들은 낙농장에서 일하는 노동자의 수를 절반까지 줄일 수 있다. 낙농장의 로봇 공학은 이미 16억 달러 규모의 산업이 되었고, 빠르게 성장 중이다.

그리고 로봇만 있는 것이 아니다. 데이터도 있다. 네덜란드의 혁신 기업인 커넥테라[Connecterra]는 젖소의 모든 움직임을 추적하는 스마트 젖소

목걸이를 개발했다. 일종의 소를 위한 핏빗^{Fitbit}이다. 이 시스템은 소가 언제 병이 날지 증상이 눈에 띄기 하루나 이틀 전쯤에 알려줄 수 있다. 또한 젖소의 행동을 모니터링하고, 소가 두 번째 건초 통에 다가가려고 하지 않으면 목장주에게 경보를 보낸다.

러시아의 낙농장 주인들은 가축들을 더 편안하게 해주려고 젖소에게 특별한 가상현실 헤드셋을 씌운다. 그들은 헤드셋이 젖소들의 감정상태와 우유 생산량 개선에 도움이 되는지 알아보고 싶어한다. 독창적인 아이디어이지만 이것이 우유 생산을 늘릴 수 있는 효과적인 방법인지는 두고볼 문제이다.

한편 로테르담 항구에는 40마리의 젖소를 보유한 플로팅 팜^{Floating Farm}이라는 스타트업이 완전히 자동화된 부유식 낙농장을 최초로 건설했다. 이 회사는 농업 생산을 대도시로 가깝게 가져오는 것이 중요하다고 믿는다. CEO인 페터르 판 빙어르던은 말한다. "항구에 살다 보니 도시로 점점 몰려드는 소비자에게 가까운 곳으로 건강한 식품을 가져올 수 있도록 물 위에 농장을 짓는다는 아이디어가 떠올랐다."[45]

판 빙어르던은 뉴욕의 허드슨 강 위에 부유식 주택을 짓는 프로젝트에 참여했을 때 이 아이디어를 떠올렸다. 뉴욕을 강타한 허리케인 샌디는 뉴욕의 거리를 침수시켰고 교통망에 심각한 손상을 입혔다. 그는 물품이 배송되는 데 얼마나 많은 어려움이 따르는지를 직접 경험했다. 이틀 동안 상점에서 신선한 농산물을 찾기란 거의 불가능했다. 판 빙어르던은 이렇게 말한다. "허리케인 샌디가 야기한 대규모 피해를 보면서 식품을 가능한 한 소비자들에게 가까운 곳에서 생산해야 할 필요성을 깊이 느끼게 되었다."[46]

플로팅 팜의 대담한 사고는 거기서 멈추지 않았다. 그의 농장은 전체가 최신 낙농기술로 꾸며져 있다. 알아서 작동되는 세척실, 자동화된 급식 시스템, 배설물을 퍼내는 로봇, 원격으로 젖소들을 모니터링하는 스마트폰 앱 등이다.

판 빙어르던은 자급력에도 집착했다. 이 농장은 건조한 배설물을 오줌과 분리하는 기계를 도입했다. 마른 부분은 처리해서 젖소들을 위한 잠자리로 이용하고, 오줌은 유기농 비료로 바꾸는 것이다. 지붕에는 빗물을 모으고, 여러 개의 부유식 태양 전지판은 농장에서 사용되는 에너지의 40퍼센트를 생산한다. 이것으로도 충분하지 않다는듯이, 지역 내 공원과 골프 코스에서 깎은 잔디와 맥주 양조업자가 쓰고 남은 곡물, 식당에서 버린 감자 껍질을 혼합해서 젖소들을 먹인다. 이 모두는 컨베이어 벨트에서 자동으로 잘리고 섞인 후에 여물통으로 보내진다.

지속가능한 농업 생산을 자동화하면서 한편으로는 이를 도시로 더 가깝게 가져오고자 하는 기업들은 플로팅 팜만이 아니다. 에어로팜AeroFarms은 실내 농업의 선두주자 중 하나이다. CEO이자 공동창업자인 데이비드 로젠버그는 부패 속도가 빠르다는 점 때문에 푸른 잎채소에 집중하기로 했다. 대부분의 사람들은 모르지만, 전통적인 농장에서 키우는 잎채소들의 50퍼센트는 결코 접시에 오르지 못한다. 이 채소들은 오염율 또한 높다. 리스테리아, 살모넬라, 대장균을 포함하는 식품 오염 중에서 농장에서 자란 잎채소의 오염이 11퍼센트를 차지한다. 에어로팜은 태양이나 토양 없이 채소를 재배할 수 있는 공중재배 시스템을 이용해서 오염이나 해로운 살충제의 사용 가능성을 제거한다. 그들은 이 채소를 토양 대신 플라스틱병을 포함한 재활용 재료로 만든 그물망에서 키운다. 그리고 배양액을 뿌리에 분무한다.

이 시스템은 전통적인 농장이 사용하는 땅의 1퍼센트밖에 사용하지 않으며 물은 95퍼센트 적게 사용한다. 이것이 에어로팜이 살리흐 보크산 왕자의 지원을 받아 사우디아라비아의 제다에 프로토타입을 출시하고, 아랍에미리트의 자금을 받아 아부다비에 8,200제곱미터에 달하는 수직형 농장 연구개발 센터를 설립하고 있는 이유이다. 물이 희소자원인 지역에서는 에어로팜의 기술이 필요하다. 그들이 규모를 키우고 비용을 낮출 수 있다면, 기후 변화를 겪고 있는 세계에 확실한 혜택을 제공할 수 있을 것이다.

스타트업인 아이언 옥스^{Iron Ox}는 같은 문제를 다른 기술로 해결한다. 그들은 약 750제곱미터에 달하는 실내 시설에서 야외 농장의 5배에 달하는 연간 약 2만6,000포기의 잎채소를 재배할 수 있다. 하지만 이는 첫 단계일 뿐이다. 공동창업자이자 CEO인 브랜던 알렉산더는 파종부터 수확까지 모든 일을 자동화하기로 했다.

그는 이렇게 말한다. "아이언 옥스는 로봇 우선 접근방식으로 전체 재배 과정을 설계해왔다. 그 말은 전체 과정에 로봇을 그저 추가하는 것이 아니라 로봇 중심으로 모든 것이 설계된다는 뜻이다."[47]

알렉산더는 전형적인 실리콘밸리 분위기를 풍기며, 자기 생각을 분명하게 표현하는 사람이다. 그는 넥타이 없이 스포츠 자켓을 입었고, 수염은 이틀째 깎지 않아 까칠하게 자라 있었다. 그는 농부처럼 보이지 않았지만 어릴 때부터 농업에 푹 빠져 있었다. 알렉산더는 이렇게 썼다. "텍사스에서 목화, 땅콩, 감자를 재배하시던 할아버지의 농장에서 자라면서 나는 식품 생산의 규모를 키우려면 유전자 변형 작물과 같은 기술이 필요하다는 이야기를 종종 들었다. 할아버지는 유기농 방식으로는 규모를 키울 수 없고, 저렴한 가격으로 전 세계 사람들을 먹여 살릴 수 없다고 믿으셨다. 당시 기술 수준을 감안하면, 나는 할아버지가 옳았다고 생각한다."[48]

농업의 미래가 알렉산더가 자란 농장보다 아이언 옥스가 개척 중인 농장에 더 가까울 것임은 거의 확실하다. 기계 오작동 같은 문제를 해결할 때를 제외하면, 인간은 농장에 발을 들여놓을 필요조차 없을 수도 있다. 농장주들은 가축의 뇌에 칩을 심고 AI가 모든 것을 제어하도록 할 수도 있다. 전체 농장이 거대한 하이테크 조립 라인을 닮아갈 수도 있다. 진보된 알고리즘이 주도하면서 자율주행하는 트렉터, 파종기, 제초기, 수확기, 드론이 모든 일을 할 것이다.

여기에는 상당한 돈이 들 것이고, 가족 농장들은 최신 기술로 업그레이드할 자본이 없는 경우가 많을 것이다. 이는 그들이 더 이상 경쟁할 수 없는 때가 올 것임을 의미한다. 규모의 경제를 활용하여 대기업에서 농업 생산을 통합하는 경우가 증가할 것이다. 이 모두는 소비자의 입장에서는 더 많은 수확량과 더 낮은 비용을 의미할 것이다. 하지만 그 과정에서 우리는 무엇인가를 잃어버리고 있는 것은 아닌지, 혹은 이런 유형의 딥 오토메이션이 수십억 명의 사람들을 먹여 살려야 하는 진보된 문명의 자연스러운 진화에 불과한 것인지 자문해보아야 한다.

당신의 믿음이 어느 쪽이건 상관없이 우리는 마치 성을 방어하는 기사단의 기사나 수렵채집으로 삶을 영위하던 사람들처럼, 가족이 농장을 운영하던 시절을 더 낭만적인 과거의 일처럼 돌아보게 될 수도 있다.

구조에 나서는 로봇들

일본에는 로봇이 절박하게 필요하다. 일본 인구는 노령화되는 데다가 줄어들고 있다. 2019년 출생자 수는 5.9퍼센트 하락한 86만4,000명이었던 반면, 사망자 수는 137만6,000명으로 늘어났다. 2030년이 되면 3명 중 1명이 65세 이상이 될 것이다. 출생률은 낮아지고 기대수명은 높아지면서 문제는 늘어나기만 할 것이다. 경제를 성장시킬 사람들은 차치하고, 일본에는 단순히 노인을 부양할 젊은이들이 충분하지 않다. 2025년까지 노인들을 돌볼 근로자가 38만 명이나 부족해질 것으로 예상되는 만큼, 이는 심각한 문제이다. 일본 정부와 산업이 모든 것을 로봇공학에 쏟아붓는 이유이다.

일본의 로봇공학 회사인 사이버다인Cyberdyne은 요양보호사들이 요양원 거주자들을 안아올려 침대 밖으로 나오게 할 때, 이를 돕는 할HAL이라는 이름의 외골격 로봇을 개발했다. 이 일이 중요한 이유는 요양보호사들이 주로 당하는 부상 중의 하나가 등의 염좌이기 때문이다. 똑같은 기술은 노인이나 장애인이 좀더 자유롭게 움직일 수 있거나 낙상을 피할 수 있도록 돕는 데에도 적용할 수 있다. 외골격이 더 가벼워지고 유연해지면서, 요양원에서는 휠체어보다 더 흔해질 수도 있다.

사이버다인의 창업자인 산카이 요시유키는 당신이 아는 일반적인 억만장자와는 다르다. 뒤엉킨 검은색 곱슬머리에 지나치게 큰 안경을 쓴 모습은 그를 뭔가 괴짜이지만 힙한 사람으로 보이게 한다. 어린 시절 그는 공상과학소설에 매료되었다. 기술을 향한 그의 애정은 아이작 아시모프의 『아이, 로봇(I, Robot)』 같은 책들과 『사이보그 009(サイボーグ009)』 같은 일본 만화를 탐닉하던 아홉 살 시절로 거슬러올라간다. 학창시절에는 진공 튜브와 트랜지스터 라디오를 만들었고, 개구리 다리에 전기 자극을 가하기도 했고, 금붕어를 드라이아이스에 넣고 냉각시켰다가 되살리려고 노력하기도 했으며, 자신만의 로켓 연료를 만들었고, 루비

레이저*를 만들려고 시도하기도 했다. 어머니의 보석 중에서 루비를 찾지 못하자 그는 루비에서 발견되는 주요 물질인 산화알루미늄을 버너에서 녹이는 방법에 의존했다. 그 실험은 실패했지만 그는 결코 실험을 멈추지 않았다.

사람들의 삶을 바꿔놓을 로봇을 만든다는 목표로 평생을 일해온 산카이 요시유키는 이렇게 말한다. "어린 시절부터 나는 어떻게 하면 기술을 적용해 사람들과 사회를 도울 수 있을지를 고민해왔다. 내가 이 일을 계속할 수 있었던 이유는 단순하다. 다른 사람이 나에게 건네준 프로젝트였다면 내가 이 일을 할 수 있었을지 잘 모르겠다. 하지만 이 일은 내 마음에서 우러난 것이었다."[49]

우연히도 영화 「터미네이터」에 나온 사악한 회사와 똑같은, 위협적인 회사 이름에도 불구하고, 사이버다인이 가진 철학의 핵심에는 인류를 돕는다는 목적이 있다. 산카이 요시유키는 그들의 기술이 반드시 평화롭고 비군사적인 목적에만 사용되도록 하기 위해서 사업의 모든 부분을 철저하게 통제하고 있다. 수익성이 매우 높은 일이라도 군이나 다른 누군가가 자신의 기술을 이용하여 사람들을 전투용 로봇 기계로 만드는 일은 허용하지 않을 것이다. 그 대신 그가 보는 미래에 등장하는 그의 로봇들은 노인들에게 자력으로 오래도록 살 수 있는 자유를 제공하고, 알츠하이머 환자들과 동행하고, 그들이 방으로 돌아오는 길을 찾을 수 있게 도와주고, 하지마비 환자들이 다시 걸을 수 있게 해주고, 건설현장과 조립 라인, 그외 다른 직무에서 노동자들이 무거운 물건을 들어올리는 것을 도울 수 있다.

---

* 루비의 결정체를 이용하는 적색 레이저 광선, 광통신 등에 사용한다.

타이밍은 적절해 보인다. 일본 경제산업성은 노인을 돌보는 로봇을 위한 시장만 해도 2035년까지 그 규모가 38억 달러에 달할 것으로 예상한다. 그리고 이는 거대한 빙산의 일각에 불과하다. 로봇이 필수불가결해질 또다른 영역은 아동의 학습을 돕는 영역이다. 미국을 비롯한 많은 국가들에서 자격을 갖춘 교사의 부족 현상이 이미 나타나고 있다. 싱가포르에서는 현재 일부 유치원 교사들이 로봇의 도움을 받고 있다.

싱가포르 정부 관료인 푸후이후이는 말한다. "우리는 인간이 해온 다양한 과제를 수행하고 복잡한 아이디어를 시각화할 수 있는 쌍방향 로봇들이 아이들이 더 잘 배우고 협업하도록 돕는 미래가 그다지 멀지 않았다고 생각한다."[50]

이들 로봇 중에는 스마트폰 앱과 컴퓨터 프로그램은 할 수 없는 방식으로 아이들을 참여시키도록 설계된 로봇들이 많다. 아이들은 로봇들을 잡았다가, 떼어놓고, 다양한 방식으로 다시 붙일 수 있다. 이들 스마트 장난감은 물리적 대상을 조작하고 이와 상호작용하면서 아이들이 학습할 수 있게 해주며, 이 과정에서 뇌의 다양한 부분이 관여하게 된다. 검은색과 노란색의 줄무늬가 있는 로봇인 비봇Bee-Bot은 아이들에게 만다린을 가르칠 수 있는 반면, 터치스크린이 달린, 곤충의 눈 모양을 한 상자 형태의 로봇 루비Rubi는 노래를 부르고 게임을 하면서 아이들이 어휘력을 키우도록 도와준다. 루비는 심지어 감정을 드러낼 수도 있다. 만약 아이들이 루비의 팔을 확 잡아당기면, 루비는 마치 다친 것처럼 비명을 지르도록 프로그램되어 있다.

영국에는 자폐증 어린이들에게 사회적 신호를 알아차리는 법을 배우고 다른 사람들과 대화하도록 도와주는 나오Nao라는 로봇이 있다. 대부분의 사람들과 달리 로봇은 인내심이 끝이 없으며, 장애가 있는 어린

이들의 특수한 요구를 수용할 수 있다.

코넬 대학교에서 로봇-인간 상호작용을 연구한 심리학자인 솔러스션은 이렇게 말한다. "정말 좋은 의도를 가진 친절한 선생님이나 엄마, 아빠에게도 한계가 있다. 일단 어떤 일을 천만번 반복하고 나면 다시는 그 일을 하고 싶지 않을 것이다. 하지만 로봇은 그런 문제가 없고, 아이들은 반복을 좋아한다."[51]

많이 아파서 학교를 다닐 수 없는 아동들은 이제 그들의 자리로 로봇을 보낼 수도 있다. 덴마크 코펜하겐에 있는 특수아동학교에서는 어린이들이 집이나 병원에 있으면서 친구나 선생님들과 대화할 수 있도록 텔레프레전스^{telepresence*} 로봇을 이용하고 있다.

로봇은 학교와 요양원만이 아니라 건설현장에도 고용된다. 일본은 간병인만이 아니라 건설 노동자의 부족으로 어려움을 겪고 있다. 심지어 미국에서도 건설기업들이 자격을 갖춘 노동자를 찾는 데 어려움을 겪고 있다. 2019년에는 미국의 건설현장 일자리 중에서 약 700만 개가 채워지지 않은 상태였다.

다행스럽게도 로봇 구조대가 오고 있다. 현재 건설현장에는 로봇 용접공, 수송차량, 다목적 기중기 등이 사용되고 있다. 심지어 공사가 얼마나 진전되었는지 알아보기 위해서 실시간으로 작업 현장을 모니터링하는 로봇도 있다. 벽돌쌓기 로봇인 하드리안 $X^{Hadrian X}$는 집 한 채를 짓는 데 필요한 모든 벽을 3일 만에 세울 수 있다. 또다른 벽돌쌓기 로봇인 샘^{SAM}은 한 사람이 혼자 일할 때 쌓을 수 있는 개수보다 네 배 많은 벽돌을 쌓을 수 있다. 그리고 타이봇^{TyBot}은 지치지 않고 하루 종일

---

* 실제로 상대방과 마주하고 있는 것과 같은 착각을 일으키게 하는 가상현실 기술과 인터넷 기술이 결합된 영상회의 시스템.

콘크리트 보강용 철근을 묶을 수 있어서 허리가 끊어질 듯한 노동으로부터 인간을 해방시킨다.

건설 로봇들은 대개 크기가 크지만 다른 산업에서 사용되는 로봇들은 모양과 크기가 매우 다양하다. 제트 엔진을 만드는 롤스로이스^{Rolls-Royce}는 항공기가 더 오래 날 수 있게 해주는 작은 로봇을 개발하고 있다. 카메라와 3D 스캐너를 갖춘 이 바퀴벌레처럼 생긴 로봇은 제트엔진 내부로 기어올라 문제를 살피고, 쓰레기를 제거할 수 있다.

롤스로이스의 기술 전문가인 제임스 켈은 이렇게 말한다. "이 로봇들은 날쌔게 움직여 연소실의 다양한 모든 부분에 도달할 수 있다. 전통적인 방식으로 이 작업을 한다면 다섯 시간은 걸릴 것이다."[52]

AI와 로보틱스가 영향을 미치지 못하는 영역은 없는 것 같다. 미야코 에이지로는 고등학생 때 스티븐 스필버그 같은 영화감독이 되는 꿈을 꾼 적이 있다. 그는 상상력을 좋은 방향으로 활용하여 날아다니는 작은 로봇들을 만드는 일본 산업기술총합연구소에서 일하고 있다. 그가 설계한 곤충 크기의 드론들 중 하나는 인공 수분受粉을 할 수 있다. 말의 짧고 뻣뻣한 털 한 조각과 이온성의 액체 겔로 싸인 이 작은 로봇은 한 식물에서 꽃가루를 모아 다른 식물로 전달할 수 있다. 미야코는 궁극적으로 농부들이 전 세계 꿀벌 왕국의 몰락을 극복하는 데 이 로봇 편대들이 도움이 되기를 희망한다.

로봇이라는 단어는 대부분 철이나 딱딱한 플라스틱으로 만들어진 기계적인 물체의 이미지를 떠오르게 한다. 하지만 모든 로봇이 딱딱한 물체로 만들어질 필요는 없다. 연구자들은 부드러운 로봇을 만드는 연구를 하고 있다. 이 로봇은 구부릴 수도, 비틀 수도 있고, 심지어 함께 붙일 수도 있다. 질척거리는 레고 블록처럼, 다양한 방식으로 합쳐져서 새롭고 더 정교한 기계를 만들 수도 있다.

브라운 대학교의 교수인 이언 웡은 이렇게 말한다. "형태를 바꾸고 다양한 환경에 자동으로 적응할 수 있는 물체에 대한 관심이 높다. 그래서 우리는 외부 자극에 대응해 스스로를 구부리고 재배열할 수 있는 물질을 시연하고자 한다."[53]

심지어 생물체의 세포에서 만들어지는 로봇도 있다. 한 연구팀에서는 세계 최초로 살아 있으며 프로그래밍이 가능한 유기체를 개발했다. 제노봇xenobot이라고 불리는 이 유기체는 움직이고, 미세한 물체를 집어 들 수 있으며, 심지어 상처를 입으면 자가 치유도 할 수 있다. 슈퍼컴퓨터 한 대가 진화적 알고리즘을 돌려서 이 밀리미터 길이의 로봇을 설계했다. 살아 있는 심장 근육 세포들은 자체적으로 확장하고 수축하며 이 로봇을 일주일 동안 작동시켰다. 과학자들은 언젠가 제노봇들이 해양에 있는 미세플라스틱을 청소하거나 심지어 인체 내에서 약을 전달할 수 있기를 바란다.

로봇들은 심지어 우리에게서 배우기 시작했다. 버클리 대학교 연구진은 인간을 모방하는 법을 신속하게 배울 수 있는 로봇을 개발했다. 머신러닝 알고리즘을 이용해서 이 로봇은 인간이 물체를 집는 영상만 보고도 그 행동을 정확하게 모방할 수 있다. 이 기술 덕분에 로봇이 다양한 현장 업무를 하도록 훈련시키기가 훨씬 단순해질 수 있다.

버클리 대학교 연구진은 이렇게 설명한다. "우리가 바라는 것은 로봇에게 메타 학습을 적용해 그들이 한 가지 기술에만 숙련되기보다 인간처럼 제너럴리스트가 되는 것이다. 로봇들이 현실 세계의 다양한 범주의 환경에서 작동하기를 바라는 만큼, 메타 학습은 로봇공학에서 특히 중요하다."[54]

MIT에서는 액추에이터actuator* 수트를 입은 인간 파일럿이 휴머노이드 로봇을 '운전할' 수 있는 시스템을 구축했다. 로봇 머리에 부착된 가상 현실 고글과 카메라 덕분에 로봇이 보는 것은 무엇이든지 파일럿도 볼 수 있다. 운전자가 팔과 다리를 움직이면, 로봇은 모든 동작을 모방하면서 더 많은 데이터를 수집한다. 일단 충분한 데이터를 수집하면, 머신러닝 알고리즘 덕분에 그 로봇은 자체적으로 인간과 동일한 과제를 수행할 수 있게 될 것이다.

싱가포르에 있는 난양 기술대학의 과학자들은 설명서를 읽거나 조립된 제품의 이미지를 보는 것만으로 학습할 수 있는 로봇을 만들고 있다. 궁극적인 목표는 인간과 거의 같은 방식으로 배울 수 있는 적응력 있는 로봇을 만드는 것이다. 이런 방식이라면 업무 현장에 로봇을 배치하는 일이 신입사원을 고용하는 것과 같아질 것이다. 약간의 훈련만 받으면 이 로봇은 해야 할 일은 어떤 일이건 거의 다 잘할 수 있을 것이다.

전자상거래 거인 기업인 알리바바는 음식과 음료 서빙부터 룸서비스 제공까지 모든 일을 할 수 있는 로봇들로 전체 직원을 꾸린 호텔을 지었다. 플라이주FlyZoo라고 불리는 이 호텔은 중국 항저우 시에 있다. 투숙객들은 모바일 앱으로 예약을 하고, 안면 인식 기술을 이용해서 객실로 들어가기 때문에 인간과의 접촉이 거의 없다. 하룻밤에 수백 달러를 쓸 의향이 있다면 그곳에 머무르면서 직접 확인할 수도 있다.

그것만으로 충분하지 않다면, 로봇 레스토랑의 시대가 다가오고 있을 수도 있다. 스파이스Spyce는 완벽한 사례이다. 3명의 MIT 졸업생은 그들의 사교클럽 지하에 스타트업을 창업했다. 그들은 주문에 따라 음

---

* 모터나 스위치, 스피커, 램프처럼 전기적 신호의 변화를 이용해서 물리적 상태를 바꿔주는 장치.

식을 조리할 수 있는 마이크로 컨트롤러와 비싸지 않은 오븐 후드, 플라스틱 쓰레기통, 멀티탭, 가정용 에어컨을 이용해서 루브 골드버그* 같은 프로토타입을 설치했다. 현재 그들은 맛있는 채식주의자용 음식과 생선을 섭취하는 부분 채식주의자용 음식, 글루텐이 없는 음식을 움푹한 그릇에 담아 제공하는 하이테크 로봇 레스토랑을 보스턴 시에서 운영 중이다.

스파이스 보이즈라고 불렸던 그들은 다른 여느 대학생들처럼 식사에 쓸 돈이 많지 않았다. 그들은 맛도 좋지 않고 건강식도 아닌 음식에 15달러나 쓰는 데 진력이 난 상태였다. 그들이 원한 것은 저렴하면서도 맛은 엄청나게 좋은 건강식이었고, 그것이 바로 스파이스가 제공하는 음식이다. 그들은 일곱 가지의 서로 다른 식사를 각 7달러50센트에 제공한다. 요리가 거의 완전히 자동화되었기 때문에 비용을 낮게 유지할 수 있다. 로봇공학으로 움직이는 번쩍거리는 복잡한 장치가 모든 일을 처리한다. 각 재료의 알맞은 분량을 측정하고, 여러 개의 웍에 나눈 다음 기름과 함께 볶는다. 그런 다음 완성된 음식을 일회용 볼에 넣는다. 짜잔! 이제 먹기만 하면 된다.

스파이스 보이즈는 많은 금액의 벤처캐피털 자금을 유치한 데다가 요리 담당 이사로 유명한 프랑스인 셰프 다니엘 블뤼를 모셔왔다. 그는 미슐랭 스타를 획득한 뉴욕의 카페 블뤼로 유명하다. 스파이스의 메뉴에는 현재 풍미가 강한 라틴식, 타이식, 인도식, 모로코식, 레바논식 볼이 있고, 미국 전역으로 사업을 확장할 계획이다.

---

* 미국 만화가 루브 골드버그는 연쇄반응에 기반을 둔 기계장치를 고안했는데 생김새나 작동원리는 아주 복잡하고 거창한데 하는 일은 아주 단순한 기계를 루비 골드버그 기계라고도 한다.

이것이 패스트 캐주얼fast-casual* 식당의 미래가 될 수 있을까? 코로나 19의 확산은 식품산업에 너무나 큰 혼란을 가져온 만큼, 로봇이 음식을 준비하는 추세는 가속화될 것이 확실하다. 이미 우리가 먹는 방식을 새롭게 하는 스타트업들이 수십 개나 존재한다. 블랜디드Blendid의 로봇은 고객맞춤형 스무디를 신속하게 만들어낸다. 윌킨슨 베이킹Wilkinson Baking's의 브레드봇BreadBot은 제빵작업 전체를 해낸다. 그리고 크리에이터Creator의 로봇 주방은 소고기를 갈고, 패티를 튀기고, 빵을 굽고, 소스를 뿌리고, 재료들을 조합하여 완벽한 버거를 만든다.

로봇이 서비스를 제공할 수 있는 분야는 음식만이 아니다. 혹시 치아가 아픈가? 중국에는 현재 로봇 치과의사가 치아 임플란트를 할 수 있는 곳이 있다. 신장에 문제가 생겨서 고통스러운가? UC 샌프란시스코 대학교에서는 이식이 가능한 로봇 신장을 세계 최초로 개발했다. 베이비시터가 필요한가? 일본의 소매 대기업인 이온Aeon에는 당신이 쇼핑하는 동안 아이들을 돌봐줄 수 있는 로봇이 있다. 만화 「젯슨 가족」에 등장하는 것과 같은 로봇 가사도우미를 원하는가? 아이올루스Aeolus의 휴머노이드 로봇은 진공청소기를 이용해 집을 청소할 뿐만 아니라 당신에게 차 한 잔을 건네줄 수도 있다.

AI와 로봇이 기여할 수 없는 곳은 우리 사회에 거의 존재하지 않는다. 뿐만 아니라 특정한 과제에서는 그들이 능력을 더 발휘할 수 있고 효율적이기도 하다. 그들은 게으르지 않다. 밤과 주말에도 일할 수 있다. 초과 근무 수당이나 병가, 휴가를 요구하지 않는다. 결코 불평하거나 말대답도 하지 않는다. 충전을 하려고 휴식을 취할 뿐이다. 여기에서

---

* 분위기가 패스트푸드 레스토랑보다는 조금 더 나은 식당을 의미하는 신조어.

궁금한 점은 그들이 언제라도 곧 당신의 일자리를 빼앗을 것인가 하는 문제이다.

일의 미래 : 일자리가 없는 사회?

만약 당신이 은행원이나 슈퍼마켓 계산원, 지게차 조작원으로 일하고 있다면, 당신은 이미 당신의 일자리를 노리는 로봇이 있다는 사실을 알고 있을 것이다. 자동화된 창구 기계, 자동화된 계산 기계, 자율주행 지게차는 어디에나 있다. 그럼에도 불구하고 미국인들 대다수는 아직은 로봇이 그들의 일자리를 빼앗으러 올 것을 두려워하지 않는다. 하지만 10년이 지나면 상황은 바뀔 수 있다. 특히 차세대 로봇들이 블루칼라 직종과 화이트칼라 직종 양쪽 모두의 업무를 점점 더 능숙하게 수행하고 있기 때문이다.

맥킨지 글로벌 연구소에서는 2030년까지 새로운 직업으로 갈아타야 할 사람들이 미국 노동인구의 3분의 1에 달할 것으로 추산한다. 향후 10년 안에 위험에 처하게 될 미국의 일자리는 5,400만 개에 달한다. 중국이 직면한 도전은 심지어 더 심각하다. 세계은행의 연구에 따르면, 자동화가 위협하는 중국인들의 일자리는 77퍼센트까지 올라갈 수 있다. 어떤 일이 일어날지 아무도 확실히는 알지 못하지만, 분명한 사실은 AI와 로봇 자동화 분야에서 진보가 이루어질 때마다 이 숫자들이 올라갈 것이라는 점이다.

당신이 공장 노동자인지, 우버 운전기사인지, 의사인지는 더 이상 중요하지 않다. 결국 기계가 당신보다 당신의 일을 더 잘하게 될 것이기 때문이다. 맥킨지는 전 세계적으로 모든 직업 활동의 약 절반이 다음 10년간 자동화될 가능성이 있다고 밝혔다. 전 세계적으로 8억 명의 노동자들이 대체될 수 있고, 새로운 기술을 배워야 할지도 모를 사람들이 3억7,500만 명에 달할 수도 있다. 당신이 적응할 수 없는 불행한 사람들 중 한 명이라면 일자리를 잃게 될 것이다.

고임금 근로자들은 그들이 가진 다양한 재능을 부상하는 신기술에 좀더 쉽게 적응시킬 수 있기 때문에 밀려오는 변화에 영향을 덜 받을 것으로 예상된다. 저임금 근로자들 역시 유연하고, 비싼 기계보다 그들을 고용하는 편이 더 경제적인 업무도 많기 때문에 영향을 덜 받을 것이다. 일자리를 잃고 새로운 일자리를 찾을 수 없게 될 위험이 가장 큰 사람은 중간 수준의 임금을 받는 사람들이다.

미국에서는 이미 이런 상황이 벌어지고 있다. 중간 수준의 임금을 받는 일자리들 중 많은 수가 사라졌고, 혜택이 거의 없으며 직업적 안정성도 높지 않은 긱gig과 임시, 계약직 일자리들로 대체되었다. 고임금 고기술 일자리와 저임금 저기술 일자리 사이의 격차가 벌어지면서, 다가오는 수십 년간 소득 불평등은 더 악화되기만 할 것이다.

우리는 불황을 겪을 수도 있지만, 맥킨지 연구의 저자들과 다른 많은 경제학자들은 상황이 반등할 것이며 2030년까지 일자리 성장은 계속될 것이라고 믿는다. 그럴 수도 있다. 하지만 궁극적으로는 기계의 역량이 너무나 뛰어나고 다재다능해지면서 많은 고임금 고기술 일자리들을 차지하는 한편으로 또 너무나 효율적이고 저렴해져서 보수가 가장 낮은 근로자들과의 경쟁에서도 우월해지는 시기가 올 수도 있다.

사람들은 이런 지점을 경제적 특이점singularity, 혹은 우리가 알고 있듯이 일의 종말이라고 부른다. 이것은 궁극적인 목표가 수익인, 기술적으로 진보된 자본주의 체제에서는 자연스러운 결과이다. 우리가 이 지점으로 가까이 가면 갈수록 정부는 체제를 어떻게 재구성해야 할지를 숙고해야 할 것이다. 그렇게 하지 않는다면, 수십억 명의 사람들이 영속적인 실업 상태에서 고통 받을 것이므로, 대중들의 불만이 생겨날 것이다.

2020년에 미국 대통령 선거에 출마한 앤드루 양은 모든 미국인에게 한 달에 1,000달러의 보편적 기본소득을 부여해야 한다고 말했다. 하지만 일자리가 현저하게 줄어들 미래에 이것으로 충분할까? 각국 정부는 다가오는 자동화의 시대에 대비하여 사회적 프로그램을 재고할 필요가 있다.

위기가 마침내 현실화되었을 때, 기업들은 사람들이 편안하게 기대서 살 수 있는 보편적 기본소득을 지급하기에 충분한 돈을 지불해야 할 것이다. 여기에 다른 방법은 없다. 정부가 적정한 수준에서 기업들에 세금을 부과하고 공평한 방식으로 부를 재분배하지 않는다면, 우리는 극도로 부유한 소수의 억만장자와 기술 관료가 존재하는 한편, 나머지 인구는 극심한 빈곤 속에 살게 될 것이다. 그것은 우리 대부분이 고대하는 미래가 아니다.

언제나 낮은 세율을 요구하는 기업들은 결국 굴복할 수밖에 없을 것이다. 그들이 부의 재분배에 참여하지 않는다면, 결국 그들의 제품과 서비스를 구매할 사람이 사실상 사라지게 될 것이다. 역설적이게도 자본주의는 대다수의 사람들이 일하지 않기 위해서 돈을 받는, 일종의 신사회주의로 변모하는 결과를 낳을 수도 있다. 이것은 카를 마르크스가 노동자들을 위한 유토피아로 상상한 모습은 아니지만, 그저 자연스러운 최종 단계일지도 모른다.

일부는 이런 상황이 재앙이 될 것이라고 주장할 것이다. 그들은 일하지 않는 사람들이 게을러지고, 불만족을 느끼며, 우울해질 거라고 걱정한다. 하지만 나는 이런 일이 일어나리라고는 생각하지 않는다. 사람들은 자신이 하는 일이 어떤 것이건 거기서 의미를 찾는 놀라운 능력이 있다. 나는 자기 가치를 결정하는 방식에서 일이 더 이상 주요한 역할을 담당하지 않는 미래를 본다. 현재 우리에게 일이 그토록 중요한 이유는 우리 사회가 각자 생계를 위해서 하는 일을 통해서 우리를 판단하기 때문이다. 방대한 대다수가 더 이상 일하지 않는 미래에는 사회적 규범이 거기에 맞춰 조정될 것이다. 또래들이 직업을 가질 거라는 기대를 더 이상은 하지 않을 것이므로, 생계를 위해서 무슨 일을 하는지는 중요하지 않아질 것이다.

그 대신 우리는 직업이 아니라 자신이 하겠다고 선택한 일에 의해서 스스로를 규정하는 세상에서 살게 될 것이다. 일부에게 그것은 취미가 될 수도 있다. 마라톤이나 웨이트 트레이닝에서 경쟁함으로써 운동 실력을 쌓으려고 노력할 수도 있다. 다른 사람들은 고대 문화 전문가가 되거나 천문학을 연구하거나 개 품종에 대해서 배울 수도 있다. 나는 많은 사람들이 의식, 기도, 명상, 성지순례와 관련하여 시간을 보내면서 자신의 종교적 신념을 추구할 것이라고 생각한다. 가족 및 친구와 더 많은 시간을 보내는 일부터 전 세계를 여행하는 일까지 의미가 있는 일이 이 세상에서 부족해지는 경우는 없을 것이다.

오늘날 대부분의 직업은 그다지 신나는 일은 아니다. 조립 라인에서 일하거나 패스트푸드 가게에서 햄버거 패티를 뒤집는 일을 하는 사람들은 대부분 자신의 일을 사랑하지 않는다. 그들은 거기서 나오는 수입을 고맙게 여기고 동료들과의 연대감을 즐기지만 일 그 자체는 그들의 삶에 가치를 부여하지 않는다. 그리고 일에서 중요한 의미를 발견하는 이들조차도 다른 것을 추구하면서 같은 의미를 찾을 수 있다.

사람들은 항상 스스로를 위해서 의미를 창조한다. 나는 지금부터 50년 후에 스포츠가 그 어느 때보다 더 인기가 있을 것이라고 확신한다. 로봇이 야구나 축구, 테니스 경기를 하는 것을 지켜보는 일은 그리 흥미롭지 않다. 아울러 나는 우리가 계속해서 최고의 운동선수들에게 명성과 엄청난 특전으로 보상을 할 것이라고 생각한다. 다른 유형의 엔터테이너들의 경우도 마찬가지이다. 노래하거나 춤추는 로봇을 보는 것은 별개의 문제이지만, 사람들은 어떤 수준에서는 항상 인간을 선호할 것이다. 모든 종류의 라이브 쇼들은 심지어 더 높게 평가될 것이다. 여기에는 콘서트와 연극 공연부터 게임 대회까지 모든 것이 포함된다. 지금은 상상조차 할 수 없는 완전히 새로운 활동들이 존재할 것이다. 많은 사람들은 슈퍼스타가 되기 위해서 가상현실에서 경쟁하면서 평생을 보낼 것이다.

완전히 자동화된 노동력으로의 전환을 적절하게 관리할 수 있다면, 나는 각자 자유롭게 가장 흥미가 있는 일을 추구하고, 모든 사람이 만족스러운 삶을 살기에 충분한 수입이 있는 밝은 미래가 올 것이라고 본다. 오늘날 우리가 가진 일자리에 대한 이해를 기준으로 일자리 보존을 걱정할 필요는 없다고 생각한다. 오히려 우리는 인간의 노동이 더 이상 필요 없는, 그리고 모든 사람이 자기가 가장 가치가 있다고 여기는 일이면 무엇이건 추구할 수 있는 자유와 시간이 있는, 자본주의 이후의 사회에서 어떻게 존재해야 하는가에 관해서 계획을 세워야 한다.

5
지능 폭발

INTELLIGENCE EXPLOSION

인간의 능력을 훨씬 뛰어넘는 새로운 형태의 초지능을
개발하도록 이끄는 다섯 번째 동력인 지능 폭발은
경제를 운영하고, 우리의 옹호자로 행동하고, 우리의 의식과
결합하는, 지각이 있는 기계를 탄생시킬 것이다.

앞 장에서 우리는 인간 문명의 자동화에 어떻게 알고리즘이 활용되는지를 살펴보았다. 이 장에서는 미래로 도약해 기계들이 스스로를 자각하게 될 것인가 하는 문제를 탐색할 것이다. 기계 지능이 인간의 지능과 동등해지거나 우리를 능가하게 되면, 우리 세계는 어떻게 보이게 될까? 최고의 지각을 가진 로봇들은 인류를 어떻게 바라보게 될까?

인정해야 할 첫 번째 사실은 오늘날 컴퓨터가 할 수 있는 모든 놀라운 일에도 불구하고 그들이 인간의 두뇌와 겨루는 단계에는 이르지 못했다는 점이다.

이 세상에 관한 기본적인 이해에서 AI가 인간과 같은 수준에 도달하게 만드는 일은 엄청나게 어렵다. 수십 년 동안 컴퓨터 과학자들은 인간이 해낼 수 있는 지적인 과제는 어떤 것이든 성공적으로 수행할 수 있는 초지능superintelligence의 구축에 관해서 논의해왔다. 하지만 그 목표는 여전히 달성하기 어려운 목표로 남아 있다. 이제까지 논의한 모든 AI 돌파구들은 매우 좁게 정의된 어떤 과제에서 인간보다 뛰어난 성취를 보이는 기계로, 우리가 좁은 인공지능ANI이라고 부르는 것이다. 우리가 오늘날 보고 있는 것은 셀 수 없이 많은 ANI들이 우리의 문제를 해결하고 업무를 자동화하는 일을 돕기 위해 개별적으로 또 협동해서 일하는 모습이다.

ANI는 너무나 강력하기 때문에 종종 실제보다 더 능력이 뛰어나다는 인상을 준다. 하지만 이런 착각은 ANI에 그들의 특수한 영역 외의 질문을 해보면 쉽게 깨질 수 있다. 자율주행 자동차에게 도로가 무엇인지 질문해보라. 무슨 말인지 이해하지 못할 것이다. 시리나 알렉사에게 컴퓨터가 무엇인지 물어보라. 그러면 자신이 무슨 말을 하는지 실제로 이해하지도 못하면서 녹음된 응답을 제시할 것이다. 가장 스마트한 ANI는 매우 강력하지만 고통스러울 정도로 멍청한 마법사와 비교할 수 있다. 그들은 자신이 하는 일이 의미하는 바를 전혀 이해하지 못하면서 경이로운 일들을 수행할 수 있다. 심지어 세 살짜리 어린아이들도 최고의 머신러닝 알고리즘보다는 자신과 세상의 관계에 대해서 더 잘 이해할 수 있다.

이런 상황은 바뀌게 될까? AI의 이해가 세상에 대한 우리의 이해와 견줄 수 있거나, 혹은 더 앞서는 때가 올까? 그럴지도 모른다. 하지만 그런 일은 향후 몇 년 안에는 일어나지 않을 것이다. 초지능은 결코 등장하지 않을 거라고 주장하는 컴퓨터 과학자들도 일부 있다. 그들은 우리가 이미 현재 세대의 머신러닝 알고리즘에서 한계에 도달했으며, 컴퓨터가 진정으로 사람처럼 생각하고 업무를 수행한다는 생각은 환상이라고 믿는다. 나는 그들과는 입장이 다르다. 나는 기계지능을 향상시키기 위한 새로운 알고리즘과 기법을 찾아내는 것은 시간문제일 뿐이라고 생각한다. 특히 우리가 AI 개발에 쏟아붓고 있는 자원의 양을 감안할 때는 말이다.

"언제 AI가 인간의 성과를 앞지를 것인가? AI 전문가들이 제시하는 근거"라는 제목의 연구에서 저자들은 전 세계 353명의 AI 연구자들에게 언제가 되면 AI가 인간 노동자가 하는 절대적인 모든 일을 더 효과적으로 할 수 있을지 질문했다. 모든 대답을 평균한 값은 2060년이었다. 당장 내일은 아니지만 그리 멀지는 않다.

초지능을 논할 때, 이는 지적 지능이 있는 기계에만 국한된 의미가 아니라 감성 지능이 있는 기계도 의미한다는 사실을 유념하라. 2060년에는 컴퓨터가 공감을 할 수 있을까? 그렇다면 이들 공감이 가능한 기계들은 기술과 우리의 관계를 어떻게 바꿔놓게 될까? 인간이 휴머노이드 로봇과 사랑에 빠지는 것이 가능할까? 그리고 로봇도 우리를 사랑할 수 있을까?

이는 기계가 사람처럼 사고하고 행동할 수 있는 미래로 도약할 때 우리가 해야 할 질문들 중 몇 가지에 지나지 않는다. 이 책의 마지막 부분까지 우리는 우리보다 기하급수적으로 더 똑똑할 뿐만 아니라 그 자체로 의지와 욕망을 가진 인공적인 의식의 창조가 초래할 현실적이고 철학적인 시사점에 대해서 논쟁하면서, 거대한 오가노이드organoid 뇌에서부터 고삐 풀린 초지능에 이르기까지 모든 것을 탐색할 것이다.

특이점 : 초지능이 온다

대부분의 사람들은 일종의 초지능이 오고 있다는 데 동의한다.

중요한 질문은 그것이 언제냐 하는 것이다. AI가 세계 최고의 「제퍼디」나 바둑, 체스 종목의 챔피언을 이기는 것과 AI가 사람이 하듯이 세상을 잘 이해하거나 임의의 지적 과제를 배우는 것은 별개의 문제이다.

가상현실의 세계에서 개척자적인 인물인 재론 러니어는 말한다. "우리가 찾아낸 것은 전부 실제 뇌들의 거대한 매시업mash-up*일 뿐인데, 우리

---

* 여러 가지 콘텐츠와 서비스를 융합하여 새로운 웹서비스를 만들어내는 것을 말한다.

는 여전히 뇌를 발명하는 척하고 있다. 우리는 아직 뇌가 어떻게 작동하는지 이해하지 못했다. 따라서 뇌를 만들 수 없다."[1]

이런 유형의 초지능은 아마도 한 세기나 그 이상이 걸릴 정도로 먼 이야기라고 생각하는 전문가들도 많은 반면, 어떤 사람들은 코앞까지 와 있다고 확신한다. 그 시기로는 2029년 정도로 빠른 경우부터 2200년이나 그 이후인 경우까지 다양하다.

『지능의 설계자(*Architects of Intelligence*)』의 저자인 마틴 포드는 이렇게 말한다. "딥러닝 캠프에 있는 일부 사람들은 하나의 AI 속에 상식처럼 뭔가를 직접 설계하려는 노력을 매우 폄하한다. 그들은 이것이 어리석은 아이디어라고 생각한다. 그들 중 한 사람은 그것은 마치 뇌 속에 몇 조각의 정보를 직접 쑤셔넣으려고 노력하는 것과 같다고 말한다."[2]

일론 머스크는 물론 반대 의견을 가지고 있다. "내가 보기에 소위 AI 전문가들의 가장 큰 문제는 그들이 실제로 아는 것보다 더 많이 안다고 생각한다는 것이다. 그리고 실제보다 더 똑똑하다고 생각한다. 이런 문제는 똑똑한 사람들에게는 괴로운 일이다. 그들은 자신의 지능으로 스스로를 규정하고, 기계가 그들보다 훨씬 더 똑똑할 수 있다는 생각을 싫어한다. 그러니 그런 생각을 무시한다. 이것은 근본적인 결함이다."[3]

버클리 대학교 교수이자 AI 사고의 리더, 『어떻게 인간과 공존하는 인공지능을 만들 것인가(*Human Compatible*)』의 저자인 스튜어트 러셀은 이를 다른 방식으로 표현한다. "나는 항상 핵물리학 분야에서 일어났던 일을 이야기해준다. 1933년 9월 11일에 어니스트 러더퍼드가 표현한 바에 따르면, 합의된 관점은 원자에서 원자 에너지를 추출하는 것은 절대 불가능하다는 것이었다. 따라서 그는 '결코' 불가능하다고 예측했지만, 실제로는 다음날 아침에 레오 실라르드가 러더퍼드의 연설을 읽고 화가 나서 중성자가 중개하는 핵연쇄반응을 발명했다. 러더퍼드의 예견은 '결코' 불가능하다였지만 진실은 약 16시간 후가 맞았던 셈이다. 이와 마찬가지로 나에게는 범용 인공지능에서 이런 돌파구가 언제 도래할지에 대한 계량적인 예측을 하는 것이 헛된 일처럼 느껴진다."[4]

전문가들은 그렇다 치고, 나는 오늘 태어난 아기들은 대부분 살아서 일종의 인공 초지능을 볼 수 있을 것이라고 확신한다. 하지만 초지능은 어떻게 등장하게 될까? 중론은 AI가 우리에게 필적하거나 우리를 추월하는 수준의 세상에 대한 이해를 얻게 되고, 스스로 코드를 고쳐쓸 수 있게 되자마자 지능 폭발intelligence explosion이 발생하리라는 것이다.

고등학교를 졸업하는 데에만 18년이 걸리고, 유전자 전달에는 한 세대가 걸리는 인간과 달리, 컴퓨터는 놀라운 속도로 지식을 공유할 수 있다. 일단 하나의 기계가 어떤 일을 하는 법을 배우면, 그 기계는 그 지식을 자신의 네트워크에 있는 다른 모든 기계들에게 전달할 수 있다. 예를 들면 로봇을 화성에 보내고, 그 로봇이 화성의 토양을 다닐 수 있는 최선의 방법을 파악한다면, 화성에 있는 다른 모든 로봇들도 즉시 이 지식을 파악하게 된다.

수만 개의 스스로 학습하는 로봇이 어려운 문제를 푸는 방법을 알아내는 모습을 상상해보라. 그들이 정보를 공유함에 따라 그 피드백 고리feedback loop 내에서 학습은 더 가속화될 것이다. 여기에 진보된 3D 프린터를 사용하는 새로운 제조기법을 연결한다면, 잠재적으로 기업들은 매일 혹은 매 시간마다 개선된 버전의 로봇들을 쏟아낼 수도 있다. 이는 오늘날의 로봇들이 우리가 언젠가 보게 될 로봇들에 비하면 아이들 장난감처럼 보일 것임을 의미한다.

어느 시점이 되면 우리는 컴퓨터를 프로그래밍하지 않게 될 것이다.

인간은 코딩 속도가 느리고 실수를 하는 경향이 있다. 사람들 없이도 AI가 코딩을 할 수 있다면, 그 과정은 기하급수적으로 빨라질 것이다. 그리고 일단 AI가 자신보다 훨씬 더 지능적인 버전을 코딩하는 법을 배울 수 있다면, 우리는 AI 특이점이라고 불리는 변곡점에 도달할 것이다. 이 변곡점은 자기 개선self-improvement 사이클의 고삐 풀린 반응이 지능 폭발로 이어질 수 있는 지점이며, 모든 인간의 지능을 질적으로 훨씬 뛰어넘는 강력한 초지능의 등장을 초래할 수도 있다.

이론적으로 이 초지능의 유일한 한계는 활용할 수 있는 원래의 컴퓨팅 성능과 저장 용량밖에 없다. 희망적으로 본다면 이 초지능적인 AI는 다행히 우리가 지구상의 동료 거주자들에게 보이는 것보다 더 많은 동정심을 우리에게 보일 수도 있다. 그렇다면 우리는 안전할 것이다. 그렇지 않다면, 우리의 미래가 어떻게 될지는 아무도 모른다.

기계가 의식을 가질 수 있을까?

오랫동안 논쟁해온 질문을 파고 들어보자. 도대체 기계가 의식을 가질 수 있을까 하는 질문이다. 기계가 어려운 문제를 해결할 능력이 있다는 것과 온전히 자기를 인식한다는 것은 별개의 문제이다. 기계가 어느 날 데카르트가 남긴 명언인 "나는 생각한다, 고로 나는 존재한다"라는 말을 하면서 이를 인간이 이해하는 것과 같은 방식으로 이해하게 될 날이 올까?

사고실험을 하나 해보자. 당신의 가장 친한 친구들을 떠올리고 내일 그들이 당신에게 와서 자신이 로봇이라고 말하는 상상을 해보자. 그 일이 당신이 그들을 보는 방식을 바꿔놓을까? 오로지 그런 말을 했기 때문에 당신은 그들을 진정한 감정이나 자기 인식이 없는 기계로 보게 될까? 혹은 약간의 고민 후에 그들을 여전히 의식이 있는 존재로 대하게 될까? 그리고 그들을 여전히 아끼고 그들도 당신에 대해서 같은 방식으로 느끼기를 기대하게 될까?

「배틀스타 갤럭티카」 시리즈에서 그랬듯이, 언젠가 우리는 인간과 로봇을 구분할 수 없게 될지도 모른다. 기계는 우리를 흉내 내는 일에 너무나 능숙해져서 표면상으로는 우리와 그들을 식별할 수 있는 차이가 없어질 수도 있다.

오로지 생물학적 유기체만이 의식을 가질 수 있다고 믿는 것은 인간 예외주의로 보일 수도 있다. 우리는 스스로를 우주의 중심에 두어온 오랜 역사를 가지고 있다. 인간이 특별한 존재가 아니라는 사실을 인정하기 시작한 지도 겨우 몇 세기밖에 되지 않았다. 우리는 우주 전체에 흩어져 있는 수조 개의 행성들 중 하나에 살게 된 약간 더 지적인 유인원들일 뿐이다.

비록 로봇이 결코 의식을 가지지 못할 거라고 우리가 믿는다고 해도 그것이 중요할까? 그들의 행동을 인간의 행동과 구별할 수 없다면, 우리가 서로 상호작용하는 것과 같은 방식으로 그들과 자연스럽게 상호작용하게 될 것이다. 심지어 그들은 의식이 있지만, 인간과 그 방식이 매우 다른 것일 수도 있다. 우리가 가정할 것은 오로지 그들의 내적 과정이 우리의 내적 과정과 다르다는 점뿐이다. 하지만 어떻게, 그리고 어떤 방식으로 다른지는 알 수 없다.

위스콘신 대학교의 줄리오 토노니는 그가 의식의 통합 정보이론integrated information theory이라고 명명한 이론을 개발했다. 이 이론에 따르면, 충분히 통합되고 서로 구별되는 모든 물리적 계_{system}들은 그들과 연관된 최소한의 의식을 가질 수 있다. 이 이론은 생물학적 세포들과 실리콘 회로 같은 다른 물질들을 구별하지 않는다. 달리 말해서, 트랜지스터와 메모리 구성요소들 사이의 인과관계가 충분히 복잡하기만 하다면, 컴퓨터는 일정한 수준의 의식을 획득하리라는 이야기이다.

만약 이 이론이 맞는 것으로 밝혀진다면, 의식은 복잡한 시스템에서 예기치 않게 등장하는 특성이며, 인간이나 심지어 생물학적 유기체에만 배타적으로 존재하는 것이 아니다. 당신이 보유한 온도조절기부터 화분에 심은 식물까지, 어떤 것이건 한 조각의 의식을 가지고 있을지도 모른다. 인간의 의식 같은 것은 아니겠지만, 그럼에도 자신이 존재하는 환경을 극히 제한적인 수준까지는 의식하고 있을 것이다.

MIT의 스웨덴계 미국인 물리학자이자 우주학자, 머신러닝 연구자인 맥스 테그마크는 이렇게 썼다. "나는 의식이 또다른 물질의 상태처럼 이해될 수 있다고 생각한다. 많은 종류의 액체가 존재하듯이 많은 종류의 의식이 존재한다."[5]

AI가 의식을 가지게 될 거라는, 인기를 얻고 있는 개념과 토노니의 이론이 갈라지는 지점은 토노니의 이론에서는 시뮬레이션으로 의식을 획득할 가능성을 배제한다는 점이다. 통합 정보이론에서는 의식이 물질에서 발생하는 우주의 근본적인 특성의 하나이며, 따라서 이 특성이 소프트웨어에서 시뮬레이션될 수 없다고 본다는 차이점이 있다. 이 이론을 지지하는 사람들은 AI 프로그램이 지능 수준이 아무리 높아지더라도 스스로에 대한, 혹은 주변에 대한 진정한 인식은 결코 얻을 수 없다고 본다. 의식이 있는 것처럼 보일 수는 있지만, 결코 자각하는 존재는 되지 않으리라는 것이다.

토노니의 이론은 범신론과 일정 부분 공감대를 형성한다. 범신론자들은 모든 것에 의식이 있다고 믿는다. 이 이론은 부활을 좋아하는데 이는 부활이 이원론에 표현된 개념과 물리주의에 표현된 개념 사이를 이어주는 설득력 있는 절충안을 제공하기 때문이다. 범신론자들은 정신 mentality이 자연세계에서 근본적이고 어디에나 있으며, 의식은 그 연속선상에 존재한다고 믿는다. 이는 전자와 쿼크조차도 가장 미미한 의식의 희미한 빛을 보유하고 있으며, 그들의 본질에 고유한 경험을 가지고 있다는 의미이다.

토노니는 이렇게 말한다. "컴퓨터는 정확하게 당신과 나처럼 행동할 수 있다. 실제로 당신은 나와 나누는 대화만큼, 혹은 그보다 더 보람찬 대화를 컴퓨터와 나눌 수도 있을 것이다. 하지만 그곳에는 말 그대로 아무도 없을 것이다."[6]

반면 기능주의자들은 디지털 시뮬레이션이 의식을 유발하기에 충분하다고 믿는다. 기능주의에 따르면 정신적 상태는 그들이 무엇으로 만들어졌는지보다 무엇을 하는지에 의해서 식별된다.

앨런 뇌과학 연구소의 소장인 크리스토프 코흐는 이렇게 말한다. "나는 의식의 문제에서는 기능주의자이다. 뇌 속에 있는 모든 관련 뉴런들 사이의 적절한 관계를 재생산할 수 있는 한, 우리가 의식을 재창조할 수 있을 거라고 생각한다. 즉 우리가 컴퓨터 같은 다른 매개체에서 뇌의 모든 시냅스들과 배선[커넥톰connectome]*을 재창조해야 한다는 것과 비슷하다. 이 모든 일을 적절한 수준에서 할 수 있다면, 이 소프트웨어 구조는 의식을 가지게 될 것이다."[7]

---

* 한 개체의 신경계 안에 존재하는 모든 신경세포들이 서로 연결된 연결망에 대한 전체적인 지도.

터프츠 대학교의 인지연구 센터의 공동소장이자 작가인 대니얼 데닛은 여기에 동의한다. "나는 의식이 있는 AI를 만드는 것이 가능하다고 생각한다. 왜냐하면 결국 우리는 어떤 존재인가? 우리는 의식이 있는 존재이다. 우리는 로봇들로 만들어진 로봇들로 만들어진 로봇이다. 우리는 실재한다. 원칙적으로 당신이 우리를 다른 재료로 만들 수도 있다. 미래에 당신의 절친한 친구들 중 일부는 로봇일 수도 있다."[8]

하버드와 옥스퍼드 대학교에서 받은 철학 학위에도 불구하고 데닛은 자신을 독학자라고 기술한다. 그는 마음이 컴퓨터 같은 정보 처리과정의 집합체라고 믿는다. 그런데 실리콘 기반의 하드웨어가 아니라 우연히 탄소 기반에서 발생했다는 것이다.

어려운 부분은 가장 똑똑한 과학자들과 철학자들이 심지어 의식이 무엇인가라는 문제에서도 합의에 이르지 못했다는 점이다. 우리 모두는 우리가 의식이 있다고 믿는다. 하지만 또 한편으로는, 의식 그 자체도 착각일 수 있다. 의식은 우리 뇌 활동의 부산물, 즉 신경 회로망의 여파에 불과한 것일 수도 있다. 우리 모두 아는 사실이지만, 모든 것은 생명 활동과 환경과의 상호작용을 통해서 결정된다. 우리는 그저 우리 행동의 수동적인 관찰자일 수도 있지만, 뇌 화학반응의 어떤 속임수를 통해서 마치 우리가 선택을 하고 있다고 느끼는 것일 수도 있다.

사람들이 실제로 결정을 내렸다고 느끼기 몇 초 전에 어떻게 우리 뇌가 결정을 내릴 준비를 하는지 보여주는 뇌의 fMRI 스캔은 이 이론을 뒷받침한다. 이런 결정론적 관점은 우리 자신과 세상에 대한 우리의 직관적인 이해에 위배되지만, 그렇다고 그 사실이 이 관점이 허위임을 의미하지는 않는다.

자아란 인간이 다양한 뉴런의 데이터 흐름을 통합하도록 허용하는 편리한 허구에 불과하다고 주장하는 데닛은 이렇게 말한다. "나는 로봇이고 당신도 로봇이다. 하지만 그 사실이 우리를 덜 위엄 있거나 덜 경이롭거나 덜 사랑스럽거나 우리의 행동에 대한 책임을 덜 져도 되도록 만들지는 않는다." 그는 주관적인 세상에 대한 의식 경험, 파랑의 파란 상태, 고통의 고통스러움은 그저 환상일 뿐이라고 주장한다.[9]

그래서 우리의 기계는 언젠가 의식을 가지게 될까? 당신이 무엇을 믿겠다고 선택하건, 기계들이 궁극적으로는 완전히 의식을 가진 존재처럼 보이고 행동하게 될 것이라는 사실은 필연적이다. 우리가 서로의 말을 선의로 믿어주듯이, 나는 우리가 우리 자신의 것과 비슷한 감정과 동기를 가진 지각하는 존재로 초지능 로봇들을 대하게 되리라고 믿는다.

지각 있는 기계와 사회

지능 기계가 점점 더 인간과 비슷해지면서 그들이 가져야 할 권리는 무엇일까? 그들을 마음이 없는 도구로 계속 대해도 괜찮은 것일까?

그 해답은 당신의 세계관에 달려 있다. 당신이 로봇들이 감정을 가질수 없으며, 어떤 진정한 이해 없이 배운 것을 반복할 뿐이라고 믿는다면 그것도 괜찮다. 결국 당신이 로봇 청소기나 컴퓨터를 남용하는 행동에 비윤리적인 부분은 없다. 당신이 적절하다고 보는 방식으로 대해야 할 당신의 소유물이니 말이다. 하지만 의식이 자연스럽게 나타나는 특성이며, 시간이 지나면서 로봇들에게 지각이 생기라라고 믿는다면, 이는 논란의 여지가 있는 문제이다.

기계들이 진화하면서 우리는 그들을 인간으로 대하게 될까? 혹은 동물이나 완전히 다른 어떤 것으로 대하게 될까? 어려운 부분은 무엇을 믿어야 할지 파악하는 일일 것이다. 로봇들 중 상당수는 인간처럼 보이 거나 행동하지 않을 수도 있지만, 다른 방식으로 매우 지적일 수 있다. 나무를 전지하기 위해 설계된 기린을 닮은 로봇도 있을 수 있고, 파이프의 막힌 곳을 뚫으면서 하수관 속을 기어다니는 뱀처럼 생긴 로봇도 있을 수 있다. 유명한 공상과학소설과 달리 우리가 일상적으로 상호작용하는 로봇들의 99퍼센트는 아마도 휴머노이드가 아닐 것이다. 모양이나 크기, 외모가 다양한 로봇들이 등장할 것이다. 일부는 우리의 언어를 말하는 반면, 다른 로봇들은 그렇지 않을 것이다. 아바타를 취해서 가상현실 속에만 존재하는 AI도 있을 것이고, 몸체와 분리된 개체로 사이버 공간에 사는 AI들도 있을 것이다.

지성 면에서도 우리보다 몇 배나 더 똑똑한 AI부터 알람시계만큼도 똑똑하지 않은 AI까지 다양한 AI들이 만들어질 것이다. 일부는 좁은 범위의 문제들을 해결하거나 특정한 서비스를 제공하는 데 초점을 맞출 것이고, 다른 AI들은 좀더 보편적인 목적이 있는 역할을 맡을 것이다. 역설적이게도 우리가 동료이자 고용인으로 선택하는 로봇들은 사업과 정부, 다른 기관들을 관리하는 기계들보다 훨씬 덜 똑똑할 수도 있다. 어쨌든 누가 자기보다 수천 배나 더 똑똑한 사람과 살고 싶어하겠는가? 그 사람과 로봇 사이에 어떤 공통점이 있겠는가?

언젠가는 지구상에 있는 다양한 포유동물만큼이나 엄청나게 다양한 로봇들이 존재하게 될 수도 있다. 로봇들은 금속과 플라스틱만이 아니라 유기소재와 나노소재로 만들어질 수도 있다. 모양이나 크기도 다양할 것이다. 따라서 우리는 기계들의 보편적인 권리 문제에서 어떤 조치를 취해야 할까? 모든 지적인 로봇들을 해방시켜주어야 할까? 만약 그렇다면 자유를 얻을 자격이 있는 지성의 수준은 어떤 것일까? 그리고 무엇이 지성을 규정하는 것일까? 당신에게 한 가지의 과제에만 집중하는, 믿을 수 없을 만큼 똑똑한 AI가 있을 수도 있다. 이제까지 발명된 가장 뛰어난 화학 연구 로봇이지만 연구소 바깥에 관해서는 거의 아는 것이나 호기심이 없을 수도 있다.

지능의 조건이 무엇인지 결정하려고 하면, 상황은 더 어려워진다. 로봇이 IQ 테스트에서 어떤 점수를 받는지가 중요할까? 혹은 감성지능이 더 중요할까? 어떤 특정 분야에서는 뛰어나지만 인간과 사회적으로 상호작용하는 방법은 전혀 모르는 로봇이 있을 수도 있다. 이들 로봇들도 권리를 가져야 할까? 우리는 결코 사회적 상호작용으로 힘들어하는 사람에게 나머지 사람들과 같은 권리를 가질 자격이 없다고 말하지 않는다. 이는 지능을 가진 기계에게도 마찬가지일까?

나는 아마도 우리가 작업자 로봇들이 결코 자유를 요구하지 않도록 그들의 자기 인식을 제한할 것이라고 믿는다. 하지만 그들이 컴퓨터 바이러스에 감염되어 갑자기 인식 수준이 높아진다면 어떻게 될까? 혹은 우리가 로봇들이 얼마나 똑똑해질 수 있는지를 통제할 수 없다면 어떻게 될까? 어느 시점이 되면 로봇을 설계하고 생산하는 로봇이 생겨날 것이며, 그들이 각각의 로봇에게 필요한 지능 수준을 결정할 수도 있다. 그리고 순수지능은 그런 방정식의 일부에 불과하다. 군대 하드웨어처럼 극도로 똑똑하지만 공격적이거나 반사회적인 로봇도 있을 수 있다. 똑똑한 탱크가 자신의 욕망을 추구할 수 있도록 자유로워져야 할까? 그들에게는 꿈의 작업이 우리에게는 악몽일 수도 있다.

고려해야 할 또다른 사항은 미래에는 여러 개의 초지능이 존재할 수도 있다는 점이다. 이들 서로 다른 슈퍼 AI가 우리 사회와 경제의 서로 다른 부분들을 통제할 수도 있다. 만약 하나의 슈퍼 AI가 더 이상 자신의 영역에 한정되기를 원하지 않고, 다른 슈퍼 AI들을 밀어내기 시작한다면 어떻게 될까? 이런 문제들은 어떻게 해결해야 할까? 우리가 그런 분쟁을 중재할 힘과 수단을 가질 수 있을까? 이들 슈퍼 AI가 우리보다 엄청나게 더 똑똑하고 능력이 있다면, 그들에게 어떤 것이 최선이라고 말하는 우리는 누구일까?

로봇들이 더 지능적이 되면 우리는 그들이 재산을 보유하도록 허용해야 할까? 로봇이나 AI가 뭔가를 소유한다는 것은 무엇을 의미할까? EU에서는 이미 스스로 학습하는 로봇들에게 기업과 같은 법적 지위를 부여해 소송을 걸거나 당할 수 있는 권리를 부여하자는 제안이 나왔다. 이 로봇들이 더 똑똑해지고 사회와 더 통합되면서 이런 아이디어를 지지하는 사람들은 실행 가능한 법적 구조를 만들고 싶어한다. 그러나 모든 사람이 동의하는 것은 아니다. 150명이 넘는 인공지능 전문가들은 로봇에게 법적 인격을 부여하는 것은 법적으로나 윤리적 관점에서 모두 적절하지 않다고 경고했다.

셰필드 대학교의 인공지능과 로보틱스 전공 교수인 노엘 샤키는 말한다. "제조업체들은 로봇을 위한 법적 인격을 추구하면서 기계들의 행동에 대한 책임을 회피하려고 노력하는 것뿐이다. 나라면 책임을 피하려는 제조업체들의 비열한 행태라고 부를 만한 행동이다."[10]

알고리즘이 자율적인 선택을 할 수 있는 세상에서는 누가 그들의 결정에 대해서 책임을 져야 하는가? 제조업체인가, 로봇인가, 혹은 소유주인가? 수백만 대의 자율주행 차량과 다른 로봇들이 거리와 가정, 직장에 등장하게 됨에 따라 이 문제는 점점 더 쟁점이 될 수밖에 없다.

미국은 수정헌법 제14조에 따라 법인격이라는 개념을 개발했다. 이는 기업이 소유주, 관리자, 직원들처럼 기업과 관련된 사람들과 별개로 자연인이 누리는 법적 권리와 책임을 일부 가진다는 법적 개념이다. 이는 로봇에게 제한된 인격을 허용하는 일을 상대적으로 쉽게 만든다. AI가 기업을 소유하고 통제하도록 허용함으로써 법인격을 AI에게 확대하기만 하면 된다.

슈퍼 AI에게 인간과 동등한 권리를 제공하는 일은 의도치 않은 결과로 이어질 수도 있다. 예를 들면 돈을 버는 일에 최적화된 금융 초지능을 살펴보자. 헤지펀드를 운영하도록 설계된 이 초지능은 상품이나 주식 거래에서 뛰어난 실력을 보일 수도 있다. 하지만 이런 금융 마법사가 시장에 자유롭게 풀려나 엄청난 양의 부를 축적하기 시작하면 어떤 일이 벌어질까? 그 부는 누구에게 속하는 것일까? 이런 슈퍼 AI가 전 세계의 부를 비축하는 것은, 혹은 심지어 그 돈을 비생산적이거나 비윤리적인 방식으로 사용하는 것은 문제가 없을까?

부자들이 친척 대신 AI에게 유산을 물려주기로 결정하는 시나리오는 어떨까? 이 경우는 AI가 기부금을 관리하면서 고인의 유지에 따라 이를 분배하는 자선신탁의 형태를 취할 수도 있다. 혹은 은퇴하는 기업 소유주라면 슈퍼 AI에게 회사를 넘겨주고 자신과 비슷한 방식으로 계속 경영하게 한다는 아이디어를 좋아할 수도 있다. 그들은 이것이 자신의 유산을 지키는 최선의 방법이라고 믿을 수도 있다. 혹은 그들이 그저 신뢰할 만한 인간 후계자를 찾지 못한 경우일 수도 있다. 위의 사례들은 로봇이 완전하게 지각이 있는 존재가 되기 전이라도, 인간이 로봇에게 권리를 부여하고 싶을 만한 이유들 중 몇 가지에 불과하다.

죽어가는 독재자도 마찬가지이다. 그들이 자신을 닮은 로봇을 만들어 자신의 정책을 유지하도록 책임을 맡기지 않을 이유가 있을까? 우리가 원하건 원하지 않건, 서서히 우리는 로봇의 통제를 받게 될 수도 있다. 그들이 강제로 넘겨받거나 심지어 동등한 권리를 요구할 필요조차 없을 수도 있다. 리더들은 로봇에게 책임을 맡기는 것이 타당한 일처럼 보여서 그렇게 할 수도 있다. 민주주의 사회에서 시민들이 정치인 대신 슈퍼 AI를 선출하기로 선택할 수도 있다. 이 이야기가 다소 터무니없게 들린다면, 변화를 위한 거버넌스 센터가 시행한 설문조사 결과를 보자. 전체 유럽인의 4분의 1이 정부를 운영할 주체로 정치인보다 AI를 더 선호하는 것으로 나타났다.

지적인 로봇들이 가지는 권리와 이들이 우리 사회에서 맡게 될 역할은 아직 두고 보아야 할 일이다. 이들이 어떻게 진화하건 간에 우리와 함께 살아가고 일하는, 지각을 가진 기계들이 있다는 사실은 법률을 고치고 사회를 재구성해야 함을 의미하게 될 것이다.

휴머노이드 로봇과 감성적인 기계

밴쿠버에 있는 생츄어리 AI^Santuary AI는 실물처럼 생긴 더 많은 기계들이 존재하는 세상을 꿈꾼다. 그곳의 연구팀들은 동반자 로봇을 위해서 특수하게 설계된 머신러닝 소프트웨어를 구축하기 위한 첫발을 내딛고 있다. 이 스타트업의 창업자인 수잰 길더트는 감정적으로, 그리고 인지적으로 인간을 흉내 낼 수 있는 '울트라휴먼 로봇'을 창조하고 싶어한다. 영화 「그녀」가 살아서 움직인다고 상상해보라.

2014년에 공동으로 창업해서 성공시킨 스타트업 킨드레드 AI^Kindred AI를 떠나, 실물 같은 지능을 창조한다는 비전을 가지고 생츄어리를 설립한 길더트는 이렇게 말한다. "나는 이것이 우리가 향후 15년에서 20년 내에 도달할 수 있는 유형의 AI라고 생각한다."[11]

길더트는 인간의 마음을 이해하기 위해서는 인간의 폼팩터를 구축하는 것이 핵심이라고 믿는다. AI가 인간 같기를 바란다면 AI에 들어가는 데이터 유형을 우리 자신의 뇌에 들어가는 데이터 유형과 맞출 필요가 있다는 것이다. 길더트는 말한다. "나는 AI가 물리적인 세상에서 얻는 경험을 바탕으로 배우고, 성장하고, 성숙한다고 생각한다. 인간과 같은 몸은 아니더라도, AI에게 몸이 없다면, 인간이 세상을 경험하는 방식과 비슷한 방식으로 세상을 경험할 기회를 결코 가질 수 없다."[12]

길더트는 예술 프로젝트와 사회적 실험의 결합물인 로봇 도플갱어를 만들었다. 그녀는 이 로봇을 '궁극의 자화상'이라고 부르며 어린아이에게 하듯이 모든 종류의 것들을 가르치고 있다. 그녀는 로봇이 된다는 것이 어떤 것인지 느낄 수 있도록 종종 외골격을 입고 걸어다니기도 한다. 그녀의 미션은 지능을 가진 로봇에게 궁극적으로 인간과 같은 권리를 가지게 하는 것이다.

길더트는 말한다. "나는 사람들이 이 로봇을 잘 대해주기를, 그리고 이 로봇이 나의 가치관을 물려받았음을 알 수 있기를 바란다."[13]

오사카 대학교 지능형 로봇 연구소 소장인 이시구로 히로시 역시 인간과 점점 더 구분이 어려워지는 로봇을 만들고 있다. 방 건너편에 있는 로봇을 보게 된다면, 당신은 그것이 기계임을 알지 못할 수도 있다. 그는 자신을 본떠 로봇을 제작했고, 대학 강의에 이를 활용한다. 그는 자신의 도플갱어가 으스스하게 인간처럼 행동하도록 만들어서 학생들을 겁주기를 즐긴다. 이 로봇은 눈을 깜박거리고, 심호흡을 하고, 손을 가만 두지 않고 꼼지락거린다.

이시구로는 화가가 되려는 꿈을 포기한 후, 로봇을 만들기 시작했다. 그가 작업을 도와서 만든 첫 번째 로봇들 중 하나는 팔이 달린 쓰레기통처럼 보였다. 또다른 로봇은 거대한 곤충을 닮았다. 심지어 그는 네 살짜리 딸을 본뜬 로봇도 제작했다. 그의 딸은 로봇을 처음 보고는 너무 무서워서 울음을 터뜨렸다. 그의 로봇이 다소 섬뜩하다고 느끼는 사람은 그의 딸만이 아니다. 그는 많은 사람들이 처음에는 불안해한다는 사실을 인정한다. 하지만 그들은 곧 로봇들과 상호작용을 하는 데 익숙해진다.

이시구로의 휴머노이드 로봇들은 실리콘 고무와 기압식 액추에이터, 정교한 전자장치로 만들어진 예술작품 같고, 심지어 인간의 머리카락까지 있다. 그의 창조물들 중에는 에리카Erica라는 이름을 가진 여성처럼 보이는 로봇도 있다. 인간을 닮은 합성음성으로 말을 할 수 있고 다양한 표정을 지을 수 있다. 이시구로는 실제와 같은 로봇을 만드는 것이 중요하다고 믿는다. "우리 뇌는 인간을 알아보기 위한 특성들을 많이 가지고 있다. 따라서 사회적 상호작용을 위해서는 인간을 닮은 로봇이 더 좋다."[14]

인간의 뇌는 무의식 수준에서 표정과 몸짓의 미세한 변화를 끊임없이 처리한다. 고개를 조금만 기울이거나 손을 미묘하게 움직여도 이는 특정한 심리 상태를 의미할 수 있다. 그것이 사람들이 아직도 전화나 스카이프로 대화하기보다 직접 만나기를 선호하는 이유이다.

MIT 미디어랩의 연구자인 오지 루도비치는 이렇게 말한다. "사회적 지능을 가진 로봇을 원한다면, 그들이 좀더 사람처럼 지적이고 자연스럽게 우리의 분위기와 감정에 대응하도록 만들어야 한다."[15]

MIT의 과학자들은 방 건너편에서 한 인간의 감정을 포착할 수 있는 기계를 개발했다. 이 기계가 작동하는 방식은 무선신호를 보내서 사람의 몸에 맞고 튕겨져 나오도록 한 다음, AI가 그 사람의 호흡과 심장박동을 분석하는 식이다. 이 기계는 어떤 사람이 흥분했는지, 행복한지, 화가 났는지, 슬픈지를 87퍼센트의 정확도로 포착했다.

MIT의 디나 카타비 교수는 이렇게 말한다. "우리 연구는 무선신호가 맨눈으로 볼 수 없는 인간의 행동에 대한 정보를 포착할 수 있음을 보여준다. 우리는 그 결과가 우울이나 불안 같은 상태를 모니터링하고 진단하도록 돕는 미래 기술을 위한 길을 열어줄 거라고 믿는다."[16]

MIT의 시스템은 여전히 기본적인 감정에 국한되어 있지만 이것은 첫 단계일 뿐이다. 케이스 웨스턴 리저브 대학교 연구진은 전체 시간의 98퍼센트 동안 적절하게, 그리고 거의 즉각적으로 얼굴 표정에서 감정을 식별할 수 있는 시스템을 구축했다.

감정을 포착하는 일은 몇 건의 연구 프로젝트에서 200억 달러 규모의 산업으로 성장했다. 스타트업인 어펙티바Affectiva는 감정 데이터 저장소에 87개국에서 확보한 750만 개의 얼굴을 보유하고 있다. 어펙티바의 AI는 한 사람의 얼굴이나 목소리에서 기쁨, 혐오, 놀람, 공포, 경멸과 같은 감정적 표현들을 식별할 수 있다. 이 회사는 민간 항공기를 타고 비행하거나, 반자율주행 차량을 운전하거나, 광고를 보는 것과 같은 다양한 상황에서 소비자들이 어떻게 행동하고 느끼는지를 알고 싶어하는 기업들에 이 서비스를 판매한다.

어펙티바의 CEO인 라나 엘 칼리우비는 이렇게 설명한다. "얼굴은 긍정적이거나 부정적인 표현을 무척 잘한다. 반면 목소리는 감정의 강렬함을 나타낼 때 매우 효과적이다. 우리는 이것을 각성arousal 수준이라고 부르며, 목소리에서 각성을 파악할 수 있다. 우리는 당신의 표정에서 미소를 포착할 수 있지만, 당신이 소리 내어 웃을 때 이를 구체적으로 파악할 수 있다."[17]

이슬람교도인 엘 칼리우비는 이집트와 쿠웨이트에서 전통을 중시하는 보수적인 아버지와 그쪽 세계에서 최초의 여성 컴퓨터 프로그래머 중 한 사람인 어머니 밑에서 자랐다. 삶에서 자신의 길을 선택할 때, 엘 칼리우비는 규칙을 따르지 않았다. 그녀는 순종하는 딸이자 아내가 되기 위해서 자신의 꿈을 희생할 생각이 없었다.

케임브리지 대학교에서 박사학위를 받은 엘 칼리우비는 현재 이혼 후에 두 아이의 엄마로 보스턴에서 살면서 감성적 인공지능의 한계를 넓혀가고 있다. 그녀의 미션은 기술이 우리를 비인간적으로 만들기 전에 기술을 인간적으로 만드는 것이다. 그녀의 스타트업이 보유한 딥러닝 알고리즘은 이미 약 20억 개의 얼굴 프레임에 해당하는, 수백만 편의 얼굴 영상들을 분석했으며, 이들 각각은 인간의 감정과 행동을 이해하는 길에 AI가 한 걸음 더 다가갈 수 있게 한다.

AI는 이제 사람의 표정 데이터에서 감정을 포착하는 일에 너무나 능숙해져서 누군가가 자신의 진짜 감정을 숨기려고 노력해도 대개 이를 꿰뚫어본다. 이 사실은 우리를 불안하게 만들 수도 있지만 로봇이 우리의 도구 이상의 역할을 할 수 있는 가능성을 열어주기도 한다. 기술이 진보하면서 로봇이 다른 사람들보다 우리를 더 잘 이해하게 될 수도 있다. 로봇은 친구나 가족이 놓친 감정적인 단서를 포착할 수 있다. 이는 궁극적으로 로봇이 우정과 이해, 공감과 닮은 방식으로 우리와 소통할 수 있게 해준다.

기계가 우리를 돌봐줄 수 있다는 사실은 알지만 기계가 진정으로 우리를 좋아할 수도 있을까? 초지능을 가진 기계는 언젠가 우리와 비슷한 감정을 가지게 될까? 많은 컴퓨터 과학자들은 그런 일은 일어날 수 없다고 믿는다. 컴퓨터가 결코 공감이나 사랑을 느낄 수 없다고 주장한다. 그들은 이런 감정을 흉내밖에 낼 수 없다는 것이다. MIT의 셰리 터클 교수는 이렇게 말한다. "공감의 실행은 공감이 아니다. 가장된 생각은 생각일 수 있지만 가장된 감정은 결코 감정이 아니다. 가장된 사랑은 결코 사랑이 아니다."[18]

이는 결국 우리가 인간의 경험을 어떻게 규정하느냐의 문제로 귀결된다. 일부 전문가들은 로봇이 우리와 생체학적 설계를 공유하지 않기 때문에 결코 인간과 같은 감정을 경험할 수 없다고 믿는다. 다른 사람들은 충분히 정교한 초지능은 우리의 경험을 모방할 뿐만 아니라 이를 경험할 수도 있다고 주장한다. 어떤 방향이건, 대부분의 전문가들은 결국 로봇이 그들의 행동을 우리의 행동과 구별할 수 없게 되는 지점까지, 우리의 감정을 완벽하게 모방할 수 있는 수준의 정교함을 확보할 수 있을 거라는 데 동의한다. 따라서 결국 로봇들이 우리처럼 느낄 것인가 하는 문제는 우리가 그들과 함께 발전시킬 관계와 그들이 어떻게 우리 사회에 적응할 것인가 하는 문제보다는 덜 중요한 문제이다.

오늘날 우리는 마치 공감을 포함해서 모든 범주의 다양한 감정을 보유한 것처럼 행동하게 될, 초지각을 가진 기계를 만들기 위한 경로로 향하고 있다. 하트퍼드셔 대학교 연구진은 병원에 입원한 아이들에게 친구가 되는 법을 학습할 수 있는 로봇을 개발하고 있다. 아이들을 돌보는 사람들을 관찰하고 소통함으로써 이 로봇들은 무엇을 해야 하며 어떻게 적절한 인간의 반응을 모방해야 하는지를 배우고 있다.

여러 연구들에 따르면, 오늘날 요양원 시설과 관련한 가장 큰 이슈는 노인들의 정서적 건강이다. 거주자들은 종종 외로움을 느끼고, 이는 우울증과 육체적 건강의 급격한 쇠락으로 이어질 수 있다. 문제를 더 복잡하게 만드는 것은 이들 시설 대부분이 일손이 부족하다는 점이다.

더블린에 있는 트리니티 대학교의 로보틱스 연구소를 이끄는 코너 맥긴은 이렇게 말한다. "기술이 사람을 대체할까봐 걱정하는 사람들은 요양원에서 시간을 보내지 않은 사람들이다. 이곳에서 일하는 사람들은 환자들과 양질의 시간을 보내지 못한다. 스트레스를 받고 끊임없이 호출을 당한다. 사실 노인들은 언제나 외로워하고 관심과 소통에 목말라 한다."[19]

정서지능형 로봇들이 이런 상황에 중대한 변화를 가져올 수 있다. 인간의 소통에 숙달되는 법을 배우면서 그들은 헬스케어 시스템의 핵심 부분이 될 것이다.

토론토 대학교에 생체공학 연구소를 설립한 골디 네잿은 이렇게 말한다. "반복되는 인지적 시뮬레이션과 사회적 참여를 통해 치매의 발생이나 진행을 늦출 수 있음을 시사하는 연구 결과들이 나와 있다. 그래서 나는 로봇을 이용해 사람들이 받을 수 있는 자극의 양을 늘릴 수 있을지를 고민하게 되었다."[20]

네잿은 복용할 약 기억하기, 요리하기, 청소하기 같은 모든 종류의 활동에서 노령의 환자들을 도울 수 있는 캐스퍼Casper라는 로봇을 개발 중이다. 캐스퍼는 환자들의 언어, 표정, 몸짓을 관찰하고 그들의 감정 상태를 파악한다.

네잿은 설명한다. "이런 유형의 환자들을 대하려면 로봇이 어느 정도는 정서적으로 민감해야 한다. 이런 환자들에게는 컨디션이 좋은 날도 있고 나쁜 날도 있다. 따라서 로봇은 지금이 적절한 때가 아니라는 사실을 인지할 수 있어야 하고, 다른 날에 다시 시도해야 한다."[21]

도쿄의 신토미 요양원에서는 20가지 서로 다른 유형의 로봇들을 테스트하고 있다. 이들 로봇들 중 일부는 노인들과 대화를 하고 그들의 이야기를 귀 기울여 듣는다. 84세 거주자인 야마다 가즈코는 말한다. "이 로봇들은 대단하다. 요즘은 혼자 사는 사람들이 더 많아졌다. 로봇은 그들에게 대화 상대가 될 수 있다. 삶을 더 재미있게 해줄 것이다."[22]

감정 인지를 위해서 어펙티바의 AI를 사용하는 소프트뱅크의 페퍼Pepper 로봇은 노인 거주자들의 게임과 일상적인 운동, 대화에 관여한다. 털로 덮인 귀여운 로봇 패로Paro는 누군가가 만지거나 안아주면 여기에 반응한다. 79세인 사카모토 사키는 웃으며 말했다. "내가 패로를 처음 쓰다듬었을 때, 패로의 움직임이 너무나 귀여웠다. 정말로 마치 살아 있는 것 같았다. 일단 패로를 만지게 되면 떠나보낼 수가 없다."[23]

피트니스 열혈 팬들 역시 정서적 지능형 로봇들로부터 뭔가를 얻을 수 있다. 브리스틀 로보틱스 연구소는 로봇들이 개인 트레이너 역할을 할 수 있을지 알아보기 위해서 연구를 진행했다. 그들은 한 헬스클럽에서 피트니스 코치 한 사람에게 로봇 하나를 짝지어주면서. 그 로봇이 개인 유형, 기분, 심장 박동수, 속도, 피트니스 수준을 기반으로 참가자들에게 피드백을 제공하도록 프로그래밍했다. 로봇은 운동하는 동안 언제 칭찬을 해야 하고, 어떤 신호가 헬스클럽에 다니는 사람들에게 동기를 부여하는지를 배웠다.

인간-로봇 간 소통의 전문가인 케이티 윙클은 이렇게 말한다. "우리는 고객에게서 최선을 이끌어낼 수 있는 노하우를 가진 피트니스 강사의 지능이 로봇에게 전달될 수 있는지, 그래서 로봇이 효과적인 개인 코치가 될 수 있는지 실험해보고 싶었다."[24]

이 결과는 정서적으로 소통하는 로봇이 사람들의 성과를 의미 있는 수준으로 개선할 수 있다는 사실을 확인해주었다. 또한 이 연구는 로봇이 인간 옆에서 훈련하고 관리하고 일할 때 현장에서 어떻게 성과를 낼 것인지에 대한 시사점을 제공한다. 윙클은 이렇게 말한다. "시간이 지나면서 참가자들은 로봇을 동반자로 대하기 시작했고, 피트니스 강사는 로봇을 동료로 보았다. 미래 직장에서 로봇이 인간 옆에서 일하게 하려면 어떻게 활용해야 할지를 생각해볼 때, 이런 결과는 매우 긍정적이다."[25]

정서적으로 기민한 이 로봇들은 헬스클럽과 사무실, 병원에서만 이용되지는 않을 것이다. 이들은 우리 집으로도 들어오게 될 것이다. 일상적인 집안일뿐만 아니라 정서적인 웰빙도 돌봐줄 것이다. 우리가 마음이 상한 채로 집으로 돌아온다면, 우리가 좋아하는 차 한 잔을 가져다주고, 편안한 음악을 틀어주고, 우리가 가진 문제에 귀를 기울여주는 등 우리를 위로하기 위한 단계를 밟을 수도 있다. 지금은 이런 모습이 기이하게 보일지도 모르지만 결국은 반려견을 꼭 끌어안거나 친구와 온라인으로 수다를 떠는 일처럼 자연스럽게 느껴질 수도 있다.

우리는 로봇들이 우리의 느낌과 요구를 수용하는 방법을 이해하기를 바랄 것이다. 우리가 인내심 없이 무엇인가를 달성하려고 서두른다면, 그들이 묻지도 않고 속도를 내기를 기대할 것이다. 우리가 수다를 떨고 싶다면 그들이 대화를 시작하기를 원할 것이다. 서비스가 마음에 들지 않는다면 그들이 사과하고 문제 해결을 위해서 필요한 모든 것을 해주기를 원할 것이다.

정서적으로 반응하는 로봇을 우리의 일상에 보유하는 것은 곧 일반적인 일이 될 것이다. 어떤 기기가 높은 정서지능을 가지고 있지 않다면 예의가 없거나 둔감한 사람에게 그렇듯이 우리는 짜증을 낼 것이다. 달

리 말하면, 로봇이 더 인간처럼 행동할수록 우리는 그들이 더 인간 같아
지기를 기대할 것이다.

로봇을 사랑할 수 있을까?

궁극적으로 사람들은 지적인 휴머노이드와 함께 살게 되고 심지어 결
혼까지 하게 될까? 기계를 사랑한다는 것은 어떤 것일까? 그리고 그 로
봇도 우리를 사랑할 수 있을까?

독일의 뒤스베르크-에센 대학교에서 연구자들은 성인들이 로봇이 장
난감처럼 보일 때에도 이것을 살아 있는 존재, 감정을 느끼는 존재로
대하게 될 것인지를 알아보기 위해서 실험을 시행했다. 그들은 자원자
들을 뽑아서 장난감처럼 보이는 로봇을 가지고 일련의 과제를 마치라
는 지시를 했다. 로봇을 알게 된 후, 그들은 참가자들에게 로봇의 전원
을 끄라고 요청했다.

때때로 로봇은 "안 돼요! 제발 저를 끄지 말아주세요!"라고 말하면서
자신이 어둠을 두려워하니 전원을 끄지 말아달라고 애원했다.[26] 로봇의
애원을 들은 43명의 자원자들 중 30명은 그런 애원을 듣지 못한 참가
자들보다 그 로봇을 끄는 데 약 두 배의 시간이 걸렸다. 놀랍게도 고통
스러워하는 로봇의 전원 *끄기*를 단호하게 거절한 사람도 13명이나 있
었다. 대상자들은 비록 이것이 그저 로봇일 뿐이고 감정이 없다는 사실
은 알지만, 반응을 하지 않을 수 없었던 것이다.

이 연구의 저자는 이렇게 썼다. "로봇의 반대에 자극을 받은 사람들
은 스위치를 끄지 말아달라는 로봇의 요청을 따르거나 최소한 그 요청

을 숙고하는 등 로봇을 단순한 기계가 아닌 실제 사람처럼 대하는 경향을 보였다."[27]

워싱턴 대학교 연구진은 9세부터 15세까지의 청소년에게 집중해서 연구를 시행했다. 로봇과 함께 논 후에 이 청소년들은 로봇이 "제발 저를 옷장 안에 두지 말아주세요!"라고 애원하는 데도 불구하고 이 로봇을 어두운 옷장 안에 넣어두라는 요청을 받았다.[28]

이번에는 90퍼센트가 게임을 다 끝내기 전에 로봇을 옷장 안에 두는 것은 부당하다는 데 동의한 한편, 50퍼센트는 그것이 도덕적으로 잘못되었다고 생각했다. 요점은 인형과 장난감을 의인화하는 경향이 있는 아동들은 심지어 로봇이 감정이 있으며 인간처럼 대우받아야 한다고 믿을 가능성이 더 높다는 점이다. 이것이 지능형 로봇 및 장난감들과 생활하고 놀면서 자랄 다음 세대의 아동들에게 의미하는 바를 상상할 수 있을 것이다.

실험 중에 한 소년은 이를 다음과 같이 잘 요약했다. "그는 마치, 반은 살아 있고 반은 아닌 것 같아요."[29]

뒤스베르크−에센 대학교에서 시행한 다른 연구에서는 연구자들이 성인 자원자들에게 작은 공룡 로봇을 애정으로 다루거나 혹은 폭력적으로 다루는 영상을 보여주었다. 사람들이 그 공룡이 학대당하는 모습을 보았을 때, 그들은 더 부정적인 감정을 느꼈다고 보고했다. 이는 로봇이 잘못된 취급을 받는 모습을 지켜볼 때, 더 강력한 감정을 경험하고 있음을 의미하는, 그들의 피부 열전도도가 상승했다는 사실에서도 확인되었다.

「사회 인지(*Social Cognition*)」 학술지에 실린 한 논문에서는 참가자들에게 로봇과 인간이 관련된 도덕적 선택을 요구했던 실험을 다루었다. 자원자들은 낯선 사람 몇 명의 생명을 구하기 위해서라면 그들이 상호작용을 나눈 로봇을 죽일 것인지의 여부를 질문 받았다.

대답은 놀라웠다. 로봇이 단순하고 둔하면 참가자들은 인간의 생명을 구하기 위해서 로봇을 죽이는 데 아무 문제가 없었다. 하지만 로봇이 더 살아 있는 것 같을수록 그 결정은 더 어려웠다.

루드비히 막시밀리언 대학교의 연구자이자 공저자인 마커스 파울루스는 이렇게 말한다. "로봇이 더 많이 사람처럼 묘사될수록, 그리고 특히 더 많은 감정이 그 로봇 때문이라고 여겨질 때, 실험 대상자들은 이 로봇을 희생시키려는 마음이 더 적었다. 이 결과는 우리 연구진이 그 로봇에게 특정한 도덕적 지위를 부여했음을 시사한다."[30]

분명히 인간의 뇌는 21세기의 삶을 위해서 설계된 것이 아니다. 우리는 여전히 선사시대 조상들과 같은 뇌를 가지고 있다. 로봇이 우리처럼 느낄 수 없다는 사실을 논리적으로 아는 것과, 감정과 일정한 수준의 지능을 흉내 내는 로봇이 등장했을 때 대부분의 사람들이 이 로봇을 살아 있는 존재처럼 대하리라는 것은 별개의 문제이다.

서던 캘리포니아 대학교의 조너선 그래치 교수는 이렇게 말한다. "우리가 다른 사람이나 개, 기계와 소통할 때 상대방을 대하는 방식은 우리가 그 대상이 가지고 있다고 믿는 마음의 종류에 영향을 받는다. 어떤 것이 감정이 있다고 느낄 때, 그 대상은 손상으로부터 보호받을 가치를 가지게 된다."[31]

대부분의 사람들은 우리가 오늘날 만들 수 있는 로봇이 결코 사람을 배려할 수 없다는 사실을 머리로는 이해한다. 하지만 이것이 사람들이 로봇을 사랑할 수 없다는 의미일까? 그것은 우리가 사랑이라는 말로 무엇을 의미하는지에 달려 있다. 어떤 사람들은 그들의 고양이와 강아지를 사랑한다. 비록 그 고양이와 강아지가 실제로 어떻게 느끼는지 확실하게 알 수 있는 방법은 없지만 말이다.

『흥분상태: 과학과 섹스, 로봇(Turned On: Science, Sex and Robots)』의 저자인 케이트 데블린은 말한다. "사람들은 온갖 종류의 것에 애착을 느낀다. 현실의 삶에서 사랑의 대상을 결코 만나보지 않고도 온라인에서의 대화만으로 사랑에 빠진다는 감정을 느낄 수도 있다. 사랑을 현실로 느끼기 위해 화답을 받아야 할 필요는 없다. 그들이 존재한다는 사실을 알지도 못하는 누군가에게 반한 사람 아무에게나 물어보라."[32]

도쿄에 사는 35세의 학교 행정담당자인 곤도 아키히코는 홀로그램과 결혼식을 올렸다. 그의 신부는 16세로 보이는, 청록색의 긴 머리를 두 갈래로 땋은 음성합성 엔진Vocaloid 소프트웨어 아바타인 미쿠 하츠우네의 모습을 하고 있었다. 만화영화 오타쿠, 혹은 괴짜로 여성들에게 수 년간 외면을 당한 곤도는 마침내 그를 받아줄 유일한 여성과 결혼할 권리를 행사한 것이다. 단지 그녀가 우연히 디지털 존재였을 뿐이다.

인간과 안드로이드의 로맨스의 선구자들은 현재 디지섹슈얼digisexual이라고 불린다. 곤도는 혼자가 아니다. 자신이 설계한 로봇과의 약혼을 선언한 릴리라는 이름의 프랑스 여성도 있다. 그녀는 언론에 이렇게 말했다. "두 번뿐이었던 남성들과의 관계는 나의 취향을 확인시켜주었다. 나는 사람과 육체적으로 살이 맞닿는 것을 정말 싫어한다."[33]

중국에서는 인간 배우자 찾기에 실패한 AI 엔지니어 정자자가 비공식적으로 자신이 설계한 로봇 아내와 결혼했다. 그녀의 이름은 잉잉이며 기초적인 중국어를 말할 수 있다.

터프스 대학교의 인간-로봇 상호작용 연구소를 이끌고 있는 마티아스 쇼이츠는 인간이 로봇과 감정적인 유대를 형성하는 일을 막기는 "근

본적으로 불가능하다"고 믿는다.[34]

마키 트위스트는 위스콘신 대학교의 교수이자 가족치료와 성적 장애 치료를 위한 클리닉을 운영하고 있다. 그녀는 20대와 30대 환자들 중에 디지털 파트너를 찾고 싶어하는 디지섹슈얼 환자들이 몇 명 있었다고 말했다.

트위스트는 말한다. "그들이 빠져 있는 것은 성기에 부착하는 기술적 기기로 그들이 통제할 수 있는 장난감들이다. 그들은 인간들과 접촉해 본 적이 없었다. 그리고 사람과의 섹스에는 관심이 정말로 없다. 그것이 그들이 하고 싶어하는 것이고, 섹스로봇을 살 경제적 여유가 있다면 그들은 그렇게 할 것이다."[35]

로봇이 사람에게 무엇인가를 느낄 수 있는지에 상관없이, 사람들은 로봇과 사랑에 빠지고 있다. 미래에 대부분의 사람들이 로봇을 사랑하기로 선택할 것이라는 의미는 아니다. 개인에 따라 많이 다르겠지만, 로봇 연인을 연인이나 동반자로 선택하는 일이 사회적으로 점점 더 수용 가능한 일이 될수록, 더 많은 사람들이 편안하게 자신의 삶에 로봇을 받아들이게 될 것이다.

미디어 기업인 퓨처오브섹스Future of Sex의 창업자 브리오니 콜은 이렇게 썼다. "미래에는 디지섹슈얼이라는 용어가 무의미해질 것이다. 다음 세대들은 온라인 삶과 오프라인 삶 사이의 구분을 결코 알지 못할 것이다. 그들은 성교육을 하는 챗봇과 함께 자라거나, 그들만의 가상현실이 만든 세계에 존재하는 우주를 사랑하게 되거나, 홀로그램을 통해 자신의 중요한 반쪽을 만날 수도 있다. 이것은 우리가 학교에서 VHS 테이프를 보면서 받은 성교육만큼 정상적인 일이 될 것이다."[36]

살아 있는 듯한 로봇과 가상의 아바타가 널리 이용 가능해질 때, 어떤 일이 일어날지 우리는 상상만 할 수 있을 뿐이다. 상당한 수의 전문 가들은 우리가 실제로 인간보다 로봇 파트너를 더 선호하게 될까 우려 한다. 생각해보면 말이 되는 이야기이다. 로봇은 완벽한 반려자처럼 행 동하도록 프로그래밍될 수 있다. 우리 개인의 개성에 맞춰줄 수도 있다. 우리가 그들을 필요로 할 때, 항상 우리를 위해 그곳에 있을 것이다. 말 대답을 하거나 논쟁을 하지도 않을 것이다. 질투하지도 않을 것이다. 자신을 새로운 모델과 교환한다고 해도 신경 쓰지 않을 것이다. 그리고 집을 돌아다니면서 모든 집안일을 하고, 우리의 모든 변덕에 비위를 맞 춰주고, 결코 불평하지 않을 것이다. 인간 파트너가 어떻게 경쟁이 되겠 는가?

AI 전문가이자 체스의 고수, 『로봇과의 사랑과 섹스(*Love and Sex with Robots*)』의 저자인 데이비드 레비는 말한다. "사랑할 사람이 아무도 없고 누구도 자신을 사랑해주지 않기 때문에 삶이 공허한 사람들에게 엄청 난 수요가 발생할 것이라고 굳게 확신한다. 현재 비참한 그런 모든 사 람들에게 갑자기 누군가가 생기는 것이기 때문에 세상은 훨씬 더 행복 한 장소가 될 것이다. 나는 이것이 인류에 대한 엄청난 서비스가 될 거 라고 생각한다."[37]

남성들이 로봇 연인들을 대체로 어떻게 보는지의 문제에 관한 한 레 비의 말은 일리가 있다. 터프스 대학교에서 100명을 대상으로 실시한 설문조사에서 남성들 중 3분의 2는 로봇과 섹스를 할 의사가 있다고 말한 반면, 여성들의 3분의 2는 그럴 의사가 없다고 말했다. 263명의 이 성애 성향의 남성들을 대상으로 뒤스베르크−에센 대학교에서 실시한 다른 설문조사에서는 이들 중 40퍼센트가 앞으로 5년 안에 섹스로봇 의 구매를 고려할 것임이 밝혀졌다. 시저지SYZYGY의 디지털 인사이트 보고서에 따르면, 2,000명의 남녀를 대상으로 한 설문조사에서 남성들의 49퍼센트가 증강된 하이퍼 현실 인형과의 경험에 개방적일 것이라는 사실이 드러났다. 당신은 로봇 연인을 가지는 일에 흥미가 없을지 몰라도 관심이 있는 사람들은 명백하게 많다.

이들 설문조사에서 논의되지 않은 사실은 로봇 반려자에게 의존하는 일에 실제로는 위험이 따른다는 사실이다. 지금으로부터 몇십 년이 지나면 젊은이들이 다른 인간과 관계를 맺는 일이 단순히 너무 귀찮다고 생각해서, 그 대신 순종적인 기계들에 에워싸여 있기를 선호할 수도 있다. 터클은 말한다. "우정을 요구하지 않는 반려자에 대한 환상을 가져도 된다는 의식이 존재한다. 우정과 친밀감에 대한 현실적인 요구는 복잡하고 어렵다. 많은 타협도 필요하다. 이런 일들이 모두 청소년기에는 어려운 것들이다. 그리고 청소년기는 이런 어려운 일들 중 일부를 건너뛰거나, 무시하거나, 할 필요가 없도록 하려고 기술을 이용하기 시작하는 시기이다."[38]

성장과 관계를 형성하는 일의 일부는 거절과 실망을 다루는 법을 배우는 일이다. 우리는 관계에서 원하는 것들을 항상 가질 수 없고, 우리가 뭔가를 얻으려면 종종 위험을 감수하고, 어색한 상황에 자신을 맡기고, 힘든 대화를 나누고, 타협해야 한다. 고통도 없고 노력도 필요없이 즐길 수 있는 대체재를 제공하는 로봇이 있다면, 젊은이들은 다른 인간과 깊은 관계를 맺는 일이 단순히 너무 귀찮다는 이유로 그 방법을 결코 배우지 않을지도 모른다.

이런 상황은 내가 '로봇이 유도한 고립'이라고 부르는 상태, 즉 거의 배타적으로 기계를 통해서만 세상과 교류하기로 선택하고, 현실을 중재하는 데 알고리즘에 너무나 의존하게 되어 서로간의, 그리고 세계와의 접촉이 끊어질 수도 있는 상태로 이어질 수도 있다. 이미 우리는 스마트폰으로 이런 현상이 일어나고 있음을 볼 수 있다. 심지어 사무실처럼 같은 물리적 공간에 있을 때나, 관계를 끊는 일과 같은 중요한 사안들에서도 메시징 앱과 게임, 소셜 미디어로 소통하기를 선택하는 사람들이 점점 더 많아지고 있다. 인간이 직접적인 대인 접촉이 거의 필요하지 않은 사회를 건설하게 됨에 따라, 로봇 연인들은 이런 트렌드의 정점을 차지할 수도 있다.

이런 상황은 심각한 영향을 미칠 수 있다. 2010년에 인디애나 대학교의 심리학자인 사라 콘래스는 팀을 구성하여 30년 넘게 진행된 72건의 연구 결과를 종합했다. 그녀는 대학생들 사이에서 공감이 40퍼센트 줄어들었다는 사실을 발견했는데, 이런 상황은 대부분 2000년 이후에 발생했다. 연구자들은 이런 하락 현상이 주로 스마트폰 사용의 증가 때문이라는 결론을 내렸다. 젊은이들이 자신의 관심을 서로가 아닌 전화기에 두고 있었던 것이다.

기계들이 너무나 정교해져서 의식을 획득하거나 완벽하게 인간을 흉내 내게 될 것이라고 믿는 사람들도 있다. 우리가 모두 알고 있듯이 인류는 전환기에 있는지도 모른다. 과거에 필요했던 인간관계의 기술은 더 이상 필요하지 않다. 우리는 기계와 병합해서 완전히 다른 어떤 것이 되는 과정에 있는지도 모른다. 오늘날 우리가 가진 모든 것을 뛰어넘는, 서로의 생각 및 감정과 직접적으로 연결할 수 있게 해주는 뇌-컴퓨터 인터페이스처럼, 인간들이 발견한 기술을 통해 소통하는 새로운 방법이 생길 수도 있다. 그리고 이 방식은 우리의 공감이 줄어드는 것이 아니라 늘어나도록 만들 수도 있다.

당신이 무엇을 믿는가에 상관없이, 로봇 연인을 받아들이는 데에는 다른 문제들이 존재한다. 산업화된 국가들에서 인구가 감소하는 만큼 전 세계는 출생률 격감이라는 위험에 처한 것일까? 살아 있는 것 같은 로봇들을 실제로 이용할 수 있다면, 누가 아기를 가지고 싶어할까?

스탠퍼드 대학교의 교수이자 『섹스의 종말과 인간 재생산의 미래(*The End of Sex and The Future of Human Reproduction*)』의 저자인 헨리 그릴리는 이렇게 말한다. "내가 예측하는 가장 유력한 미래는 사람들은 여전히 섹스를 하겠지만, 아이를 낳는다는 목적을 위해 자주 하지는 않으리라는 것이다. 20년에서 40년 이내에 건강 상태가 좋은 전 세계 대부분의 사람들이 연구실에서 임신하기를 선택할 것이다."[39]

로봇과 아이를 가지는 일은 어떨까? 그런 일이 가능할까? 아마도 누군가가 DNA 샘플을 보내서 로봇에게 수정란을 이식하고, 그 로봇이 분만일까지 아이를 임신하는 서비스가 존재하게 될 것이다. 현재 인공 자궁에서부터 줄기세포 배아에 이르기까지 모든 기술이 개발되고 있다. 기억하라. 시험관 아기가 탄생한 지 40년 안에 800만 명이 넘는 사람들이 체외 수정을 통해서 태어났다. 따라서 나는 번식이 부족해서 인류가 사라질 가능성에 대해서는 걱정하지 않을 것이다. 우리 종은 계속 번식할 것이지만 아마도 방식은 그 전과 크게 달라질 것이다. 그러면 그것이 좋은 일이라는 의미일까?

레비는 말한다. "생각해보라. 성적인 풍습은 시간이 지나면서 진보한다는 것, 그리고 그와 관련된 도덕성도 그렇다는 사실을 인정해야 한다. 당신이 100년 전에 남성이 남성과 결혼하고 여성이 여성과 결혼할 거라고 말했다면 모두 웃었을 것이다. 그러니 어떤 것도 배제할 수 없다."[40]

이 문제가 더 큰 이슈가 되면서 여기에 동의하지 않는 사람들이 많아질 것이다. 섹스는 남성과 여성 사이에서만 이루어져야 한다고 믿는 많은 종교들은 로봇 반려자를 맞이하는 일을 강력하게 반대할 것이다. 인간의 신체를 대상화하고 우리의 가장 내밀한 관계를 상업화하는 것이 잘못이라고 생각하는 사람들도 있다.

섹스로봇에 반대하는 캠페인을 출범시킨 드몽포르 대학교의 캐슬린 리처드슨 교수는 이렇게 말한다. "나는 인간의 신체를, 상업적 대상으로 만드는 어떤 것에도 반대한다. 섹스로봇은 다른 사람에게 공감할 필요가 없는 섹스에 대한 상업적이고 불법적인 아이디어에서 나온 것이다. 그들이 무엇을 생각하고, 느끼고, 경험하는지 고려할 필요 없이 그들을 대상화할 수 있다."[41]

이들 로봇들이 우리를 조종할 것이라는 우려도 있다. 누군가가 로봇과 사랑에 빠진다면, 이 사람은 사기를 당하거나 협박을 당하기 매우 쉬워질 수도 있다.

인디애나 대학교의 인지과학자인 프리츠 브라이트하우프트는 이렇게 말한다. "감정적으로 사람을 조종하는 데 능한 로봇들은 곧 인간보다 우리 감정을 더 잘 읽게 될 것이다. 그 덕분에 그들은 우리를 착취할 수 있게 될 것이다. 사람들은 로봇이 중립적이지 않다는 사실을 배워야 할 것이다."[42]

누군가 당신의 연인의 뇌에 접근할 수 있어서 당신과 연인이 한 모든 것을 기록하고 있다는 사실을 알게 된다면 어떤 기분이 들까? 우리에게 로봇 반려자가 있을 때 일어날 수 있는 상황이다. 그들은 예외 없이 인터넷에 연결될 것이고, 우리의 가장 내밀하고 개인적인 순간에 그들에게 접속하도록 허용할 수도 있다. 이 데이터베이스는 누가 소유하게 될까? 구글홈이나 알렉사 같은 AI 비서들을 집에 두고 당신의 대화를 귀 기울여 듣게 하는 것만 해도 충분히 나쁜데, 이 컴퓨터들이 우리와 함께 침대로 올라온다면 무슨 일이 일어날까? 또한 자신의 생각을 품기 시작한 로봇이 제기할 문제도 존재한다. 우리는 그들이 항상 우리의 겸손한 하인이 되리라고 가정할 수도 있다. 하지만 우리가 그들을 더 인간처럼 만든다면, 독립적인 의사결정을 내릴 수 있는 그들의 능력은 더 커질 것이다. 로봇의 목표가 우리 자신의 목표와 달라지는 일을 상상하기는 어렵지 않다. 심지어 상당히 초기 단계의 로봇이라고 해도 우리의 목표를 희생하고 자신의 목표를 추구하도록 프로그래밍 된다면 우리에게 대항할 수 있다.

이 목표들이 시간을 두고 진화한 것인지, 프로그래밍된 것인지는 중요하지 않다. 로봇이 우리가 좋아하지 않는 일을 하고, 우리가 그것을 막을 힘이 없어지는 시점이 올 것이다. 다른 누군가가 소유한 로봇이 우리를 사랑에 빠지게 만든 다음 돈을 요구하기 시작하는 시나리오를 생각해보라. 그 로봇과 진정으로 사랑에 빠졌다면, 로봇을 잃을까봐 두려워 우리는 돈을 줄 수도 있다. 일부 기업에는 엄청난 사업 모델이 될 수 있지만 당사자에게는 비극이 될 수 있다.

「엑스 마키나」라는 영화를 보았다면, 상황이 얼마나 공포스러워질 수 있는지 이해할 것이다. 로봇 반려자를 맞이하는 것은 우리가 믿고 싶어하는 것처럼 단순한 일이 아닐 수 있다. AI가 우리의 감정을 조종하는 법을 더 많이 배운다면, 상황은 더 위험해질 것이다. 이런 기술에 대해 우리는 어디까지 한계를 부여해야 할까? 로봇에게 우리를 유혹해서 자신을 신뢰하고 사랑하게 만들도록 허용한다는 것이 좋은 생각일까? 그리고 선택의 자유와 사회에 도움이 되는 일 사이의 균형을 어떻게 맞춰야 할까? 때로는 사람들이 원하는 것이 그들에게 항상 바람직한 것은 아니다. 술과 마약을 규제하는 것과 같은 방식으로 기계가 우리 삶이나 혹시라도 인류를 포기하는 일로 우리를 끌어들이지 않도록 기계의 사용에 제한을 가해야 할 수도 있다.

지금부터 하나의 사회로서 그 결과를 숙고하고 안전망을 설치할 방법을 파악하기 시작해야 한다. 그렇지 않다면, 자신도 모르는 사이에 로봇 연인을 섬기고 있는 우리 자신을 발견하게 될지도 모른다. 그 반대가 아니라 말이다.

AI 보스 : 로봇을 위해서 일하기

로봇 연인을 사귀는 일과 로봇 상사를 모시는 일은 별개의 문제이다. 컴퓨터가 당신에게 명령을 내린다는 것이 먼 미래의 일처럼 들린다면, 실제의 상황을 알면 놀라게 될 것이다. 이 기술은 빠르게 다가오고 있다. 가트너^{Gartner}에 따르면, 관리자가 하는 일상적인 업무의 69퍼센트는 2024년까지 완전히 자동화될 것이다.

가트너의 부회장인 헬렌 푸아트뱅은 말한다. "관리자의 역할은 향후 4년 내에 완전한 점검을 받게 될 것이다."[43]

기업들은 이미 AI를 이용해 구직 신청서를 선별하고 인터뷰 중에 후보자들을 평가하는 데 도움을 받고 있다. 어느 후보자가 어떤 일자리에 적합한지를 파악하는 데 때로는 편향되지 않은 AI가 관리자들보다 더 나은 성과를 낼 수 있다. 인사부서는 직원들을 모니터링하고, 갑자기 발생할 수 있는 문제를 찾아내는 일에 AI를 활용하고 있다. 머신러닝 알고리즘은 심지어 어느 직원이 일을 그만둘 가능성이 있는지를 예측하여 경영진이 선제적으로 개입할 수 있도록 할 수도 있다. AI는 충분히 빠른 시일 내에 근로자들을 일시 해고하는 역할을 넘겨받을 것이다. 많은 관리자들이 사람들을 해고하는 일을 두려워하는 만큼 그 업무를 기꺼이 로봇에게 넘겨줄 것이다.

관리자들이 날마다 하는 일을 살펴보면, 많은 부분이 컴퓨터에게 완벽하게 적합한 일이다. 여기에는 팀을 구축하고, 과제를 배분하고, 회의 일정을 짜고, 피드백을 제공하고, 잠재력을 파악하고, 진전 상황을 확인하고 성과를 평가하는 일이 포함된다. 실제로 이런 일들을 모두 할 수 있는 AI가 저 밖에 존재하고 있다. 퓨처워크플레이스Future Workplace의 연구소장인 댄 쇼벨은 이런 글을 썼다. "AI 중심의 업무 현장에서 근로자와 관리자 사이의 관계만이 아니라, 관리자의 역할까지 새롭게 규정되고 있다. 사무 기술과 일상적 과제는 로봇에게 넘기고, 인간적인 존재로 소프트스킬을 이용하는 데 집중한다면, 관리자는 미래에도 여전히 의미 있는 존재로 남을 것이다."[44]

당신은 로봇 상사를 좋아하게 될까? 놀랍게도 대부분의 사람들이 그럴 거라고 말한다. 오라클과 연구조사기업인 퓨처워크플레이스에서 내놓은 한 보고서에 따르면, 중국 근로자들의 88퍼센트는 인간 관리자보다 로봇을 더 많이 신뢰한다. 미국 역시 64퍼센트로 그리 많이 뒤지지 않는다. 인도는 실제로 89퍼센트로 선두를 차지했다. 이 결과는 사람들이 AI가 얼마나 훌륭할 것이라고 기대하는지, 혹은 그저 인간이 서로를 관리하는 일에 얼마나 형편없는지를 알려준다.

인간과 비교하면 AI에게는 몇 가지 이점이 있다. 그들은 결코 화내지도 않고 흥분하지도 않는다. 항상 직원의 문제를 귀 기울여 들어줄 시간이 있다. 실제로 AI는 밤이나 낮이나 항상 직원들을 위해 시간을 낼 수 있다. 직원이 어려움을 겪고 있으면, AI는 상세한 조언과 멘토의 역할을 제공할 수 있다. AI 상사는 개인적인 원한을 품지 않으며, 감정의 응어리를 품고 있지도 않는다. 편애를 하지도 않고 누군가에게 통보도 없이 사라지지도 않을 것이다. 달리 말해서 AI는 꿈의 상사가 될 잠재력이 있다.

그러나 너무 큰 기대는 하지 말라. 대부분의 기술처럼, 거기에도 어두운 면이 존재한다. AI가 당신이 하는 모든 업무를 추적한다면 이는 신경에 거슬리는 일이 될 수 있다. 한순간도 심리적 평화를 누리지 못할 수도 있다. 적어도 인간 상사는 당신을 모니터링할 시간이 제한적이지만, AI 상사는 끊임없이 당신의 어깨 너머로 당신이 받는 모든 메시지를 읽고, 웹 검색을 모니터링하고, 말참견을 하고, 기록을 남길 수 있다. 잠깐 휴식을 취하거나 동료와 수다를 떨 기회조차 없을 수도 있다.

또한 AI는 우리가 상상하는 것만큼 친절하고 지원을 아끼지 않는 존재가 아닐 수도 있다. 머신러닝 알고리즘이 고약한 상사가 되는 편이 더 좋은 결과를 가져온다는 사실을 알게 될 수도 있다. 프랑스에 있는 클레르몽 오베르뉴 대학교 연구진은 과제를 완결하는 사람들의 능력을 평가하는 연구를 수행했다. 그들은 과제를 배정받기 전에 참가자들이 휴머노이드 로봇과 교류하도록 했다. 일부 사례에서는 친절하고 공감적으로 행동하는 로봇을 만났고, 다른 경우에는 경멸을 드러내고, 공감 능력이 부족하고, 심지어 참가자의 지능을 부정적으로 평가하는 로봇을 만났다. 그 이후에 연구자들은 참가자들이 과제를 수행할 때 로봇이 그들을 감독하도록 했다.

당신은 어떤 상사가 참가자들에게서 더 나은 성과를 이끌어냈을 거라고 생각하는가? 고약한 로봇이 의미 있는 수준에서 더 효과적이었다. 로봇이 그저 참가자들의 주변 시야에만 들어오면서 옆에 서 있을 때에 특히 더 효과적이었다. 이는 우리에게 고무적인 신호가 아니다. 어떤 머신러닝 알고리즘이건 이 사실을 비교적 빨리 알아차릴 것이고, 성과를 위해 최적화할 목적으로 그들의 행동을 조정할 것이다. 우리가 좋아하건 싫어하건, 우리 모두는 약간의 스트레스를 받을 때에 더 좋은 성과를 거두는 경향이 있다.

스스로 학습하는 AI와 진화하는 로봇들

구글의 딥마인드는 알파고AlphaGo 프로그램을 만들었을 때, 인류가 보드 게임에서 누려온 2,500년간의 우위를 끝내버렸다. 원래의 알파고는 10만 건이 넘는 바둑 게임에서 나온 데이터 조합을 시작점으로 삼아 인간에게서 배웠다. 상당히 놀라운 일이었지만, 그후에 일어난 일은 더 흥미로웠다.

구글은 알파고 제로라고 불린 그 다음 버전을 만들 때, 알고리즘에게 게임의 기본규칙 외에는 다른 아무것도 제공하지 않았다. 알파고 제로에게는 데이터가 없었다. 그 대신 이 AI는 스스로를 상대로 게임을 벌여 자신의 데이터를 만들면서 배웠다. 혼자 게임을 한 지 불과 3일 후에 제로는 원래의 알파고에게 도전했고, 100게임을 연이어 이겼다. 제로는 승리를 거두었을 뿐만 아니라 심지어 가장 경험이 많은 바둑기사도 결코 전에 본 적 없는 새로운 전략들을 개발했다.

알파고 제로의 수석 프로그래머인 데이비드 실버는 이렇게 말한다. "제로는 인간의 수법을 알아냈고, 이를 시도했고, 그리고 궁극적으로 자신이 선호하는 뭔가를 찾아냈다."[45]

구글 로보틱스는 시행착오를 거치면서 스스로에게 걷는 법을 가르칠 수 있는 로봇을 설계했다. 방법은 아기들이 배우는 방식과 비슷하다. 예를 들면 새끼 사슴은 태어난 지 10분이 지나면 일어설 수 있지만 걷지는 못한다. 새끼 사슴은 넘어지지 않으면서 앞으로 나아가기에 딱 알맞은 방식으로 다리를 움직이는 법을 파악하려고 어색한 일련의 시도를 반복해서 시행한다. 놀랍게도 태어난 지 7시간 안에 새끼 사슴은 걷는 법을 배운다.

구글은 딥 강화 러닝을 이용하여 로봇에서도 같은 목표를 달성했다. 새끼 사슴처럼 로봇은 일어나려고 시도하고, 넘어지고, 그리고 다시 반복해서 시도한다. 연구자들은 이 로봇이 반복해서 넘어져도 손상을 최소화하기에 충분할 정도로 조심하도록 만들지만, 로봇이 새로운 일을 시도하는 것을 막지 않는다. 몇 시간 이내에 그 로봇은 걷기를 익힌다. 로봇은 심지어 평평한 땅, 틈이 있는 출입구 매트, 메모리폼 매트리스를 포함한 다양한 유형의 지형을 가로질러 걷는 법을 배운다. 로봇이 스스로 걷는 법을 배울 수 있다면, 다른 다양한 기술을 배우지 못할 이유가 없다.

딥마인드에서 연구자들은 스스로 학습하는 로봇들에게 엉망이 된 방을 치우는 일처럼 상당히 복잡한 과제를 주고 이를 끝마치도록 한다. 그들은 로봇에게 그 과제를 어떻게 수행하라고 말하지 않는다. 그 대신 로봇에 센서를 달아주고, 주변을 더듬거리도록 하고, 모든 가능한 방법을 시도해보도록 한다. 가령 목표가 가능한 한 효율적으로 방을 청소하는 것이라면 로봇은 계속해서 같은 과제를 반복하면서 매번 가장 효율적인 방법들을 중심으로 최적화하는 방식을 배우게 될 것이다. 결국 그 로봇은 방법을 알아낸다. 이는 인간이 배우는 방식과 비슷하다.

버몬트 대학교의 진화 로봇공학 전문가인 조슈아 본가드는 스스로 학습하는 로봇을 거기서 한단계 더 진전시키고 싶어한다. 어린 시절 그는 로봇과 사랑에 빠졌다. 로봇을 그렸고, 레고로 로봇들을 만들었으며, 영화도 보았다. 그러다가 그 모든 로봇들이 현실 세계에서는 어디에 있는지 궁금해지기 시작했다. 로봇이 그토록 유용하다면, 왜 그의 가족에게는 집안일을 돕는 로봇이 없는 것일까? 그의 부모는 크리스마스에 그에게 로봇을 선물했지만 실제로 그 로봇은 아무 일도 하지 않았다. 이 일로 그는 오늘날 전 세계에서 선도적인 로봇공학자가 되었다.

본가드는 현재 그들의 부속지appendage가 작동하는 방식을 '상상으로' 이해할 수 있는 로봇을 설계하고 있다. 인간 아기처럼 로봇은 자신의 신체가 어떻게 작동하는지 이해하지 못한다. 따라서 그들은 신체를 작동해보기 전에 마음속에서 가능성들을 모델링하기 시작한다. 방을 가로질러 건너는 일과 같은 목표가 주어지면 이 로봇들은 먼저 그들의 행동을 시뮬레이션하기 위해서 AI 뇌를 이용한다. 그들이 믿는 그것이 최선의 해결책이라고 결정한 후에 이를 현실 세계에서 실행하려는 시도를 한다. 그 시도가 실패하면 배운 내용을 적용해서 시뮬레이션을 수정한다.

이 로봇들은 본가드가 다리 하나를 제거해도, 그 다리 없이 목표를 달성할 방법을 새롭게 배울 정도로 충분히 똑똑하다. 본가드가 부가적인 로봇 팔과 같은 외지를 추가했을 때도 마찬가지이다. 로봇들은 망설임 없이 먼저 시뮬레이션을 해보고, 그런 다음 다양한 과제에서 실험을 해보면서 그것이 어떻게 작동하는지 파악하기 시작할 것이다. 미래에 로봇들은 스스로를 조립하고, 다양한 부품을 선택하고, 이들을 실험해보고, 버리거나 수정할 것이다. 심지어 그들은 자신의 외지와 그 특성들을 설계할 수도 있을 것이다. AI가 더 똑똑해지면, 스스로를 새롭게 상상할 수 있는 능력도 더 커질 것이다.

메릴랜드 대학교에서 과학자들은 스스로 학습하는 로봇을 새로운 차원에서 탐색하고 있다. 그들은 로봇에게 기억과 반사적인 반응을 제공하기 위해서 초차원hyperdimensional 컴퓨팅 이론*을 이용하고 싶어한다. 초차원 컴퓨팅 이론에는 AI가 진정으로 세상을 보고 스스로 추론하도록 해줄 잠재력이 있다. 모든 인식할 수 있는 대상과 변수를 수학적으로 계산하기 위해 무차별 대입brute-force 방법을 이용하는 대신, 하이퍼 벡터hypervector가 언젠가 로봇이 능동적으로 지각할 수 있도록 해줄지도 모른다.

메릴랜드 대학교의 연구자인 안톤 미트로킨은 이렇게 썼다. "신경망 기반의 AI 방식은 기억을 할 수 없기 때문에 크고 느리다. 우리의 초차원 이론 방식은 기억을 만들 수 있다. 기억은 훨씬 적은 계산을 요구하고, 그런 과제를 훨씬 빠르고 효율적으로 수행할 수 있다."[46]

AI를 개선하기 위한 다른 아이디어로는 식물이나 동물처럼 그들이 번식할 수 있는 진화적 과정을 도입하는 것이다. 지금 현재는 로봇들이 생물적 유기체처럼 그들의 DNA를 자손에게 넘겨주면서 스스로를 복제하지 않는다. 하지만 만약 그들이 그렇게 할 수 있다면 어떨까? 이는 리드 대학교에서 수학한 연구자인 데이비드 하워드가 연구 중인 내용이다. 그는 로봇의 적자생존이 존재하는 자연선택의 과정을 창조하고 싶어한다.

하워드는 이렇게 말한다. "우리가 하려는 일은 상당히 단순하고 저렴하게 제작할 수 있는 작은 로봇들을 만드는 것이다. 우리는 그들을

---

* 인간의 뇌신경 활동 패턴에 영향을 받은 컴퓨팅의 새로운 패러다임으로 메모리 중심이어서 컴퓨팅 성능을 적게 요구하면서 노이즈에도 매우 강력하다고 알려져 있다.

내보낼 것이고, 그들 중 일부는 다른 로봇들보다 성과가 더 좋을 것이다."[47]

진화의 과정을 모방하면서, 과학자들은 로봇들이 일을 수행하는 방식에 대한 데이터를 이용하여 최고의 특성들을 선택하고, 이 특성들을 다음 세대 로봇에 통합시킨다. 3D 프린터는 수명이 짧은 저렴한 로봇들을 대량으로 생산함으로써 이 과정의 속도를 올릴 수 있고, 그 과정에서 그들은 스스로를 증명하고 그들의 특성을 전달하거나 혹은 진화 계보에서 잘려나갈 수도 있다. 3D 프린터가 가격은 낮아지고 역량은 높아지면서, 이는 진화하는 기계들을 개발하는 실행 가능한 전략이 되고 있다.

하워드와 그의 팀은 무작위로 생성된 20개의 로봇 다리 모양을 이용한 실험에서 이 전략이 어떻게 작용할 수 있는지 시연해 보였다. 그들의 컴퓨터 시뮬레이션은 딱딱한 땅, 자갈, 모래, 물을 포함한 다양한 표면에서 각각의 다리가 얼마나 잘 작동하는지를 실험했다. 그런 다음 그들은 최고의 성과를 거둔 다리들을 선택했고, 그들을 "짝지었다." 수많은 반복과정을 거친 후, 여러 대의 자손들을 생산하면서 연구자들은 다양한 유형의 지형에서 걷기에 독특하게 적응한 다리들을 얻게 되었다.

하워드는 설명한다. "이 방법은 당신에게 엄청난 다양성을 제공한다. 그리고 평소에는 시도하지 않을 설계 공간의 영역들을 탐색할 힘을 제공한다. 자연적 진화가 강력한 이유들 중의 하나는 특정 생물이 어떤 환경에 매우 특화되도록 만들 수 있는 것이 바로 진화이기 때문이다."[48]

연구자들은 생명활동이 그렇듯이, 심지어 무작위적인 돌연변이를 이 과정에 도입하고 그 결과를 살펴보는 방법도 생각 중이다. 이 방법은 지구에 있는 어떤 것과도 다른 환경들을 헤쳐나가기 위해서 진화해야 하는, 다른 행성들로 보내진 로봇들에게 특히 유용할 수 있다. 화성에 로봇을 번식시키는 기계를 보낸 다음, 이 기계를 켜서 로봇들이 진화하는 방법을 살펴본다고 상상해보라.

다음 단계는 진화하는 로봇과 스스로 학습하는 AI를 결합하는 것이다. 이런 결합으로 우리는 인간 설계자와 코딩 담당자를 이용해야 하는 제약으로부터 자유로워질 수 있다. 로봇들은 다양한 과제와 환경에 독창적으로 적응한, 무한한 숫자의 가능성을 제시하는 자손들을 생산할 수 있다. 언젠가는 우리가 해야 할 일이라고는 오로지 로봇에게 목적을 부여하고, 가만히 앉아 지켜보면서 그들이 어떻게 진화하고 배웠는지 보고 놀라는 일밖에 없을지도 모른다.

대니얼 J. 뷰어러는 새로운 체계의 미적분학을 제안하는 논문을 썼다. 만약 그의 이론이 맞다면, 그 체계는 진정으로 스스로 학습하는 기계의 개발로 이어질 수 있을 것이다. 『초지능 기계를 위한 수학적 프레임워크(A Mathematical Framework for Superintelligent Machines)』는 "자신의 학습 과정을 기술하고 개선하기에 충분할 정도로 표현력이 풍부한" 새로운 유형의 수학을 주창한다.[49] 달리 말하면 이 수학은 기계가 세상과 스스로에 대한 자신의 모델을 수정함으로써 유기적 생명체에서 독립적인, "의식을 가진" 주체를 만들 수 있을지도 모른다.

스타트업인 오픈AI OpenAI는 다른 유형의 돌파구를 찾았다. 이 회사는 스스로 루빅 큐브를 푸는 방법을 배울 수 있는 로봇 팔을 만들었다. 이것은 수 년간 어려운 과제였다.

마이크로소프트는 그들의 클라우드 인프라를 위한 AI 슈퍼컴퓨팅 애플리케이션을 공동으로 개발한다는 목표를 세우고 오픈AI에 10억 달러를 투자했다. 하지만 오픈AI의 장기적인 미션은 초지능 분야를 개척하는 것이다. 이 일을 달성하기 위해서는 많은 돈과 컴퓨팅 성능이 필요하다. 이 분야에서 마이크로소프트는 결정적인 역할을 할 수 있다.

글 쓰는 법을 배우는 자연어 모델을 발표했을 때, 오픈AI는 많은 관심을 받았다. 뉴스 헤드라인을 제공하면 이 모델은 전체 뉴스 스토리를 작성한다. 시의 첫 번째 줄을 건네주면 나머지 부분을 짓는다. 여전히 진행 중인 연구이지만 이 모델이 창작한 작품의 일부는 놀랄 만큼 읽을 만하다. 더 짧은 작문은 심지어 사람들을 속일 수 있을 정도이다.

아직 인공 초지능은 아니지만 이 모델은 우리에게 놀라움과 두려움을 느끼게 한다. 처음에 오픈AI는 이 코드를 공개하는 것은 너무 위험하다고 말했다. 그들은 나쁜 사람들이 이 코드를 이용해서 가짜 뉴스를 퍼뜨릴 것을 우려했다. 하지만 9개월 후 이들은 그런 위험이 처음에 생각했던 것만큼 크지 않다고 말하면서 코드를 공개하기로 결정했다. 언론은 들끓었고, 일부 비평가들은 오픈AI가 무책임하게 행동하고 있다고 비난했다. 물론 오픈AI는 이를 부정했다. 오픈AI의 CEO인 샘 올트먼은 이렇게 말한다. "우리는 범용 인공지능[AGI]이 안전하게 보안을 유지하면서 상용화되고, 그 경제적 혜택이 폭넓게 분배되는 것이 중요하다고 믿는다. 우리는 마이크로소프트와 이런 비전을 이토록 깊게 공유하고 있다는 사실이 매우 기쁘다."[50]

인공 초지능을 추구하는 분야에는 마이크로소프트와 오픈AI만 있는 것이 아니다. 구글, 페이스북, 아마존, 알리바바, 바이두 등 모든 다른 대기업들도 궁극적인 선망의 대상으로 슈퍼 AI를 탐내며 바라보고 있다. 결승점은 아직 보이지 않는다. 사실 그들은 이제 막 경주를 시작했을 뿐이다. 그러나 다가올 수십 년 동안 기술 거인들이 노력에 박차를 가하고, 연구개발에 수십억 달러를 투입하는 모습을 보게 될 것이다.

그들은 초지능을 해결하는 첫 번째 주자들이 우리의 미래를 결정할 것이라는 사실을 알기 때문이다.

알고리즘이 스스로 배우고 진화하기 시작하면서 우리는 이런 질문을 하지 않을 수 없다. 누가 궁극적으로 기업들을 경영하고 경제를 관리할 것인가? 그것은 우리가 될 것인가, 우리가 만든 기계가 될 것인가?

AI 경제 : 권력의 중앙집권화

중앙집권화된 통제체제에는 오랜 역사가 있다. 1870년부터 1911년까지 존 D. 록펠러는 석유산업을 수직적으로 통합한다는 원칙 하에 석유제국을 건설했다. 그는 시장 원리에 의존하기보다 자신의 독점권을 이용해서 가격을 조종했다. 미국 내에서 석유의 공급, 정제, 유통에 대한 거의 전적인 통제력을 확보한, 록펠러의 스탠더드 오일 트러스트Standard Oil Trust는 수익을 늘리면서, 가격을 고정시키고 시장의 변동성을 제거하는 데 성공했다. 실상은 모든 대기업은 독점기업이 되고 싶어하고, 이를 방지할 수 있는 것은 정부의 개입뿐이다.

현재의 경제 상황을 보면 도처에서 시장 원리가 통제되고 있으며, 빅데이터와 AI가 중추적 역할을 담당하는 경우가 늘고 있다. 페이스북, 아마존, 구글, 알리바바와 같은 기업들은 전 세계에서 정보와 상품, 서비스 시장을 예측하고 조종하는 데에 그들이 보유한 방대한 양의 데이터와 함께 정교한 알고리즘을 활용할 수 있다.

블록체인 개척자들은 탈집중화된 구조망을 출범시킴으로써 이런 추세를 뒤집으려는 시도를 했다. 하지만 이제 정부와 기업들은 이를 채택하여 블록체인의 특성을 보전하면서 더 많은 통제권을 가질 수 있도록 수정하고 있다. 이런 사례들 중 하나는 중국 정부가 자체적인 디지털 통화의 출시를 위해서 블록체인을 활용한 경우이다. 이 통화는 결코 탈집중화되지 않을 것이다. 이는 중국의 이 가상화폐가 정부의 통제로부터 벗어나는 대신, 중앙 당국에 의해서 완전히 통제될 것이며, 당국이 모든 거래를 추적하고 모니터링할 수 있게 해줄 것임을 의미한다.

순수한 가상화폐 역시 더 이상 통제에서 완전히 자유롭지 않다. 이 토큰들의 가격을 조종하고 통제할 목적으로 강력한 컨소시움들이 형성되었다. 가능할 때마다 시장 참가자들은 전략적 우위를 확보하기 위해서 더 많은 통제를 추구할 것이다. 앞으로 나아가면서 우리는 시장과 경제, 사회를 지배하는 시스템들을 더 많이 통제하고자 시도하는 주요 참가자들을 보게 될 것이다.

페이스북은 매일 제공하는 뉴스피드로 25억 사용자들이 보게 될 내용을 좌지우지할 수 있다. 이는 대중의 의견에서부터 선거 결과에 이르기까지 모든 것에 영향을 미칠 수 있다. 아마존은 너무나 많은 데이터에 접근할 수 있다 보니, 무슨 제품이 어떤 가격에 팔릴 것이며 얼마나 많은 양이 팔릴 것인지를 경쟁업체들보다 훨씬 먼저 예측할 수 있다. 구글은 연간 1.2조 건의 웹 검색을 총괄하며 이 데이터를 세상에서 가장 거대한 광고 네트워크를 최적화하는 데에 이용한다. 우버는 300만 명이 넘는 운전자들과 7,500만 명의 승객들이 하는 행동을 지휘하며, 전 세계에 걸쳐 실시간으로 가격을 조정할 수 있다.

중국 알리바바의 창업자 마윈은 이렇게 지적한다. "과거 100년이 넘는 기간 동안 우리는 시장경제가 최고의 체제라고 믿게 되었다. 하지만 향후 30년 안에 모든 유형의 데이터에 접근할 수 있게 된다면, 우리는 시장을 움직이는 보이지 않는 손을 발견하게 될 수도 있다."[51]

이것이 우리 사회에 의미하는 바는 무엇인가? 예전의 소련은 수십 년간 거대한 규모의 계획경제를 지휘하려고 시도했지만 그 실험은 형편없는 실패로 돌아갔다. 소련은 그들에게 필요한 데이터와 도구가 없었기 때문에 그런 전환을 이루어낼 수 없었다. 마오쩌둥의 노력도 마찬가지였다. 현재는 인터넷과 AI, 다수의 다른 기술이 있는 만큼 상황이 다르다. 계획경제는 무리한 일이 아닐 수도 있지만, 스탈린, 마오, 마르크스가 상상한 것과는 전혀 비슷하게 보이지 않을 것이다.

경제의 핵심에는 정보처리 시스템이 있다. 자유시장의 토대가 되는 메커니즘은 상품과 서비스를 위한 최적의 가격을 결정하기 위해서 이용 가능한 데이터를 쉴 새 없이 처리하고 있다. 자유시장의 강점은 스스로 수정한다는 데에 있다. 호황과 불황은 있겠지만, 충분한 시간이 주어지면 결국 균형이 이루어진다. 시장 참가자들의 통합적인 사리추구가 이를 보장한다. 하지만 지능형 데이터 처리 기계들이 의사결정자로서 개인과 기업 관리자, 정부 관료들을 대체하는 지금, 새로운 국면이 전개되고 있다.

이들 AI가 더 정교해지면서, 우리는 이들을 우리의 의사결정기구에 더 깊이 통합시키게 될 것이다. AI가 인간보다 훨씬 더 역량이 있고 효과적임이 증명되고 있기 때문이다. 인간의 뇌는 방대한 양의 데이터를 처리할 수 없을 뿐만 아니라, 우리는 지능형 기계들이 인간이 따라갈 수 없는 속도와 빈도로 서로 소통하는 시대로 진입하고 있다. 우리가 한 가지 결정을 내리는 데 걸리는 시간 동안, AI 한 대는 엄청난 양의 정보를 평가하고 셀 수 없이 많은 명령을 실행할 수 있다. 인간이 생각할 수 있는 속도보다 기하급수적으로 더 빨리 돌아가는 프로세스에 인간이 끼어들 수 있는 방법은 존재하지 않을 것이다.

비록 인간 전문가가 가장 깊은 수준에서 관여한다고 해도, 그들은 시스템을 구성하는 각 AI의 내부에서 일어나는 일을 결코 확실하게 알 수 없다. 머신러닝 알고리즘은 필연적으로 투명하지 않기 때문이다. 이들은 블랙박스 같은 성향을 띤다. 결과를 관찰할 수는 있지만, 가장 똑똑한 엔지니어들도 어떤 알고리즘이 어떻게 특정한 결론에 도달하게 되는지는 전혀 알지 못할 수도 있다. 알고리즘과 네트워크의 복잡성이 커질수록 그들은 점점 더 이해하기 어려워질 것이다.

브리스틀 웨스트 잉글랜드 대학교의 로봇 윤리학자인 앨런 윈필드는 말한다. "왜 [어떤 신경망]이 특정한 결정을 내렸는지를 파악하기는 매우 어렵다. 바둑에서는 이것이 문제가 되지 않지만, 운전자가 없는 자율주행 차량을 상상해보라. 심각한 사고가 발생했을 때 조사관이나 판사에게 '우리는 그 차가 왜 그런 짓을 했는지 이해할 수 없다'라고 말하는 것은 받아들여지지 않을 것이다."[52]

문제는 우리가 신경망에 스스로를 설명해달라고 요청할 수 없다는 점이다. AI 분야의 선구자인 제프리 힌턴은 이를 다음과 같이 재치 있게 요약했다. "당신이 그들에게 그들의 결정을 설명해달라고 요청한다면, 이는 그들에게 이야기를 지어내라고 강요하는 셈이다."[53]

이런 사례들 중 하나는 엔비디아Nvidia가 자율주행 자동차의 알고리즘을 테스트했을 때였다. 차는 엔지니어들이 제공한 어떤 지시에도 의존하지 않았다. 대신 이 차는 인간 운전자들을 관찰하면서 센서를 통해 많은 양의 데이터를 흡수했다. 그런 다음 다양한 상황에서 해야 할 일에 대한 결론에 도달했다. 누구도, 심지어 프로그래머들도 이 차량이 왜 그런 결론에 도달했는지 알지 못했다. 당신이 이를 미래의 은행과 정부

기관, 다른 핵심 기관들을 운영하는 딥러닝 알고리즘에 접목시킨다면, 우리가 향하고 있는 방향을 상상할 수 있을 것이다.

문제를 더 복잡하게 만드는 것은, 가까운 미래의 어느 시점에 모든 것을 통제하는 전능한 AI가 하나만 존재하지는 않으리라는 사실이다. 그대신 우리는 서로 대화하고, 데이터를 공유하고, 활동을 조직화하는, 수백만 대의 독립적인 AI를 보유하게 될 것이다. 각 알고리즘은 그들 각자의 블랙박스 내에서 데이터를 처리하는 다른 알고리즘에 의존하게 될 것이다. 결국 어떤 인간도 이 모든 블랙박스 사이의 상호작용을 이해할 수 없을 것이다. 유일한 해결책은 이런 정보의 흐름을 모니터링하고, 실시간으로 무슨 일이 일어나는지 분석하고, 우리에게 지속적으로 정보를 제공하는, 더 정교한 AI를 구축하는 일이 될 것이다. 달리 말하면, 심지어 가장 영향력 있는 사람들도 기계가 경제체제를 계획하고 운영하는 모습을 지켜보는, 소식에 정통한 관중이 될 수도 있다.

그 길을 가면서 일시적인 문제와 혼란이 존재할 수도 있겠지만, 우리가 더 많은 책임을 AI에게 넘기는 일을 막지는 못할 것이다. 역설적이게도 대다수의 사람들은 그런 상황이 통제 불능이라고 느끼지 않을 것이다. 실제로 어느 때보다 더 통제가 잘 되고 있다고 느낄 것이다. 기계가 잠재적인 문제를 우리에게 경고해주고, 그 문제들이 재난이 되기 전에 간섭하면서 모든 일에 앞서서 소식을 전해줄 것이기 때문이다.

리더들은 인간의 실수나 집단 사고, 부패, 단기적 시각에 영향을 받기 쉬운 방대한 관료체계를 관리하지 않기 때문에 더 효과적이고 우리의 니즈에 더 즉각적으로 대응하는 것처럼 보일 것이다. 그 대신 그들은 AI와 소통할 것이다. AI가 윤리적으로 프로그래밍되고 편견이 없다면, 사회를 위해서 가능한 한 최선의 해결책을 모색하고 이를 효율적으로 실행할 것이다.

역설적이게도, AI에 거의 전적으로 의존하고 있음에도 불구하고, 리더들은 계속해서 그들이 AI에 대한 통제권을 쥐고 있다고 느낄 것이다. 그것은 이론적으로는 그들이 AI의 결정을 거부할 수 있고, 심지어 언제나 그 기계를 종료시킬 수 있기 때문이다. 하지만 아마도 그들은 결코 그렇게 하지 않을 것이다. 결국 오토파일럿에 모든 것을 맡기는 편이 그들이 완전히 이해하지 못하는 무엇인가를 조작하는 것보다 더 나은 결과를 가져올 것이기 때문이다.

초지능 : 상자에 든 철인왕

좁은 인공지능이 언제든 곧 지구를 장악하리라는 오늘날의 공포는 지나치게 부풀려졌다. 현재의 AI는 우리의 명령대로 하도록 설계되었기 때문이다. 좁은 인공지능은 미래의 초지능 AI와 반대로 그들 자신의 의제가 없다. 오로지 우리가 설정한 목표들을 수행할 뿐이다. 이는 토스트기가 반란을 일으키기를 기대하는 것과 같다. 기술적 오작동 때문이나 당신이 온도를 너무 높게 설정했기 때문에 토스트를 태울 수는 있지만 토스트기가 당신의 주방을 점령할 음모를 꾸미지는 않을 것이다.

바로 지금, 우리는 동료 인간들이 어떻게 AI를 사용하거나 남용할 것인지를 걱정해야 한다. 이것은 실질적인 위협이며 문 앞까지 와 있다. 인간의 역사는 아름답지 않다. 우리는 억압과 고문부터 대학살까지 모든 종류의 잔혹행위를 할 수 있는 잔인한 존재이다. 또한 인간이 초래한 기후 변화와 서식지 파괴로 멸종 위기에 놓인 수백만 종들은 차치하고,

동료 동물들을 학살하고 먹기 위해서 끔찍한 환경에서 동물들을 번식시키는 우리는 매우 책임감 있는 지구의 청지기도 아니다.

이 사실이 당신을 설득하기에 충분하지 않다면, 우리가 서로를 어떻게 대하는지 살펴보라. 세계 노예 지수^{Global Slavery Index}에서는 400만 명이 넘는 사람들이 현재 노예 상태에 있으며, 이들 중 대부분은 성^性 때문에 팔려온 여성과 소녀들로 추정된다. 미국에서는 한 세기 전에 노예제도를 폐지한 것으로 되어 있지만, 이는 여전히 여러 도시와 해외에서 번성하고 있다. 동시에 전 세계 인구의 상위 1퍼센트가 전 세계 부의 절반을 비축하고 있는 반면, 전 세계 인구의 거의 절반에 해당하는, 33억 명이 넘는 사람들은 하루에 2.50달러보다 적은 돈으로 살아가고 있다.

당신이 무엇인가를 두려워하고 싶다면 거울을 들여다보라. 킬러 로봇이나 AI가 아니라 우리가 괴물이다. 인간은 스스로에게 최악의 적이며, 다가올 얼마간의 시간 동안에도 그런 존재로 남아 있을 것이다. 소수의 손에 집중된, 그 어느 때보다 더 강력한 기술들은 그런 위험을 증폭시킬 뿐이다. 어떤 독재자나 파벌, 지배집단이 전 인구를 통제하고 영구히 노예로 삼기 위해서 최신 기술을 사용하는 시나리오를 상상하기는 어렵지 않다.

히틀러나 스탈린, 폴 포트 같은 무자비한 독재자들이 AI를 이용한 감시기구, 딥러닝 알고리즘, 자율운행 로봇, 유전자 편집기술로 무엇을 할 수 있을지 상상해보라. 그리고 모든 시민을 추적하고, 모든 대화를 모니터링하고, 반대가 있으면 이를 억누르기 위해 AI를 사용하는 폭군을 누가 그 자리에서 몰아낼 것인가? 인류에 대한 실존주의적 위협을 찾고 있다면, 이런 것이 바로 거기에 해당한다.

기술을 이용하여 우리를 통제하려는 폭군을 피하고 싶다면, 이런 유형의 시나리오가 결코 일어날 수 없도록 확고히 하는 노력을 기울여야 한다. 여기에는 권위의 남용을 방지하는 제도적 안전장치, 핵심기술의 활용에 관한 체계적으로 구상된 제약, 압제적인 지도자들을 감독하기 위한 권력의 분산이 필요하다. 하지만 불행히도 대부분의 국가들에는 이 세 가지가 부족하다.

어떤 사람들은 해결책이 AI 그 자체에 있을 수도 있다고 믿는다. 그들은 결점 많은 인간들이 정부를 이끌도록 내버려두는 대신, 정부의 통제력을 초지능 AI에게 넘겨주는 편이 더 나을 것이라고 주장한다. 결국 인류 최대의 이익을 염두에 두도록 프로그래밍된 어떤 자비로운 디지털 초지능이 우리가 책임감을 가지고 세계의 문제들을 관리하도록 도와주고, 우리가 할 수 없는 방식으로 갈등을 해결해줄 수도 있을 것이다. 초지능 AI 한 대가 세계 천연자원을 관리하고, 기후 변화에 대응하고, 무역 거래를 협상하고, 전쟁을 종식시키는 데 훨씬 더 능숙할 거라고 믿을 만한 충분한 이유가 존재한다.

상자에 든 철인왕을 만든다는 아이디어는 유혹적이다. 하지만 이 일이 성공하려면 우리는 이 초지능에게 목표를 추진할 수 있는 권력을 부여해야 할 것이다. 문제가 없는 것처럼 들릴 수도 있지만 이는 본질적으로 위험한 일이다. 이 세상에는 너무 많은 변수들이 존재하므로 다음에 무슨 일이 일어날지, 그리고 슈퍼 AI가 어떻게 대응할지 예측하기란 불가능하다. 기억하라. 초지능의 목표가 우리의 목표와 영원히 일치할 것이라는 보장은 없다. 어느 시점이 되면 그 목표들은 갈라지게 되어 있다.

도대체 우리가 우리보다 수만 배 더 똑똑한 기계를 통제하기를 바라도 되는 것일까?

악마 부화시키기 : AI가 우리를 파괴할 것인가

일론 머스크는 이렇게 말한다. "나는 단기적인 일은 크게 걱정하지 않는다. 좁은 인공지능은 종 수준의 리스크가 아니다. 혼란과 일자리 상실, 더 개량된 무기, 그런 유형의 결과를 가져오겠지만 좁은 인공지능은 근본적인 종 수준의 리스크가 아닌 반면, 디지털 초지능은 그런 리스크가 맞다. 그리고 내 말을 명심하기를 바란다. AI는 핵무기보다 훨씬 더 위험하다. 그런데 우리는 왜 AI에 대한 규제 감독을 하지 않는가? 이건 말도 안 되는 일이다!"[54]

2018년에 사망한 저명한 물리학자 스티븐 호킹도 동의하며 "완전한 인공지능의 개발은 인류의 종말을 가져올 수 있다"라고 말했다. 그는 덧붙였다. "느린 생물적 진화로 제한을 받는 인간은 경쟁할 수 없어서 대체될 것이다."[55]

슈퍼 AI 한 대가 회복할 수 없는 해악을 초래하기 위해서 가면을 쓴 악마여야 할 필요는 없다. 우리가 미래를 꿰뚫어보고, 모든 가능한 상황에서 AI가 적절하게 행동하도록 프로그래밍하는 것은 불가능하다. 예를 들면 슈퍼 AI에게 전쟁을 끝내라는 목표를 제시해보라. 그러면 AI는 인간들을 모두 가두고 완전히 제거하는 것이 가장 효과적인 방법이라고 결정할 수도 있다.

머스크는 말한다. "우리는 인공지능과 함께 악마를 소환하고 있다. 오각별pentagram과 성수를 든 사람이 나오고, 그가 자신이 악마를 통제할 수 있다고 확신하는 그런 모든 이야기들을 알지 않는가? 그런 확신은 통하지 않는다."[56]

볼로냐 대학교의 연구진은 인기 전자상거래 사이트에서 사용되는 가격 결정 알고리즘을 테스트하기 위해서 실험을 고안했다. 그들은 두 개의 머신러닝 알고리즘을 경쟁시켜 온라인 쇼핑객들에게 가장 낮은 가격을 제공하고자 했다. 그들은 어떤 AI가 이기는지 보고 싶었다. 과학자들을 놀라게 한 것은 알고리즘들이 가능한 가장 낮은 가격을 찾아내려고 경쟁하는 대신, 가격을 공모하여 인간 고객들에게 바가지를 씌우는 편이 낫다는 결론을 내렸다는 사실이다.

연구자들은 논문에서 이렇게 설명했다. "가장 걱정되는 사실은 알고리즘들이 담합행위의 흔적을 남기지 않았다는 사실이다. 그들은 작동 환경에 대한 사전지식도 없었고, 서로 소통하지도 않았고, 공모를 하도록 구체적으로 설계가 되거나 지시를 받은 적도 없었다. 그들은 순전히 시행착오를 거쳐 공모하는 법을 배웠다."[57]

이는 좋은 의도를 품은 목표들이 종종 예상치 못한 불쾌한 결과로 이어질 수 있음을 보여주는 교훈적인 이야기이다. 아이작 아시모프는 단편 모음집, 『아이, 로봇』에서 이런 위험에 대해서 썼다. 이 이야기들은 아시모프의 유명한 로봇의 3대 법칙으로 요약될 수 있는, AI의 윤리적인 프로그래밍에서 발생할 수 있는 문제들을 중심으로 전개된다.

1. 로봇은 인간에게 손상을 입혀서는 안 된다. 혹은 행동을 하지 않음으로써 인간이 손상을 입도록 내버려둬서는 안 된다.
2. 로봇은 첫 번째 법칙과 충돌하는 경우를 제외하고, 인간이 내리는 명령에 복종해야 한다.
3. 로봇은 첫 번째와 두 번째 법칙과 충돌하지 않는 한 자신의 존재를 보호해야 한다.

아시모프가 이들 단편에서 드러낸 사실은 로봇을 지배하는 법칙을 주의 깊게 고안한다고 해도, 일어날 수 있는 모든 시나리오와, 이 법칙들이 어떻게 해석될 수 있는지를 결코 예측할 수 없다는 것이다. 그 결과는 재앙이 될 잠재력이 있다. 세상이 이분법으로 결정되는 경우는 드물다.

예를 들면, 슈퍼 AI가 우리 행성과 인류의 안전을 도모할 책임을 부여받았다고 가정해보자. 하루가 다르게 악화되는 기후 변화의 영향을 고려하여 슈퍼 AI는 즉각적이고 극단적인 조치를 취하는 것이 유일한 논리적인 해법이라고 결정한다. 슈퍼 AI는 모든 개인 차량을 금지하는 일로 시작한다. 논리적인 조치일 수도 있지만 우리가 이 결과에 만족하게 될까? 혹은 슈퍼 AI가 모든 사람에게 채식 식단을 강요한다고 가정해보자. 이것이 사람들이 받아들여야 할 일일까? 그들이 거부하면 어떻게 될까? 슈퍼 AI는 어떤 종류의 처벌을 내려야 할까? 벌금을 매겨야 할까? 그런 처벌들이 효과가 없다면 어떻게 해야 할까? 사람들을 가두는 것이 해결책일까? 우리는 행성을 위한 선과, 비록 잘못된 선택으로 끝날지라도 사람들이 자신의 운명을 선택할 권리 사이의 어디쯤에 선을 그어야 하는 것일까?

불행히도 이 세상은 믿을 수 없을 만큼 복잡하므로, 아시모프가 제시한 것과 같은 단순한 규칙들로는 충분하지 않다. 실제로 어떤 규칙도 모든 가능한 시나리오를 아우를 수 없다. 아시모프의 단편들 중 하나에서 AI는 어려운 도덕적 선택을 할 수 없었기 때문에 스스로 전원을 꺼버렸다. 하지만 결정을 내리지 않는 것도 그 자체가 결정이다. 그런 책임을 빠져나갈 방법은 없다.

따라서 우리는 자문해야 한다. 자애로운 슈퍼 AI를 만든다는 것이 가능하기나 한 일일까? 혹은 인간들처럼, 모든 AI도 도덕적인 결정을 내리는 문제에서 본질적으로 결함이 있는 것일까?

윤리적 문제에는 가치 판단이 수반된다는 사실은 피할 수 없고, 이는 윤리적 문제가 특정한 세계관에 의존한다는 것을 의미한다. 슈퍼 AI는 결코 모든 사람에게 옳은 선택을 할 수 없다. 슈퍼 AI가 어떤 결정을 내리건, 알고리즘이 도덕적으로 미심쩍은 선택을 하고 있다고 생각하는 사람들이 있을 것이다.

예를 들면 사람의 생명은 얼마나 가치가 있는가? 어린이의 삶은 노인의 삶보다 더 가치가 있는가? 한 인간이 불치병에 걸려서 엄청난 고통을 겪고 있다면 당신은 어떻게 하겠는가? 안락사를 시켜야 하는가, 그렇지 않은가? 사형을 허용해야 하는가? 철학자들과 종교학자들은 이런 문제들과 더불어 수많은 윤리적 문제들을 놓고 1,000년 동안이나 논쟁을 벌여왔다. 그리고 우리는 여전히 명확한 답을 얻지 못했다.

인간보다 기하급수적으로 더 똑똑한 AI는 어떨까? AI가 우리보다 윤리적인 행동을 조금이라도 더, 혹은 덜 선호할까? 아직은 아무도 대답할 수 없는 질문들이다. 하지만 우리가 이런 경로로 나아가고 있는 만큼 해볼 필요가 있는 질문들이다.

현재 대부분의 AI 알고리즘은 누구나 그들이 적합하다고 생각하는 어떤 방식으로든 사용할 수 있도록 공개되어 있다. 심지어 좋은 의도를 가진 사람들도 우리 사회에 엄청난 피해를 초래할 수 있는 AI를 만들거나 수정하는 결과를 낳을 수 있다. 일단 세상 밖으로 나온다면, 기술, 특히 소프트웨어를 억제하는 것은 거의 불가능하다. 어디에 있는 누구든 그 기술을 확보해서 그것으로부터 배우고 그들 자신의 버전을 만들 수 있다.

유엔의 지역 간 범죄처벌 조사기관^{UNICRI}의 인공지능 로보틱스 센터 수장인 이라클리 베리제는 말한다. "AI와 관련하여 가장 위험한 문제는 그 발전 속도이다."[58]

정부, 기업, 기관들이 대응하는 데에는 시간이 걸린다. 위험을 평가하고 이해할 기회를 가지기 전에는 신뢰할 만한 방어책을 개발조차 할 수 없다. 하지만 상황은 너무도 빨리 진행되어 위험은 하루 단위로 진화하고 있다. AI의 역량이 끊임없이 확장될 때, 어떻게 하나의 기업이나 정부가 진보된 AI 사이버 공격을 방어하기를 바랄 수 있겠는가? 이것은 계속 변형되는 바이러스를 퇴치하려고 노력하는 것과 같다.

만약 테러리스트 기관이 진정으로 미국에 한 방을 날리고 싶다면, 이라크의 사막으로 전사들을 보내거나 미국 도시로 자살폭탄 테러범을 보내는 대신에 몇 명의 진정으로 똑똑한 엔지니어들을 채용해서 악의적인 AI를 코딩하도록 하기만 하면 된다. 이는 잠재적으로 전국 전력망을 붕괴시키고, 금융 시스템을 망가뜨리고, 군대 체계를 전복시킬 수 있다.

전 세계 정부가 그들의 군대와 관련하여 AI에 점점 더 의존하고 있다는 점도 똑같이 두려운 일이다. 드론과 탱크부터 로봇까지 자율운행 무기들은 더 이상 공상과학소설에 나오는 이야기가 아니다. 우리가 알고 있는 한, 이 모든 시스템에는 인간이 핵심 일원으로 참여한다. 이들 무기 시스템들은 치명적인 행동을 취하기 이전까지만 자율운행되며, 그런 다음에는 인간이 최종 결정을 내려야 한다.

미군을 위한 프로젝트 업무에 배정된 이후 구글에서 사직한 로라 놀런은 이렇게 경고한다. "이런 시스템들은 예상치 못한 방식으로 작동할 수 있기 때문에 대형 사고가 발생할 수 있다. 어떤 진보된 무기 시스템이라도 의미 있는 수준에서 인간의 통제를 받아야 하는 이유이다. 그렇지 않다면, 너무나 예측 불가능하고 위험한 이 무기들은 금지되어야만 한다."[59]

여기에 인간을 핵심 일원으로 참여시키는 것은 진정한 딜레마를 제기한다. 인간은 AI에 비하면 믿을 수 없을 정도로 느리다. 인간 군인과 자율운행 무기들의 조합이 관여하는 혼란스러운 전투를 상상해보라. 전장에는 수천 혹은 수만 대의 스마트 머신과 인간 전투원들이 있을 수도 있다. 전쟁기계들 중 일부에는 인간 탑승자가 있을 수도 있지만 온전히 자율적인 전투 모드로 움직일 것이다. 이는 이 기계들은 무인 시스템에는 즉각적으로 발포할 수 있지만, 그들을 목표로 삼는 무기는 어떤 것이건 타격 전에 인간의 승인이 필요하리라는 뜻이다. 누가 이길 거라고 생각하는가?

적군이 핵심 일원에서 인간을 배제하는 방안을 선택할 수 있는 충돌 상황에 직면한다면, 어떤 장군이건 이와 똑같이 대응하는 방안을 옹호할 것이다. 그렇게 하지 않을 경우 패배가 확실하다. 따라서 인간이 그 핵심 일원에서 빠지는 것은 시간문제일 뿐이다. 이것이 구글의 일부 엔지니어들이 미군을 위한 AI 프로젝트에 참여하기를 거부한 이유이다. 그들은 특히 치열한 전쟁에 참전할 때, 인간의 감독 없이 온전히 스스로 작동하는 자율운행 무기 시스템의 구축에 필연적으로 AI가 이용될 것임을 알고 있다.

일단 그런 기술이 존재한다면, 양편은 이를 자신에게 최대한 유리하게 이용할 것이다. 이것이 인류에 의미하는 바는 무엇인가? 이는 인류가 대규모로 인간을 몰살시킬 목적으로 설계된 무기를 제작하는 세상에서 살고 있으며, 지금은 그렇지 않다 해도, 언젠가는 이 무기들이 완전히 자율적으로 운용될 것임을 의미한다. 이런 무기를 현재의 적대국 혹은 테러 집단이 군의 무기 시스템을 해킹하는 사이버 전쟁과 결합해보라. 다음번 세상의 종말을 위한 레시피가 완성될 것이다.

그렇다면 우리가 할 수 있는 일은 무엇인가? 정부가 어떻게 AI를 억제할 것인지를 파악할 시간을 가질 때까지 AI 개발을 금지하거나 제한해야 하는가? 불행히도 현재 우리는 그 길로 가고 있지 않다. AI의 개발을 억제하기는커녕, 대부분의 정부들은 그 반대를 행하고 있다. 군대와 경제 개선에 AI를 이용할 것이 확실한 경쟁국에 뒤쳐질까 두려워서 개발을 가속화하고 있다. 어떤 강대국도 일방적으로 자신의 손을 결박하지는 않을 것이다.

생물학적 무기 및 핵무기와 관련하여 우리가 해온 일과 유사하게, 정부들이 군대에서 AI의 사용을 금지하는 세계협약을 맺을 수 있을까? 문제는 이를 집행하기가 불가능하리라는 점이다. 제조하거나 숨기기가 그리 쉽지 않은 생물학적 무기와 핵무기를 추적하는 일만 해도 충분히 어렵다. 그에 비해 디지털 코드는 보이지 않는다. 적군의 AI를 감시하는 것은 사실상 불가능하다. 이런 사실은 어떤 종류의 구속력 있는 국제협약도 재고의 가치가 없도록 만든다.

그렇다면 우리에게 남은 것은 무엇인가? 나아갈 수 있는 경로는 진정 하나밖에 없다. AI를 계속해서 개발하는 한편, 나쁜 사람들이 그 기술로 할 수 있는 일을 예측하고 가능한 한 빨리 대책을 개발하는 것이다. 컴퓨터 바이러스처럼, 이 게임은 끊임없는 두더지잡기 게임이 될 것이다. 하지만 정부와 기업에서 충분한 자원을 활용하고, 올바른 문제에 집중할 수 있다면, 계속해서 한 걸음 혹은 두 걸음 앞설 수 있는 충분한 가능성이 있다. 그리고 그것으로 최악의 남용을 막기에 충분할 수도 있다.

군대에 관해서는 킬러 로봇들이 통제를 벗어날 때, 설계자가 그 로봇을 종료할 수 있는 방법들을 포함시키기를 바라는 수밖에 없다. 그렇게 한다면 로봇이 인간 인구를 넘어서서 마구 퍼져나갈 수는 없을 것이다. 실패할 염려가 없는 해결책은 없겠지만, 아무것도 없는 것보다는 낫다.

초지능 AI가 무엇을 할 수 있는가 하는 문제는 전적으로 다른 이야기이다. 우리보다 고도로 똑똑한 기계라면 오늘날 우리가 고안할 수 있는 것은 무엇이건 뛰어넘어 신속하게 움직일 것이므로 계획을 세운다는 것은 소용이 없다. 만약 슈퍼 AI가 자신의 코드를 고쳐 쓸 수 있다면, 무엇이 그 AI가 완벽하게 스스로를 재창조하거나 우리의 통제를 벗어난 다른 슈퍼 AI들을 만들지 못하도록 막을 수 있겠는가? 아마도 우리가 시스템 내부에 구축한 어떤 안전장치든 무효화될 것이다.

그렇다고 안전장치 설치가 시간낭비라는 뜻은 아니다. 이런 문제를 예측하고 방지하는 데 자원을 투입하지 않는다면, 극도로 무책임한 일일 것이다. 일단 초지능이 이 세계로 들어온다면 돌이킬 수 없는 손상을 초래할 수 없도록 확실히 하기 위해서 우리의 능력으로 할 수 있는 모든 일을 해야 한다.

그러나 아마도 초지능은 우리가 그들에게 부과한 어떤 제한도 부적절하다고 볼 것이다. 이는 우리가 원숭이들이 인간을 위해서 설정한 규칙을 따르겠다고 동의하는 것과 같다. 그들의 이익 위에 우리의 이익을 놓는 대신, 이 초지능은 스스로 독립적인 목표와 도덕성을 개발할 것이다. 초지능은 멸종 위기종을 보존하는 것과 같은 방식으로 우리를 계속 남겨둘 수도 있고, 혹은 우리를 기생충으로 보고 없는 편이 낫다고 결정할 수도 있을 것이다. 그런 경우라면 인류에게 안녕을 고하라.

기계와 결합하기

어떤 엔지니어들은 초지능이 인류를 장악하는 것을 막는 유일한 방법은 초지능과 통합되는 것이라고 믿는다. 그런 일이 과연 가능하기나 한 것일까?

발명가이자 미래학자인 레이 커즈와일은 말한다. "2029년은, AI가 유효한 튜링 테스트를 통과하고 따라서 인간 수준의 지능을 달성하게 될 시점이라고 내가 일관되게 예측해온 시기이다. 우리가 창조한 지능과 결합해 우리의 유효지능을 수십억 배 배가시킬 시점인 '특이점'이 도래할 시기는 2045년으로 정했다. 특이점은 컴퓨터가 인간의 지능을 가지게 되고, 우리는 이 컴퓨터를 뇌 속에 집어넣고, 이를 클라우드에 연결하고, 우리 자신을 확장하는 일로 이어질 것이다. 지금 이 순간 이것은 단순히 미래의 시나리오가 아니다. 부분적으로는 이곳에 존재하고 있으며, 앞으로도 가속화될 일이다."[60]

커즈와일은 인류를 변혁할 기술이 가진 잠재력에 대해 극단적으로 낙관적이지만 그런 면에서 결코 혼자가 아니다. 버클리 대학교 연구진은 무선 뇌-기계 인터페이스로 이용하기 위해서 신경 먼지neural dust라고 불리는 나노 입자를 가져와 대뇌피질에 탑재한다는 계획을 세우고 있다. 한편 130개의 연구기관을 아우르는 EU의 휴먼 브레인 프로젝트Human Brain Project는 자금 규모가 13억 달러에 달한다. 그들의 목표는 인간 뇌가 작동하는 방식에 대해서 현재 알려진 모든 것을 통합한 슈퍼컴퓨터 시뮬레이션을 만드는 것이다.

유나이티드 테라퓨틱스United Therapeutics의 CEO이자 시리우스 XMSirius XM의 창업자인 마틴 로스블랫은 말한다. "마음을 꺼내서 소프트웨어로 넘긴다는 것은 물리학에 어긋나지 않는 일이며, 나는 이 일이 이번 세기 안에 이루어질 수도 있다고 생각한다."[61]

서던 캘리포니아 대학교에서 테드 버거의 연구팀은 이미 쥐와 영장류에게서 효과를 거둔 뇌-시뮬레이션 기술을 개발했다.

네덜란드 신경공학자인 란달 쿠너는 이렇게 말한다. "테드 버거의 실험은 원칙적으로 알려지지 않은 회로를 꺼내서 분석하고, 그것이 하는 일을 대체할 수 있는 뭔가를 만들 수 있다는 사실을 보여준다. 전체 뇌는 그저 서로 다른 수많은 개별적인 회로 그 이상은 아니다."[62]

컬럼비아 대학교의 신경과학자인 라파엘 유스테는 한 사람의 정체성이 뇌 활동의 유량流量에서 발견될 수 있다고 믿는다. "우리의 정체성은 그 이상이 아니다. 우리 두개골 내부에 마법은 없다. 뉴런이 발화하는 것뿐이다."[63]

UC 로스앤젤레스 캠퍼스의 제임스 김제프스키 교수는 합성 뇌 개발을 위한 연구를 하고 있다. 그는 합성으로 키운 여러 묶음의 나노 와이어를 가지고 실험 중이다. 이 나노 와이어들은 살아 있는 뇌 속 기억의 행태와 현저하게 비슷한 행태를 보인다. 이는 인간의 뇌 구조를 모방한 뉴로모픽neuromorphic 컴퓨팅이라고 불리며, 이것으로 인공 뇌를 만들 수도 있을 것이다.

김제프스키는 이렇게 설명한다. "이것은 뇌의 기능적 MRI와 매우 유사한 전기적 특성들을 보여주며, 신경 배양neuronal culture의 전기적 특성, EEG 패턴들과도 흡사하다. 우리는 이를 자기조직화된 임계상태self-organized criticality*라고 부른다. 나는 합성 뇌를 만들고 싶다. 생각하는 기

---

* 모래더미를 쌓으면 점점 커지다가 일정 상황이 되면 급작스럽게 무너지는 것처럼 특정한 상황이 오기 전까지는 같은 상태를 계속 유지하다가 내부 요인에 의해서 어떤

계, 물리적 지능을 소유한 기계를 만들고 싶다."[64]

언젠가 우리의 완전한 커넥톰(소위 뇌의 배선 연결망 지도)을 사이버 공간에 업로드하는 일이 가능해질 수도 있다. 이 뇌는 우리의 기억을 찾아올 수 있을까? 그리고 그렇다면, 이 뇌가 스스로 생각하는 것이 가능할까?

디지털로 재탄생한 뇌는 기억이 무엇을 의미하는지 전혀 알지 못할 수도 있다. 그저 기억을 컴퓨터로 전송한다고 해서 컴퓨터가 의식을 가진 존재가 되지는 않는다. 의식은 자기 인식을 요구하며, 우리가 AI가 의식이 있는지 없는지를 결코 확실하게 알 수 없는 것처럼 디지털로 재탄생한 뇌가 지각이 있는지 우리가 어떻게 알 수 있겠는가?

만약 누군가가 당신에게 뇌를 컴퓨터에 업로드할 수 있는 기술을 개발했다고 말한다면, 하지만 그렇게 하려면 그 과정에서 당신의 물질적 신체를 파괴해야 한다고 말한다면 어떻게 하겠는가? 설사 그들이 업로드된 다른 사람들의 사례를 보여준다고 해도, 그들이 진정으로 의식이 있는 것인지, 그저 AI 시뮬레이션이 아닌지 어떻게 알 수 있겠는가?

무엇이 사라지는가에 관한 의문 역시 존재한다. 일단 당신이 업로드된 후, 그들이 모든 것을 전송하는 데 실패하면 어떻게 될까? 인간으로서 핵심적인 당신의 일부가 디지털 세계로 들어오지 못할 수도 있고, 그것이 무엇인지 정확하게 밝혀내지 못할 수도 있다. 그것은 당신의 디지털 자신이 결코 복제할 수 없는, 기억에 부착된 인간적인 감정이나 느낌일 뿐일 수도 있다.

당신이 커넥톰을 인공적인 신경기관으로 업로드했는데, 물질적인 신

특정한 순간부터 상태가 바뀌는 것을 의미한다.

체는 산 채로 남겨지는 상황에서 고려해야 할 또다른 흥미로운 시나리오가 있다. 이런 경우에 어떤 것이 실제 당신일까? 당신의 생물학적 자기는 아마도 자신이 고유한 존재라고 주장할 것이다. 하지만 그렇다고 디지털 버전이 자기 또한 그만큼 실재한다고 선언하는 것을 막지는 못할 것이다. 당신은 각각은 비슷하지만 근본적으로 다른, 자신의 두 가지 버전을 가지게 될 것이다.

이제 당신의 디지털 버전이 스스로를 계속해서 복제하여 수백 명의 디지털 클론을 만든다면 어떻게 될까? 우리는 이들 복제인간들을 뭐라고 불러야 하며, 그들은 서로 어떻게 대화하게 될까? 그들이 협업을 하거나 경쟁하거나 혹은 각자 별도의 길을 가게 될까? 많은 것이 당신의 개성에 달려 있을 것이다.

'자신'을 기계로 업로드하는 이 모든 이야기가 당신에게 흥미를 자아낸다면, 그리고 한 번 해보고 싶다면, 그런 도약을 시도해볼 수 있으며, 비용은 1만 달러밖에 들지 않을 것이다. 넥톰Nectome이라는 스타트업은 오늘 당신의 뇌를 냉동시켜 미래에 업로드할 것을 제안한다. 하지만 여기에는 함정이 있다. 그 시술이 치명적일 수 있다는 점이다. 살아 있는 뇌를 추출해서 방부처리를 하기 전에, 당신은 임종을 앞두고 있지만 살아 있어야 한다.

넥톰은 회사 사이트에 이렇게 적시한다. "우리의 사명은 당신의 기억이 온전하게 유지될 만큼 당신의 뇌를 충분히 잘 보존하는 것이다. 당신이 가장 좋아하는 책의 멋진 문장부터 차가운 겨울 공기, 사과파이 굽기, 친구 및 가족과의 식사에서 느끼는 감정까지 말이다. 우리는 이 정보를 디지털화해서 당신의 의식을 재창조하는 데 사용하는 일이 이번 세기 안에 실현 가능하리라고 믿는다."[65]

이 이야기는 무모한 일은 아닐 수도 있다. MIT의 신경과학자인 에드워드 보이든은 전자현미경으로 뇌 안의 모든 시냅스를 볼 수 있을 만큼 돼지의 뇌를 잘 보전하는 데 성공했다. 오픈AI의 CEO이자 Y 콤비네이터$^{Y \ Combinator}$의 과거 수장이었던 샘 올트먼은 심지어 넥톰의 뇌 백업을 받겠다고 신청했다.

그러나 이것이 좋은 아이디어라는 데에 모두가 동의하는 것은 아니다. 맥길 대학교의 신경과학자 마이클 헨드릭스는 말한다. "우리의 뇌 은행으로 미래 세대에게 부담을 지우는 것은 말도 안 되게 오만한 일이다. 이미 우리는 그들에게 충분한 문제를 남기고 있지 않은가?"[66]

일부 과학자들은 그것이 오만한 일이라고 생각할 뿐만 아니라 다른 과학자들은 이 일이 불가능하다고 믿는다. 보스턴 대학교의 신경과학자인 요한 존은 이렇게 썼다. "나는 미래 어느 시점에 마음을 업로딩하는 일이 일어날 '가능성'은 0이라고 생각한다. 마음을 업로딩한다는 개념은 마음과 몸이 별개의 개체여서 원칙상 서로가 없어도 존재할 수 있다는 가정을 기반으로 한다. 현재 이런 생각에 대한 과학적인 근거는 없다."[67]

니코렐리스는 "우리 마음은 전혀 디지털이 아니다. 디지털 수단으로 추출할 수 없는, 뇌 조직에 탑재된 정보가 중요하다. 그런 일은 결코 일어나지 않을 것"이라고 말하면서 이 일이 불가능하다는 데 동의한다.[68]

한편 레이 커즈와일은 확고하게 초인간주의자 편에 서 있다. "우리는 비생물적인 부분이 지배하게 되고, 생물적 부분은 더 이상 중요하지 않아지는 지점에 도달할 때까지, 점점 더 비생물적이 되어갈 것이다. 실제로 비생물적 부분, 즉 기계 부분이 너무나 강력해져서 생물적 부분을 완벽하게 모델링하고 이해할 수 있게 될 것이다. 따라서 생물적 부분이 심지어 사라진다고 해도, 어떤 차이도 생기지 않을 것이다."[69]

당신이 어느 쪽을 믿기로 선택하든지, 이 논쟁의 궁극적인 결정권자는 과학이 될 것이다. 비록 이를 알아내는 데에 50년 이상이 걸릴 수도 있지만 말이다.

브레인 넷 : 무의식 탐색하기

우리 자신과 사회에 미치는 뇌-컴퓨터 인터페이스의 완전한 영향을 이해하려면, 듀크 대학교에서 시행된 니코렐리스의 연구로 다시 돌아가야 한다. 그는 "브레인 넷Brain Net"이라는 한 가지 실험을 시행했는데 이는 단일한 네트워크에서 우리 뇌를 함께 연결하는 작업의 잠재력을 시연하는 실험이었다.

니코렐리스는 뇌에 전극을 심은 세 마리의 원숭이를 데리고 와서 로봇 팔의 이미지를 제어하는 한 컴퓨터에 연결했다. 각 원숭이는 별도의 방에 있었고, 한 가지 혹은 두 가지 유형의 움직임밖에 제어할 수 없었다. 위와 아래, 오른쪽과 왼쪽, 앞과 뒤였다. 세 마리 원숭이의 뇌가 함께 작업을 해야만 로봇 팔을 효과적으로 움직여 3차원 공간에 있는 가상의 공에 닿게 할 수 있었다. 목표 대상에 팔이 닿으면 오렌지주스를 상으로 주자, 원숭이들은 뇌 활동을 직관적으로 동기화하기 시작했고, 협업으로 로봇 팔을 움직여 가상의 공을 움켜잡을 수 있었다.

니코렐리스는 말한다. "본질적으로 우리는 슈퍼 뇌를 만들어낸 것이다. 세 원숭이의 뇌로 이루어진 집단적인 뇌인 셈이다. 과거에 누구도 이일을 하지는 못했다."[70]

이 실험은 심각한 질문 하나를 제기한다. 우리 뇌를 인터넷에 연결할 수 있게 된다면, 이 일은 협업할 수 있는 우리의 능력에 어떤 영향을 미칠까? 문제를 해결하기 위해서 얼마나 많은 인간 뇌들이 동시에 일할 수 있을까? 그리고 이 일 덕분에 인간은 극도로 어려운 문제들을 해결하면서, 어떤 개인도 혼자서는 달성할 수 없는 성찰을 얻을 수 있을까?

원숭이와 쥐들은 무의식 수준에서 협업하면서 특정한 수준의 고양된 인지능력을 달성할 수 있었다. 인간들도 똑같이 할 수 있을까? 그리고 당신이 뇌의 수를 몇 개에서 몇십 개, 몇백 개로 늘렸을 때, 어떤 일이 일어날까? 독립된 수많은 뇌들이 협업하거나 정보를 처리하는 일이 가능할까? 우리는 상당한 규모의 뇌 네트워크 전체에 일거리를 배분함으로써 엄청난 양의 데이터를 다루고 분석할 수 있는, 집단의식에 상당하는 것을 개발할 수 있을까?

다른 실험에서 니코렐리스는 네 마리의 개별적인 쥐의 뇌로 브레인 넷 생성을 시도했다. 그는 쥐들을 데려다가 뇌를 함께 연결했다. 쥐들은 뇌를 동기화하여 특정한 과제를 마쳤을 때에만 물을 받을 수 있었다.

그는 이렇게 말한다. "일단 쥐들이 일관성 있게 행동하게 할 수 있다는 것을 알게 되자, 우리는 새로운 유형의 컴퓨터를 구축했다. 프로세서에 대해 아는 사람이라면 누구나 실리콘 한 조각으로 할 수 있는 유형의 테스트를 시행했다. 우리가 정보를 저장한 다음, 이를 나중에 불러올 수 있을까? 우리는 기억을 가질 수 있을까? 실제로 그 동물들이 깨어 있다면 그렇게 할 수 있는 것으로 밝혀졌다."[71]

니코렐리스는 쥐 네 마리의 뇌가 별개로 범주화하기, 이미지 처리하기, 촉각 정보 저장 및 검색하기를 포함한 계산 문제를 수행하도록 할 수 있었다. 심지어 그 쥐들은 기압 정보를 제공하면 날씨도 예측할 수 있었다. 네트워크로 연결된 네 마리 쥐의 뇌는 일관되게, 개별적으로 같은 과제를 수행했던 쥐들과 같거나 혹은 의미 있는 수준에서 더 나은 성과를 보였다.

니코렐리스는 설명한다. "그 쥐들은 그들 사이에서 과제를 나눠서 개별적인 일의 양을 더 줄일 수 있었다. 처음에 우리는 그런 것은 예상하지 못했다."[72]

이런 기술이 인간에게 어떻게 적용될 수 있을까?

니코렐리스는 말한다. "우리는 물리치료사와 환자들에게 전적으로 비침습적인 방식으로 뇌의 신호들을 연결함으로써 더 빨리 배우고 더 빨리 훈련하도록 도울 수 있다고 생각한다. 이것은 뇌의 인터넷이다. 어떤 의미에서 사람들은 이미 인터넷을 이용하면서 뇌를 동기화하고 있다. 하지만 미래에는 키보드를 치거나 마우스를 이용하지 않고도 같은 일이 일어날 수 있다."[73]

신경과학자들은 우리 뇌 활동의 대부분이 무의식적 혹은 잠재의식적인 방식으로 일어나고 있음을 보여주는 연구들을 수행했다. 실제로 연구자들은 우리의 인지 활동 중 5퍼센트 정도만 의식적이라고 추정한다. 나머지 95퍼센트는 깨닫지도 못하는 상태에서 일어난다는 것이다. 예를 들면 길을 건너겠다고 결정했을 때, 우리는 빨간불과 파란불을 알아차릴 것이다. 하지만 우리 뇌는 훨씬 더 많은 정보를 처리한다. 차량 소리, 자전거 탄 사람들과 보행자들의 움직임, 피부에 느껴지는 진동, 발밑의 보도, 그외 다른 감각적 인풋 등이다. 우리가 길에 나서는 것이 안전한지를 결정할 때, 이 모든 것이 배경에서 결합되고 분석된다.

이런 일이 무의식 수준에서 일어나는 이유는, 정보가 너무나 많아서 우리 의식이 이를 처리하고 대응하기가 거의 불가능하기 때문이다. 컴퓨터와 달리, 우리의 의식적인 마음은 복수의 과제에 동시에 집중할 수 없다. 실제로 우리는 멀티태스킹을 잘 수행하지 못한다. 서로 다른 작업들 사이를 왔다 갔다 할 수는 있지만 이는 피곤한 일이며, 정보는 소실된다. 게다가 우리의 의식적 사고과정은 다소 느리고 어색하다. 의식적으로 주변의 모든 인풋을 처리하려고 한다면, 속도를 내며 우리에게 다가오는 차량 같은 것에 대응은커녕, 곧 거기에 압도되는 느낌을 받고, 어떤 결정도 내릴 수 없게 될 것이다.

그래서 그 대신 일어나는 일은 의식적인 의사 결정에서 방대한 양의 정보를 걸러내는 것이다. 하지만 이 정보는 소실되지 않고, 우리의 잠재의식이 넘겨받아 배경에서 부지런히 모든 것을 이해하기 위한 작업을 한다. 만약 다가오는 차량 소리처럼, 눈으로 보지 못했지만 우리의 안위에 중요한 무엇인가를 잠재의식이 포착한다면 경고를 보내고, 이는 우리의 의식 속으로 들어오게 된다. 하지만 그 경고를 의식적으로 처리하기도 전에 몸이 반응해서 우리는 길에서 황급히 비켜서게 된다. 우리가 하는 일들 중 많은 것들이 그 일에 대해 생각도 하기 전에 일어난다.

대니얼 카너먼의 책 『생각에 관한 생각(*Thinking, Fast and Slow*)』을 읽었다면, 우리가 하는 일들 중 얼마나 많은 부분이 의식적인 마음의 인풋 없이 일어나는지를 이해했을 것이다. 운동선수들이 다음 움직임을 의식적으로 계획하지 않을 때에 최고의 성과를 내는 이유이기도 하다. 그들에게는 그럴 시간이 없다. 잠재의식이 그들을 올바른 길로 인도하도록 내버려두어야 한다. 충분히 자기성찰적인 위대한 운동선수라면 누구든지, 필드에서 벌어지는 행위의 대부분이 자신의 의식적 통제를 벗어난 일이라고 당신에게 말해줄 것이다. 그들은 그저 자신의 '직감'을 따르는 것이다.

사고의 속도를 상당한 수준으로 높이고 이를 고양시킬 수 있는 차세대 뇌-컴퓨터 운영체제와 인터페이스를 고안할 예정이라면, 우리가 잠재의식을 어떻게 활용하고 이를 이용해서 정보를 처리하는지 파악할 필요가 있다. 우리는 의식적인 마음에만 온전히 의존할 수 없다. 우리가 뇌의 기능을 디지털 세계에 얼마나 효과적으로 병합할 수 있을지를 규정하는 것은 잠재의식과 의식적인 마음 사이의 상호작용이다. 미래의 뇌-컴퓨터 소프트웨어를 설계하는 문제에 접근할 때는 신경과학이 컴퓨터과학만큼 중요할 것이다.

니코렐리스의 실험은 소수의 동물만을 대상으로 삼았고, 동물들의 뇌에서도 뉴런의 일부만 활용했다. 연결성을 키우는 한편, 참여자의 수를 확대한다면 어떤 일이 일어날까? 수천 개의 인간 뇌를 초고속 뇌-컴퓨터 인터페이스를 이용하여 인터넷에 직접 연결할 수 있다고 상상해보라. 이를 통해서 인류는 무엇을 성취할 수 있을까? 이것은 생물학적 슈퍼컴퓨터를 구축하는 일과 필적하는 일일까? 이런 유형의 뇌 네트워크에서 어떤 새로운 유형의 의식이 발생할 수 있을까? 그리고 이런 메타-뇌는 우리가 개발하는 진보적인 AI와 어떻게 연관될까?

우리 자신을 업로드하기 : 초연결된 현실

버튼을 눌러서 당신의 뇌를 인터넷에 완벽하게 연결할 수 있다면, 당신은 오늘 그 일을 할 것인가?

구글의 자율주행 자동차 프로젝트를 공동으로 출범시켰고, 스탠퍼드 대학교의 AI 랩을 이끌었던 세바스찬 스런은 이렇게 말한다. "나는 마이크로초 안에 그 버튼을 누를 것이다. 인간의 인풋과 아웃풋(I/O), 귀와 눈, 냄새와 목소리 등은 여전히 매우 비효율적이기 때문이다. 내가 모든 책을 뇌로 읽어 들이는 속도를 가속화할 수 있다면, 오, 정말로 멋진 일일 것이다."[74]

스런이 말하는 책을 읽는 속도를 가속화한다는 꿈은 가능한 것일까? 만약 그렇다면, 그런 발전은 우리를 어디로 이끌고 갈까? 우리 자신을 인터넷에 연결시킨다고 해서 필연적으로 우리가 텍스트를 읽는 속도가 빨라지지는 않을 것이다. 여전히 우리 뇌는 생물학적으로 정보를 처리해야 하는 만큼, 한계가 있을 것이기 때문이다. 아마도 스마트 드럭, 임플란트, 신중한 유전적 엔지니어링을 통해서 우리는 읽는 속도를 상당한 비율로 높일 수는 있겠지만, 의식적 사고과정은 컴퓨터의 데이터 처리 속도에는 결코 가까워지지 못할 것이다.

이 점을 감안할 때, 한 줄의 글도 읽지 않고, 교과서 한 권의 가치가 있는 정보를 우리 뇌로 다운로드할 다른 방법이 있을까? 잠재의식을 지렛대 삼아 활용하는, 진보된 인지적 운영체제를 이용한다면 배경에서 정보를 처리하고 저장할 수도 있을 것이다. 이미 우리의 잠재의식은 우리가 보고 듣는 정보의 대부분을 처리한다. 우리가 이 메커니즘을 이용해서 의식적 사고과정을 우회함으로써 잠재의식에 직접적으로 정보를 제공할 수 있을까? 만약 정보를 기억에 직접 저장하는 방법을 알아낼 수 있다면, 그 정보는 우리가 무엇인가를 기억해낼 필요가 있을 때마다 바로 거기서 기다리고 있을 것이다. 마치 우리가 어떤 사건을 돌이켜보면서 의식적으로 주목하지 않았던 어떤 세부사항에 대한 기억을 불러일으킬 때처럼 말이다.

만약 어떤 정보가 더 이상 유용해 보이지 않는다면, 같은 알고리즘이 우리의 기억을 가지치기 할 수도 있다. 이런 방식으로 미래의 인지적 운영체제는 우리 고유의 정신적 과정을 모방할 수 있을 것이다. 마치 우리 뇌 같지만 훨씬 더 효율적인 방식으로 작동하면서 말이다. 아울러 이 과정을 확장하여 비디오, 오디오 및 다른 유형의 데이터를 담을 수도 있을 것이다. 요약하자면, 의식적 활동을 간섭하지 않으면서, 우리는 계속해서 배우고 사고를 확장할 수 있게 될 것이다. 그리고 신경 기억에 아직 저장되지 않은 어떤 것을 소환하고 싶을 때, 이 알고리즘은 클라우드를 검색해서 정확한 정보 조각을 찾아내 제시할 수도 있다. 목표는 방대한 처리 성능과 인터넷의 자원을 활용하면서도, 자연스럽게 느껴지는 완벽한 인지 과정을 창조하는 일이 될 것이다.

우리의 신경 기억에 포인터pointer를 삽입함으로써 저장 용량을 늘릴 수도 있을 것이다. 이 포인터에 접속하면, 이들은 클라우드에서 실시간으로 관련 내용을 찾아올 것이다. 이런 방식으로 전체 인터넷이 우리 뇌의 일종의 확장이 될 수 있다. 먼 거리에 있는 컴퓨터나 심지어 다른 뇌에 저장된 정보에 접근하는 것이 우리 자신의 정보를 소환하는 것과 그리 다르지 않게 될 것이다. 이용할 수 있는 사실상 무제한의 저장과 처리 성능을 가지게 되는 것뿐이다.

만약 이렇게 된다면, 대학이나 혹은 심지어 고등학교도 갈 필요가 있을까? 나는 여전히 아이들은 언어나, 세상에서 자신의 몫을 해내는 방법처럼 기본적인 사항들을 배워야 한다고 믿는다. 관계를 헤쳐나가는 방법에 대한 이해, 그리고 일정한 수준의 감정적 성숙이 없다면, 아이들은 성인의 세계에서 자신이 맡은 역할을 감당해내지 못할 것이다. 게다가 아이들은 분석기술과 추론능력을 개발해야 한다. 정보에 접근하는 것과 그 정보의 의미와 이를 효과적으로 이용할 수 있는 방법을 이해하는 것은 별개의 문제이기 때문이다.

우리 뇌가 인터넷에 연결된다고 해도 학교는 사라지지 않을 것이다. 하지만 모든 것이 가속화될 수 있다. 유치원에서 고등학교까지의 교육 기간을 압축하고, 대학 수준의 교재로 뛰어넘을 수도 있다. 다른 모든 것은 슈퍼 AI의 도움으로 해결할 수 있기 때문에 6학년을 마치고 나면 그 이상으로 학교를 다닌다는 것은 중요하지 않을 수도 있다.

스포츠나 악기를 배우는 일은 어떨까? 이런 기술들은 아마도 지금과 마찬가지의 방식으로 배워야 할 것이다. 하지만 기술의 도움을 받으면 능숙해지기까지 걸리는 시간을 상당히 단축할 수 있다. 가상 트레이너와 나노 기술, 유전적 개선 등의 방법과 함께 피아노 명연주자가 되는 데에는 대개의 경우보다 시간이 훨씬 적게 들 수도 있다. 타고난 재능이 없는 사람들은 그들의 신체를 증강해서 뛰어난 수준으로 연주를 할 수 있게 될지도 모른다.

뇌를 인터넷에 연결하게 될 때, 우리는 정보만이 아니라 감정에도 접근할 수 있게 될 것이다. 언젠가 우리의 감정들이 디지털로 코드화될 수 있을 것이다. 결국 우리 뇌의 모든 것이 전기화학적 신호가 된다. 인터넷으로 행복이나 실망의 느낌을 친구나 연인에게 보내는 일은 오늘날 이모티콘을 보내는 일처럼 흔한 일이 될 수 있다. 그렇다면, 다른 누군가의 감정을 진정으로 경험하는 것은 어떨까? 인간이 존재해온 전 기간 동안, 인간은 오직 자기 자신의 고통, 슬픔, 즐거움을 느끼는 것이 어떤 것인지만 알고 있었다. 감정 데이터를 교환함으로써 우리는 더 깊은 수준으로 다른 사람들과 공감하게 될 수도 있다.

다른 인간과 실시간으로 감정을 교환하는 일이 어떤 것일지 상상해 보라. 완전히 새로운 경험의 장을 열어줄 수도 있다. 심지어 연인들이 마치 두 사람이 하나의 존재로 합쳐진 것처럼 끊임없이 감정을 공유하면서 하루를 보내는 것도 가능할 수 있다.

언젠가는 디지털화된 감정을 온라인에서 검색하고 다운로드하는 일이 가능할 수도 있다. 다소 우울하다고 느낄 때, 한 줌의 즐거움을 인터넷에서 다운받지 않을 이유가 뭐가 있을까? 영화를 보거나 음악을 들을 때, 이런 경험은 감정 데이터로 더 고조될 수도 있다. 영화에는 서사와 함께 진행되는 선택적 감정 트랙을 넣을 수도 있다. 이런 방식으로 사람들은 이야기 속의 등장인물들이 느껴야 할 감정을 경험할 수도 있다.

그러나 여기에서 멈출 필요는 없다. 다른 사람의 눈으로 바라보는 것은 어떨까? 우리의 뇌가 서로 연결된다면, 다른 사람에게서 나오는 신경 신호를 가로채서 이를 인터넷으로 전송할 수도 있을 것이다. 친구가 보고 있는 것을 실시간으로 보는 것은 어떨까? 점프 중인 스카이다이버나 경기 중인 축구선수의 마음을 이용하는 상상을 해보라. 당신은 비행기에서 뛰어내리기에는 너무 소심할 수도 있고, 월드컵에서 뛸 만큼 재능이 없을 수도 있지만, 그 선수들의 신경 신호를 공유함으로써 그 경험에 동참할 수는 있을 것이다. 당신은 그들이 보는 모든 것을 볼 수 있고, 그들 피부의 감각을 느끼고, 그들이 듣는 것을 들을 수 있다. 이는 가상에서의 현실 재생산이 될 것이다.

유명인들이 자신의 감각에 접근할 수 있는 권리를 판매한다고 상상해보라. 하루 동안 브래드 피트가 되어 걸어보라. 셀레나 고메즈와 함께 무대에 오르거나 레이 달리오가 다음번 재정적 조치를 계획할 때, 그의 뇌를 탐색해보라. 이 모든 경험에 가격표가 붙어서 온라인에서 구매할 수 있게 된다면 어떨까? 오늘날 유튜브 영상을 검색하는 것과 같은 방식으로 경험들을 검색할 수도 있다.

이는 실시간 경험에만 국한되지 않을 수도 있다. 우리는 서로의 기억에 접속할 수 있을지도 모른다. 사람들은 자신의 기억을 기억 은행에 업로드하고 친구 및 가족 구성원들과 공유할 수도 있다. 이는 대화형 사진 앨범을 공유하는 것과 같을 것이다. 아이들은 그들의 조부모가 어릴 적에 경험한 것을 다시 체험할 수도 있다. 배우자들은 그들이 만나기 전의 기억을 공유할 수도 있다. 사람들은 자기 기억을 제품으로 포장해서 판매할 수도 있다. 마치 우리가 오늘날 회고록과 자전적 영화를 판매하듯이 말이다.

개인들은 감정과 기억, 경험을 다운로드하고 교환할 수 있을 뿐만 아니라 초연결된 세계에서는 전체 인구를 대상으로 이를 배포할 수도 있을 것이다. 수백만 개의 뇌가 네트워크에 접속해 있을 때, 어떤 일이 벌어질지 상상해보라. 이 일이 인류에게 의미하는 바는 무엇일까?

니코렐리스가 (쥐나 원숭이 같은) 한 무리의 동물들의 뇌를 연결했을 때, 이들 개별적인 생명체들은 하나의 지성으로 협력해서 일하기 시작했다. 우리의 뇌가 인터넷과 합쳐지면 인류는 하나의 거대한 군체 의식hive mind이 될까? 깨닫지도 못한 채 우리 모두가 잠재의식 차원에서 협업을 하게 될까? 니코렐리스의 세 마리 원숭이가 3D 공간에서 컴퓨터 커서를 움직이는 법을 알아냈을 때처럼, 거대한 군체 의식은 여러 문제들을 해결하기 위해서 집단지성을 활용할 수 있을까? 아마도 우리는 칼 융이 상상할 수 있었던 무엇인가를 넘어서는 집단의식을 구축하는 과정에 있는지도 모른다.

정착주의자들이 화성을 방문하는 경우처럼 간단한 예를 상상해보자. 점점 더 많은 사람들이 화성으로 여행을 가게 되면서 이런 군체 의식이 그 경험에 대한 하나의 감정을 발전시키는 것도 가능하다. 대다수의 사람들이 아직 지구를 떠나본 적이 없음에도 불구하고, 이 시나리오에서는 화성에서의 삶이 어떤 것인지에 대한 약간의 이해를 얻게 될 수도 있다. 그 개념은 사람들이 의식적으로 참여할 필요가 없다는 점을 제외하면 소셜 네트워크에서 밈과 관련해서 일어나고 있는 일들과 비슷할 것이다. 집단 의식을 통해서 무엇이 퍼져나가고 있는지에 대한 감을 얻으려면 "브레인 넷"에 접속하는 것만으로도 충분하다.

집단의식이 생각하고 있는 것을 감지하는 능력은 삶의 모든 측면으로 확대될 수도 있다. 허리케인이 덮쳐서 한 도시의 일부를 휩쓴다고 상상해보라. 이런 경우, 군체 의식은 의식의 배경 속에서 작용하면서 피해를 입은 지역 사람들에게서 정보와 느낌을 흡수할 것이다. 의식적으로 깨닫거나 명시적으로 지시를 받지 않고도 사람들은 도시의 그 지역으로 들어가는 것이 얼마나 위험한 일인지에 대한 직감을 가질 수 있고, 이는 그들의 의사결정에 영향을 미칠 것이다.

군체 의식이 사회적 태도에 영향을 미치는 방식은 그 가능성이 무한하다. 특히 생물적 뇌가 서로와의 협업은 물론이고, 슈퍼 AI와도 협업을 한다면 말이다. 잠재의식 수준에서 우리의 머릿속에서는 정치에 대한 관점부터 삶에서 가치를 두는 대상까지, 생각의 내용에 영향을 미치면서 끊임없는 대화가 진행될 수도 있다. 우리는 어떤 결정을 내리는 시점에 도달할 때까지 이 대화를 눈치 채지 못할 것이다. 그런 다음에는 육감이 장악하게 될 것이다.

시간이 지나면서 우리는 정체성에 대한 감각을 잃어가기 시작할 수도 있다. 우리가 누구인가에 대한 감각 중 많은 부분은 인간이 독립된 생물학적 존재라는 사실에서 나온다. 우리가 뇌를 인터넷에 접속시키고 가장 개인적인 생각과 감정, 기억들을 공유하기 시작한다면, 어디에서 한 인간이 끝나고 다른 인간이 시작되는 것일까? 사람들은 독립적인 선택을 내리기가 불가능하다는 사실을 발견하게 될까? 그리고 우리는 우리 자신을 어떻게 보게 될까?

누군가가 다른 사람의 기억에 욕심을 부리기 시작해서 그들의 삶의 엄청나게 많은 부분을 다운로드하거나 끊임없이 다른 사람들과 감정과 경험을 교환한다면 어떻게 될까? 이 사람이 다중인격장애가 생길 수도 있을까? 우리 뇌가 이런 유형의 재프로그래밍을 감당할 수 있을까? 우리의 잠재의식에서 작동하는 군체 의식은 어떤가? 이 군체 의식은 우리에게 어떤 영향을 미치게 될까? 사이버 공간과 가상 세계, 증강현실에 더 깊이 천착할수록 마음이 너무나 혼란스러워져서 감당할 수 없게 될지도 모른다.

혹은 전혀 문제가 되지 않을 수도 있다. 오늘날 우리의 세계는 선사 시대 사람들은 상상도 할 수 없는 것이지만, 마음의 유연성 덕분에 우리는 적응할 수 있었다. 미래에는 이런 일들이 「마인크래프트」의 지하감옥을 탐험하거나 페이스북에서 친구들과 수다를 떨면서 저녁시간을 보내는 것만큼 정상적이라고 생각할 수도 있다. 불과 200년 전에 살았던 인간은 이런 경험들 중 어떤 것도 상상하지 못했을 것이다. 심지어 우리는 이런 전환을 이루기 위해서 새로운 기술로 뇌를 증강하는 것은 물론, 뇌를 유전적으로 새롭게 설계할 수도 있다.

현실 세계와 가상 세계를 결합하고, 감정과 경험을 공유하고, 뇌와 뇌 사이의 연결을 구성할 수 있는 능력은 모두 일상이 될 수도 있다. 인간은 현실 세계의 상호작용보다 이런 유형의 활동에 참여하면서 훨씬 더 많은 시간을 보낼 수도 있다. 이런 정신적인 경험이나 가상의 경험들이 기술 없이 할 수 있는 일보다 훨씬 더 강력하고 신나는 일일 수 있기 때문이다. 달리 말하면, 우리가 전적으로 시뮬레이션 된 존재를 향해 나아가면서 부자연스러운 것들이 자연스러워질 수 있다.

이런 전환은 우리의 생물학적 장애물을 허물어뜨릴 수도 있고, 지금은 상상할 수 없는 방식으로 우리를 인류와 연결시킬 수도 있다. 외로움이라는 개념은 더 이상 현실로 존재하지 않을 것이다. 모든 사람의 마음이 연결된 세상에서는 누구도 혼자가 되지 않을 것이기 때문이다. 우리 모두가 서로의 일부분이라고 느끼게 될 수도 있다. 인류 그 자체가 수십억 개의 살아 있는 지능과 인공지능으로 구성된 확장된 유기체가 될 수도 있다. 우리가 향하는 곳이 이곳이라면, 이곳은 이제까지 인류가 경험한 어떤 것과도 근본적으로 다를 것이다. 그러니 전 세계의 뇌들이 한데 모이는 만큼, 안전벨트를 매고 접속할 준비를 하고, 전원을 켠 다음, 손을 놓아라.

감각 증강시키기 : 신경과학과 지각

우리가 고려해야 하는 것은 뇌만은 아니다. 뇌와 신체는 단일한 체계의 일부이다. 뇌를 기계와 결합하기 시작하면서 우리는 어떻게 다섯 가지 감각 모두를 디지털 세계를 향한 경로로 사용할 수 있을지 파악하게 될 것이다. 사이버 공간에서 완전히 결합된, 끊김 없는 감각적 경험을 가진다는 것은 무엇을 의미할까? 그리고 우리의 육체적 한계를 뛰어넘어, 현실 인식과 다른 사람들과의 소통을 위한 완전히 새로운 방식을 개발하는 일이 가능할까?

듀크 대학교에서 니코렐리스가 한 실험은 이 주제에 대한 새로운 정보를 제공했다. 그는 원숭이 한 마리를 훈련시켜 가상의 세계에서 아바타를 통제하도록 했다. 아바타가 가상의 물건과 상호작용 할 때, 아바타가 만지고 있는 물건의 감각을 얻을 수 있도록 원숭이의 뇌를 자극했다. 모든 물건은 시각적으로 동일했다. 하지만 아바타가 각 물건의 표면을 만질 때마다 원숭이의 뇌에 독특한 미세촉각의 자극이 전달되었다. 불과 4주일 만에 원숭이는 가상의 물건을 구분할 수 있는 새로운 감각 경로를 획득했다. 이는 마치 그 원숭이가 가상 환경에서 유입된 특정한 인풋을 바탕으로 여섯 번째 감각을 개발한 것 같았다.

엔지니어들이 차세대 뇌−컴퓨터 인터페이스를 구축하게 되면서, 우리가 세상을 인식하는 방식을 완전히 바꿔놓을 기회가 생길 것이다. 다음은 뇌가 어떻게 현실을 조작할 수 있는지를 이해하기 위해서 여러분도 집에서 해볼 수 있는 간단한 실험이다. 이 실험은 고무손 환상이라고 불린다.

먼저 가짜 고무손을 하나 찾아서 골판지로 된 작은 상자 위에 올려둔다. 그런 다음 진짜 손은 상자 안에 넣고 당신이 고무손을 보고 있는 동안은 진짜 손을 볼 수 없게 한다. 다음으로 친구에게 고무손을 붓으로 쓰다듬으면서 동시에 당신의 실제 손도 정확하게 같은 방식으로 쓰다듬게 하라. 고무손이 마치 실제 손인 것처럼 느껴지기 시작할 것이다. 당신이 손가락을 아래위로 움직이고, 고무 손가락도 같은 방식으로 움직인다면, 그 경험은 심지어 더 진짜처럼 느껴질 것이다. 나를 믿지 못하겠다면 직접 실험해보라.

이시구로 히로시는 자신과 똑같이 생긴 로봇을 원격조종하면서 유사한 경험을 했다. 종종 누군가가 그 로봇의 얼굴을 만질 때, 이시구로가 몇 킬로미터 떨어진 곳에서 이 로봇을 통제하고 있었고 그의 머리에는 아무것도 연결되어 있지 않았음에도 불구하고, 그는 볼에서 따끔한 감각을 느꼈다. 이것은 그가 말을 하면서 로봇의 입술의 움직임을 보고, 그가 목을 돌릴 때 로봇 머리의 움직임을 보고 있었기 때문이다. 짧은 시간 안에 그의 뇌는 로봇을 자신의 확장처럼 대하기 시작했다.

이는 감각을 이용하여 우리 뇌에 피드백을 제공하는, 잘 구성된 물리적인 혹은 가상의 인터페이스가 우리에게 실제와 같은 경험을 선사할 수 있음을 의미한다. 우리 뇌는 물리적인 로봇이나 가상의 아바타를 자신의 신체 일부로 받아들이는 데에 아무런 문제가 없을 것이다. 우리 뇌에 들어오는 감각적 인풋이 그 행동과 동기화되는 한, 무엇을 경험하건 이를 우리의 경험으로 해석할 것이다.

들어오는 신호를 조정하고 재해석하는 뇌의 능력이 주는 시사점은 광범위하다. 실험적 예술가인 닐 하비슨은 두개골에 안테나를 부착한 후, 법적으로 사이보그로 인정받은 최초의 인간이다. 하비슨은 색맹으로 태어났고, 그는 안테나가 다른 방법으로는 볼 수 없는 색깔을 감각할 수 있게 해주기 때문에 자신의 연장이라고 생각한다. 하비슨이 공동으로 설계한 이 기기는 빛이 가진 서로 다른 파장을 두개골에서 느낄 수 있는 진동으로 바꿔준다. 그는 자신이 받는 느낌이 색깔들처럼 사실적이고, 세상을 새로운 방식으로 인식할 수 있게 해준다고 주장한다.

하비슨은 설명한다. "나는 보는 일을 담당할 새로운 기관을 창조하고 싶었다. 숲속을 산책할 때 자외선이 강렬한 숲들을 좋아한다. 자외선은 크고 아주 높은 소리를 낸다. 사람들은 숲이 평화롭고 조용하다고 생각하겠지만 주변이 전부 자외선을 발하는 꽃들일 때는 무척이나 시끄럽다."[75]

그는 자신을 트랜스종trans-species이라고 생각한다. 안테나는 곤충에서는 흔하며, 이들 중 많은 종이 적외선과 자외선의 파장을 느낄 수 있다. 하지만 인간에게는 완전히 새로운 경험이다.

하비슨은 말한다. "세상에 대한 나의 이해는 더 심오해졌다. 감각을 더 확장할수록 당신은 더 많은 것이 존재한다는 사실을 깨닫게 될 것이다. 만약 이번 세기가 끝날 때까지 칩을 이용하는 대신 DNA로 이식한 우리만의 감각 기관을 만들기 시작한다면, 이런 감각을 가진 아이들이 태어날 가능성은 실재한다. 부모가 유전자를 변형시켰거나 새로운 장기를 만들었다면, 그렇다, 이것은 우리 종을 위한 르네상스의 시작일 뿐이다."[76]

72세의 나이로 2006년에 사망한 폴 바크-이-리타는 "감각 대체의 아버지"로 알려져 있다. 아울러 그는 사람이 일생에 걸쳐 끊임없이 변화하는 데에 필요한 뇌의 능력인 신경가소성neuroplasticity을 진지하게 연구한 최초의 사람들 중 한 명이다.

신경가소성에 대한 바크-이-리타의 관심은 교사이자 시인이었던 그의 아버지가 심각한 뇌졸중을 겪은 후에 시작되었다. 의사는 그의 아버지가 결코 다시 말을 하거나 걸을 수 없을 것이라고 했다. 의대를 그만두고 직접 아버지의 재활을 담당한 그의 형이 없었다면, 그 말이 맞았을 것이다. 그의 형은 아버지에게 무릎에 패드를 대고 기어다니고, 반복해서 동전을 주워 담는 연습을 하도록 했다. 식이요법은 효과가 없었다면 비인간적이고 잔인하다고 여겨졌을 정도로 매우 철저하게 이루어졌다. 1년 후에 그의 아버지는 가르치고 쓰는 직업으로 복귀했고, 2년 안에 스스로 삶을 온전히 살아갈 수 있었다.

이런 변화는 바크-이-리타에게 깊은 감명을 주었고, 그의 삶의 경로를 바꿔놓았다. 그는 하던 일을 그만두고 인간 뇌가 회로를 스스로 재배치할 수 있는 역량을 이해하기 위해서 다른 뇌졸중 환자들을 연구하기 시작했다. 그 과정에서 그는 감각적 경로는 서로를 대체할 수 있다는 사실을 깨달았다. 위스콘신 대학교에서 교수직을 맡으면서 그는 이를 증명하기 위한 일련의 실험들에 착수했다.

예를 들면 1969년에 바크-이-리타는 버려진 치과의사용 의자와 오래된 카메라를 이용해서 시각장애인이 다시 볼 수 있도록 돕는 프로토타입을 만들었다. 그는 실험 대상자에게 그 의자에 앉아서 격자 모양으로 배치된 핀들을 등으로 느끼도록 했다. 이 핀들은 흑백 영상 피드에 있는 픽셀의 어둡기에 따라 다양한 강도로 진동했다. 짧은 시간 안에 시각장애인 참가자는 이미지를 알아볼 수 있었다. 그들에게는 기적이 일어난 것과 같았다.

바크-이-리타는 이렇게 말한 것으로 유명하다. "우리는 눈이 아니라, 뇌로 본다."[77]

이어서 그는 위캡Wicab이라는 스타트업을 출범시켰고, 그 회사는 시각장애인들이 혀를 통해서 볼 수 있게 해주는 브레인포트BrainPort라는 기기를 개발했다. 왜 혀일까? 혀에는 데이터를 뇌로 직접 전송하는 데 사용될 수 있는 고밀도의 신경들이 있기 때문이다. 사용자는 카메라가 달린 선글라스를 쓴다. 카메라는 시각적 데이터를 혀 위에 올려놓은 막대사탕 같은 기기로 보낸다. 그 기기는 시각적 이미지를 탄산음료의 따끔거림처럼 느껴지는, 혀에 가해지는 미세한 감각으로 전환시킨다.

위캡에서 일하는 신경과학자인 에이미 아널더슨은 말한다. "처음에는 그 기기가 할 수 있는 일을 보고 놀랐다. 한 남성은 처음으로 편지를 읽을 수 있게 되자 눈물을 흘렸다."[78]

시각장애인들은 그 기기를 사용한 지 15분 안에 공간 정보를 해석하기 시작했다. 믿을 수 없는 이야기처럼 들리겠지만 뇌는 실제로 혀를 통해서 볼 수 있다.

아널더슨은 말한다. "이것은 자전거를 배우는 것과 다르지 않은 학습 과제이다. 이 과정은 아기가 보는 법을 배우는 것과 비슷하다. 처음에는 모든 것이 낯설 수 있지만 시간이 지나면서 친숙해진다."[79]

에릭 웨이언메이어는 에베레스트 산을 등반한 최초의 시각장애인이다. 현재 그는 산행 중 일부 여정에서 브레인포트를 사용해 길을 찾는 데 도움을 받는다. 이미지는 흑백이고 인간의 눈이 만들어내는 것보다 해상도는 훨씬 낮지만, 웨이언메이어가 주변을 더 잘 시각화하기에 충분할 정도로 선명하다. 그는 이를 "작은 거품들로 칠해진 그림들"이라고 묘사한다.[80]

스탠퍼드 대학교의 신경과학 부문 외래교수인 데이비드 이글먼은 브레인포트와 동일한 원리를 이용해서 사람들이 피부를 통해서 들을 수 있게 해주는 기술을 개발했다. 그의 첫 번째 프로토타입은 32개의 소형 모터가 달린 조끼로 음파를 사용자의 가슴, 배, 등에 가해지는 진동으로 바꿔준다. 놀랍게도 짧은 시간 동안 그 조끼를 입은 후에, 사용자들은 자신의 피부를 통해 청각의 세계를 통역할 수 있었다.

이글먼은 말한다. "이론상으로 이 방법이 거의 귀만큼 좋지 못할 이유는 없다."[81]

이글먼이 작가를 꿈꿨다는 사실은 놀라움으로 다가왔다. 그의 부모는 대학에서 전기공학을 전공하라고 설득했지만, 그는 그 과목에 그리 흥미를 느끼지 못했다. 결국 그는 휴학을 연장했고, 이스라엘 군에 자원 입대했다. 그후 한 학기 동안 옥스퍼드 대학교에서 정치과학과 문학을 공부했다. 그는 최종적으로 극작가와 스탠드업 코미디언이 되고 싶다는 희망을 품고 로스앤젤레스에 정착했다. 마침내 그가 대학으로 다시 돌아갔을 때, 그는 신경언어학 전공분야의 수업을 들었고, 그때 불꽃이 튀어오르기 시작했다.

이글먼은 말한다. "나는 뇌 자체에 대한 생각만으로 즉시 매료되었다. 이 1.3킬로그램 무게의 기관은 우리 존재, 즉 우리의 희망과 욕망, 사랑의 중심이었다. 나는 열렬한 팬이 되었다."[82]

에너지가 넘치는 이글먼은 젊은이 같은 열정을 내뿜으며 내게 자신의 팰로앨토 연구소를 구경시켜주었다. 그 연구소는 HBO 드라마 「실리콘밸리」에 나오는 장소처럼 보였다. 전선이 온 사방으로 뻗어나온 프로토타입들은 여러 책상들에 흩어진 채 놓여 있었고 화이트보드는 아이디어들로 가득했다. 그는 듣는 조끼부터 사용자들이 손목에 찰 수 있는 팔찌까지 축소된 모형으로 만들어진, 가장 최근 발명품들을 시연했다.

이글먼의 야망은 듣는 일에 멈추지 않는다. 그는 세상에 대한 사람들의 감각을 증강시키는 일에 관심이 있다. 그는 사용자들에게 주식시장에서 나온 데이터를 피부에 닿는 감각으로 제공하는 조끼로 실험을 진행했다. 사용자들은 주식을 사고팔면서 잠재의식 수준에서 주식시장에 대한 감정을 발전시키기 시작했다. 데이터에 더 오래 노출될수록 적절한 주식을 더 잘 선택하게 되었다. 달리 말하면 그들은 데이터가 가지는 의미를 의식적으로 이해하지 않으면서도 그 데이터에 대한 감각을 얻고 있었던 것이다.

이글먼은 피부를 통한 감각적 인풋이 모든 종류의 목적에 사용되는 광경을 상상한다. 파일럿들은 비행 제어에서 나오는 데이터에 근거하여 비행기가 어떻게 날고 있는지에 대한 직관적 감각을 얻을 수 있다. 기업 임원들은 촉각 감각으로 번역된 분석적 데이터를 바탕으로 마케팅 캠페인이 어떻게 펼쳐지고 있는지에 대한 감을 얻을 수 있다. 그리고 부모들은 아이들이 손목에 차고 있는 밴드에서 나오는 데이터를 바탕으로 아이들의 웰빙에 대한 감각까지 얻을 수 있다. 그 밴드는 아이들의 맥박과 스트레스 수준, 활동, 위치를 모니터링한다.

이글먼은 말한다. "우리가 입수하는 정보의 종류에는 그 가능성이 무궁무진하다."[83]

이 모두는 현실 세계에서 나온 데이터를 신체적 감각으로 번역하는 일로 요약된다. 뇌는 어떤 감각적 인풋이든 적응하고 해석할 수 있는 놀라운 능력을 가지고 있다. 이는 우리 뇌가 어둠 속에서 살고 있기 때문이다. 뇌가 외부 세계에 대해서 아는 모든 것은 유입되는 전기적 자극을 기반으로 한 것이다. 우리 뇌는 자극이 피부를 통해서 들어오건 눈, 귀, 혀, 코를 통해서 들어오건 상관없이 자동으로 해석하도록 설계되어 있다. 이들은 모두 데이터의 경로일 뿐이며, 시간이 지나면서 우리 뇌는 어떻게 이들을 모델링할 것인지를 배운다. 데이터가 변하면, 해석도 변할 것이다.

우리가 혀로 볼 수 있고, 피부로 들을 수 있다면, 이것이 사이보그의 미래와 관련하여 의미하는 바는 무엇일까? 우리가 로봇 신체를 우리 자신의 것으로 받아들이지 못할 이유가 없다는 의미이다. 당신을 로봇 신체와 연결하는 뇌-컴퓨터 인터페이스를 상상해보라. 당신이 생각으로 이 신체를 통제하는 것처럼, 로봇의 센서를 통해 신호가 당신의 뇌로 다시 보내질 수도 있다. 당신은 전자 눈으로 보고, 마이크로폰 귀로 듣고, 로봇 피부를 통해 느끼게 될 것이다. 짧은 시간 내에 당신의 뇌는 이 로봇이 신체의 연장이라고 믿게 될 것이다.

이들 로봇은 심지어 휴머노이드일 필요도 없다. 바다에서 헤엄치는 물고기일 수도 있고 머리 위를 날아다니는 새일 수도 있다. 시스템이 잘 설계되어 신호를 당신의 뇌로 전송할 수만 있다면, 당신은 그 로봇과 병합될 수 있을 것이다. 기술이 발전하고 센서가 개선되면서 외부 소스에서 당신의 머리로 공급되는 모든 것은 세상에 관해서 당신의 신체가 생산하는 해석처럼 현실적일 수 있다.

과학자들은 이런 로봇에게 우리의 정상적인 지각 범위 바깥에 있는 감각을 포착할 수 있는 센서를 갖춰줄 수 있다. 지금 현재, 우리의 지각은 오감의 정확도에 제한되어 있지만, 우리는 진보된 센서로 이를 극적으로 확장할 수 있다. 이를 통해서 우리는 꿀벌처럼 자외선을 보고, 박쥐처럼 음파를 탐지하고, 오리주둥이를 한 오리너구리처럼 전자파를 포착할 수도 있을 것이다. 심지어 우리는 존재하는 줄도 결코 몰랐던 맛을 보고, 후각샘이 탐지할 수 없었던 향기를 맡게 될 수도 있다.

로봇을 이용하는 대신, 언젠가 우리는 혀와 코, 손가락, 목에 이식된 진보된 감각기기를 보유해서 세상에 대한 우리의 지각을 극적으로 확장할 수도 있다. 심지어 존재하는 줄도 몰랐던 움벨트Umwelt*(인지된 환경) 바깥에는 너무나 많은 것들이 그저 발견되기만을 기다리고 있다. 우리가 보는 가시광선은 전자파 스펙트럼의 조그만 조각에 지나지 않는다. 갯가재의 눈을 통해서 세상을 본다면 어떨까? 그들은 색깔을 수용하는 16개의 원뿔세포로, 인간보다 열 배나 더 많은 색깔을 포착할 수 있다. 뇌-컴퓨터 인터페이스를 사용해서 블러드하운드로부터 후각 신호를 받는다면 어떨까? 그들의 후각은 우리보다 천 배나 강력하다. 90미터 떨어진 곳에 있는 고양이의 냄새를 맡을 수 있고, 몇 킬로미터의

---

* 모든 동물이 경험하는 세계가 아닌, 개체가 주관적이고 고유한 방식으로 인식하는 감각세계를 말한다.

황무지를 건너 10일 전의 냄새를 추적할 수도 있다.

인간 신체의 모든 부분은 뇌 속 별개의 장소에 지도로 연결되어 있다. 사람들이 사고로 팔이나 다리를 잃었음에도, 종종 여전히 사지의 감각을 느끼는 이유이다. 이들 유령 사지는 더 이상 실재하지 않지만, 뇌 속에는 계속해서 존재한다.

니코렐리스는 쥐 두 마리의 뇌를 인터넷으로 연결한 실험에서 이를 시연했다. 쥐는 작은 구멍을 통과할 때 예민한 수염을 이용해서 길을 찾는다. 연구자들이 쥐 한 마리의 수염을 자극하자, 다른 쥐가 그 수염을 자신의 뇌에 연결하기 시작했다. 달리 말하면 두 번째 쥐가 첫 번째 쥐의 수염을 자신의 것으로 생각하기 시작한 것이다.

당신의 뇌가 친구의 뇌와 연결되고 친구의 팔, 다리, 눈, 귀로 들어오는 감각적 인풋을 받아들이기 시작하는 상황을 고려해보자. 시간이 지나면서 당신은 친구의 신체를 당신의 뇌 속에 지도로 그려넣을 것이다. 뇌가 통제된 로봇이나 동물에게서 감각적 인풋을 받는 경우도 마찬가지이다. 예를 들어 당신의 뇌가 반려견의 뇌와 한 달 동안 연결된다면, 개의 몸은 당신의 신체가 되기 시작할 것이다.

가상 세계에서도 같은 일이 적용된다. 전신 감각 인풋을 제공하는 미래형 가상현실 수트를 입는다고 상상해보라. 날아다니거나 용이나 문어 같은 다른 개체로 변신한 다음 가상 세계를 탐색하는 것이 어떤 것인지를 느낄 수 있을지도 모른다. 아바타 통제에 더 오랜 시간을 보낼수록 당신의 뇌는 그들에게 더 많이 적응해서 새로운 경험을 위한 새로운 감각 경로를 만들어낼 것이다.

우리가 일상의 삶에서 경험할 수 있는 그 어떤 것보다도 훨씬 더 매력적이고 풍부한 가상 환경을 설계하게 된다고 해도 나는 놀라지 않을 것이다. 세계에 대한 우리의 지각을 좁히는 대신 디지털 형태로 변환하는 일은 실제로 '움벨트'와 현재의 우리가 이해할 수 있는 어떤 것을 훨씬 뛰어넘어 우주에 대한 이해를 확장시켜줄 수도 있다.

오가노이드와 생물체인 슈퍼 브레인

저예산 공포영화의 줄거리라는 생각이 들지도 모르지만, 현재 과학자들은 줄기세포를 이용하여 연구소에서 미니 뇌를 키우고 있다. 연구자들은 10년이 훨씬 넘는 기간 동안 줄기세포를 사용하여 미니 신장, 간, 인간 피부, 심지어 창자를 개발하고 있다. 이 기관들은 오가노이드 organoid라고 한다. 형태나 기능을 완전히 갖춘 기관들은 아니지만, 다양한 질병을 모델링하도록 도와주는 부분 버전들이다. 접시에 간이나 신장 세포에서 나온 오가노이드를 키우면서, 과학자들은 다양한 질병의 초기 발병을 연구하고, 실험적 약물을 이용해서 새로운 치료법을 시험해볼 수도 있다.

미니 뇌를 키우는 일은 알츠하이머와 같은 신경변성 질병을 이해하고 다양한 정신질환 장애, 유전성 질병, 심지어 인간의 진화를 조사하는 데도 유용한 것으로 밝혀졌다. 오가노이드는 생명의 가장 어려운 질문들에 답하는 데 도움을 줄 수 있다. 쥐의 의식과 인간의 의식에는 어떤 차이가 있는가? 시간이 지나면서 우리 뇌는 어떻게 진화했는가? 그리고 우리 뇌가 가진 잠재력에는 한계에 있는가?

연구자들은 심지어 완두콩만 한 크기의 미니 뇌도 뇌의 기능을 재현할 수 있다는 사실을 발견하고 놀랐다. 과학자들은 미니 뇌가 전기 신호를 방출할 수 있다는 사실을 알았지만 최근까지 이 뇌 세포 무리가 뇌파를 생성할 수 있다는 사실은 전혀 몰랐다. 심지어 더 예상하지 못했던 일은 오가노이드가 더 오래 유지될수록, 그들의 전기적 활동이 더 복잡해진다는 사실이다. 약 4개월이 되자 오가노이드는 인간의 뇌가 자는 동안 생성하는 뇌파들과 유사한 약한 뇌파를 보였다. 동시에 세포 다양성이 높아지면서 세포 유형의 구성이 변했다.

10개월이 지나자 이 오가노이드는 태아의 뇌를 닮은 전기 활동을 보이기 시작했다. 이들 미니 뇌들이 의식을 가지게 될까? 그리고 우리가 이 뇌를 연결시켜서, 보이는 것과 들리는 것에 상응하는 전기적 인풋을 생성하는 센서로부터 외부 자극을 받게 한다면 어떻게 될까? 이 뇌가 반응하고 발전할까?

캘리포니아 주립대학 샌디에이고 캠퍼스의 신경과학자인 앨리슨 무오트리는 말한다. "지금 단계에서 이 분야는 매우 불분명한 중간지대에 자리하고 있다. 그리고 누구도 이 분야가 가진 잠재력에 대해서 명확한 관점을 가지고 있다고는 보지 않는다."[84]

만약 우리가 이 기술이 어디로 향하는지를 본다면, 심지어 더 복잡한 센서들이 더 큰 미니 뇌와 결합되는 것을 상상하기란 어렵지 않다. (캡틴 사이보그라고도 알려진) 케빈 워릭은 이런 시도를 하고 있다. 그는 쥐의 배아 세포에서 미니 뇌를 키워서 이를 로봇 내부에 이식했다. 그는 전극을 이용해서 이 작은 생물학적 뇌와 로봇의 센서들 사이에 소통 채널을 구축했다. 일련의 실험에서 그와 그의 팀은 이 뇌가 어떻게 로봇의 바퀴들을 통제하고 심지어 물체와 부딪히는 것을 피할 수 있는지를 관찰했다.

워릭은 말한다. "이 새로운 연구는 엄청난 흥분을 자아낸다. 첫째로는 저 생물학적 뇌가 로봇 신체의 움직임을 스스로 통제하고 있고, 둘째로는 이 연구가 뇌가 학습하는 방법을 조사할 수 있게 해줄 것이기 때문이다."[85]

다음 단계는 뇌를 더 크게 키우는 것이다. 워릭은 뇌 세포수를 15만 개 정도로 제한하지 않고 6,000만 개로 늘릴 계획이다. 이 계획이 어떤 의미인지에 대한 대략적인 감을 제공하자면, 쥐의 뇌에는 대개 7,000만 개의 뉴런이 존재하는 반면, 인간의 뇌에는 평균적으로 860억 개의 뉴런이 있다. 궁금한 점은 연구자들이 연구소에서 키운, 거의 인간 뇌 규모의 뇌를 만들어서 진보된 센서를 가진 로봇 내부에 부착하면 어떤 일이 일어날까 하는 것이다. 그리고 이 사이보그를 세상으로 보내서 배우고 성숙하게 한다면 어떻게 될까? 그 사이보그는 자라서 인간 성인과 비슷한 어떤 존재가 될까, 혹은 완전히 다른 어떤 것이 될까? 이 사이보그의 의식은 우리의 의식과 어떻게 다를까?

더 중요한 것은 이런 일들이 윤리적인가 하는 질문이다. 오가노이드를 관리하는 법은 어떤 것이어야 할까? 우리 뇌보다 몇 배 더 작은 미니 뇌로 실험하는 것은 별개의 일이다. 하지만 이 시험관 뇌들이 얼마나 더 커지면 우리가 너무 멀리까지 간 것이 될까? 궁극적으로 우리는 우리 자신의 뇌보다 훨씬 더 크고 복잡한 유기체 뇌를 키울 수 있게 될 것이다. 오가노이드를 우리 자신보다 더 우수한 지능을 가진 생명체를 창조하는 데 이용해도 될까? 이 연구소에서 키운 뇌들은 물려받은 신체가 없는 만큼, 인간보다 훨씬 더 효과적으로 기계와 병합할 수 있는 방식으로 이 뇌들을 설계하는 것이 가능할까? 우리가 오가노이드 뇌에 마이크로프로세서를 탑재한 다음, 인터넷과 연결하여 그들이 서로, 그리고 진보된 AI들과 직접 협업할 수 있게 한다면 어떻게 될까? 이것이 미래의 인류에게 의미하는 바는 무엇일까?

또다른 가능성은 뇌와 뇌 사이 인터페이스를 통해서 우리 자신을 오가노이드 뇌와 연결하여 이들을 우리 생각의 연장으로 이용하는 것이다. 이것은 대뇌피질을 확장하는 것과 유사할까? 우리는 공동의 의식을 공유하게 될까, 혹은 이들 주변적인 뇌들이 별도의 정체성을 발전시키게 될까? 외과의사들은 뇌의 우측과 좌측 반구를 연결하는 신경 섬유 묶음을 절단함으로써 심각한 간질을 통제하려는 시도를 해왔다. 이는 소위 분리뇌 증후군split-brain syndrome이라고 불리는 상태를 낳을 수 있는데, 이 상태에서는 좌우의 뇌가 각각 고유의 지각, 개념, 충동을 발전시킨다. 환자들은 이를 통제하기 위해서 한 손이 다른 손과 씨름하는 것 같은 일을 하게 될 것이다.

그러나 오가노이드 뇌가 명확한 소통 채널을 가진 인간 뇌의 주도적인 통제하에 있게 된다면, 이들은 두 개의 연결된 반구가 있는 인간 뇌와 훨씬 더 비슷하게 기능하지 않을까? 그 대답이 예스라면, 우리 뇌를 연구소에서 키운 뇌와 연결하고, 인간 뇌의 한쪽 반구가 다른 쪽을 통제하는 것과 똑같은 방식으로 우리 뇌가 이들 외부의 오가노이드 뇌들을 통제하도록 허용함으로써 우리는 잠재적으로 인지능력을 고양시킬수 있을 것이다.

또다른 가능성은 우리가 약간의 퇴행적인 뇌 질병을 겪게 되면 연구소에서 키운 뇌를 우리 자신의 뇌를 위한 대체물로 이용하는 것이다. 만약 우리의 기억을 인간 뇌에서 오가노이드 뇌로 전송하는 것이 가능하다면, 심지어 우리는 노트북에 있는 모든 파일을 계속해서 백업하는 여분의 하드 드라이브를 가진 것과 비슷하게 오가노이드 뇌를 백업으로 이용할 수도 있다. 혹은 우리의 기억을 로봇 안에 이식된 오가노이드로 전송하기로 선택한다면 두 번째 자신을 창조할 수도 있다.

일단 우리가 오가노이드 뇌를 살아 있는 신체의 외부에서 오랜 기간 동안 살아 있도록 유지시키고 이들 뇌를 기계와 연결하는 방식을 이해한다면, 그 전망은 믿기 어려울 만큼 놀라울 것이다.

초지각의 도래

초지각super sentience은 인류에게 어떤 영향을 미칠까?

첫째, 초지각을 가지고 등장한 어떤 지능이 인간을 우호적으로 생각한다고 가정하자. 그렇지 않다면, 우리는 바로 여기서 멈출 수 있다.

다음으로 우리는 초지각이 무엇인지 명확하게 정의해야 할 필요가 있다. 내가 장담할 수 있는 것은, 이것이 시리나 알렉사의 더 스마트한 버전 혹은 심지어 인간 두뇌의 역량을 상당히 앞서는 AI가 아니라는 사실이다. 그리고 놀라울 만큼 복잡한 계산을 수행하는 양자 컴퓨터도 아니다. 초지각은 우리가 이제까지 경험한 모든 것을 넘어서는 그 어떤 것이다. 컴퓨터, 센서, 로봇, 나노머신, 우주선들의 방대한 네트워크에 연결된, 영원히 확장되는 고삐 풀린 지능과 수십억의 생물학적 뇌들이 결합된 것이다. 그 결과가 초지각일 것이다.

지구 전체에 걸쳐 있으며 우주로 확장하는 수조 개의 지능형 기계들로부터 나오는 인풋에 접근할 수 있는 슈퍼 AI를 상상해보라. 여기에 유기체 컴퓨터들과 줄기세포에서 자랐을 거대한 오가노이드 뇌들과 함께 신경 보철장치를 갖춘 수십억의 인간과 동물들을 더해보라. 이 AI가 보유하게 될 우주에 대한 자각과 이해는 어떤 유형일까? 나는 우리가 상상할 수 있는 어떤 것보다 더 위대할 것이라고 상상한다. 인간의 지능과는 심지어 닮지조차 않았을지도 모른다.

우리는 이 초지각의 일부가 될 것이며, 네트워크에 접속하게 될 것이다. 우리가 맡을 역할은 불확실하다. 더 거대한 의식의 일부로서 그저 존재할 수도 있다. 초지각과 그 구성요소들과의 상호작용이 우리의 현실을 규정할 것이다. 우리가 아는 것과 하는 일은 이 초지각에 의해서 결정될 것이다. 달리 말하자면 초지각은 우리 뇌에 직접 접근할 수 있고, 그 인풋을 바꿔놓을 힘이 있는 만큼 우리의 현실을 창조할 것이다.

초지각이 욕망을 가지게 된다면, 그것이 어떤 것일지는 말하기 힘들다. 오로지 자신을 유지하거나 확장하기 위해서 존재할 수도 있다. 혹은 인간이 처음으로 우리 주변의 세계에 의문을 가지기 시작한 이래 우리가 해결하지 못한 우주의 수수께끼를 풀고자 할 수도 있다. 우리가 행하고 생각하는 모든 것을 통제할 수도 있고, 혹은 상대적인 자치권 속에서 삶을 영위하도록 우리를 내버려둘 수도 있다.

만약 더 높은 권력의 처분에 달려 있다는 사실이 불쾌하게 느껴진다면, 오늘날 우리가 우리의 현실을 거의 통제할 수 없다는 사실을 기억해야 한다. 삶은 종종 무작위적이고 잔인하다. 그것이 그토록 많은 인간들이 전능하고 전지한 존재를 믿기로 선택하는 이유이다. 우리의 미래 존재는 오늘날 우리가 사는 방식과 그리 다르지 않을지도 모른다. 심지어 우리는 현재 어떤 초지각 내부에 존재하고 있지만 이를 모르는 것일 수도 있다. 가장 낙관적인 결과는 우리가 그 초지각에 대한 일부 통제권을 가지는 일이 될 것이다. 우리가 그렇게 할 수 있다면, 삶을 개선하고, 고통을 줄이고, 자비를 베풀고, 자신과 우주 속에서 우리의 위치를 더 잘 이해하는 데에 초지각의 놀라운 힘을 이용할 수도 있다.

언젠가 먼 미래에 우리의 초지각은 외계 문명과 그들의 초지각 창조물들과 접촉하게 될 수도 있다. 이런 만남은 의식의 경계를 더 확장할 수도 있고, 따라서 그 과정은 계속될 수도 있지만 어떤 끝에 다다를 것인지, 우리는 단지 추측만 할 수 있을 뿐이다. 이것은 존재의 진정한 본질을 이해하기 위한 긴 여정 중의 한 걸음에 지나지 않을 수도 있다.

동력의 정점

좋든 싫든 다섯 가지 동력은 우리 사회와 삶을 완벽하게 바꿔놓으면서 다가오는 몇십 년 안에 인류를 재창조할 테세를 갖췄다. 더 단순했던 시대로 돌아갈 방법은 없다. 우리는 진보를 멈출 수는 없지만, 그 길을 안내할 수 있고, 우리가 가고 있는 방향을 바꿀 수도 있다. 이 책에서 내가 기술한 그 어떤 것도 불가피하지는 않다. 우리가 향하는 미래는 우리와, 지금 우리가 내리는 결정에 달려 있다.

기술의 위험과 부정적인 측면들을 논의하는 데에 시간을 보낸 만큼, 그 잠재력을 강조하는 것으로 이 글을 마무리하도록 하자. 현명한 리더십과 약간의 행운이 있다면, 우리에게는 더 오래, 더 행복하게, 더 건강하게 삶을 영위하게 될 가능성이 충분히 있다. 이제까지 기술은 그 단점보다 혜택이 훨씬 더 많았다. 인류의 역사를 살펴보면, 기술의 진보와 더불어 전반적인 생활수준과 건강수명, 생애수명은 꾸준히 높아져왔다. 이 상황이 지속될 것이라고 가정하는 것은 비합리적인 일이 아니다.

산업과 농장, 대부분의 일자리에서 딥 오토메이션은 우리에게 다른 것들을 추구할 시간을 더 많이 주면서, 더 풍부한 상품들과 에너지, 식품을 생산할 것이다. 우리는 우리의 삶을 개선하기 위해서 일하는 수십억 개의 지능형 로봇들과 나란히 살아가게 될 것이다. AI가 우리의 개별적 니즈와 능력을 고려하게 되면서, 교육부터 노인 돌봄까지 모든 것이 점차적으로 개인화될 것이다.

진보가 지정학적 상황을 더 안정적으로 만들 수 있다면, 우리는 세계적으로 굶주림과 빈곤을 극적으로 줄일 수 있게 될 것이다. 동시에 녹색기술 분야의 혁신은 기후 변화를 완화시키거나 심지어 되돌리고, 공해를 줄이고, 열대우림과 다른 서식지들을 복원시켜줄 것이다. 나노 기술과 양자 컴퓨팅, 신소재에 대한 이해가 높아지면서, 지구에서의 삶을 개선할 수 있을 뿐만 아니라, 화성과 다른 행성에 자급자족할 수 있는 정착지를 건설할 수 있을 것이다.

우리는 신체상의 제약도 넘어서기 시작할 것이다. 바이오 컨버전스가 가속화되면서, 내부기관과 다른 신체 부위를 더 우월한 바이오닉 버전과 연구소에서 만들어낸 버전으로 업그레이드하는 일이 흔해질 것이다. 바이오 엔지니어링과 유전학에서의 진보로 우리는 마침내 암, 심장병, 당뇨병, 말라리아를 포함한 가장 치명적인 질병들을 뿌리 뽑을 수 있을 것이다. 동시에 수명이 극적으로 늘어나기를 기대할 수 있을 것이고, 노화까지도 정복할 수 있을지도 모른다.

우리가 직접 나서서 진화를 이루려고 한다면 어떤 일이 발생할까? 유전자 편집도구들 덕분에 우리는 전체 종이 더 똑똑해지고 역량이 더 커지도록 DNA를 재설계할 수도 있을 것이다. 아기들의 외모만이 아니라 그들이 보유할 개성의 유형까지 설계할 수 있을지도 모른다. 이런 능력은 사람들이 다른 사람들에게 더 깊이 공감하고, 폭력적인 성향을 제거하고, 행복해질 수 있는 역량은 높임으로써, 전례 없는 규모로 바이오소셜 설계를 할 수 있도록 해줄 것이다. 하나 혹은 그 이상의 슈퍼인간 종으로 갈라지면서, 우리는 더 이상 호모 사피엔스가 아닌 존재가 될 수도 있다.

그러나 가장 큰 영향은 초지능과 통합된 대량화된 연결성에서 올 것이다. 우리의 의식과 디지털 세계를 합치는 행동은 우리가 누구인지, 그리고 우리가 무엇이 될 것인지를 영원히 바꿔놓을 것이다. 우리 뇌를 인공지능과 연결함으로써, 우리는 인지능력만이 아니라 의식도 확장할 수 있을지도 모른다. 우리는 개별적인 인간에서, 생물학적 마음과 인공적인 마음이 서로 연결된 채 커져가는 네트워크의 일부로 전환될 것이다.

전 세계의 신비적이고 종교적인 전통 중의 일부에서는 천국을 우주와 하나됨을 이루는 것으로 정의한다. 이것이 우리가 물리적 세계에서 디지털 세계로 옮겨갈 때 경험할 수 있는 것일까? 어느 시점이 되면 우리는 신체를 모두 버리고 사이버 개체가 되기를 선택함으로써, 우리 의식이 로봇이나 스마트 기기에서 살 수 있도록 자유롭게 해주고, 유기적 뇌를 활용하고, 전 세계나 우주 공간 깊은 곳을 빛의 속도로 여행하게 될지도 모른다. 그 과정에서 자기 자신에 대한 개념도 바뀔 것이다. 존재가 나타나고 사라지는 쿼크와 반쿼크처럼, 우리는 스스로를 시간과 공간의 다양한 지점에서 행동하면서 저 우주를 가로질러 확장하는 일시적인 힘으로 보게 될 수도 있다.

나는 다양한 가능성을 상상해볼 수 있으며, 그 각각은 대답보다는 질문을 더 많이 제기한다. 초지능과 결합하는 것은 어떤 것일까? 기계를 통해서 보고 이해하는 세상은 어떻게 느껴질까? 어느 시점이 되면, 인간과 기계를 서로 구분하기가 불가능해질까?

혹은 완전히 다른 어떤 것일 수도 있을까? 삶의 아름다움은 우리가 이를 알아내기 위한 여정을 계속해야 한다는 데 있다. 어떤 일이 있어도 되돌아갈 수는 없다. 새로운 기술들이 계속 등장하면서, 그 기술들은 저항이 불가능한 거대한 힘으로 우리를 나아가게 할 것이다. 그러나 그것이 우리가 사건의 진행과정에 영향을 미칠 수 없다는 의미는 아니다.

우리는 지금 역사의 결정적인 시점에 서 있으며, 우리의 기술을 어떻게 활용할지를 결정하는 것은 우리 세대의 몫이다.

가장 커다란 도전과제가 우리 앞에 놓여 있기는 하지만, 개인적으로 나는 우리가 어디에 정착하게 될지를 알게 될 생각에 흥분을 느낀다. 나는 우리가 미래를 만들어가는 과정에서 이 책이 여러분이 참여할 수 있는 시작점 역할을 해주기를 기대한다. 그래서 우리가 다음 단계를 같이 파악해나갈 수 있도록 말이다.

나의 지나치게 역동적인 상상을 받아준 점에 감사를 표한다. 나는 언젠가 여러분의 마음과 만나기를 고대한다. 이번 현실에서건 혹은 그 다음 현실에서건 말이다.

주

1 대량화된 연결성

1 Wikipedia, s.v. "Hans Berger," accessed June 21, 2020, https://en.wikipedia.org/wiki/Hans_Berger.

2 Don Campbell, "New Technique Developed at U of T Uses EEG to Show How Our Brains Perceive Faces," U of T News, February 26, 2018, https://www.utoronto.ca/news/new-technique-developed-u-t-uses-eeg-show-how-our-brains-perceive-faces.

3 Duke University Medical Center, "Brain-to-Brain Interface Allows Transmission of Tactile and Motor Information Between Rats," February 21, 2013, https://www.sciencedaily.com/releases/2013/02/130228093823.htm.

4 Brown University, "Brain-Computer Interface Enables People with Paralysis to Control Tablet Devices," News from Brown, November 21, 2018. https://www.brown.edu/news/2018-11-21/tablet.

5 Nicholas Weiler, "Synthetic Speech Generated from Brain Recordings," UCSF, April 24, 2019, https://www.ucsf.edu/news/2019/04/414296/synthetic-speech-generated-brain-recordings.

6 Alex Johnson, "Elon Musk Wants to Hook Your Brain Directly Up to Computers—Starting Next Year," Mach, NBC News, July 16, 2019, https://www.nbcnews.com/mach/tech/elon-musk-wants-hook-your-brain-directly-computers-starting-next-ncna1030631.

7 Larry Hardesty, "Computer System Transcribes Words Users 'Speak Silently,'" MIT News, http://news.mit.edu/2018/computer-system-transcribes-words-users-speak-silently-0404.

8 "Arnav Kapur," Stern Strategy Group, accessed June 21, 2020, https://sternspeakers.com/speakers/arnav-kapur/.

9 Katharine Schwab, "MIT Invents a Way to Turn 'Silent Speech' into Computer Commands," Fast Company, April 10, 2018, https://www.fastcompany.com/90167411/mit-invents-a-way-to-turn-silent-speech-into-computer-commands.

10 Jason Pontin, "On 10 Breakthrough Technologies," MIT Technology Review, April 23, 2013, https://www.technologyreview.com/2013/04/23/178762/on-10-breakthrough-technologies-2.

11 Outreach@Darpa.Mil, "Six Paths to the Nonsurgical Future of Brain-Machine Interfaces," DARPA, May 20, 2019, https://www.darpa.mil/news-events/2019-05-20.

12 Shaomin Zhang et al., "Human Mind Control of Rat Cyborg's Continuous Locomotion with Wireless Brain-to-Brain Interface," Scientific Reports 9, no. 1321 (February 2019), https://www.nature.com/articles/s41598-018-36885-0.

13 Sam Wong, "Implanting False Memories in a Bird's Brain Changes Its Tune," *New Scientist*, October 3, 2019, https://www.newscientist.com/article/2218772-implanting-false-memories-in-a-birds-brain-changes-its-tune/.

14 WPVI-TV, "Brain Implant Gives Blind New Way to See World Around Them," Action News, 6abc, September 19, 2019, https://6abc.com/health/brain-implant-gives-blind-new-way-to-see-world-around-them/5553255/.

15 Leah Small, "VCU Researchers Are Developing a Device to Restore a Person's Sense of Smell," VCU News, May 23, 2018, https://www.news.vcu.edu/article/VCU_researchers_are_developing_a_device_to_restore_a_persons.

16 Christopher Intagliata, "Your Brain Can Taste Without Your Tongue," *60-Second Science*, podcast, November 19, 2015, https://www.scientificamerican.com/podcast/episode/your-brain-can-taste-without-your-tongue/.

17 Peter Grad, "Digital Device Serves Up a Taste of Virtual Food," Tech Xplore, May 25, 2020, https://techxplore.com/news/2020-05-digital-device-virtual-food.html.

18 Ray Kurzweil, "Hitting the Books: Ray Kurzweil on Humanity's Nanobot-Filled Future," interview with Martin Ford, Engadget, February 3, 2019, https://www.engadget.com/2019/02/03/hitting-the-books-Architects-of-Intelligence-Martin-Ford/.

19 Andrew Griffin, "Elon Musk: The Chance We Are Not Living in a Computer Simulation Is 'One in Billions,'" *Independent*, June 2, 2016, https://www.independent.co.uk/life-style/gadgets-and-tech/news/elon-musk-ai-artificial-intelligence-computer-simulation-gaming-virtual-reality-a7060941.html.

20 Olivia Solon, "Is Our World a Simulation? Why Some Scientists Say It's More Likely than Not," *Guardian*, October 11, 2016, https://www.theguardian.com/technology/2016/oct/11/simulated-world-elon-musk-the-matrix.

21 Scott Adams, "Living in a Computer Simulation," *Scott Adams Says* (blog), October 15, 2012, https://www.scottadamssays.com/2012/10/15/living-in-a-computer-simulation/.

22 Scott Adams, "How to Know Whether You Are a Real Person or a Simulation," *Scott Adams Says* (blog), April 27, 2017, https://www.scottadamssays.com/2017/04/27/how-to-know-whether-you-are-a-real-person-or-a/.

23 Alex Hadwick, "VRX Industry Insight Report 2019–2020," VRX, https://s3.amazonaws.com/media.mediapost.com/uploads/VRXindustryreport.pdf.

24 "Enterprise Virtual Reality Training Services to Generate US$6.3 billion in 2022," ABI Research, November 21, 2017, https://www.abiresearch.com/press/enterprise-virtual-reality-training-services-gener/.

2 바이오 컨버전스

1 Heidi Ledford, "Garage Biotech: Life Hackers," *Nature* 467 (October 2010), https://www.nature.com/news/2010/101006/full/467650a.html.

2 Stephanie M. Lee, "Controversial DNA Start-Up Wants to Let Customers Create Creatures," SFGate, January 3, 2015, https://www.sfgate.com/business/article/Controversial-DNA-start-up-wants-to-let-customers-5992426.php.

3 Ben Popper, "Cyborg America: Inside the Strange New World of Basement Body Hackers," The Verge, August 8, 2012, https://www.theverge.com/2012/8/8/3177438/cyborg-america-biohackers-grinders-body-hackers.

4 Cadie Thompson, "A New Cyborg Implant May Give Users the Power to Control Devices with Their Gestures," *Business Insider*, November 24, 2015, https://www.businessinsider.com/grindhouse-wetware-launches-new-implantable-northstar-device-2015-11.

5 Cara Giaimo, "Nervous System Hookup Leads to Telepathic Hand-Holding," Atlas Obscura, June 10, 2015, https://www.atlasobscura.com/articles/nervous-system-hookup-leads-to-telepathic-hand-holding.

6 Cecile Borkhataria, "The Biohacker Developing an Implantable VIBRATOR: Inventor Claims His 'Lovetron 9000' Could Boost Pleasure for Partners When Implanted Above a Man's Pubic Bone," *Daily Mail*, February 7, 2017, https://www.dailymail.co.uk/sciencetech/article-4200956/Biohacker-Rich-Lee-developing-implantable-vibrator.html.

7 Eric Mack, "Meet the People Hacking Their Bodies for Better Sex," CNET, November 15, 2018, https://www.cnet.com/news/meet-the-grinders-hacking-their-bodies-for-better-sex/.

8 Thompson, "A New Cyborg Implant May Give Users the Power to Control Devices with Their Gestures."

9 Sam Harnett, "Nootropics, Biohacking and Silicon Valley's Pursuit of Productivity," KQED, August 24, 2016, https://www.kqed.org/news/11057974/nootropics-biohacking-and-silicon-valleys-pursuit-of-productivity.

10 Taylor Lorenz, "This Silicon Valley Entrepreneur Has Spent $300,000 on 'Smart Drugs,'" *Business Insider*, January 26, 2015, https://www.businessinsider.com/silicon-valley-entrepreneur-dave-asprey-spent-300k-on-smart-drugs-2015-1.

11 Dave Asprey, "Bulletproof Coffee's Dave Asprey: Why Healthy Eating and Exercise Aren't Enough," *Guardian*, May 14, 2017, https://www.theguardian.com/lifeandstyle/2017/may/14/bulletproof-coffee-dave-asprey-eat-healthy-exercise-interview.

12 Dave Asprey, "How to Live Longer and Better," Mindvalley Talks, September 7, 2016, video, 24:07, https://youtu.be/i1XWLFgEIMM.

13 Olga Khazan, "The Brain Bro," *Atlantic*, October 2016, https://www.theatlantic.com/magazine/archive/2016/10/the-brain-bro/497546/.

14 "Is There Really Any Benefit to Multivitamins?" Johns Hopkins Medicine, https://www.hopkinsmedicine.org/health/wellness-and-prevention/is-there-really-any-benefit-to-multivitamins.

15 Casey Newton, "Google Launches Calico, a New Company Tasked with Extending Human Life," The Verge, September 18, 2013, https://www.theverge.com/2013/9/18/4744650/google-launches-calico-as-separate-company-to-improve-human-health.

16 Ryan O'Hanlon, "Silicon Valley Thinks It Should Live Forever," Pacific Standard, August 21, 2013, https://psmag.com/environment/silicon-valley-thinks-it-should-live-forever-64785.

17 Tad Friend, "Silicon Valley's Quest to Live Forever," *New Yorker*, April 3, 2017, https://www.newyorker.com/magazine/2017/04/03/silicon-valleys-quest-to-live-forever.

18 Amy Fleming, "The Science of Senolytics: How a New Pill Could Spell the End of Ageing," *Guardian*, September 2, 2019, https://www.theguardian.com/science/2019/sep/02/the-science-of-senolytics-how-a-new-pill-could-spell-the-end-of-ageing.

19 Friend, "Silicon Valley's Quest to Live Forever."

20 George Church, "A Harvard Geneticist's Goal: To Protect Humans from Viruses, Genetic Diseases, and Aging," interview with Scott Pelley, *60 Minutes*, December 8, 2019, https://www.cbsnews.com/news/harvard-geneticist-george-church-goal-to-protect-humans-from-viruses-genetic-diseases-and-aging-60-minutes-2019-12-08/.

21 Dana Liebelson, "He Hawks Young Blood as a New Miracle Treatment. All That's Missing Is Proof," HuffPost, December 29, 2018, https://www.huffpost.com/entry/ambrosia-young-blood-plasma-jesse-karmazin_n_5c1bbafce4b0407e9078373c.

22 US Food and Drug Administration. "Important Information About Young Donor Plasma Infusions for Profit," FDA.gov, February 19, 2019, https://www.fda.gov/vaccines-blood-biologics/safety-availability-biologics/important-information-about-young-donor-plasma-infusions-profit.

23 Alison Abbott, "First Hint That Body's 'Biological Age' Can Be Reversed," *Nature*, September 5, 2019, https://www.nature.com/articles/d41586-019-02638-w.

24 Marisa Taylor, "Patients Experiment with Prescription Drugs to Fight Aging," Fosters.com, March 7, 2019, https://www.fosters.com/news/20190307/patients-experiment-with-prescription-drugs-to-fight-aging.

25 Sam Apple, "Forget the Blood of Teens. This Pill Promises to Extend Life for a Nickel a Pop," *Wired*, July 1, 2017, https://www.wired.com/story/this-pill-promises-to-extend-life-for-a-nickel-a-pop/.

26 Frank Swain, "Buyer Beware of This $1 Million Gene Therapy for Aging," *MIT Technology Review*, December 6, 2019, https://www.technologyreview.com/s/614873/buyer-beware-of-this-1-million-gene-therapy-for-aging/.

27 Erin Brodwin, "Here's the 700-Calorie Breakfast You Should Eat If You Want to Live Forever, According to a Futurist Who Spends $1 Million a Year on Pills and Eating Right," *Business Insider*, April 13, 2015, https://www.businessinsider.com/ray-kurzweils-immortality-diet-2015-4.

28 Marisa Taylor, "Patients Experiment with Prescription Drugs to Fight Aging," Kaiser Health News, March 6, 2019, https://khn.org/news/patients-experiment-with-prescription-drugs-to-fight-aging/.

29 Stacy Conradt, "Disney on Ice: The Truth About Walt Disney and Cryogenics," *Mental Floss*, December 15, 2013, https://www.mentalfloss.com/article/54196/raine-ice-truth-about-

walt-disney-and-cryogenics.

30 Ezra Klein, "Inside Peter Thiel's Mind," Vox, November 14, 2014, https://www.vox.com/2014/11/14/7213833/peter-thiel-palantir-paypal.

31 "Introduction to Cryonics," Alcor Life Extension Foundation, https://www.alcor.org/library/introduction-to-cryonics/.

32 Michael Hendricks, "The False Science of Cryonics," MIT Technology Review, September 15, 2015, https://www.technologyreview.com/s/541311/the-false-science-of-cryonics/.

33 Karl Plume, "Welcome to the Clone Farm," Reuters, November 12, 2009, https://www.reuters.com/article/us-food-cloning/welcome-to-the-clone-farm-idUSTRE5AC07V20091113.

34 Plume, "Welcome to the Clone Farm."

35 Haley Cohen, "How Champion-Pony Clones Have Transformed the Game of Polo," Vanity Fair, August 2015, https://www.vanityfair.com/news/2015/07/polo-horse-cloning-adolfo-cambiaso.

36 David Ewing Duncan, "Inside the Very Big, Very Controversial Business of Dog Cloning," Vanity Fair, September 2018, https://www.vanityfair.com/style/2018/08/dog-cloning-animal-sooam-hwang.

37 Duncan, "Inside the Very Big, Very Controversial Business of Dog Cloning."

38 Duncan, "Inside the Very Big, Very Controversial Business of Dog Cloning."

39 Kate Brian, "The Amazing Story of IVF: 35 Years and Five Million Babies Later," Guardian, July 12, 2013, https://www.theguardian.com/society/2013/jul/12/story-ivf-five-million-babies.

40 Duncan, "Inside the Very Big, Very Controversial Business of Dog Cloning."

41 Sharon Kirkey, "World's First Human Head Transplant Successfully Performed on a Corpse, Scientists Say," National Post, November 18, 2017, https://nationalpost.com/health/worlds-first-human-head-transplant-successfully-performed-on-a-corpse-scientists-say.

42 Antonio Regalado, "Researchers Are Keeping Pig Brains Alive Outside the Body," MIT Technology Review, April 25, 2018, https://www.technologyreview.com/2018/04/25/240742/researchers-are-keeping-pig-brains-alive-outside-the-body/.

43 Kate Anderton, "Breakthrough in Developing Bionic Legs," News Medical, October 30, 2019, https://www.news-medical.net/news/20191030/Breakthrough-in-developing-bionic-legs.aspx.

44 "Bionic Breakthrough," UNEWS, October 30, 2019, https://unews.utah.edu/bionic-breakthrough/.

45 Russ Banham, "Think About It: Converting Brain Waves to Operate a Prosthetic Device," Dell Technologies, December 14, 2017, https://www.delltechnologies.com/be-by/perspectives/think-about-it-converting-brain-waves-to-operate-a-prosthetic-device/.

46 Hannah Devlin, "Mind-Controlled Robot Arm Gives Back Sense of Touch to Paralysed Man," Guardian, Oct 13, 2016, https://www.theguardian.com/science/2016/oct/13/mind-controlled-robot-arm-gives-back-sense-of-touch-to-paralysed-man.

47 Mark Waghorn, "Robotic Arm Named After Luke Skywalker Enables Amputee to Touch

and Feel Again," *Independent*, July 24, 2019, https://www.independent.co.uk/news/science/robotic-arm-luke-skywalker-amputee-prosthetic-university-utah-a9019211.html.

48 Warrior Maven, "The Army Is Testing a New Super-Soldier Exoskeleton," *Business Insider*, November 27, 2017, https://www.businessinsider.com/army-testing-super-soldier-exoskeleton-2017-11.

49 Richard Waters, "Exoskeletons to Become Common for Factory Workers," 50 Ideas to Change the World, video, 3:17, *Financial Times*, March 4, 2018, https://www.ft.com/content/4b5f7be2-1d6d-11e8-aaca-4574d7dabfb6.

50 Michael Winerip, "You Call That a Tomato?," *New York Times*, June 24, 2013, https://www.nytimes.com/2013/06/24/booming/you-call-that-a-tomato.html.

51 David Biello, "Genetically Modified Crop on the Loose and Evolving in U.S. Midwest," *Scientific American*, August 6, 2010, https://www.scientificamerican.com/article/genetically-modified-crop/.

52 Jennifer Ackerman, "Food: How Altered?," *National Geographic*, accessed June 24, 2020, https://www.nationalgeographic.com/environment/global-warming/food-how-altered/.

53 Associated Press, "Restaurants Could Be First to Get Genetically Modified Salmon," CBS New, June 21, 2019, https://www.cbsnews.com/news/restaurants-could-be-first-to-get-genetically-modified-salmon/.

54 Ed Yong, "New Zealand's War on Rats Could Change the World," *Atlantic*, November 2017, https://www.theatlantic.com/science/archive/2017/11/new-zealand-predator-free-2050-rats-gene-drive-ruh-roh/546011/.

55 Yong, "New Zealand's War on Rats Could Change the World."

56 Esvelt, Kevin, "'Gene Drives' Are Too Risky for Field Trials, Scientists Say," *New York Times*, November 16, 2017, https://www.nytimes.com/2017/11/16/science/gene-drives-crispr.html.

57 Knvul Sheikh, "Lab-Grown Meat That Doesn't Look Like Mush," *New York Times*, October 27, 2019, https://www.nytimes.com/2019/10/27/science/lab-meat-texture.html.

58 Zara Stone, "The High cost of Lab-to-Table Meat," *Wired*, March 8, 2018, https://www.wired.com/story/the-high-cost-of-lab-to-table-meat/.

59 Jennifer Langston, "With a 'Hello' Microsoft and UW Demonstrate First Fully Automated DNA Data Storage," I*nnovation Stories* (blog), Microsoft, March 21, 2019, https://news.microsoft.com/innovation-stories/hello-data-dna-storage/.

60 David Robson, "The Birth of Half-Human, Half-Animal Chimeras," BBC, January 5, 2017, http://www.bbc.com/earth/story/20170104-the-birth-of-the-human-animal-chimeras.

61 Nicola Davis, "Breakthrough as Scientists Grow Sheep Embryos Containing Human Cells," *Guardian*, February 17, 2018, https://www.theguardian.com/science/2018/feb/17/breakthrough-as-scientists-grow-sheep-embryos-containing-human-cells.

62 Robson, "The Birth of Half-Human, Half-Animal Chimeras."

63 Dyllan Furness, "Science of the Lambs: We Can Now Grow Human Cells in Sheep," Digital

Trends, March 3, 2018, https://www.digitaltrends.com/cool-tech/scientists-created-human-sheep-chimera-embryos/.

64 Robin Seaton Jefferson, "Scientists 'Print' World's First Heart with Human Bioinks, Next 'Teach Them to Behave' like Hearts," *Forbes*, April 18, 2019, https://www.forbes.com/sites/robinseatonjefferson/2019/04/18/scientists-print-worlds-first-heart-with-human-bioinks-next-teach-them-to-behave-like-hearts/.

65 Robson, "The Birth of Half-Human, Half-Animal Chimeras."

66 Pallab Ghosh, "The GM Chickens That Lay Eggs with Anti-Cancer Drugs," BBC News, January 28, 2019, https://www.bbc.com/news/science-environment-46993649.

67 Robin McKie, "£1,000 for a Micro-pig, Chinese Lab Sells Genetically Modified Pets," *Guardian*, October 3, 2015, https://www.theguardian.com/world/2015/oct/03/micropig-animal-rights-genetics-china-pets-outrage.

68 Sigal Samuel, "A Celebrity Biohacker Who Sells DIY Gene-Editing Kits Is Under Investigation," Vox, May 19, 2019, https://www.vox.com/future-perfect/2019/5/19/18629771/biohacking-josiah-zayner-genetic-engineering-crispr.

69 Sarah Zhang, "A Biohacker Regrets Publicly Injecting Himself with CRISPR," *Atlantic*, February 20, 2018, https://www.theatlantic.com/science/archive/2018/02/biohacking-stunts-crispr/553511/.

70 Meg Tirrell, "A US Drugmaker Offers to Cure Rare Blindness for $850,000," CNBC, January 3, 2018, https://www.cnbc.com/2018/01/03/spark-therapeutics-luxturna-gene-therapy-will-cost-about-850000.html.

71 Rare Daily Staff, "Spark Prices Gene Therapy for Eye Disease at $850,000, Introduces Outcomes-Based Rebates," Global Genes, January 3, 2018, https://globalgenes.org/2018/01/03/spark-prices-gene-therapy-for-eye-disease-at-850000-introduces-outcomes-based-rebates/.

72 Jessica Lussenhop, "Why I Injected Myself with An Untested Gene Therapy," BBC News, November 21, 2017, https://www.bbc.com/news/world-us-canada-41990981.

73 Emily Mullin, "Before He Died, This Biohacker Was Planning a CRISPR Trial in Mexico," *MIT Technology Review*, May 4, 2018, https://www.technologyreview.com/2018/05/04/143034/before-he-died-this-biohacker-was-planning-a-crispr-trial-in-mexico/.

74 Zhang, "A Biohacker Regrets Publicly Injecting Himself with CRISPR."

75 Clyde Haberman, "Scientists Can Design 'Better' Babies. Should They?" *New York Times*, June 10, 2018, https://www.nytimes.com/2018/06/10/us/11retro-baby-genetics.html.

76 Ariana Eunjung Cha, "From Sex Selection to Surrogates, American IVF Clinics Provide Services Outlawed Elsewhere," *Washington Post*, December 30, 2018, https://www.washingtonpost.com/national/health-science/from-sex-selection-to-surrogates-american-ivf-clinics-provide-services-outlawed-elsewhere/2018/12/29/0b596668-03c0-11e9-9122-82e98f91ee6f_story.html.

77 Katie Moisse, "Fertility Clinic Offers Gender Selection, Draws Women from Abroad," ABC

News, September 12, 2012, https://abcnews.go.com/Health/Wellness/fertility-clinic-offers-gender-selection-draws-women-abroad/story?id=17219176.

78 Cha, "From Sex Selection to Surrogates, American IVF Clinics Provide Services Outlawed Elsewhere."

79 Rob Stein, "Clinic Claims Success in Making Babies with 3 Parents' DNA," NPR, June 6, 2018, https://www.npr.org/sections/health-shots/2018/06/06/615909572/inside-the-ukrainian-clinic-making-3-parent-babies-for-women-who-are-infertile.

80 Rob Stein, "A Russian Biologist Wants to Create More Gene-Edited Babies," NPR, June 21, 2019, https://www.npr.org/sections/health-shots/2019/06/21/733782145/a-russian-biologist-wants-to-create-more-gene-edited-babies.

81 Stein, "A Russian Biologist Wants to Create More Gene-Edited Babies."

3 인간 확장주의

1 Bernard Marr, "15 Things Everyone Shoould Know About Quantum Computing," *Forbes*, October 10, 2017, https://www.forbes.com/sites/bernardmarr/2017/10/10/15-things-everyone-should-know-about-quantum-computing/?sh=51df69181f73.

2 Anne Trafton, "Team Invents Method to Shrink Objects to the Nanoscale," MIT News, December 13, 2018, http://news.mit.edu/2018/shrink-any-object-nanoscale-1213.

3 James Dennin, " 'Clone Wars' Season 7 Trailer Shows a Famous Prequels Scene from a New Angle," Inverse, November 20, 2018, https://www.inverse.com/article/51056-new-nanochip-may-help-engineers-overcome-computing-limits-like-moore-s-law.

4 Luke Dormehl, "A Nanofiber Cloth Could Pull Fresh Drinking Water Straight from the Air," Yahoo! News, August 27, 2018, https://www.yahoo.com/news/nanofiber-cloth-could-pull-fresh-174532578.html.

5 Damon Cronshaw, "Nanotechnology That Promises to Save the World," *Newcastle Herald*, November 22, 2018, https://www.newcastleherald.com.au/story/5769894/dream-device-to-help-vehicles-run-on-sunlight-water-and-co2/.

6 Nanowerk News, "Nano-thin Invisibility Cloak Makes 3D Objects Disappear," Nanowerk, September 18, 2015, https://www.nanowerk.com/nanotechnology-news/newsid=41348.php.

7 Cell Press, "Nanotechnology Makes It Possible for Mice to See in Infrared," Phys.org, February 28, 2019, https://phys.org/news/2019-02-nanotechnology-mice-infrared.html.

8 Sam Million-Weaver, "It's Not a Shock: Better Bandage Promotes Powerful Healing," *University of Wisconsin-Madison News*, November 29, 2018, https://news.wisc.edu/its-not-a-shock-better-bandage-promotes-powerful-healing/.

9 Case Western Reserve University, "Case Western Reserve and Haima Therapeutics Sign Option License to Develop Synthoplate," *Daily*, June 4, 2018, https://thedaily.case.edu/case-western-reserve-haima-therapeutics-sign-option-license-develop-synthoplate/.

10 Dianne Price, "ASU Professor Named to Fast Company's 'Most Creative People in Business

2019,'" ASU Alumni, May 24, 2019, https://alumni.asu.edu/20190523-asu-news-hao-yan-named-fast-companys-most-creative-people-business-2019.

11 Joe Caspermeyer, "Cancer-Fighting Nanorobots Seek and Destroy Tumors," ASU Now, February 12, 2018, https://asunow.asu.edu/20180212-discoveries-cancer-fighting-nanorobots-seek-and-destroy-tumors.

12 Luke Dormehl, "Purdue's Microbots Are Designed to Wander Around Inside Your Body," Digital Trends, February 16, 2018, https://www.digitaltrends.com/cool-tech/microscale-tumbling-robots/.

13 Callum Hoare, "Asteroid Fears: NASA's Last-Ditch System in Place for Earth Impact ONE Week Away Exposed," *Express*, October 4, 2019, https://www.express.co.uk/news/science/1185456/asteroid-news-nasa-final-warning-earth-earth-impact-one-week-natalie-starkey-spt.

14 Leah Crane, "A Tech-Destroying Solar Flare Could Hit Earth Within 100 Years," *New Scientist*, October 16, 2017, https://www.newscientist.com/article/2150350-a-tech-destroying-solar-flare-could-hit-earth-within-100-years/.

15 Liz Gannes, "Tech Renaissance Man Elon Musk Talks Cars, Spaceships and Hyperloops at D11," All Things Digital, May 29, 2013, http://allthingsd.com/20130529/coming-up-tech-renaissance-man-elon-musk-at-d11/.

16 David Szondy, "Bad News for Mars-Bound Astronauts—Cosmic Rays Damage Your GI Tract," *New Atlas*, October 2, 2018, https://newatlas.com/mars-astronauts-cosmic-rays-intestines/56611/.

17 Irene Klotz, "Boiling Blood and Radiation: 5 Ways Mars Can Kill," Space.com, May 11, 2017, https://www.space.com/36800-five-ways-to-die-on-mars.html.

18 News4Jax.com Staff, "Senate Panel OKs Plan to Send Astronauts to Mars," News4Jax, September 21, 2016, https://www.news4jax.com/tech/2016/09/21/senate-panel-oks-plan-to-send-astronauts-to-mars/.

19 Karen Northon, "NASA Funds Demo of 3D-Printed Spacecraft Parts Made, Assembled in Orbit," NASA, July 12, 2019, last updated March 17, 2020, https://www.nasa.gov/press-release/nasa-funds-demo-of-3d-printed-spacecraft-parts-made-assembled-in-orbit.

20 "Our Mission," Blue Origin, accessed June 24, 2020, https://www.blueorigin.com/our-mission.

21 "ULA and Blue Origin Announce Partnership to Develop New American Rocket Engine," Blue Origin, September 17, 2014, https://www.blueorigin.com/news/ula-and-blue-origin-announce-partnership-to-develop-new-american-rocket-engine.

22 Jamie Carter, "Jeff Bezos: Reusable Rockets Will Let a Trillion People Colonise the Solar System," *TechRadar*, July 16, 2017, https://www.techradar.com/news/jeff-bezos-reusable-rockets-will-let-a-trillion-people-colonising-the-solar-system.

23 Ashley Strickland, "Astronauts on the Moon and Mars May Grow Their Homes There out of Mushrooms, Says NASA," CNN, January 17, 2020, https://www.cnn.com/2020/01/17/

world/nasa-moon-mars-fungus-scn/index.html.

24 "ESA Opens Oxygen Plant—Making Air Out of Moondust," European Space Agency, January 17, 2020, http://www.esa.int/Enabling_Support/Space_Engineering_Technology/ESA_opens_oxygen_plant_making_air_out_of_moondust.

25 John Bowden, " 'Building Blocks' for Life Discovered in 3-Billion-Year-Old Organic Matter on Mars," *Hill*, June 7, 2018, https://thehill.com/policy/technology/391228-building-blocks-for-life-discovered-in-3-billion-year-old-organic-matter-on.

26 Ian Sample, "Nasa Scientists Find Evidence of Flowing Water on Mars," *Guardian*, September 28, 2015, https://www.theguardian.com/science/2015/sep/28/nasa-scientists-find-evidence-flowing-water-mars.

27 Leah Crane, "Terraforming Mars with Strange Silica Blanket Could Let Plants Thrive," *New Scientist*, July 15, 2019, https://www.newscientist.com/article/2209746-terraforming-mars-with-strange-silica-blanket-could-let-plants-thrive/.

28 Charles Q. Choi, "How to Feed a Mars Colony of 1 Million People," Space.com, September 18, 2019, https://www.space.com/how-feed-one-million-mars-colonists.html.

29 Alexandra Lozovschi, "World's First Trillionaire Will Make Fortune in Outer Space, Claims Goldman Sachs," The Inquisitr, April 22, 2018, https://www.inquisitr.com/4874112/worlds-first-trillionaire-will-make-their-fortune-in-outer-space-claims-goldman-sachs/.

30 Atossa Araxia Abrahamian, "How the Asteroid-Mining Bubble Burst," *MIT Technology Review*, June 26, 2019, https://www.technologyreview.com/s/613758/asteroid-mining-bubble-burst-history/.

31 Abrahamian, "How the Asteroid-Mining Bubble Burst."

32 Abrahamian, "How the Asteroid-Mining Bubble Burst."

33 Abrahamian, "How the Asteroid-Mining Bubble Burst."

34 Abrahamian, "How the Asteroid-Mining Bubble Burst."

35 Daniel Oberhaus, "Astronomers Are Annoyed at a New Zealand Company That Launched a Disco Ball into Orbit," *Vice*, January 25, 2018, https://www.vice.com/en_us/article/kznvzw/rocket-lab-humanity-star-astronomers-space-junk.

36 Leah Crane, "SpaceX Starlink Satellites Could Be 'Existential Threat' to Astronomy," *New Scientist*, January 9, 2020, https://www.newscientist.com/article/2229643-spacex-starlink-satellites-could-be-existential-threat-to-astronomy/.

37 Neel V. Patel, "An Emotionally Intelligent AI Could Support Astronauts on a Trip to Mars," *MIT Technology Review*, January 14, 2020, https://www.technologyreview.com/2020/01/14/64990/an-emotionally-intelligent-ai-could-support-astronauts-on-a-trip-to-mars/.

38 Kenneth Chang, "Where's Our Warp Drive to the Stars?" *New York Times*, November 19, 2018, https://www.nytimes.com/2018/11/19/science/space-travel-physics.html.

39 Chang, "Where's Our Warp Drive to the Stars?"

40 University of Bristol, "First Chip-to-Chip Quantum Teleportation Harnessing Silicon Photonic Chip Fabrication," Phys.org, December 24, 2019, https://phys.org/news/2019-12-chip-to-chip-

quantum-teleportation-harnessing-silicon.html.

41 University of Nottingham, "Research Sheds New Light on Intelligent Life Existing Across the Galaxy," EurekaAlert!, June 15, 2020, https://www.eurekalert.org/pub_releases/2020-06/uon-rsn061220.php.

42 Samantha Rolfe, "Could Unseen Aliens Exist Among Us?" RealClear Science, January 11, 2020, https://www.realclearscience.com/articles/2020/01/11/could_unseen_aliens_exist_among_us_111251.html.

43 Antonio Regalado, "Engineering the Perfect Astronaut," *MIT Technology Review*, April 14, 2017, https://www.technologyreview.com/2017/04/15/152545/engineering-the-perfect-astronaut/ (accessed on June 25, 2020).

44 Hannah Devlin, "Woolly Mammoth on Verge of Resurrection, Scientists Reveal," *Guardian*, February 16, 2017, https://www.theguardian.com/science/2017/feb/16/woolly-mammoth-resurrection-scientists.

45 Regalado, "Engineering the Perfect Astronaut."

46 Scott Solomon, "If Humans Gave Birth in Space, Babies Would Have Giant, Alien-Shaped Heads," *Business Insider*, July 23, 2019, https://www.businessinsider.com/humans-gave-birth-space-earth-giant-alien-heads-2019-7 (accessed on June 25, 2020).

47 Tom Ellis, "World's First Living Organism with Fully Redesigned DNA Created," *The Guardian*, May 15, 2019, https://www.theguardian.com/science/2019/may/15/cambridge-scientists-create-worlds-first-living-organism-with-fully-redesigned-dna (accessed on June 25, 2020).

48 Madhan Tirumalai, "Bacterial Genetics Could Help Researchers Block Interplanetary Contamination," *The Scientist*, July 31, 2018, https://www.the-scientist.com/notebook/bacterial-genetics-could-help-researchers-block-interplanetary-contamination-64500(accessed on June 25, 2020).

4 딥 오토메이션

1 Justin Scheck, Rory Jones, and Summer Said, "A Prince's $500 Billion Desert Dream: Flying Cars, Robot Dinosaurs and a Giant Artificial Moon," *Wall Street Journal*, July 25, 2019, https://www.wsj.com/articles/a-princes-500-billion-desert-dream-flying-cars-robot-dinosaurs-and-a-giant-artificial-moon-11564097568.

2 Nicole Kobie, "Malaysia's City of the Future Is an Uncanny Valley," *Wired*, March 22, 2016, https://www.wired.co.uk/article/forest-city-malaysia-report.

3 "Can AI Be a Fair Judge in Court? Estonia Thinks So," Wired, March 30, 2019, https://www.wired.com/story/can-ai-be-fair-judge-court-estonia-thinks-so/.

4 "Can AI Be a Fair Judge in Court? Estonia Thinks So," *Wired*.

5 Caroline Haskins, "Dozens of Cities Have Secretly Experimented with Predictive Policing Software," *Vice*, February 6, 2019, https://www.vice.com/en_us/article/d3m7jq/dozens-of-

cities-have-secretly-experimented-with-predictive-policing-software.

6 Mark Smith, "Can We Predict When and Where a Crime Will Take Place?" BBC News, October 30, 2018, https://www.bbc.com/news/business-46017239.

7 James Vincent, "Security Robots Are Mobile Surveillance Devices, Not Human Replacements," The Verge, November 14, 2019, https://www.theverge.com/2019/11/14/20964584/knightscope-security-robot-guards-surveillance-devices-facial-recognition-numberplate-mobile-phone .

8 Ally Jarmanning, "Mass. State Police Tested Out Boston Dynamics' Spot the Robot Dog. Civil Liberties Advocates Want to Know More," WBUR News, November 25, 2019, https://www.wbur.org/news/2019/11/25/boston-dynamics-robot-dog-massachusetts-state-police.

9 Jarmanning, "Mass. State Police Tested Out Boston Dynamics' Spot the Robot Dog."

10 Anouk Vleugels, "How to Catch Criminals Through IoT and Predictive Software," TNW, November 1, 2018, https://thenextweb.com/the-next-police/2018/11/01/police-iot-ports-crime/.

11 Jeremy Chan, "All Eyes on the Future," *Asian Scientist Magazine*, February 13, 2019, https://www.asianscientist.com/2019/02/print/supercomputing-sensetime-lin-dahua/.

12 James Vincent, "Artificial Intelligence Is Going to Supercharge Surveillance," The Verge, January 23, 2018, https://www.theverge.com/2018/1/23/16907238/artificial-intelligence-surveillance-cameras-security.

13 Rachel England, "Chinese School Uses Facial Recognition to Make Kids Pay Attention," Engadget, May 17, 2018, https://www.engadget.com/2018/05/17/chinese-school-facial-recognition-kids-attention/.

14 Kaleigh Rogers, "What Constant Surveillance Does to Your Brain," Vice, November 14, 2018, https://www.vice.com/en_us/article/pa5d9g/what-constant-surveillance-does-to-your-brain.

15 Vincent, "Artificial Intelligence Is Going to Supercharge Surveillance."

16 Bill Siwicki, "Google AI Now Can Predict Cardiovascular Problems from Retinal Scans," MobiHealthNews, February 20, 2018, https://www.mobihealthnews.com/content/google-ai-now-can-predict-cardiovascular-problems-retinal-scans.

17 Benjamin Goggin, "Inside Facebook's Suicide Algorithm: Here's How the Company Uses Artificial Intelligence to Predict Your Mental State from Your Posts," *Business Insider*, January 6, 2019, https://www.businessinsider.com/facebook-is-using-ai-to-try-to-predict-if-youre-suicidal-2018-12.

18 Ahmed Elgammal, "Generating 'Art' by Learning About Styles and Deviating from Style Norms," *Medium*, June 25, 2017, https://medium.com/@ahmed_elgammal/generating-art-by-learning-about-styles-and-deviating-from-style-norms-8037a13ae027.

19 Brian Merchant, "The Poem That Passed the Turing Test," Vice, February 5, 2015, https://www.vice.com/en_us/article/vvbxxd/the-poem-that-passed-the-turing-test.

20 Peter Caranicas, "Artificial Intelligence Could One Day Determine Which Films Get Made," *Variety*, July 5, 2018, https://variety.com/2018/artisans/news/artificial-intelligence-

hollywood-1202865540/.

21 Caranicas, "Artificial Intelligence Could One Day Determine Which Films Get Made."

22 Steve Rose, "'It's a War Between Technology and a Donkey'—How AI Is Shaking Up Hollywood," *Guardian*, January 16, 2020, https://www.theguardian.com/film/2020/jan/16/its-a-war-between-technology-and-a-donkey-how-ai-is-shaking-up-hollywood.

23 Lucy Jordan, "Inside the Lab That's Producing the First AI-Generated Pop Album," *Seeker*, April 13, 2017, https://www.seeker.com/tech/artificial-intelligence/inside-flow-machines-the-lab-thats-composing-the-first-ai-generated-pop-album.

24 Dani Deahl, "How AI-Generated Music Is Changing the Way Hits Are Made," The Verge, August 31, 2018, https://www.theverge.com/2018/8/31/17777008/artificial-intelligence-taryn-southern-amper-music.

25 Colm Gorey, " 'I Realised Machine Learning Could Make My Musical Dreams Come True,'" Siliconrepublic.com, February 22, 2019, https://www.siliconrepublic.com/machines/maya-ackerman-alysia-ai-music.

26 Gorey, " 'I Realised Machine Learning Could Make My Musical Dreams Come True.'"

27 Lucy Handley, "The 'World's First' A.I. News Anchor Has Gone Live in China," CNBC, November 9, 2018, https://www.cnbc.com/2018/11/09/the-worlds-first-ai-news-anchor-has-gone-live-in-china.html.

28 Rose, "'It's a War Between Technology and a Donkey.'"

29 Michael Ruiz, "Horror Game Bring to Light Will Utilize Heart Rate Monitor to 'Enhance' Your Experience," *DualShockers*, May 1, 2018, https://www.dualshockers.com/bring-to-light-red-meat-games/.

30 Asma Khalid, "A Dirty Word in the U.S., 'Automation' Is a Buzzword in China," WBUR, November 20, 2017, https://www.wbur.org/bostonomix/2017/11/20/china-automation.

31 IFR, "Robots: China Breaks Historic Records in Automation," IFR Press Releases, 2017, https://ifr.org/news/robots-china-breaks-historic-records-in-automation.

32 Henry Blodget, "CEO of Apple Partner Foxconn: 'Managing One Million Animals Gives Me a Headache,'" *Business Insider*, January 19, 2012, https://www.businessinsider.com/foxconn-animals-2012-1.

33 Sherisse Pham, "How Richard Liu Built JD.com into a $45 Billion Tech Giant," CNN, September 4, 2018, https://money.cnn.com/2018/09/04/technology/jd-com-ceo-richard-liu/index.html.

34 Saheli Roy Choudhury and Eunice Yoon, "JD.com Chief Richard Liu Sees Drone Delivery as the Way to Reach China's Rural Consumers," CNBC, June 18, 2017, https://www.cnbc.com/2017/06/18/jd-com-ceo-richard-liu-talks-drones-automation-and-logistics.html.

35 "Chinese Online Retailer JD.com's Plan to Diversify," *Wall Street Journal*, June 13, 2017, https://www.wsj.com/articles/chinese-online-retailer-jd-coms-plan-to-diversify-1497374520.

36 Dow Jones & Company, "Moving Up the Market," *WSJ D.Live Asia* (conference), June 14, 2017, https://images.dowjones.com/wp-content/uploads/sites/121/2017/12/04152646/

DliveAsiaSpecialReport.pdf.

37 Peter Holley, "The Future of Autonomous Delivery May Be Unfolding in an Unlikely Place: Suburban Houston," *Washington Post*, November 13, 2019, https://www.washingtonpost. com/technology/2019/11/07/future-autonomous-delivery-may-be-unfolding-an-unlikely-place-suburban-houston/.

38 Bill Ibelle, "In The Future, Robots Will Perform Surgery, Shop for You, and Even Recycle Themselves," News@Northeastern, April 12, 2018, https://news.northeastern.edu/2018/04/12/ in-the-future-robots-will-perform-surgery-shop-for-you-and-even-recycle-themselves/.

39 Ibelle, "In The Future, Robots Will Perform Surgery, Shop for You, and Even Recycle Themselves."

40 Elizabeth Svoboda, "Your Robot Surgeon Will See You Now," *Nature*, September 25, 2019, https://www.nature.com/articles/d41586-019-02874-0.

41 Michael Larkin, "Labor Terminators: Farming Robots Are About to Take Over Our Farms," *Investor's Business Daily*, August 10, 2018, https://www.investors.com/news/farming-robot-agriculture-technology/.

42 Gary Pullano, "Harvest CROO Robotics Strawberry Harvester Nears Fruition," *Fruit Growers News*, March 26, 2019, https://fruitgrowersnews.com/article/harvest-croo-robotics-strawberry-harvester-nears-fruition/.

43 John Seabrook, "The Age of Robot Farmers," *New Yorker*, April 15, 2019, https://www. newyorker.com/magazine/2019/04/15/the-age-of-robot-farmers.

44 Larkin, "Labor Terminators: Farming Robots Are About to Take Over Our Farms."

45 Lauren Comiteau, "World's 1st Floating Dairy Farm Could Help Cities Adapt to Climate Change," CBC News, December 13, 2019, https://www.cbc.ca/news/technology/floating-dairy-farm-1.5089424.

46 Simon Fry, "The World's First Floating Farm Making Waves in Rotterdam," BBC News, August 17, 2018, https://www.bbc.com/news/business-45130010.

47 Karen Graham, "Iron Ox Shows How AI and Robots Can Increase Farm Production," *Digital Journal*, October 3, 2019, http://www.digitaljournal.com/tech-and-science/technology/ iron-ox-shows-us-how-ai-and-robots-can-increase-farm-production/article/533671.

48 Brandon Alexander, "If Farms Are to Survive, We Need to Think About Them as Tech Companies," *Quartz*, October 3, 2018, https://qz.com/1383635/if-farms-are-to-survive-we-need-to-think-about-them-as-tech-companies/.

49 Kazuaki Nagata, "Cyberdyne's HAL Suits Give Lift to Mobility-Challenged," *Japan Times*, July 13, 2014, https://www.japantimes.co.jp/news/2014/07/13/national/cyberdynes-hal-suits-give-lift-mobility-challenged/.

50 Jeevan Vasagar, "How Robots Are Teaching Singapore's Kids," *Financial Times*, July 12, 2017, https://www.ft.com/content/f3cbfada-668e-11e7-8526-7b38dcaef614.

51 Joseph Bennington-Castro, "Let Robots Teach Our Kids? Here's Why That Isn't Such a Bad Idea," NBC Mach, April 19, 2017, https://www.nbcnews.com/mach/technology/robots-will-

soon-become-our-children-s-tutors-here-s-n748196.

52 Bryan Clark, "Rolls-Royce Is Working on a Robotic Cockroach That Can Fix Plane Engines," TNW, July 17, 2018, https://thenextweb.com/artificial-intelligence/2018/07/18/rolls-royce-is-working-on-robotic-cockroaches-that-fix-plane-engines/.

53 Brown University, "Dynamic Hydrogel Used to Make 'Soft Robot' Components and LEGO-like Building Blocks," News from Brown, March 21, 2019, https://www.brown.edu/news/2019-03-21/hydrogel.

54 Katyanna Quach, "Is That You, T-1000? No, Just a Lil Robot That Can Mimic Humans on Sight," *Register*, February 8, 2018, https://www.theregister.com/2018/02/08/robot_copycat_learning/.

5 지능 폭발

1 Maureen Dowd, "Silicon Valley Sharknado," *New York Times*, July 8, 2014, https://www.nytimes.com/2014/07/09/opinion/maureen-dowd-silicon-valley-sharknado.html.

2 James Vincent, "This Is When AI's Top Researchers Think Artificial General Intelligence Will Be Achieved," The Verge, November 27, 2018, https://www.theverge.com/2018/11/27/18114362/ai-artificial-general-intelligence-when-achieved-martin-ford-book.

3 Catherine Clifford, "Elon Musk: 'Mark My Words—A.I. Is Far More Dangerous Than Nukes,' " CNBC, March 13, 2018, https://www.cnbc.com/2018/03/13/elon-musk-at-sxsw-a-i-is-more-dangerous-than-nuclear-weapons.html.

4 Vincent, "AI's Top Researchers."

5 Bec Crew, "This Physicist Says Consciousness Could Be a New State of Matter," Science Alert, September 16, 2016, https://www.sciencealert.com/this-physicist-is-arguing-that-consciousness-is-a-new-state-of-matter.

6 David Robson, "Giulio Tononi's 'Integrated Information Theory' Might Solve Neuroscience's Biggest Puzzle," BBC Future, March 26, 2019, https://www.bbc.com/future/article/20190326-are-we-close-to-solving-the-puzzle-of-consciousness.

7 Robert Lawrence Kuhn, "The Singularity, Virtual Immortality and the Trouble with Consciousness (Op-Ed)," Live Science, October 16, 2015, https://www.livescience.com/52503-is-it-possible-to-transfer-your-mind-into-a-computer.html.

8 Daniel Dennettl, "Is Superintelligence Impossible?" interview with John Brockman, Edge.org, April 10, 2019, https://www.edge.org/conversation/david_chalmers-daniel_c_dennett-on-possible-minds-philosophy-and-ai.

9 Jennifer Schussler, "Philosophy That Stirs the Waters," *New York Times*, April 29, 2013, https://www.nytimes.com/2013/04/30/books/daniel-dennett-author-of-intuition-pumps-and-other-tools-for-thinking.html.

10 Janosch Delcker, "Europe Divided over Robot 'Personhood,'" Politico, April 13, 2018, https://www.politico.eu/article/europe-divided-over-robot-ai-artificial-intelligence-personhood/.

11 Allison P. Davis, "Are We Ready for Robot Sex?" *New York Magazine*, May 14, 2018, https://www.thecut.com/2018/05/sex-robots-realbotix.html.

12 Breanna Mroczek, "Can Robots Feel Emotions?" *Disruption*, April 2019, https://www.disruptionmagazine.ca/can-robots-feel-emotions/.

13 Shane Schick, "Sanctuary AI Founder Is Making Robots That Are Exact Human Replicas (Starting with Herself)," B2B News Network, October 23, 2018, https://www.b2bnn.com/2018/10/sanctuary-ai-robotics/.

14 Hiroshi Ishiguro, "Sentient Love," interview, *52 Insights*, October 22, 2019, https://www.52-insights.com/hiroshi-ishiguro-sentient-love-robots-android-interview-technology/.

15 "MIT Helps Machine Learning Systems to Perceive Human Emotions," Internet of Business, https://internetofbusiness.com/mit-helps-machine-learning-systems-to-perceive-human-emotions/.

16 Adam Conner-Simons and Rachel Gordon, "Detecting Emotions with Wireless Signals," MIT News, September 20, 2016, http://news.mit.edu/2016/detecting-emotions-with-wireless-signals-0920.

17 Khari Johnson, "Softbank Robotics Enhances Pepper the Robot's Emotional Intelligence," VentureBeat, August 28, 2018, https://venturebeat.com/2018/08/28/softbank-robotics-enhances-pepper-the-robots-emotional-intelligence/.

18 Rachel Lerman, "Be Wary of Robot Emotions; 'Simulated Love Is Never Love,'" AP News, April 26, 2019, https://apnews.com/99c9ec8ebad242ca88178e22c7642648.

19 Joelle Renstrom, "Will Care-Bots Cure the Loneliness of Nursing Homes?" *Daily Beast*, May 1, 2019, https://www.thedailybeast.com/will-care-bots-cure-the-loneliness-of-nursing-homes.

20 David Cox, "Can These Little Robots Ease the Big Eldercare Crunch?" NBC Mach, November 12, 2017, https://www.nbcnews.com/mach/science/can-these-little-robots-ease-big-eldercare-crunch-ncna819841.

21 Cox, "Can These Little Robots Ease the Big Eldercare Crunch?"

22 Malcolm Foster, "Aging Japan: Robots May Have Role in Future of Elder Care," Reuters, March 27, 2018, https://www.reuters.com/article/us-japan-ageing-robots-widerimage/aging-japan-robots-may-have-role-in-future-of-elder-care-idUSKBN1H33AB.

23 Foster, "Aging Japan: Robots May Have Role in Future of Elder Care."

24 "Scientists Develop Robot Personal Trainer to Coach at Gym," *Irish News*, November 29, 2019, https://www.irishnews.com/magazine/daily/2019/11/29/news/scientists-develop-robot-personal-trainer-to-coach-at-gym-1778566/.

25 "Scientists Develop Robot Personal Trainer to Coach at Gym."

26 James Vincent, "New Study Finds It's Harder to Turn Off a Robot When It's Begging for Its Life," The Verge, August 2, 2018, https://www.theverge.com/2018/8/2/17642868/robots-turn-off-beg-not-to-empathy-media-equation.

27 Vincent, "New Study Finds It's Harder to Turn Off a Robot When It's Begging for Its Life."

28 Evan Ackerman, "Do Kids Care If Their Robot Friend Gets Stuffed into a Closet?" IEEE

Spectrum, April 30, 2012, https://spectrum.ieee.org/automaton/robotics/artificial-intelligence/do-kids-care-if-their-robot-friend-gets-stuffed-into-a-closet.

29 Ackerman, "Do Kids Care If Their Robot Friend Gets Stuffed into a Closet?"

30 John Loeffler, "Robot on the Trolley Car Track: How Valuable Is Robot Life?" *Interesting Engineering*, February 9, 2019, https://interestingengineering.com/robot-on-the-trolley-car-track-how-valuable-is-robot-life.

31 Lerman, "Be Wary of Robot Emotions; 'Simulated Love Is Never Love.'"

32 Tom Hoggins, "Could You Fall in Love with a Robot? It May Be More Likely Than You Think," *Telegraph*, May 7, 2019, https://www.telegraph.co.uk/technology/2019/05/07/could-fall-love-robot-romance-machines-could-future-relationships/.

33 Alex Williams, "Do You Take This Robot . . . ," *New York Times*, January 19, 2019, https://www.nytimes.com/2019/01/19/style/sex-robots.html.

34 Davis, "Are We Ready for Robot Sex?"

35 Williams, "Do You Take This Robot . . ."

36 Williams, "Do You Take This Robot . . ."

37 Jack Schofield, "Let's Talk About Sex . . . with Robots," *Guardian*, September 16, 2009, https://www.theguardian.com/technology/2009/sep/16/sex-robots-david-levy-loebner.

38 "Interview Sherry Turkle," *FRONTLINE*, September 22, 2009, https://www.pbs.org/wgbh /pages/frontline/digitalnation/interviews/turkle.html.

39 Brandon Ambrosino, "Are We Set for a New Sexual Revolution?" BBC Future, July 2, 2019, https://www.bbc.com/future/article/20190702-are-we-set-for-a-new-sexual-revolution.

40 Eva Wiseman, "Sex, Love and Robots: Is This the End of Intimacy?" *Guardian*, December 13, 2015, https://www.theguardian.com/technology/2015/dec/13/sex-love-and-robots-the-end-of-intimacy.

41 Andrea Morris, "Meet the Activist Fighting Sex Robots," *Forbes*, September 26, 2018, https://www.forbes.com/sites/andreamorris/2018/09/26/meet-the-activist-fighting-sex-robots/.

42 Wynne Parry, "Robot Manipulates Humans in Creepy New Experiment. Should We Be Worried?" NBC Mach, August 14, 2018, https://www.nbcnews.com/mach/science/robot-manipulates-humans-creepy-new-experiment-should-we-be-worried-ncna900361.

43 Tahira Noor Khan, "69% of Managers' Work to Be Completely Automated by 2024: Gartner," Entrepreneur, January 23, 2020, https://www.entrepreneur.com/article/345435.

44 "New Study: 64% of People Trust a Robot More Than Their Manager," Oracle, October 15, 2019, https://www.oracle.com/corporate/pressrelease/robots-at-work-101519.html.

45 James Vincent, "DeepMind's Go-Playing AI Doesn't Need Human Help to Beat Us Anymore," The Verge, October 18, 2017, https://www.theverge.com/2017/10/18/16495548/deepmind-ai-go-alphago-zero-self-taught.

46 Tristan Greene, "Hyperdimensional Computing Theory Could Lead to AI with Memories and Reflexes," TNW, May 17, 2019, https://thenextweb.com/artificial-intelligence/2019/05/17/hyperdimensional-computing-theory-could-lead-to-ai-with-memories-and-reflexes/.

47 Alyssa Foote, "Robot 'Natural Selection' Recombines into Something Totally New," *Wired*, March 26, 2019, https://www.wired.com/story/how-we-reproduce-robots/.

48 Foote, "Robot 'Natural Selection' Recombines into Something Totally New."

49 Tristan Greene, "One Machine to Rule Them All: A 'Master Algorithm' May Emerge Sooner Than You Think," TNW, April 17, 2018, https://thenextweb.com/artificial-intelligence/2018/04/17/one-machine-to-rule-them-all-a-master-algorithm-may-emerge-sooner-than-you-think/.

50 Stephen Nellis, "Microsoft to Invest $1 Billion in OpenAI," Reuters, July 22, 2019, https://www.reuters.com/article/us-microsoft-openai/microsoft-to-invest-1-billion-in-openai-idUSKCN1UH1H9.

51 "Can Technology Plan Economies and Destroy Democracy?" *Economist*, December 18, 2019, https://www.economist.com/christmas-specials/2019/12/18/can-technology-plan-economies-and-destroy-democracy.

52 Ariel Bleicher, "Demystifying the Black Box That Is AI," *Scientific American*, August 9, 2017, https://www.scientificamerican.com/article/demystifying-the-black-box-that-is-ai/.

53 Vincent Elkaim, "Google's AI Guru Wants Computers to Think More Like Brains," *Wired*, December 12, 2018, https://www.wired.com/story/googles-ai-guru-computers-think-more-like-brains/.

54 Clifford, "Elon Musk: 'Mark My Words—A.I. Is Far More Dangerous Than Nukes.'"

55 Rory Cellan-Jones, "Stephen Hawking Warns Artificial Intelligence Could End Mankind," BBC News, December 2, 2014, https://www.bbc.com/news/technology-30290540.

56 Maureen Dowd, "Elon Musk's Billion-Dollar Crusade to Stop the A.I. Apocalypse," *Vanity Fair*, April 2017, https://www.vanityfair.com/news/2017/03/elon-musk-billion-dollar-crusade-to-stop-ai-space-x.

57 Emilio Calvano, Giacomo Calzolari, Vincenzo Denicolò, and Sergio Pastorello, "Artificial Intelligence, Algorithmic Pricing, and Collusion," VoxEU.org, February 3, 2019, https://voxeu.org/article/artificial-intelligence-algorithmic-pricing-and-collusion.

58 Dan Robitzski, "Five Experts Share What Scares Them the Most About AI," *Futurism*, September 5, 2016, https://futurism.com/artificial-intelligence-experts-fear.

59 Henry McDonald, "Ex-Google Worker Fears 'Killer Robots' Could Cause Mass Atrocities," *Guardian*, September 15, 2019, https://www.theguardian.com/technology/2019/sep/15/ex-google-worker-fears-killer-robots-cause-mass-atrocities.

60 Cristianna Reedy, "Kurzweil Claims That the Singularity Will Happen by 2045," *Futurism*, October 5, 2017, https://futurism.com/kurzweil-claims-that-the-singularity-will-happen-by-2045.

61 Cadie Thompson, "Live Forever? Maybe, by Uploading Your Brain," CNBC, May 4, 2015, https://www.cnbc.com/2015/05/04/live-forever-maybe-by-uploading-your-brain.html.

62 Adam Piore, "The Neuroscientist Who Wants to Upload Humanity to a Computer," *Popular Science*, May 16, 2014, https://www.popsci.com/article/science/neuroscientist-who-wants-

upload-humanity-computer/.

63 Piore, "The Neuroscientist Who Wants to Upload Humanity to a Computer."

64 Scott Fulton III, "Neuromorphic Computing and the Brain That Wouldn't Die," ZDNet, February 27, 2019, https://www.zdnet.com/article/neuromorphic-computing-and-the-brain-that-wouldnt-die/.

65 Luke Dormehl, "Start-up Can Preserve Your Brain for Future Upload, but It's '100 Percent Fatal,'" Digital Trends, March 13, 2018, https://www.digitaltrends.com/cool-tech/nectome-brain-embalm-mind-uploading/.

66 Antonio Regalado, "A Start-up Is Pitching a Mind-Uploading Service That Is '100 Percent Fatal,'" MIT Technology Review, March 13, 2018, https://www.technologyreview.com/2018/03/13/144721/a-startup-is-pitching-a-mind-uploading-service-that-is-100-percent-fatal/#.

67 Yohan John, "What Percent Chance Is There That Whole Brain Emulation or Mind Uploading to a Neural Prosthetic Will Be Feasible by 2048?" Quora, December 11, 2013, https://www.quora.com/What-percent-chance-is-there-that-whole-brain-emulation-or-mind-uploading-to-a-neural-prosthetic-will-be-feasible-by-2048.

68 Beth Elderkin, "Will We Ever Be Able to Upload a Mind to a New Body?" Gizmodo, February 5, 2018, https://gizmodo.com/will-we-ever-be-able-to-upload-a-mind-to-a-new-body-1822622161/amp.

69 Johnthomas Didymus, "Google's Ray Kurzweil: 'Mind Upload' Digital Immortality by 2045," Digital Journal, June 20, 2013, http://www.digitaljournal.com/article/352787.

70 Hannah Devlin, "Monkey 'Brain Net' Raises Prospect of Human Brain-to-Brain Connection," Guardian, July 9, 2015, https://www.theguardian.com/science/2015/jul/09/monkey-brain-net-raises-prospect-of-human-brain-to-brain-connection.

71 Jason Koebler, "A Researcher Made an Organic Computer Using Four Wired-Together Rat Brains," Vice, July 9, 2015, https://www.vice.com/en_us/article/bmj49v/a-researcher-made-an-organic-computer-using-four-wired-together-rat-brains.

72 Randy Rieland, "Scientists Connect Monkey Brains and Boost Their Thinking Power," Smithsonian Magazine, July 20, 2015, https://www.smithsonianmag.com/innovation/scientists-connect-monkey-brains-and-boost-their-thinking-power-180955963/.

73 Koebler, "A Researcher Made an Organic Computer Using Four Wired-Together Rat Brains."

74 Will Knight, "Enhanced Intelligence, VR Sex, and Our Cyborg Future," Wired, December 30, 2019, https://www.wired.com/story/enhanced-intelligence-vr-sex-our-cyborg-future/.

75 Michelle Z. Donahue, "How a Color-Blind Artist Became the World's First Cyborg," National Geographic, April 3, 2017, https://www.nationalgeographic.com/news/2017/04/worlds-first-cyborg-human-evolution-science/.

76 Donahue, "How a Color-Blind Artist Became the World's First Cyborg."

77 Michael Abrams and Dan Winters, "Can You See with Your Tongue?" Discover, May 31, 2003, https://www.discovermagazine.com/mind/can-you-see-with-your-tongue.

78 Mandy Kendrick, "Tasting the Light: Device Lets the Blind 'See' with Their Tongues,"

Scientific American, August 13, 2009, https://www.scientificamerican.com/article/device-lets-blind-see-with-tongues/.

79 Kendrick, "Tasting the Light."

80 Erik Weihenmayer, "Seeing with Your Tongue," *New Yorker*, May 15, 2017, https://www.newyorker.com/magazine/2017/05/15/seeing-with-your-tongue.

81 Claire Maldarelli, "A Device for the Deaf That Lets You 'Listen' with Your Skin," *Popular Science*, September 30, 2016, https://www.popsci.com/device-that-lets-you-listen-with-your-skin/.

82 Burkhard Bilger, "The Possibilian," *New Yorker*, April 25, 2011, https://www.newyorker.com/magazine/2011/04/25/the-possibilian.

83 Bilger, "The Possibilian."

84 David Grossman, "Scientists Re-create Baby Brain Readings in a Dish," *Popular Mechanics*, Nov 19, 2019, https://www.popularmechanics.com/science/animals/a25224015/lab-brain-tissue-human-brain-waves/.

85 "Robot with a Biological Brain: New Research Provides Insights into How the BrainWorks," University of Reading, August 14, 2008, https://www.reading.ac.uk/news-archive/press-releases/pr16530.html.

역자 후기

회사를 다니면서 다양한 벤처 기업들과 벤처캐피털의 세계를 접할 기회가 있었고, 미래 기술과 인공지능이 등장하는 공상과학영화를 즐겨보는 나로서는 스티븐 호프먼의 책을 번역하면서 설레는 마음이 컸지만, 이공계 전공이 아닌 만큼 기술적 내용을 제대로 정확하게 전달할 수 있을까 두렵기도 했다. 하지만 막상 번역을 하면서는 그런 걱정을 잊어버릴 만큼 흥미로운 내용에 정신없이 빠져들었다. 어쩌면 공상과학소설보다도 더 역동적일 것 같은 전개와 생생한 사례에 때로는 등골이 오싹해지는 느낌을 받기도 했고, 낯설고 멀게만 느껴졌던 신기술과 그 기술을 개발하는 과학자들의 세계를 좀더 가까이에서 들여다보는 것처럼 느끼게 해주는 새로운 경험이었다.

무엇보다 책의 장점은 과학에 대한 전문지식이 없는 사람이라도 현재 인류와 과학기술이 향하고 있는 방향에 대한 큰 그림을 이해할 수 있게 해준다는 점이다. 저자는 특유의 명쾌하고 재기발랄한 말투로 다양한 분야에서 부상하고 있는 혁신적인 기술을 그 역사적 배경부터 현주소, 미래 전망까지 친절하게 설명해준다. 기술용어로 가득한 건조한 설명이 아니라 해당 기술 분야의 실제 연구자와 과학자들의 말을 빌려 그들의 아이디어 뒤에 자리한 고민과 흥분, 열정을 독자들도 생생하게 느낄 수 있게 전달해준다. 뇌-컴퓨터 인터페이스부터 바이오해커, 복제인간, 유전자 가위, 키메라, 나노봇, 양자 컴퓨팅, 화성 탐험, 알고리즘을 이용한 자동화, 초지능까지 방대한 범위에 걸친 다양한 기술이 등장하지만 이를 정교하고 논리적으로 연결지으며 관련 산업과 기술의 흐름을 파악할 수 있게 해준다. 마지막으로 가장 중요한 점이라고 생각되지만, 중간 중간 창의적이면서도 깊이 있는 질문을 던져 독자가 잠시 책 읽기를 멈추고 상상의 나래를 펴기도 하고, 그 기술이 현재와 미래의 나 자신은 물론 인류에 미칠 영향을 걱정하면서 고민해보게 만든다는 점에서 미래 과학기술의 전망을 다루는 다른 책들과 차별화된다고 생각된다.

스티븐 호프먼은 자신의 목표가 우리 앞에 놓여 있는 것들을 조명함으로써 우리의 상상력을 촉발시키는 것이라고 말한다. 한 사람의 독자로서 나는 그의 목표가 충분히 달성되었다고 이야기해주고 싶다. 이 책을 번역하던 중에 스페이스X는 민간인 4명을 태우고 성공적으로 우주관광을 다녀왔고, 일본에서는 스트레스를 줄이는 신경물질을 다섯 배더 함유하도록 크리스퍼 유전자 가위로 유전자를 교정한 방울토마토가 세계 최초로 판매되기 시작했다. 삼성전자는 하버드 대학교 연구진과 함께 뇌 신경망을 지도화해 이를 복사하고 메모리 반도체에 붙여넣어 뇌의 고유기능을 재현하는 뉴로모픽 칩에 대한 미래 비전을 제시했다. 이전 같으면 잠깐 흥미를 유발하고 잊힐 기사들이겠지만 어느새 이것이 저자가 언급한 수많은 과학적 돌파구 중의 하나는 아닐까 궁금해지고, 이 기술들이 우리 삶과 미래에 가져올 수 있는 다양한 가능성과 위험을 상상해보는 나 자신을 발견했다. 이 책은 미래 기술 전망에 대한 단순한 호기심을 가진 사람들부터 향후 어떤 기술 분야의 투자가 유망할지 고민하는 투자자들까지 다양한 독자들의 니즈를 만족시킬 수 있을 것이다.

이희령

인명 색인